Moritz von Sachsen

ENDLICH UEBERWINDET D
MORITZ.
AUGUST.
1547 - 1553.
1553 - 1586.

Moritz von Sachsen
(1521–1553)

Landes-, Reichs- und Friedensfürst

Von Johannes Herrmann

Lieber Hans Lauter
Dein Johannes Herrmann

Sax Verlag

Gewidmet Ingeborg

Bibliografische Information der Deutschen Nationalbibliothek
Die Deutsche Nationalbibliothek verzeichnet diese Publikation in der Deutschen Nationalbibliografie; detaillierte bibliografische Daten sind im Internet über http:/dnb.ddb.de abrufbar.

ISBN 978-3-934544-47-5

2., korr. und erw. Auflage 2013

Einbandgestaltung: Birgit Röhling, Markkleeberg
Herstellung: PögeDruck Leipzig-Mölkau
Printed in Germany
www.sax-verlag.de

Inhalt

Vorrede

Moritz von Sachsen hat fast 500 Jahre vor unserer Gegenwart gelebt. In seiner Zeit bewegte die Reformation der Kirche die Herzen und Gedanken der Menschen. Dazu bestimmten die Gegensätze zwischen dem Kaiser, dem König von Frankreich und den größeren Fürsten des Deutschen Reiches das politische Geschehen.

Je größer der Abstand des Menschen, den wir verstehen wollen, zur Gegenwart ist, um so schwerer wird es, unter den vielen ungewohnten Bedingungen, die erkannt und verstanden werden müssen, die Eigenpersönlichkeit dieses einen Menschen in seiner Zeit zu erfassen. Obwohl durch Jahrhunderte die Zeit Luthers und der Reformation bei den evangelischen Deutschen als eine Idealzeit galt, steht sie uns heute schon fern. Das Leben der einfachen Menschen und der bestimmenden Kreise ist uns in seiner alltäglichen Mühsal nicht mehr vertraut.

Moritz von Sachsen könnte sehr schnell zu einem nur allgemeinen Beispiel für Menschen und Fürsten der Zeit vor 1550 werden, Moritz ist in vielem ein Kind seiner Zeit, die damit an ihm sichtbar und fühlbar wird. Aber an vielen Stellen blitzt in einem persönlichen Brief oder in der Wendung einer Verhandlung das Bild einer Person auf, die uns nah ist als ein Mensch wie wir. Wir haben zu ihm keinen Jahrhunderte langen Abstand, wenn er seiner Frau etwa in einem Brief zur baldigen Rückkehr versichert: *dann werde ich lang, lang, lang bei dir bleiben*; oder von sich sagt: *wenn man dem jungen Narren gefolgt wäre, dann wären die Sachen besser gelaufen*; oder wenn er in einer Verhandlung die Versammelten des Adels gegen alle politische Zweckmäßigkeit so wütend behandelt, dass ihm sein Kanzler die Freundschaft kündigt. Man sollte hinter dem fürstlichen Politiker auch den Menschen sehen, von hohem Verstand, aber gedrängt und verletzt, mit Plänen zum Ausgleich, doch eingespannt in die Absichten anderer, zu vielem Neuen entschlossen, aber gebunden in die Art seiner Zeit, glaubend, doch ungläubig genannt. Dieser Mensch hat Sachsen mit seinem Handeln in Politik und Kirche auf Jahrhunderte geprägt. Und er hat sich in den reformationszeitlichen Auseinandersetzungen im Reich innerhalb nur eines Jahrfünfts zu einer zentralen Figur entwickelt, deren letztliche Dimension und Perspektive uns sein früher Tod verschließt.

Die hier vorliegende 2. Auflage hat nötige Korrekturen sowie Ergänzungen in Text und Abbildung erfahren. In den Fußnoten konnten die Fundstellen der Aktenstücke nach dem 2006 erschienenen abschließenden 6. Band der „Politischen Korrespondenz des Herzogs und Kurfürsten Moritz von Sachsen“ genau nachgewiesen werden, was in der ersten Auflage dieser Biografie nur nach dem damaligen Manuskript möglich war. Dem ganz persönlichen Verhältnis von Moritz und Agnes ist der erweiterte Abschnitt „Die hessische Hochzeit“ gewidmet. Schließlich konnte nach jüngsten Forschungen „Die schwere Schlacht bei Sievershausen“ neu formuliert werden. Hinzugekommen sind im Anhang eine Zeittafel mit Lebensdaten von Moritz und eine kleine Literaturauswahl.

Leipzig am 1. Advent 2012

Das geteilte Sachsen im Deutschen Reich um 1500

Das Geschlecht der wettinischen Markgrafen von Meißen gewann im 15. Jahrhundert seine große Bedeutung für das Deutsche Reich. Kaiser Sigismund belehnte die Wettiner 1423 mit dem Herzogtum Sachsen, zu dem die Kurstimme bei der Wahl des deutschen Königs und der Kurkreis um Wittenberg zusammen mit der Grafschaft Brehna südlich davon und die halbe Pfalz Sachsen in Thüringen nördlich der Unstrut gehörten. Seitdem konnten sich die Wettiner als Markgrafen von Meißen und als Landgrafen von Thüringen auch Herzog von Sachsen nennen. Nach 1500 wurde „Herzog von Sachsen" als höchster Titel der wettinischen Fürsten immer mehr auf das ganze Land zwischen Wittenberg und dem Erzgebirge angewendet. Damit kam Sachsen im 16. Jahrhundert zu seinem heutigen Namen.

Als im Jahre 1482 die Thüringer Nebenlinie in Weimar mit Herzog Wilhelm ausstarb, war das gesamte wettinische Territorium geeint. Die Brüder Ernst und Albrecht verwalteten das Gebiet gemeinsam, das von der Werra im Westen bis zur schlesischen Herrschaft Sorau hinter der Neiße, und von dem Raum um Gommern und Beeskow im Norden bis an den Kamm des Erzgebirges und zur Coburger Pflege in Oberfranken reichte. Dies war nach den Landen der Habsburger das größte Territorium im Deutschen Reich. Erst durch den Erwerb von Böhmen und Ungarn im 16. Jahrhundert erhielt der Besitz der Habsburger sein großes Übergewicht.

Durch den Erwerb der Kurwürde im Jahre 1423 wurde Sachsen zu einem wichtigen Territorium des Reiches, zu dem auch die Habsburger in Österreich gern die Verbindungen hielten. Die Stifte von Meißen, Merseburg und Naumburg, die von den wettinischen Landen umschlossen waren, besaßen reichsunmittelbar nur kleine Gebiete. Sie konnten keine eigenständige, von den Wettinern unabhängige Politik betreiben und ließen sich im 15. Jahrhundert auf den Reichstagen durch die Wettiner vertreten. Sie waren fast wie Grafen und Herren in die wettinischen Lande eingeordnet. Auf den wettinischen Landtagen waren sie vertreten wie die vielen kleinen Grafen südlich des Harzes in Thüringen und im Muldental. Nur die Herren von Reuß schafften es, sich schließlich selbstständig als Reichsfürsten zu halten.

Der neu erblühte Silberbergbau brachte gute Einnahmen und machte die Wettiner zum Teil von den großen Kaufleuten der Städte unabhängig. Die neuen Bergstädte im Erzgebirge Schneeberg, Annaberg, Marienberg wuchsen durch reiche Silberfunde wie Pilze. Die aktienähnlichen Kuxen, die eine Geschäftsbeteiligung für Kapitalgeber an den Bergwerken darstellten, boten zumindest am Anfang neuer Gruben sehr gute Gewinnaussichten. Die Bevölkerungszahl der ganzen Lande war durch die Pest um 1350 stark gesunken, sie erreichte aber in den letzten Jahrzehnten des 15. Jahrhunderts wieder die Stärke aus der Zeit vor dieser großen Katastrophe. Damit gab es genügend Arbeitskräfte für die vielen Bauvorhaben seit dem letzten Drittel des 15. Jahrhunderts. In den Städten wuchsen Kirchen und Klöster, Stadtmauern, Torbefestigungen und Vorratshäuser empor. Auf den Dörfern wurden Altarräume zur Verehrung des Leibes Christi, der Hostie, gebaut.

Herzog Albrecht der Beherzte, Stammvater der albertinischen Linie des wettinischen Hauses, Ölgemälde eines flämischen Meisters, um 1491

Seit 1464 regierten die wettinischen Brüder Ernst und Albrecht gemeinsam das Land. Dabei war allerdings Albrecht als Feldherr für die Habsburger Kaiser Friedrich III. und Maximilian I. vielfach unterwegs. Damit stand er besonders dem Kaiser Maximilian I. nahe. Das Gleichgewicht unter den beiden Brüdern war nach dem Heimfall der Besitzungen der ausgestorbenen Weimarer Linie der Wettiner 1482 schwankend geworden. So teilten sie 1485 das Land unter sich. Seitdem gab es immer zwei Linien der Wettiner, die Ernestiner und die Albertiner, genannt nach den beiden Brüdern, die Sachsen unter sich aufgeteilt hatten. Die Teilung war von den fürstlichen Räten und Ständen des Landes so ausgearbeitet worden, dass beide Teile wirtschaftlich und politisch im Gleichgewicht, aber zur Zusammenarbeit gezwungen waren, weil sie sich durchdrangen und keine natürlichen Grenzen gegeneinander hatten.

Grundbestand bei den Albertinern wurde die Markgrafschaft Meißen, zu der ein Streifen in Nordthüringen von Leipzig bis südlich Mühlhausen zusammen mit einer Oberherrschaft über die Grafen südlich des Harzes kam. Kernland der Ernestiner war die Landgrafschaft Thüringen, bei denen auch das Vogtland und die Kurfürstenwürde und dazu das Muldental blieb. Mit der Würde des Kurfürsten blieben die Kurlande um

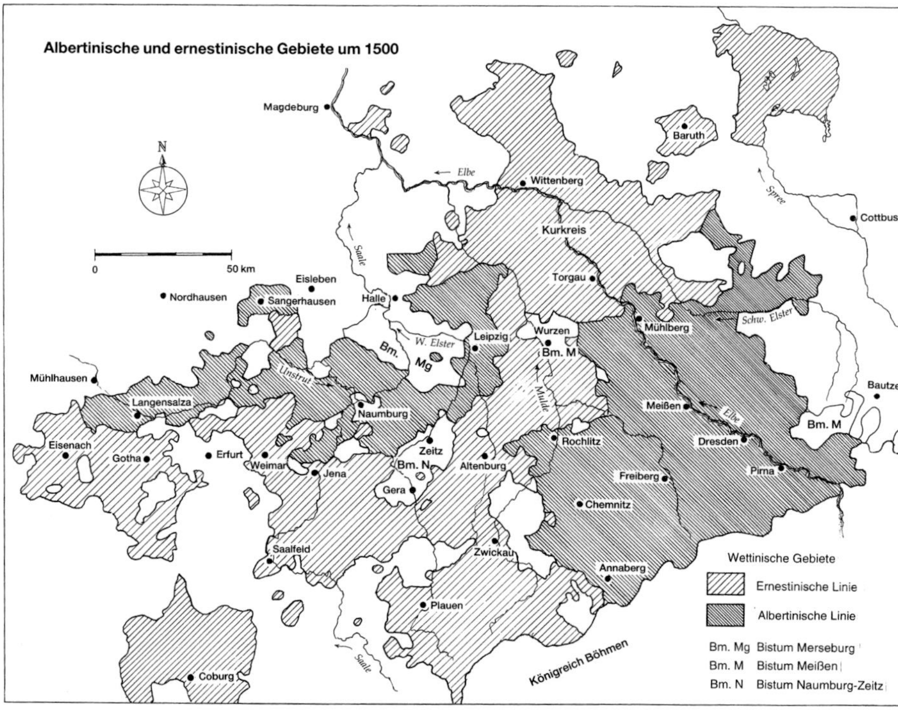

Albertinische und ernestinische Gebiete um 1500

Wittenberg und Torgau bei den Ernestinern. Sie residierten in Wittenberg und in Weimar. Das moderne Schloss in Meißen, das hoch über der Elbe neben dem Dom eigentlich für die gemeinsame Herrschaft gebaut worden war, konnte diese Rolle nach der Teilung nicht spielen. Die Albertiner hatten nunmehr ihren Hauptsitz in Dresden. Die Urkunden sollten gemeinsam verwaltet werden. Allerdings wurde auch eine ganze Anzahl von Besitzungen und Bergstädte wie das ertragreiche Schneeberg gemeinsam genutzt.

Der Fernhandel brachte neben dem Bergbau den sächsischen Städten Einkünfte. Herzog Georg der Bärtige, der Sohn und Nachfolger Herzog Albrechts, sorgte dafür, dass Leipzig durch den Kaiser Maximilian seine wichtigen Messeprivilegien erhielt. Den Albertinern wuchsen besonders in Annaberg und Marienberg neu gegründete ertragreiche Bergstädte zu. Durch den aufstrebenden Bergbau im silberreichen Erzgebirge und im Mansfelder Kupferschiefer wanderten kapitalkräftige Familien aus Süddeutschland in die Städte Plauen, Zwickau, Leipzig ein. Auch die Kupfergewinnung von Mansfeld und Eisleben war eng mit Franken verbunden.

Auf den Handelswegen kam der Humanismus nach Norden in die Universitäten von Erfurt und Leipzig und nach der Neugründung im Jahre 1502 auch nach Wittenberg. In Halle am Hofe des Erzbischofs Albrecht von Magdeburg und Mainz weilte aus Süddeutschland Ulrich von Hutten. In Wittenberg wirkten Hermann von dem Busche, Lucas Cranach, Georg Spalatin, Andreas Bodenstein aus Karlstadt, Martin Polich aus

Herzog Georg von Sachsen, Holzschnitt von Hans Brosamer vor 1534, nach einer Vorlage von Lucas Cranach d. Ä.

Mellerstadt und Philipp Melanchthon. Größter Stern der Wittenberger Universität wurde Martin Luther. Hieronymus Emser kam über Erfurt an den Hof Herzog Georgs. Ihm folgte schließlich Johannes Cochläus als Hofprediger nach Dresden.

Vor der Leipziger Teilung von 1485 war Sachsen eines der bestimmenden Territorien des Reiches. Durch die Teilung verlor es sein großes Gewicht in der Reichspolitik. Seine beiden Teile besaßen nur durch den Handel und ihre Währung, die auf dem Silberbergbau beruhte, mehr Bedeutung als andere mittlere Territorien des Reiches wie etwa Brandenburg.

Obwohl man sich gemeinsam als Haus Sachsen fühlte und Hofgericht und Urkundenarchiv gemeinsam führte, bestand seit der Teilung immer eine mehr oder weniger große Rivalität zwischen beiden wettinischen Linien. Der Gegensatz verschärfte sich, als durch Martin Luther Wittenberg der Ursprungsort für die Reformation der Kirche wurde. Der ernestinische Kurfürst Friedrich der Weise wollte dem Willen Gottes mit der Macht des Staates nicht vorgreifen und ließ Luther und seine Anhänger gewähren. Der albertinische Herzog Georg dagegen lehnte seit 1521 Luther ganz bewusst und grundsätzlich ab.

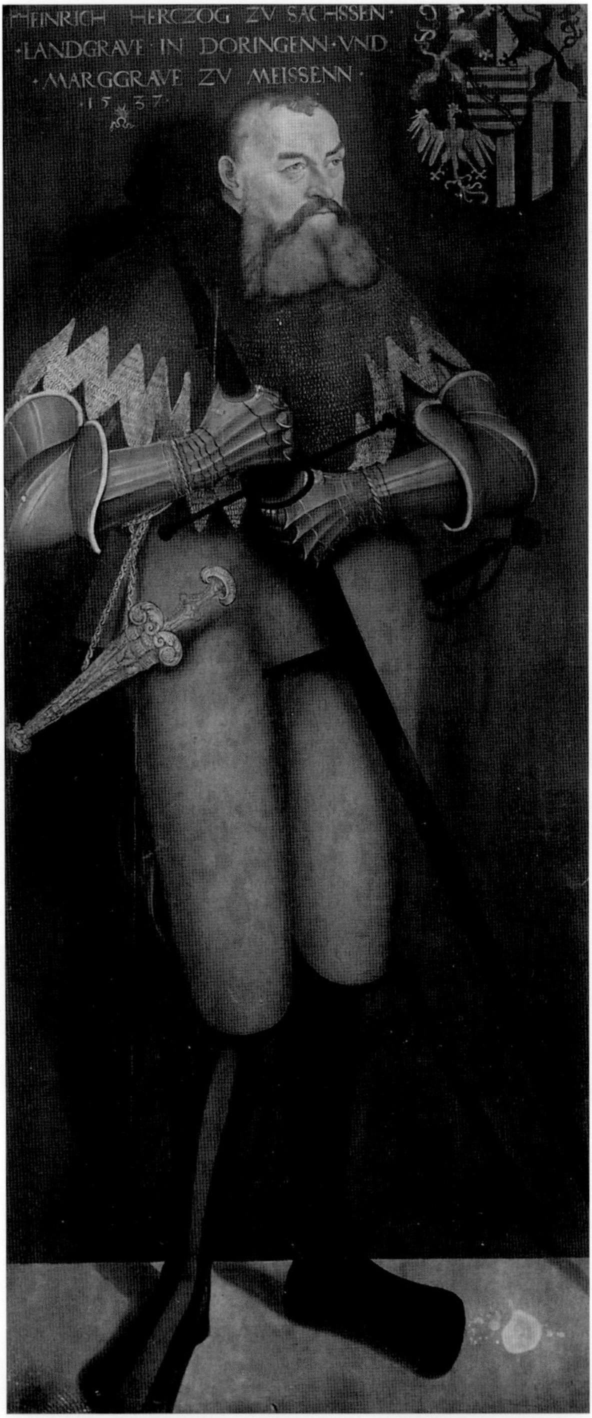

Herzog Heinrich der Fromme, Herr des Freiberger Ländchens, Gemälde von Lucas Cranach d. Ä., Öl auf Lindenholz, bez. und datiert 1537 (Dresden, Gemäldegalerie Alte Meister)

Der gehorsame Sohn macht sich frei

Geburt im Freiberger Ländchen

Durch seine Geburt hatte Herzog Moritz zunächst nur einen Platz am Rande der großen Möglichkeiten und Geschehnisse. Sein Großvater Herzog Albrecht der Beherzte hatte die „väterliche Ordnung“ erlassen, nach welcher immer der erstgeborene Wettiner die albertinischen Stammlande erbte. Herzog Georg der Bärtige trat deshalb 1500 in Dresden die Nachfolge seines Vaters Albrecht des Beherzten an. Für den streitbaren Heerführer hatte Georg schon seit 1488, seinem siebzehnten Lebensjahr, die Regentschaft geführt. Für den zweitgeborenen Sohn Heinrich erwarb sich Albrecht 1498 die Rechte als Ewiger Gubernator von Friesland und kaufte dem Hause Burgund 1499 dazu noch die Herrschaft über Groningen und Ommeland ab. Der Bereich Friesland reichte damit von der Zuidersee bis an die Wesermündung. Aber Heinrich wurde von den Friesen zuerst um Groningen und dann allgemein nicht anerkannt. Albrecht der Beherzte setzte sich zwar wieder in Friesland durch, doch nach dessen Tod wollte Heinrich als Nachfolger diese mühsame Herrschaft nicht führen und gab sie lieber an seinen älteren Bruder Georg ab. Er erhielt dafür das Freiberger Ländchen mit den Ämtern Freiberg und Wolkenstein in der Mark Meißen und jährlich 12 000, später 20 000 Gulden und zwölf Fuder Wein zu seinem Unterhalt.

Herzog Georg baute eine geordnete Verwaltung für Friesland auf, die auch nach seinem Weggang lange in Geltung blieb. Er konnte die sächsische Herrschaft jedoch gegen den Widerstand der Friesen nur bis 1515 halten und verkaufte nach einer völligen Niederlage Friesland wieder an den jungen Burgunder Karl, den späteren Kaiser Karl V.

Die beiden Brüder waren unterschiedlich begabt. Georg beherrschte die Verwaltung eines Landes von Grund auf. Er schrieb selbst gern in seiner fürstlichen Kanzlei die Entwürfe für wichtige Schriftstücke und beherrschte so viel Latein, dass er mit Erasmus von Rotterdam, dem Fürsten aller Humanisten Europas, korrespondieren konnte. Dagegen hasste Herzog Heinrich schriftliche Arbeiten. Die Schreiber sind ihm nachgelaufen, um eine Unterschrift zu bekommen, so ungern unterschrieb er selbst Briefe und Schriftstücke. Vielleicht spielte auch beim Verzicht Heinrichs auf Friesland ein gewisser Trotz gegen den großen, immer besseren Bruder eine Rolle, der schon in der Jugend in seine Aufgabe als regierender Fürst im albertinischen Sachsen als Statthalter des in Kriegen abwesenden Vaters hineinwachsen konnte.

50 Jahre hat Georg als Patriarch, der sich für das Große ebenso verantwortlich fühlte wie für das Kleine, das albertinische Herzogtum verwaltet. Dagegen blieb anfangs für Heinrich nur das abgelegene, windige Friesland, dessen Bewohner sich einer sächsischen Gubernation keinesfalls fügen wollten. Deshalb hat er viel lieber in der moderneren Bergstadt Freiberg gewohnt. Über 30 Jahre hat dann der körperlich große Herzog Heinrich sein Denken und Handeln auf das Freiberger Ländchen beschränkt. Er reiste nicht zu den Reichstagen. Dieses Recht nahm sein Bruder für ihn wahr. In seinem Ländchen war Heinrich ein populärer Fürst, der seine Untertanen kannte. Er kümmerte sich

Prinz Moritz von Sachsen, Kinderbild nach einem Gemälde von Lucas Cranach d. Ä., 1526

um Handwerk und Gewerbe. Er liebte die Freuden der Tafel und hörte gern Gesang. In den Erzgebirgswäldern ging er auf die Jagd. Er hatte Zeit, sich dem Sammeln von Kanonenrohren und Handfeuerwaffen zu widmen, die er in Freiberg gießen ließ.

Seine größte Tat war, dass er mit fast 40 Jahren – in damaliger Zeit an der Schwelle des Alters – die fast 15 Jahre jüngere Katharina von Mecklenburg am 7. Juli 1512 heiratete. Sie war keine schöne, aber eine selbstbewusste, kluge und energische Frau. Der Landgraf Philipp von Hessen und der Kurprinz Johann Friedrich waren ihre Neffen, Kinder ihrer älteren Schwestern. Vielleicht wollten Hessen und Kursachsen mit der Ehe etwas mehr Einfluss im albertinischen Raum gewinnen?

Katharina wurde die treibende Kraft im Leben des großen und gutmütigen Mannes. Sie brachte ihrem Mann erst drei Mädchen zur Welt: Emilie, Sibylle und Sidonia, und dann drei Knaben: Moritz, Severin und August. Nach den Bildern Lucas Cranachs ist Heinrich größer und schlanker als seine schwergewichtigen ernestinischen Vettern von Friedrich dem Weisen bis zu Johann Friedrich. Nach der damals üblichen Geste von Fürsten liegt die Hand von Heinrich auf dem Schwertgriff auf den Bildern von Cranach.

Mit dem Handeln Heinrichs hat die Geste nichts zu tun. Er hatte wenig vom praktisch kriegerischen Sinn seines Vaters geerbt. Heinrichs Körpergröße erbte der Enkel Georg Friedrich in Bayreuth, der über zwei Meter erreichte. Luther meinte 1539 schließlich nach der Regierungsübernahme in Dresden über den alten Heinrich: *Ach, der gute Fürst hat nun ein groß Land, aber er ist alt, schwach und ungeschickt dazu.*[1] Elisabeth von Rochlitz sagte noch schärfer: *Wer S. L. zum regiment tuchtig gewest, S. L. vater hette im nicht das narrenteil also verordnet.*[2]

Katharina konnte mit den 20 000 Gulden Jahreseinkommen in Freiberg nicht viel erreichen, denn sie trat gern in höfischer Pracht auf. Sogar noch als Witwe von 62 Jahren scheute sie eine Reise zum kaiserlichen Hof nach Brüssel und einen Empfang bei Karl V. nicht. Sie suchte Bedeutung durch die Ehen ihrer Kinder zu gewinnen.

Moritz wurde am 21. März 1521 in Freiberg im mittelalterlichen Schloss Freudenstein geboren. Er war der erste Sohn des so unterschiedlichen Fürstenpaares. Heinrich war mit rund 48 Jahren für Moritz ein alter Vater. Die meisten Menschen starben, auch wenn sie in gesicherten Verhältnissen lebten, damals zwischen dem 50. und 60. Lebensjahr. Der Kardinal und Erzbischof Albrecht von Mainz und Magdeburg wurde neben Herzog Georg dem Bärtigen Pate von Moritz, weil er Herzog Heinrich das für einen ersten Sohn versprochen hatte. Dieser wurde deshalb nicht Wilhelm oder Friedrich, Johann oder Heinrich genannt, sondern auf den für die Wettiner ungewöhnlichen Namen Moritz nach dem Heiligen des Erzbistums Magdeburg getauft.[3] Für den Sohn der unbedeutenden Freiberger Nebenlinie der Wettiner war es gut, den mächtigsten deutschen Kirchenfürsten als künftigen Helfer zu haben. Vielleicht stand dahinter die vage Hoffnung, dass Moritz dessen Nachfolger im Erzbistum Magdeburg werden könne.

Die älteste persönliche Nachricht von Moritz ist das Kinderbild, das Lucas Cranach der Ältere im Jahre 1526 von ihm gemalt hat. Es zeigt einen schmalen Knaben im groß geratenen Festtagsgewand. Seine rötlich blonden Locken sind sicher für das Malen gelegt worden. Sie lassen eine hohe Stirn frei. So gelockt wurden damals Engel und Heilige, Fürsten und Adlige dargestellt. Sein etwas spitzes Kinn stammt wohl von der Mutter. Als Erwachsener hat Moritz sein eher schmales Gesicht mit einem großen Bart eindrücklicher gemacht. Die Hände im Kinderbild halten sich am Gürtel, denn er würde als Sohn des Freiberger Ländchens gewiss keine wesentlichen Attribute der Macht zu halten haben.

---

1 Paul Schreckenbach und Franz Neubert: Martin Luther, ein Bild seines Lebens und Wirkens. Leipzig 1921, S. 169.

2 PKMS 1, S. 72 Nr. 63, 6.7.1540, Hz.in Elisabeth an Lg. Philipp. Politische Korrespondenz des Herzogs und Kurfürsten Moritz von Sachsen Bd. 1: Bis zum Ende des Jahres 1543/ hrsg. von Erich Brandenburg. Nachdruck der Ausgabe Leipzig 1900/ mit einem Vorwort von Johannes Herrmann und Günther Wartenberg. Berlin 1982. Bd. 2: Bis zum Ende des Jahres 1546/ hrsg. von Erich Brandenburg. Nachdruck der Ausgabe Leipzig 1904/ mit einem Vorwort von Johannes Herrmann und Günther Wartenberg. Berlin 1983. Bd. 3: 1. Januar 1547 – 25. Mai 1548/ bearb. von Johannes Herrmann und Günther Wartenberg. Berlin 1978. Bd. 4: 26. Mai 1548 – 8. Januar 1551/ bearb. von Johannes Herrmann und Günther Wartenberg. Berlin 1992. Bd. 5: 9. Jan. 1551 – 1. Mai 1552/ bearb. von J. Herrmann, G. Wartenberg und Christian Winter. Berlin 1998. Bd. 6: 2. Mai 1552 – August 1553/ bearb. von Johannes Herrmann, Günther Wartenberg und Christian Winter. Berlin 2006 (alle Bde. zitiert: PKMS 1–6).

3 Simon Ißleib: Aufsätze und Beiträge zu Kurfürst Moritz von Sachsen (1877–1907), mit einem Vorwort sowie Personen- und Ortsregister von Reiner Groß, 2 Bde. Köln–Wien 1989, Bd. 1, S. 174.

Es heißt, dass Moritz als Kind weniger Anlage zum kriegerischen Beruf gezeigt hätte als sein jüngerer Bruder Severin, der kecker (mutiger) in Zweikämpfen mit ihm gewesen sei.[4] Noch das Moritzmonument von 1553/54 an der Brühlschen Terrasse in Dresden, sein Ehebild zusammen mit seiner Gemahlin Agnes von Lucas Cranach d. J. und das Standbild auf dem Grabmal im Freiberger Dom zeigen seinen Körper nicht korpulent und das Gesicht eher schmal. Er hat wohl nicht die Anlagen der Ernestiner zum Körpergewicht besessen. Bei seiner Trauerfeier 1553 war ein junger Mann mit der Rüstung des Kurfürsten Moritz bekleidet. Noch 1550 nennt ihn Philipp von Hessen „Mormau"[5], was eher ein kindlicher Spitzname als ein wirklicher Deckname ist, wie er nötig war. Vielleicht war der Name auch „Morman" (d. h. Moritzchen). Moritz hat auch von Größe und Gewicht her solche Benennungen nicht ablegen können. Er hatte wahrscheinlich die Statur seiner Mutter geerbt, die es drahtig und zäh auf das für ihre Zeit hohe Alter von 74 Jahren brachte.

Moritz scheint in seiner körperlichen Leistungsfähigkeit vom Willen und Verstand bestimmt gewesen zu sein. Wo deren harte Gründe fehlten, weil sie das Ziel erreicht hatten, verlangte der Körper sein Recht. Mehrfach rufen Krankheiten oder große körperliche und seelische Anstrengungen lange andauernde Erschöpfungen hervor, so nachdem er seine Ehe durchgesetzt hatte im Mai 1541, nach einer Durchfallerkrankung im September 1545 und nach dem Sommer und Herbst 1552 auf der Rückreise vom Feldzug nach Ungarn, als ihn Schwäche handlungsunfähig machte.

Erziehung – die Mutter weiß, was sie will

In Freiberg bestand neben der Knaben- und Mädchenschule eine selbstbewusste, eigenständige Lateinschule, die vom Humanismus geprägt war. In den dreißiger Jahren war Johann Rivius dort Rektor. Er wurde später durch Moritz Rektor der Meißner Fürstenschule. Die Ausgebildeten einer besonderen Freiberger Stuhlschreiber- und Rechenschule wurden für die Verwaltung der Bergwerke gebraucht. Da man nach Einführung der Reformation 1538 keine Winkelschule dulden wollte, in denen aus privater Initiative Schreiben und Lesen unterrichtet wurde, muss es sie vorher gegeben haben. Die Kunst des Lesens und Schreibens war demnach unter den Bürgern der Bergstadt weit verbreitet. Der Hofstaat des Herzogs Heinrich stand dahinter nicht zurück.

Christoph von Karlowitz geleitete Anfang 1533 den jungen Moritz nach Halle an den Hof seines Patenonkels Kardinal und Erzbischof Albrecht. Dabei meinte sein Onkel Georg der Bärtige, er solle dort Latein lernen. Demnach musste Moritz zu dieser Zeit seine Grundausbildung für die Schule beendet haben. Er konnte lesen und verstand zu schreiben. Moritz hat später eine klare und gut lesbare Handschrift. Diese weist in ihren Formen eher auf die Schreibschriften der mitteldeutschen Humanisten als auf die deutschen Traditionen aus dem 15. Jahrhundert, wie sie etwa bei Luther zu sehen

4 Friedrich Albert von Langenn: Moritz, Herzog und Churfürst zu Sachsen, eine Darstellung aus dem Zeitalter der Reformation 1. Leipzig 1841, S. 51.

5 PKMS 4, S. 763 Nr. 667, Auszüge aus den Anweisungen Lg. Philipps.

sind. Diese Schriftformen stammen aus der Freiberger Kindheit. Wer schreiben konnte, vermochte auch zu lesen. Moritz hat aber später nicht sehr gern Briefentwürfe verfasst, sondern sie lieber seinen persönlichen Sekretären diktiert. Seine eigenen Schreiben haben kurze klare Sätze, anders als man sie in den Kanzleien der Zeit formulierte. Viel selbst zu schreiben, wird in der fürstlichen Familie in Freiberg kaum als Tugend gegolten haben. Seine diktierten Entwürfe zeigen die gleiche klare Form.

Merkwürdig ist, dass sich Moritz als Erwachsener an drei Stellen, wo sein innerstes Empfinden spürbar wird, Narr genannt hat. Immer dann, wenn er sich in seiner Denkfähigkeit nicht ernst genommen sah – so in der Beratung zum Sturm auf Pest 1542, beim Streit mit Markgraf Johann am Abend des 3. Oktober 1551 und in einem kleinen Brief an seine Frau um den 1. Juni 1552.[6] Hat sich Moritz von Kind an dagegen gewehrt, gegenüber den älteren Schwestern und gegenüber der Mutter ein Narr zu sein, und blieb ihm diese Unsicherheit? Nahm seine Mutter das altkluge Reden des Kindes vor den großen Schwestern nicht ernst, zumal er noch körperlich schwächer war als der kleinere Bruder Severin?

Die Mutter – Herzogin Katharina,
Gemälde von Lucas Cranach d. Ä.,
Öl auf Lindenholz 1514, auf Leinwand übertragen

Die Mutter regierte ihre Umgebung, oder ihre Kinder, manchmal dadurch, dass sie ihnen tage- oder auch wochenlang jedes Wort verweigerte. Sicher ist, dass Moritz zu seiner Mutter nie ein herzliches Verhältnis hatte. Andererseits nennt Christoph von Karlowitz, der Moritz von Kindheit an kannte, unter den Eigenschaften von Moritz zuerst die Vernunft[7], d. h. die Denkfähigkeit, in seinem Briefnachruf. Erst danach werden Geschicklichkeit, Redlichkeit, Mannhaftigkeit und Tapferkeit aufgezählt.

6 PKMS 1, S. 489 f. Nr. 400; PKMS 5, S. 412 Nr. 207, Hessisches Protokoll der Lochauer Verhandlungen; PKMS 6, S. 136 Nr. 100, 1.6.1552.

7 PKMS 6, zu 12.7.1553, Hz. Johann Albrecht an Kf. Joachim – : Wolfenbüttel 13.7.1553, Christoph von Karlowitz an Herzog Johann Albrecht von Mecklenburg.

Es war üblich, mit fünf bis sechs Jahren den Unterricht der fürstlichen Kinder zu beginnen. Friedrich der Weise ließ seinen Neffen Johann Friedrich d. Ä., der für die Nachfolge als Kurfürst vorgesehen ist, in diesem Alter in einer kleinen Gruppe von Georg Spalatin unterrichten. Mutter Katharina, die möglichst viel mit ihren Kindern erreichen wollte, bemerkte wohl das schnelle Begreifen ihres Ältesten früh. Der erste Erzieher („Zuchtmeister") für Moritz und seinen Bruder Severin ist Balthasar Rische,[8] von ihm wird er auch das erste schulische Wissen erhalten haben.

Neben Balthasar Rische werden Christoph Ering, Johann Kriegmann[9] und Martin Obendörfer als Lehrer genannt. Sie hatten in Leipzig studiert und ließen sich in Merseburg zum Priester weihen. Leipzig ist in seiner Artisten- und Juristenfakultät schon vor 1500 dem Humanismus offen. Ulrich von Hutten, Hermann von dem Busche, Richard Crocus, Johann Aesticampianus, schließlich Petrus Mosellanus und Dr. Heinrich Stromer aus Auerbach lehrten in Leipzig. Dr. Georg Komerstadt und Christoph von Karlowitz, Dr. Melchior von Ossa, die sich als Humanisten fühlten, studierten hier. Sofort nach der Disputation Luthers versuchten Leipziger Magister ein an Wittenbergs Ordnungen angelehntes Vorlesungsprogramm an der artistischen Fakultät durchzusetzen. Christoph Ering stammt aus einer Leipziger Familie, die schon vor 1524 evangelisch dachte. Bei Herzog Georg war er seit 1516 bis 1525 Hofkaplan. Dieser entließ ihn 1529 als Prediger wegen evangelischer Predigt in Annaberg. Von Kriegmann wissen wir, dass er 1544 evangelischer Domvikar in Meißen, 1549 evangelischer Pfarrer war.

Drei der Erzieher hatten sich zum Priester weihen lassen, deshalb ist nicht mit einer religiös gleichgültigen Bildung zu rechnen. Bestimmt haben aber die Erzieher Moritz einen positiven Gesamteindruck moderner, d. h. humanistischer Bildung gegeben, wenn auch nicht sehr viele ihrer Inhalte vermittelt. Der Humanismus in Mitteldeutschland war anders als in Italien von Erasmus her und noch mehr durch Melanchthon christlich geprägt. Die schulische Erziehung bestand damals zu einem sehr großen Teil aus dem Auswendiglernen und Einprägen bestimmter Stoffe. Aus der Erinnerung an seine Kinderzeit stammt deshalb vermutlich auch die private Äußerung von Moritz gegenüber seiner Frau, dass er so gern schreibe, wie er bete. Beides waren wohl mechanische Lernstoffe des Freiberger Unterrichtes. Moritz ist es immer um das selbstständige Bedenken und Kombinieren und nicht um die reine Wiederholung des Gewohnten gegangen. Er kam für humanistisches Denken aufgeschlossen nach Halle.

Das Reiten und die Jagd wird Moritz in der Freiberger Kindheit an der Seite des Vaters kennen gelernt haben. Die Jagd war für die Fürsten ein wichtiges Vergnügen. Moritz ist gern zur Jagd geritten. Gegenüber seiner Frau muss er sich später heftig verteidigen, dass er lieber bei der Saujagd sei als bei ihr. Er musste nicht wie sein Vetter Kurfürst Johann Friedrich mit einer Leiter aufs Pferd steigen. Als Fürst ist er mehrfach mit geringer Begleitung und in hohem Tempo zu wichtigen Verhandlungen geritten. Zur Verwunderung eines königlichen Gesandten kam er nur mit fünf Pferden im Februar 1552 im Schlosse zu Dresden an, während sonst ein Fürst seines Ranges etwa auf den Reichstag mit 100 Pferden reiste.

---

8 Günther Wartenberg: Landesherrschaft und Reformation, Moritz von Sachsen und die albertinische Kirchenpolitik bis 1546. Weimar 1988, S. 103 (Wartenberg: Landesherrschaft).

9 Ebd.

Turm von Schloss Freudenstein in Freiberg (vor der Restaurierung)

Der Hof in Freiberg neigte seit der Mitte der zwanziger Jahre dem neuen, evangelischen Glauben zu, denn Herzog Georg verlangte 1529 in seinen Anmerkungen zu einem Ehevertrag für den noch kindlichen Moritz mit Bohunka von Pernstein aus dem böhmischen Hochadel, dass diese nicht in die lutherische Sekte gedrängt werden dürfe.[10]

Am Renaissancehof in Halle

Halle war durch seine unerschöpfliche Salzsiederei und den um 1530 dahin verlegten Regierungssitz des Erzbischofs wirtschaftlich bedeutender als Wittenberg, Torgau und Dresden. In der reichen Stadt Halle konnten die Bürger sich dreistöckige Häuser in Stein und Fachwerk unter hohen Dächern leisten, die nicht nur einen Giebel, sondern die Traufe zur Straße zeigten. Durch den Kardinal Albrecht aus dem Hause Hohenzollern war Halle ein humanistisches Zentrum, an dem sogar Ulrich von Hutten einige Zeit

10 PKMS 1, S. 5 f. Nr. 1, Januar 1529. Bohunka von Pernstein, verehel. Ungnad von Sonneck († 1548).

lebte. Matthias Grünewald stand die letzten Jahre seines Lebens bei dem Kardinal im Dienst. Albrecht war der mächtigste Kirchenfürst im deutschen Reich – als Erzbischof von Mainz und Magdeburg und Bischof von Halberstadt in einer Person.

Um die Jahreswende 1532 zu 1533 wurde der junge Moritz durch Herzog Georg mit Zustimmung seiner Eltern nach Halle zum Kardinal und Erzbischof Albrecht geschickt, unter das Patronat seines erzbischöflichen Paten gestellt. Junge Adlige wurden in diesen Jahren unter Aufsicht eines Hofmeisters nach ihrem zehnten Lebensjahr üblicherweise an eine Universität gegeben. Hans von Schleinitz sollte als Hofmeister für die gesamte Versorgung des Knaben Moritz und wahrscheinlich auch für die zur Ausbildung nötigen Lehrer sorgen.[11] Sobald Moritz selbst regierte, nahm Schleinitz, der im Auftrage Georgs handelte, seinen Abschied.[12]

Wahrscheinlich wollte Herzog Georg Moritz auch vor dem stetig wachsenden evangelischen Einfluss in Freiberg etwas sichern. Herzogin Katharina verheiratete 1533 ihre älteste Tochter Emilie mit dem bewusst evangelischen Markgrafen Georg von Brandenburg-Ansbach, einem der Erstunterzeichner des evangelischen Augsburger Bekenntnisses von 1530. Geschah das im erklärten Gegensatz zur „katholischen" Erziehung von Moritz in Halle?

Da eine Universität erst entstehen sollte, konnte Moritz in Halle noch nicht studieren. In dieser Zeit bemühte sich der Kardinal Albrecht um die Gründung einer altgläubigen Universität in Halle, die neben dem Dom Platz finden sollte. Eine Genehmigung des Papstes lag schon vor. Der Aufenthalt an einer Universität hätte die Lateinkenntnisse einer Stadtschule vorausgesetzt, die Moritz noch nicht besaß. Herzog Georg hat auf eine Unterrichtung in der Gelehrtensprache Latein gedrängt. Er wollte mit dem Latein, um das sich Schleinitz wohl nicht gekümmert hat, eine höhere Ausbildungsstufe für Moritz erreichen, als durch Katharina bisher verordnet war. Sie meinte vielleicht, was solle der Sohn mehr können als die Mutter. Georg gab aber Moritz den humanistisch gebildeten Christoph von Karlowitz als Reisebegleiter. Karlowitz gewann am erzbischöflichen Hof soviel Anerkennung, dass er im Juli in den Dienst des Erzbischofs treten konnte. Er begleitete zwar Moritz Anfang Januar 1534 zurück nach Dresden, ging dann aber wieder nach Halle, um im Dienst des Kardinals zu bleiben. Moritz rief Christoph von Karlowitz erst nach seinem Regierungsantritt 1541 aus Halle nach Dresden unter seine Räte.

Herzog Georg der Bärtige ließ Moritz auch von Freiberg nach Halle bringen, weil der Hof in Freiberg immer deutlicher dem neuen Glauben zugetan war. Georg jedoch hielt im albertinischen Sachsen am alten Glauben fest und wollte ihn im Freiberger Ländchen wenigstens durch einen altgläubig erzogenen Moritz stützen. Kardinal Albrecht forderte entsprechend, dass in der Begleitung des jungen Herzogs Moritz keine Person der *lutterey* anhängig sein dürfe.[13] Also wird das der junge Karlowitz auch nicht gewesen sein. Zu gleicher Zeit wurde von Herzog Georg der zweite Freiberger Sohn, Severin, an den Hof König Ferdinands nach Wien gegeben. Er ist aber in Innsbruck schon im Oktober des Jahres 1533 verstorben.

---

11 PKMS 1, S. 7 f. Nr. 4, 3.3.1533.
12 PKMS 1, S. 196 Nr. 201.
13 PKMS 1, S. 6 Nr. 2.

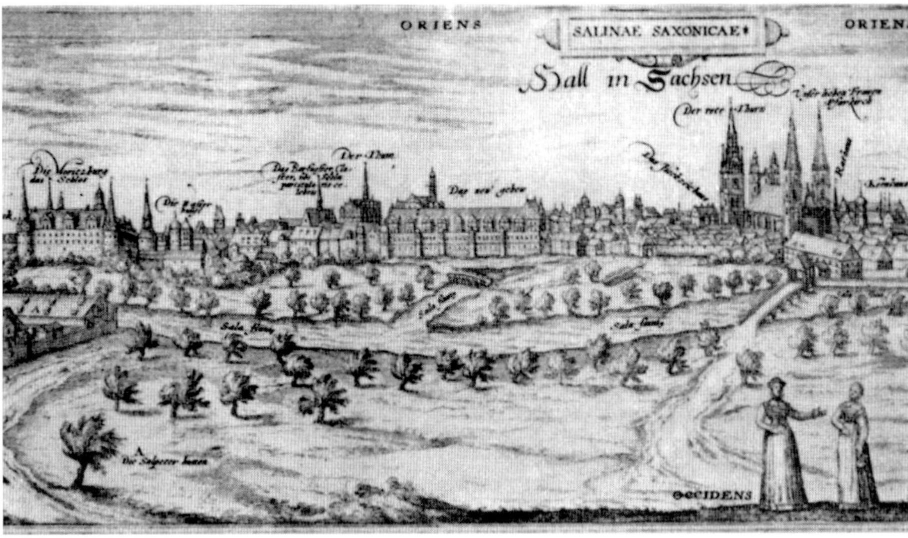

Halle mit Burg, Dom und Marktkirche, Kupferstich (Ausschnitt) aus „Beschreibung und Contrafactur von den vornembsten Stetten der Welt“, Köln 1576

Der evangelische Glaube war in den Ländern des ernestinischen Kurfürstentums Sachsen von gut 80 Prozent der Gemeinden anfangs selbstständig angenommen und seit 1526 durch Kurfürst Johann den Beständigen in den Visitationen zum neuen Kirchenwesen geordnet worden. Georg suchte die Ausbreitung der neuen, evangelischen Gedanken soweit ihm möglich zu verhindern. Deshalb schickte er seine Neffen nach Halle und Wien.

Moritz wird sich gefreut haben, in der Hallenser Burg zu wohnen, die mit ihm den gleichen Namenspatron hatte. Kardinal Albrecht ließ ab 1533 ihre Befestigungsanlagen verbessern. Die Burg war erst vom Vorgänger des Kardinals neu errichtet worden und bezeugte die Macht des Erzbischofs über seine Residenzstadt Halle.

Der heutige Dom war als zweite Bischofskirche im Erzstift Magdeburg seit 1520 glanzvoll erneuert und ausgestattet worden. Seine Reliquiensammlung stand in Konkurrenz zur innig gepflegten Sammlung Kurfürst Friedrichs des Weisen in der Wittenberger Schlosskirche. 1533 wurde auch das hohe Dach auf die neu errichteten Umfassungsmauern der Marienkirche am Markt gesetzt. Diese Mauern verbanden die Turmpaare von zwei Vorgängerkirchen. Albrecht hatte den Neubau von der Stadt erzwungen. In diesem Jahr 1533 war auch die Moritzkirche der Augustiner-Chorherren im Innern noch im Bau.

Das alles musste der junge Freiberger Fürstensohn ebenso wie die aufwendige Hofhaltung des Kardinals begreifen und bewundern. Er kannte solch vielfältigen Glanz bisher nicht. Seine bestimmende Mutter Katharina musste und wollte in Freiberg sparen. Das immer wieder erneuerte und umgebaute Freiberger Schloss stammte zum Teil noch aus der Zeit der Romanik des 13. Jahrhunderts, obwohl Herzog Heinrich anfing, es „Freudenstein“ zu nennen. 1549 war über den Gemächern Katharinas eine größere

Dachreparatur fällig.[14] Erst Moritz selbst hat 1553, kurz vor seinem Tod, dort einen großzügigen Neubau begonnen.

Moritz schrieb im Januar 1533 einen Dankesbrief für seine Übersiedlung nach Halle an Herzog Georg, den er mit der üblichen Kinderrede beginnt, er habe eigentlich nichts zu schreiben. Danach lenkte wohl ein Erzieher die Worte[15], da er es nicht durch Werke könne, wolle er seine Dankbarkeit durch die Worte des Briefes zeigen … usw. Wegen einer sich länger hinziehenden Krankheit holte Georg Moritz zu sich nach Dresden. Da in der Ehe seines Sohnes Johann mit Elisabeth von Hessen, der Schwester des Landgrafen Philipp, die Hoffnung auf Kinder immer mehr schwand, wollte sich Georg vielleicht in Moritz einen Nachfolger heranziehen in Erinnerung an sein eigenes frühes Hineinwachsen in die Landesverwaltung.

Bei Herzog Georg, dem frommen Verwalter

Christoph von Karlowitz brachte nach nur einem Jahr den Knaben Moritz wieder zurück. Moritz konnte auch danach in Dresden am Hof Herzog Georgs seine Krankheit nicht gleich überwinden. Herzogin Elisabeth schreibt es als Informantin der Schmalkaldener an Kurfürst Johann Friedrich nach Torgau. Von der Art seiner Erkrankung erfahren wir nichts.

Dresden war für Georg das Verwaltungszentrum der albertinischen Lande. An der Gestaltung des neuen Georgentores am Schloss zeigte er, dass sich sein Leben zwischen dem Leben durch Christus und dem Tod und der Vergänglichkeit der Welt spannte. Die Außenseite des Torbaues stellte den Tod vor die Augen, die Innenseite das neue Leben in Christus.

Georg wollte der getreue Verwalter seiner Lande sein. Er ist am besten als Mensch zu verstehen, der im Tiefsten der Ordnung verpflichtet ist. Er wollte in der Ordnung des „Corpus christianum“, der christlichen Einheit des Mittelalters, leben. Diese geordnete Einheit sah er durch die Schäden der Papstkirche und die Stürme der lutherischen Reformationsbewegung gefährdet. Er wollte Reformen in Kirche und Land, aber keine Unruhe durch die Glaubenserhebung des einzelnen Mönches Luther gegen den Papst, den Herrn der allgemeinen Kirche. Georg wollte keinen Aufruhr der Bauern, Ritter oder Fürsten gegen die Ordnung des Heiligen Römischen Reiches Deutscher Nation.

In seiner Kindheit war Georg von seiner Mutter zum Geistlichen bestimmt worden. Sie wollte dadurch den „Ketzertod“ ihres Vaters, des Böhmenkönigs Georg von Podiebrad, wieder gutmachen. Georg wurde aber vom Vater Albrecht zu seinem Stellvertreter in der Staatsleitung bestimmt. Er hatte dadurch die Mühen der Staatslenkung von Jugend an erfahren und beherrschte diese Dinge auf das Beste. Georg wollte als Fürst in beständiger christlicher Ordnung leben und handeln.

Georg war darin sehr erfolgreich. Auf seine 50 Jahre als Regent in Sachsen geht das durchgegliederte dreistufige Verwaltungssystem in Sachsen zurück. Der Hofrat mit

14 PKMS 4, S. 456 Nr. 402, Dresden 21.7.1549.
15 PKMS 1, S. 7 Nr. 3, Januar 1533.

wenigen immer am Hof anwesenden Räten lenkte unter dem Fürsten die Geschäfte. Darunter standen die Kreise, die wiederum die Ämter anleiteten. Der Adel war zum Teil dem Amt direkt unterstellt. Höherer Adel dagegen war als „schriftsässiger" Adel mit seinem Lehensbrief dem Fürsten direkt zugeordnet. Bald hatte jedes Amt neben dem Amtmann einen Schösser, der für Steuern und Finanzen zuständig war. Moritz hat dann dieses Verwaltungssystem in seiner Kanzleiordnung 1547 vollendet.

Georg suchte in Einklang mit den Ständen, d. h. dem Adel und den Städten, zu regieren, die er fast immer jährlich zum Landtag zusammenrief. Die mannigfaltigen Fragen des neuen Bergbaus wurden durch die Bergordnungen geregelt. Schneeberg, Annaberg und Marienberg waren die großen Bergstädte, die zu Lebzeiten Georgs entstanden. Das Silber wurde nicht verkauft oder zu Schmuck oder anderem verarbeitet, sondern fast immer zu Münzen geschlagen. Durch ihren sicheren Silbergehalt wurden die Taler zur bestimmenden zuverlässigen Münze im Reich neben dem goldenen Gulden. Der heutige Dollar in vielen Ländern hat vom Taler seinen Namen.

Ein humanistischer Grundton bestand in Dresden wie in Halle, wenn auch der Hofprediger Cochläus kein Erasmianer war. Georg war viel eifriger als Kardinal Albrecht bemüht, die altgläubige Kirche zu reformieren, um sie dadurch zu sichern. Er suchte auch für die altgläubige Kirche politische Sicherungen zu bauen. Doch der schließlich 1538 erreichte Nürnberger Bund mit den Herzögen von Bayern und Braunschweig gewann keine Kraft. Georg ließ die Klöster durch seine Räte visitieren, um sie zu erhalten. Er suchte den Papst zu einer Reform als Basis des nötigen Konzils zu bewegen. Alle diese Bemühungen hat Moritz wohl am Rande erfahren und auch die Trauer des alten, ehrlichen Mannes über seinen ergebnislosen Kampf gespürt.

Moritz war ein gelehriger Schüler seines Onkels. Er hat Georgs gesundes Verwaltungssystem bei Regierungsantritt sofort wieder eingeführt. Die wichtigen, ihm zugewandten Räte Georgs stellte Moritz wieder ein. Zu den herzoglichen Räten entstand in seinen Dresdner Jahren ein Vertrauensverhältnis, besonders zum evangelisch gesinnten Dr. Georg Komerstadt. Dieser berief schon 1536 den evangelischen Pfarrer Jakob Klappe aus ernestinischem Gebiet nach Niederebersbach an die Kirche seiner Gutsherrschaft. Georg von Karlowitz, der Onkel Christophs von Karlowitz, der Moritz nach Halle geleitet hatte, behielt unter Moritz bis Anfang 1545 den gleichen Einfluss, den er unter Georg gehabt hatte.

Herzog Georg hatte einen Vorteil gegenüber der bewusst evangelischen Katharina in Freiberg errungen, indem er den jungen Moritz im altgläubigen Dresden hielt. Katharina vermochte lange Zeit ihren Gemahl nicht zur offenen Opposition gegen Georg den Bärtigen zu bewegen. Wie in Halle wird sich Moritz im Dresdner Schloss in die Ordnung des Tages und des Jahres eingefügt haben, die von den Glocken der altgläubigen Kirchen bestimmt war. Georg hat eine Einordnung gefordert, aber keinen Gewissenszwang ausgeübt. Zu Elisabeth, der Frau des Erbprinzen Johann, entstand ein so gutes Verhältnis, dass diese Moritz auch noch aus Torgau zur Fastnacht an ihren Witwensitz Rochlitz einlud und später die wichtigste Vermittlerin seiner Ehe wurde. Elisabeth wusste sich in Dresden als Evangelische. Man kann darüber nachdenken, ob der Tod seines Sohnes Johann für Georg die Hoffnung, den alten Glauben im albertinischen Herzogtum zu erhalten, zerschlug oder ob die voranstürmende Kraft des neuen Glaubens zwischen 1520

Herzog Georg der Bärtige, über ihm die Apostel Jakobus d.Ä. und Petrus, Triptychon (Ausschnitt) von Lucas Cranach d.Ä., Georgskapelle im Dom zu Meißen. Den Flügelaltar stiftete Herzog Georg nach dem Tode seiner Frau Barbara 1534, seitdem erst ließ er sich den beinamengebenden Bart wachsen.

und 1540 einfach nicht aufzuhalten war, ehe nicht die katholische Kirche eine wirkliche Reform von sich aus begann. Moritz scheint aus seinen Jugendjahren die Überzeugung mitgenommen zu haben, dass die evangelische Erneuerung der Kirche sich immer weiter durchsetzen werde. So sehr Moritz die Innenpolitik Herzog Georgs auch für seine eigene Staatsleitung samt den alten Räten übernommen hatte, so wenig war bei ihm etwas von dem starren Eifer Georgs für die altgläubige Kirche, besonders gegen Priester und Mönche, die sich dem neuen Glauben zuwandten, zu spüren. Vielleicht wurde Moritz aber so auch für die entgegengesetzte Starrheit des evangelischen Kurfürsten Johann Friedrich in evangelischen Sachen immunisiert.

Letzten Endes war Moritz in Dresden und dann noch mehr in Torgau eine Figur auf dem Schachbrett der Politik, die von anderen, d. h. seinen Eltern, Herzog Georg, Kurfürst Johann Friedrich, geschoben wurde. Aber er hat in dieser Zeit nicht ohne persönliches Empfinden und Nachdenken gelebt. Seine Neigung zum Ausgleich mag ihm in diesen Jahren eingeprägt worden sein.

Zu Gast beim „dicken Vetter“ in Torgau

Der Tod von Herzog Georgs Sohn Johann machte Anfang Januar 1537 Herzog Heinrich und seinen Sohn Moritz zu den kommenden Nachfolgern Georgs als regierende Herzöge im albertinischen Sachsen. Das bewirkte die volle und offene Hinwendung der Freiberger Familie zum Kurfürsten Johann Friedrich. Sie wollten dadurch verhindern, dass Georg seinen wohl geistig behinderten zweiten Sohn Friedrich zum Nachfolger machen würde, für den dann ein Ausschuss der Landstände die Regierung wahrnehmen sollte. Gegen solche Pläne stellte sich Herzog Heinrich in den Schutz des Schmalkaldischen Bundes. Johann Friedrich wollte aber nicht nur eine Erbschaft schützen, sondern verlangte eine deutliche Trennung der Freiberger Familie von der altgläubigen Politik des Herzogs Georg. Moritz sollte als Unterpfand vom Dresdner Hof an den Hof Kurfürst Johann Friedrichs nach Torgau umsiedeln. Im Freiberger Ländchen sollte die begonnene Reformation endgültig eingeführt werden. Unter den neuen Umständen ließ sich Heinrich von seiner Frau zu dieser Entscheidung bewegen. Im gleichen Jahr gab auch Elisabeth, die Witwe Johanns, die Reformation in ihrem Wittum Rochlitz und Mittweida frei. In Mittweida war eine große Anzahl der Bürger schon vorher offen evangelisch gewesen und hatte die Gegenmaßnahmen Georgs des Bärtigen erduldet.

Herzog Georg meinte dazu, wenn man ihn bei lebendigem Leibe beerben wolle, so wolle er tun, wie ihm Herzogin Katharina tue, denn diese lebe um so länger, je mehr er auf ihren Tod warte. Katharina bestimme in Freiberg die Richtung in Politik und Kirche. Georg wollte ebenso tun und leben, solange es Gott gefalle. Es verlängere auch sein Leben, wenn man auf seinen Tod warte.

Als Moritz nach Torgau zog, wusste er sich als der Thronfolger von Onkel und Vater, die beide mit 66 bzw. 64 Jahren für die damalige Lebenserwartung hoch ins Alter gekommen waren. Doch Kurfürst Johann Friedrich scheint ihn nicht als künftig regierenden Verwandten des anderen sächsischen Teilstaates behandelt zu haben, sondern eher als einen zur Dankbarkeit verpflichteten, ärmeren Verwandten. Mit ihm wollte er den eigenen Einfluss erweitern.

In Torgau stand der neue Johann-Friedrich-Bau des Schlosses kurz vor seiner Vollendung. Er wurde ein besonderes Werk der Renaissancekunst. Der Sandstein des Wendelsteines leuchtete in weißer Eleganz. Die beengenden Wände der Treppentürme der vorangehenden Zeiten waren hier in senkrechte Säulen aufgelöst, zwischen denen sich die Aufgangstreppen frei spannten. Als Moritz dort lebte, wurde 1538 zum Schluss der ganze Außenputz des Neubaus eingefärbt. Die Werkstatt Lucas Cranachs aus Wittenberg führte die malerische Gestaltung der Innenräume des Schlossflügels durch. In dieser Zeit entstand in Moritz wohl der Wunsch, in Dresden am Sitz der Albertiner selbst ein großes Schloss neu zu errichten. Karl V. bewunderte nach der Schlacht von Mühlberg 1547 das Torgauer Schloss.[16] Torgaus Schlosskirche von 1544, die Luther geweiht hatte, wurde später zum Vorbild für die Kapelle im Dresdner Neubau.

In Torgau wurde Moritz zusammen mit Herzog Johann Ernst, dem Moritz gleichaltrigen, jüngeren Stiefbruder des Kurfürsten Johann Friedrich, dem Herzog Ernst von

16 Oswald Artur Hecker: Schriften Dr. Melchiors von Osse. Berlin 1922, S. 112: *also ist die Keis Mjt. Von danne nach Turgau, do dan das haus I. Mjt. wolgefallen.* (Hecker: Ossa).

Braunschweig-Lüneburg und dem Sohn des Grafen Wolfgang von Barby erzogen. Der Erbmarschall Hans Löser war am ernestinischen Hof sein Hofmeister. Moritz behielt ihn auch nach 1539 noch im Dienst bis zu seinem Tode 1541. Auch zu seinem *lieben Gesellen* Ernst von Braunschweig hielt Moritz Verbindung. In Erinnerung der gemeinsamen Tage lud er ihn im Oktober 1548 mit Reitpferd und Turnierausrüstung nach Torgau ein, wo Moritz für Herzog August die Hochzeit ausrichtete. Zu Graf Wolfgang von Barby, dem Vater, blieb ein besonderes Vertrauensverhältnis. Als Moritz regierte, übertrug er ihm in Zeiten seiner Abwesenheit immer wieder die Statthalterschaft.

Mit dem ernestinischen Kurfürsten selbst scheinen die jungen Herren wenig persönlichen Kontakt gehabt zu haben, noch weniger mit Luther, wenn dieser auch von Wittenberg nach Torgau kam. 1538 hat Moritz den Kurfürsten Johann Friedrich nach Eisenach begleitet, wo der Schmalkaldische Bund über die Möglichkeiten von Krieg und Frieden verhandelte.[17]

Ab Februar 1539 erlebte Moritz in Frankfurt, wohin ihn Johann Friedrich mitgenommen hatte, über zwei Monate die mühseligen Verhandlungen um Sicherung des Friedens zwischen den Schmalkaldischen Bundesverwandten und dem Kaiser, der den Erzbischof von Lund mit den Gesprächen beauftragt hatte. Moritz war dabei immer nur

17 PKMS 1, S. 35 Nr. 30, 16.3.1539; PKMS 1, S. 37 Nr. 33, 26.3.1539.

Großer Wendelstein vom Johann-Friedrich-Bau des Schlosses Hartenfels in Torgau (vor der Restaurierung), 1533–36 von Konrad Krebs geschaffen, gilt als eine Hauptleistung der Frührenaissance in Deutschland

Linke Seite:
Kurfürst Johann Friedrich mit den Reformatoren, von Lucas Cranach d. Ä. um 1532/39, Holz (Toledo, Museum of Art), Ausschnitt

Zuschauer. Er wird aber private Gespräche der verhandelnden Fürsten und Räte gehört haben. Er lernte hier den Gedanken eines vorläufigen Friedens zwischen verschiedenen Bekenntnissen im Reich kennen. Man kämpfte um die Anerkennung des Nürnberger Anstandes (vorläufigen Friedens) von 1532 für neue evangelische Reichsstände, die vielleicht dem Bund beitreten würden, für sie sollte ein erweiterter Anstand auch gelten. Da das Erbe seiner nun offen evangelischen Familie in Dresden bevorstand, wird Moritz sich aus eigenem Interesse über die Vorgänge informiert haben.

Moritz ist später ein geschickter Unterhändler bei vielen Verträgen gewesen, der es verstand, seine Verhandlungspartner zu gewinnen. Die größte Wirkung hat sein persönliches Verhandeln gehabt, wenn er Kompromisse suchte. Anderthalb Jahr später schrieb Moritz dem Landgrafen Philipp: *Das weiß Gott, dass ich es gern auf allen Seiten gut sehe*. In Eisenach und Frankfurt hatte er Gelegenheit, die Bräuche von Ausgleichs- und Vertragsverhandlungen von außen kennen zu lernen. Wo eine Vielzahl von Fürsten beteiligt war, gab es Regeln, die sich in den letzten Jahrzehnten eingebürgert hatten. Man sprach über Vertragstexte, die vorher konzipiert waren und in den Verhandlungen durch mündliche Voten verändert wurden, die meist auch noch schriftlich übergeben wurden. Es ist nicht anzunehmen, dass Moritz, der sich als künftiger regierender Fürst wusste – mit 16 Jahren galt man in dieser Zeit als regierungsfähig –, kein Interesse für den Ablauf der Geschehnisse gehabt hat.

Moritz wird Luther nur selten persönlich begegnet sein. Nach dem Tode des Kurfürsten Johann 1532, des Vaters von Johann Friedrich, war die ernestinische Familie und damit auch die ernestinische Politik aus der direkten Nachbarschaft Luthers und der Reformatoren in Wittenberg nach Torgau und Weimar umgezogen. Luther war außerdem in den Jahren, die Moritz in Torgau verbrachte, durch die Vertretung des Wittenberger Stadtpfarrers Johann Bugenhagen sehr belastet und in Wittenberg gebunden. Bugenhagen ordnete gerade die Einführung der Reformation im Königreich Dänemark. Luther erzählte später von Pfingsten 1539, dem Beginn der offiziellen Reformation im albertinischen Sachsen, von der Rückfahrt aus Leipzig nach Grimma nichts von Moritz, der mitreiste, sondern vom vertrauten Gespräch mit Herzog Heinrich im Kloster Eicha. Er hörte sich die Klagen Heinrichs über die langen Mühen mit seinem großen Bruder Georg an. Heinrich beklagte damit, ohne seine Frau zu nennen, die Fremdbestimmung seines Lebens. Wie würde der in Eicha abseits stehende Moritz einen eigenen Lebensweg finden?

Die hessische Hochzeit: Moritz und Agnes

Herzog Georg ging 1538 für die Erhaltung des bisherigen Glaubens in Sachsen auf Brautschau für seinen behinderten Sohn Friedrich, das weiß Elisabeth von Rochlitz schon im Mai 1538 zu berichten.[18] Georg hat dann Friedrich in der Hoffnung auf Enkel noch im Januar 1539 mit Gräfin Elisabeth von Mansfeld vermählt. Gegen diese Pläne

18 PKMS 1, S. 16 f. Nr. 14, 1.5.1538.

stellte Elisabeth von Rochlitz im Herbst 1538[19] ein anderes Paar. Moritz sollte Agnes, die Tochter des Landgrafen Philipp, heiraten. Philipp von Hessen würde diesem Plan nicht hart widerstehen können, er war mit einer Tochter Georgs des Bärtigen verheiratet und gehörte zur Verwandtschaft. Schon längere Zeit hatte Elisabeth das für ihren Schützling Moritz erstrebt. Wollte sie ihn in den hessischen Einfluss führen?

Obwohl mit Herzog Georg, Herzogin Elisabeth, Georg von Karlowitz und Landgraf Philipp die einflussreicheren Personen handeln, sind Moritz und seine Mutter Katharina die bestimmenden Figuren auf dem mühseligen Weg zu seiner Hochzeit in Hessen. Zwischen beiden geht es im Grunde nicht um ein Recht der Eltern, den Partner des Kindes zu bestimmen, sondern auf der Seite von Moritz um die Freiheit aus der persönlichen und politischen Vormundschaft der Mutter und auf Katharinas Seite um ihre politische Macht im albertinischen Sachsen, das sie durch ihren müden, alten und vielleicht schon vergesslichen Mann lenken konnte.

Gleichzeitig bestanden in Dresden Pläne, Moritz wieder an den Hof zu bringen und ihm dann einen Aufenthalt am königlichen Hof mit hohem Unterhalt schmackhaft zu machen.[20] Die Hochzeit mit einer der Töchter des Königs wurde überlegt. Elisabeth berichtet auch, dass Kaiser und König nicht zu einer Ehe des behinderten Herzogs Friedrich, wie Herzog Georg plante, sondern zur Ehe des Herzogs Moritz rieten. Durch eine Ehe ohne Vollzug könnte Moritz eine Tochter des Königs Ferdinand heiraten. Böhmen würde 50 000 Gulden stiften und die noch kleine Tochter des Königs zur Erziehung nach Sachsen geben.

Elisabeth meinte, es wäre das für Johann Friedrich und die Evangelischen nicht gut, dass Herzog Moritz dorthin gezogen würde.[21] Sie wollte mit ihrer Hochzeitsvermittlung im Sinne Gottes handeln. Denn sie war sich sicher, dass Herzog Heinrich und seine Söhne bewusst evangelisch waren. Im Herbst 1539 lehnte Herzog Heinrich auch eine königliche Heirat endgültig aus Glaubensgründen ab.

Als Herzog Georgs letzter Sohn einen Monat nach seiner Hochzeit Ende Februar starb, machte Georg von Karlowitz einen Versuch, Moritz nach Dresden zu locken. Er sicherte ihm zu, dass er in seiner persönlichen religiösen Haltung keinesfalls beeinflusst werden solle. Damit setzte er bei Moritz eine evangelische Grundhaltung voraus.[22] Man hatte am Hof in Dresden Moritz als direkten Nachfolger von Herzog Georg in Erwägung gezogen, um die bestehende, altgläubige Ordnung zu sichern und das künftige Mitregieren der Landschaft doch zu erreichen. Moritz sollte Elisabeth von Mansfeld, die Witwe des gerade Verstorbenen heiraten.

Auf jeden Fall sollte Moritz wieder seinen Wohnsitz bei Georg in Dresden nehmen. Bei seinem Glauben sollte er bleiben können, aber öffentlich mit Georg die Messe besuchen. Wollte man damit ein Verfahren wieder aufleben lassen, das wohl schon beim ersten Dresdener Aufenthalt 1534 bis 1537 in Brauch war? Man wollte, dass sich Moritz der altgläubigen Ordnung in Dresden einfügte und für seine Umwelt seine evangelische Haltung verlor. Karlowitz versuchte ihn, wie schon gesagt, im März 1539 nach Dresden

19 PKMS 1, S. 28 Anm. 4, 26.11.1538, Hz.in Elisabeth an Lgf. Philipp.
20 PKMS 1, S. 26 Nr. 21, 18.11.1538, Georg von Karlowitz an Hz.in Elisabeth.
21 PKMS 1, S. 27 Nr. 21, 23.11.1538, Hz.in Elisabeth an Kf. Johann Friedrich.
22 Erich Brandenburg: Moritz von Sachsen, Bd. 1: Bis zur Wittenberger Kapitulation. Leipzig 1898, S. 32.

zu bringen, um ihn zum direkten Nachfolger Georgs zu machen. Auch die Herrschaft Katharinas mit Hilfe von Herzog Heinrich wollte Karlowitz damit vermeiden. Er war einem politischen Handeln in Gegensätzen abhold. In Religionsdingen suchte er noch Anfang 1539 in Leipzig mit einem Religionsgespräch einen Ausgleich zwischen den altgläubigen und den evangelischen Christen.

Herzogin Katharina focht heftig gegen die Pläne Herzog Georgs,[23] Moritz zu seinem direkten Nachfolger zu machen. Sie wäre damit von jedem persönlichen Einfluss ausgeschlossen worden. Moritz verwies für die Antwort auf das Angebot von Karlowitz an Kurfürst Johann Friedrich und seinen Vater, von denen er abhängig wäre.[24]

Für Moritz war der Weg zum Ehebett mit Agnes von Hessen kompliziert. Anfangs waren seine Eltern schon zur Fastnacht 1539 in Freiberg mit dem Abschluss einer Ehe in einiger Zeit einverstanden. Elisabeth von Rochlitz erreichte von ihnen die Zusage, Moritz eine Tochter des Landgrafen Philipp zu geben, wenn diese ihm gefalle. Darauf schrieb Herzogin Elisabeth an Moritz nach Frankfurt, er solle auf dem Rückweg Agnes von Hessen besehen. Gefiele sie, wollte Elisabeth sich weiter bemühen.[25] Sie wiederholte damit auch das eigene Schicksal, denn sie hatte als vierzehnjährige Hessin Johann, den achtzehnjährigen Sohn Herzog Georgs, geheiratet.[26] Moritz meinte dazu, wenn es zur Heirat führe, wollte er an Elisabeth denken. Und fügte an, was Gott für ihn zu Heil und Wohlfahrt habe und worum er den Allmächtigen bitten wolle, das würde wohl geschehen.[27] Leben, Ehe und Gebet gehörten von Anfang an bei Moritz zusammen. Das war später auch in den eigenhändigen Briefen an seine Frau so.

Ob Moritz schon auf dem Heimweg Agnes in Marburg oder Kassel „besehen“ hat, ist nicht festzustellen. Sicher kam Katharina mit ihm im August 1539 nach Hessen, um Näheres zur Ehe zwischen Moritz und Agnes zu klären. Herzogin Elisabeth war zu dieser Zeit ebenfalls in Kassel.[28] Zugleich sollte der Erbteil der Landgräfin Christine am Barvermögen ihres Vaters, Herzog Georg, mit der Aussteuer von Agnes verrechnet werden. Die Eheabsprachen erfolgten damals immer zwischen den Eltern, mit zwölf und siebzehn Jahren mussten die jungen Leute nicht gefragt werden. Moritz' eigenes Handeln bestand darin, dass er sich Agnes 1539 gefallen ließ.

Agnes war aber schon länger mit Erich II., dem Erben von Braunschweig-Kahlenberg, versprochen. Diese Verlobung hat Landgraf Philipp vor der Ankunft Katharinas mit Moritz rückgängig gemacht. Er hat dafür den Kahlenbergern seine Tochter Anna angeboten. An deren Stelle hat sich Moritz' Schwester Sidonie zu Erich in eine, allerdings bald unglückliche Ehe gedrängt. Obwohl sie zehn Jahre älter war als Erich II., zog sie den Sechzehnjährigen im Marburger Schloss in ihre Arme.[29]

Das albertinische Sachsen bedeutete für den hessischen Landgrafen und seine Tochter wesentlich mehr als Braunschweig-Kahlenberg. Die miteinander vermittelten Braut-

23 PKMS 1, S. 32–35 Nr. 27–30.
24 PKMS 1, S. 36 Nr. 32, 21.3.1539, Hz. Moritz an Georg von Karlowitz.
25 PKMS 1, S. 29 Nr. 24, 28.2.1539, Hz. Elisabeth an Hz. Moritz.
26 PKMS 1, S. 28 f. Nr. 24, 28.2.1539, Hz.in Elisabeth an Hz. Moritz.
27 PKMS 1, S. 29 Nr. 25, 6.3.1539, Moritz an Elisabeth.
28 Friedrich Albert von Langenn: Moritz, Herzog und Churfürst von Sachsen: eine Darstellung aus dem XVI. Jahrhundert. Leipzig 1854, Bd. 2, S. 192 f. (Langenn 2).
29 PKMS 2, S. 132 f. Nr. 640.

leute fanden Gefallen und Freude aneinander, die Bestand hatten. Moritz hatte sich für diese seine erste persönliche Begegnung viel vorgenommen, nur, wenn er von Agnes freundlich und nicht mit Tränen empfangen würde, wollte er die Sache weiter verfolgen. Er fand ein lächelndes Fräulein vor. Nach einem Brief Elisabeths von Rochlitz hat Moritz bei dem Aufenthalt im Sommer Philipp von Hessen die Hochzeit mit Agnes zugesagt.[30] Moritz erzählt selbst, dass er in Melsungen an der Fulda die Zusage gab.[31] Elisabeth meinte dann, dass Herzog Moritz, was er zugesagt habe, halten werde, *wenn er am Leben bleibt*.

Schwierig wurde, dass Moritz seit 1539 gegen alle neuen politischen Pläne seiner Mutter bei seinem ersten Entschluss geblieben ist. Er lehnte auch eine vorausgenommene Trauung zur Ehe mit einer königlichen Prinzessin ab. Wenn er getraut wäre, müsste er sich der anderen Frauen enthalten. Deshalb wollte er gleich die richtige Hochzeit haben, denn er könnte über Jahre sonst keine Treue halten. Moritz scheint strenge Grundsätze über die Ehe aus dem altgläubigen Dresden und dem evangelischen Torgau mitbekommen zu haben. Er wollte nicht auf das Heranwachsen eines königlichen Kindes warten.

Katharina benutzte die Ehepläne als Druckmittel gegen die berechtigten Erbschaftsanspüche Christines von Hessen. Als Tochter musste diese beim Erbe am Barvermögen beteiligt werden. Philipp meinte, dass der Anteil seiner Frau ungefähr 50 000 Gulden betrage. Katharina suchte die schon abgesprochene Ehe zu hindern, um bei Philipp einen Verzicht auf die Zahlung zu erreichen. Sie verbot Moritz eine Zusage, ehe sie mit Landgraf Philipp über das Erbe verglichen wäre. Elisabeth von Rochlitz meinte, dass nur Katharina die Ehe verhindere.[32] Schließlich hätten ihr beide Elternteile lange schon gesagt und auch geschrieben, dass sie Moritz keine andere geben wollten, wenn sie ihm gefiele. Kurfürst Johann Friedrich wiederum war nicht für die Heirat, weil damit Hessen ein größeres Gewicht im Schmalkaldischen Bund bekam.

Moritz war mit all diesen Plänen anderer über ihn immer noch die geschobene Figur im politischen Schachspiel. Herzog Georg suchte durch Moritz den altgläubigen Bestand der Kirche im albertinischen Sachsen zu sichern. Georg von Karlowitz und der Adel wollten sich ihre Mitregierung im Herzogtum sichern, Elisabeth von Rochlitz suchte mit der Vermittlung einer Ehe von Moritz mit der hessischen Nichte zu verhindern, dass dieser zur Ehe mit einer Tochter König Ferdinands bewegt würde. Sie wollte außerdem einer Idee Herzog Georgs begegnen, die Nachfolge vielleicht dem Schwiegersohn Landgraf Philipp anzubieten.

Schließlich wollte Elisabeth persönlich durch einen Besuch in Dresden unmittelbar nach Weihnachten 1539 gegen den Widerstand der Herzogin Katharina zur Ehe vermitteln. Als diese das erfuhr, zog sie mit ihrem gesamten weiblichen Hofstaat zwei Meilen vor die Stadt auf ein Dorf. Moritz ließ sich zwingen, die Mutter zu begleiten, weil diese sonst ein Vierteljahr oder länger mit ihm kein Wort mehr geredet hätte.[33]

30 PKMS 1, S. 48 Nr. 43, 13.12.1539, Hz.in Elisabeth an Lg. Philipp.
31 Langenn 2, S. 195, Moritz an die Räte in Leipzig, 12.1.1541. PKMS 1, S. 89 Nr. 86.
32 PKMS 1, S. 49 Nr. 43, 13.12.1539, Hz.in Elisabeth an Lg. Philipp.
33 PKMS 1, S. 55 Nr. 49 Anm. 1.

Elisabeth wollte sofort wieder kehrtmachen, weil dieses Verhalten für beide Fürstinnen beschämend wäre. Aber Hans von Heinitz, ein herzoglicher Rat, vermittelte. So bat Herzog Heinrich Elisabeth, für eine Unterredung am nächsten Morgen zu bleiben. Er konnte sie aber nur in einem für fürstlichen Besuch ungeeigneten, sehr engen Zimmer unterbringen. Elisabeth schreibt dazu ihrem Bruder: *Ich hort auch sagen, dey hertzgen solt yern soun darumb vor mir geflogett haben, das sey sorge het, ich oberret yn zu etwas meins leybgutz halben, auch der heurezt halben; zum andern das ich ein hemlichen koundragk mit ym mach, des erbest halben, das er solt keyn egeld fortter von Dir zu den 20 000 Gulden, dey sey Dir geben. Es soll gewist sein; hatt auch gesaget, ich hetz yn auf sey.*[34] Elisabeth hatte besonders Moritz treffen wollen. Er entschuldigte sich danach bei Elisabeth. Sie sollte auf ihn nicht zornig sein, es wäre alles ohne seine Schuld geschehen. Er hätte es tun müssen.[35]

Die Ablösung von der Mutter und dem unter ihrer Lenkung stehenden Vater wurde ein schwieriger Prozess, in dem Moritz ab 1540 aber eigenständig handelte. Er erreichte im Februar vom Vater, als dieser allein ohne Katharina nach Freiberg ritt, die Genehmigung, um Pfingsten nach Hessen zu reisen. Heinrich stand auf der Seite von Moritz. Schon nach der Sommerreise 1539 hatte er Moritz bezüglich Agnes gefragt: *Kriegen wir sie, oder kriegen wir sie nicht?*[36]

Philipp von Hessen suchte ab 1539 in sein eigenes Verhalten Ordnung zu bringen. Als bewusster Christ vermochte er seine sexuelle Freizügigkeit nicht mehr mit der evangelischen Ethik zu vereinbaren. Er hielt sich deshalb zeitweise für unwürdig, am Abendmahl der Gemeinde teilzunehmen. Dazu war er für die siebzehnjährige Margarete von der Sale, eine Hofdame seiner Schwester Elisabeth, entflammt, deren Mutter jedoch eine Ehe, nicht nur ein Konkubinat ihrer Tochter mit dem Landgrafen forderte. Dieser kam auf den Gedanken, eine geheime Nebenehe mit der jungen Dame zu führen, da das nach dem Alten Testament möglich sei. Nach großem Druck vonseiten Philipps gaben Luther und auch Melanchthon mit sehr schwerem Herzen am 10. Dezember 1539 den geheimen Beichtrat, der Landgraf könne eine solche Nebenehe führen. Aber diese Geheimehe, die nach außen als fürstliches Konkubinat gelten sollte, kam ins geheime Gerede. Bigamie stand im deutschen Recht unter Todesstrafe.

Als dann das Gerücht der Doppelehe durchdrang, meinte Katharina, sie könne nun die Zahlungen aus der Erbschaft gänzlich sparen, weil Landgraf Philipp als Bigamist gegen das Reichsrecht gehandelt habe und deshalb die Summe nicht mehr vor dem Reichskammergericht einklagen könne. Statt der Werbung um Agnes wollte sie von Moritz, dass er exakte Kunde über die Doppelehe aus Hessen zurückbrächte.

Moritz aber wurde von Philipp ganz offen persönlich unterrichtet. Darauf brachte er seine Werbung um Agnes vor. Die Eltern gestatteten beiden eine ganz persönliche Unterredung. Nur von fern sahen sie ihnen zu.[37] Als die jungen Leute miteinander einig waren, wurde die Ehe nunmehr von den Eltern und Moritz fest zugesagt.

Nach seiner Rückkehr musste Moritz den Tatbestand der zweiten Ehe des Landgrafen zugeben. Er hatte in Hessen der Nebenfrau Margarete von der Sale einen offiziellen

34 PKMS 1, S. 51 Nr. 45 Anm. 1.
35 PKMS 1, S. 51 Nr. 45, Hz.in Elisabeth an Lg. Philipp Anm. 1.
36 PKMS 1, S. 62 Nr. 53.
37 Langenn 2, S. 193, 10.1.1541, Lg. Philipp an Hz.in Katharina.

Besuch gemacht und Philipp versprochen, sich um die Sicherheit von deren Mutter zu bemühen. Moritz' Eltern holten aber die Mutter zwangsweise zu einem Verhör nach Dresden. Katharina verbreitete dann die Tatsachen über Philipps Moral an deutschen Fürstenhöfen.

Schrittweise bekannte Moritz den Eltern seine feste Ehezusage an Agnes. Katharina lehnte die Ehe völlig ab. Heinrich meinte, man könne unter diesen Umständen keine nähere Verwandtschaft eingehen. Moritz, der sich seiner Neigung sicher war, schrieb zwischen allen Stühlen, *es weis got, das ich es gerne auff allen seitten gut sege* (sehe).[38] Moritz war sich aber sicher, *er wosste um der 10 000 gulden* (weder) *E. F. Gn.* (Landgraf Philipp) *noch das freulein* (Agnes) *zu verlassen.*[39]

Katharina, *dieweil I. F. Gn. Alles unter handen* hatte, wollte nicht, dass Moritz als Vertreter seines Vaters zum Reichstag zog. Moritz durfte auch nicht den Kurfürsten Johann Friedrich aufsuchen. Er musste den väterlichen Hof nach Schlesien begleiten. Philipp drängte auf Erbschaft und Vollzug der Ehe. Katharina und die ihr ergebenen Hofräte unter Anton von Schönberg suchten vor dem nahen Beginn von Moritz' Herrschaft ihre Position zu verbessern.

Auf Anfrage riet Kurfürst Johann Friedrich, Moritz solle einer umfänglichen Erhöhung des Wittums für Katharina um 3000 Gulden und einer Teilung des albertinischen Staates zwischen ihm und seinem Bruder August durch ein Testament des kranken Vaters nicht zustimmen.[40]

Moritz drängte über Wochen hin auf Erlaubnis zur Reise nach Hessen. Schließlich erklärte er dem Vater, dieser habe immer gesagt, er solle eine nehmen, die ihm gefiele. Ihm gefalle nun des Landgrafen Tochter. Im Juli hatte Moritz das „lebliche" (muntere) Frauenzimmer grüßen lassen.[41] Er habe in seinem Herzen beschlossen, sie und keine andere zu haben. Darauf meinte Heinrich schließlich, dann sei er auch damit zufrieden. Danach bat Moritz durch den obersten Rat Katharinas, Anton von Schönberg, seinen Vater um Urlaub nach Hessen. Heinrich stimmte zu, doch solle Moritz erst Weihnachten und die Taufe des Sohnes seiner Schwester in Dresden abwarten, bevor er abreise.

Mutter Katharina aber war mit der Haltung des Sohnes nicht zufrieden. Sie hatte Moritz schon im Sommer vorgeworfen, dass er nicht gern bei den Eltern sei. Ja, er wolle sich wohl zu einem Absalom machen lassen, dem Sohn, der seinen Vater König David verriet. Sie lehnte die Abreise ab. Aus der Zusage des Vaters wurde wieder ein schweigendes Abwarten. Wahrscheinlich war für Katharina auch schwierig, dass der erstgeborene Sohn, der Ende 1532 als noch Elfjähriger Freiberg verlassen hatte, 1539 als fast erwachsener junger Mann zurückkam, der sich nicht mehr allein vom Wort der Mutter lenken lassen wollte. In der Zwischenzeit hatte sie ihn immer nur vorübergehend auf Besuch gesehen.

Moritz zerschnitt schließlich den Knoten. Er schrieb dem Vater, es hinge für ihn auch Ansehen und Leumund als sächsischer Fürst daran, dass er reite und sein Ehever-

---

38 PKMS 1, S. 80 Nr. 69.

39 PKMS 1, S. 81 Nr. 69, Anm. 1, Beilage des Hans von Schönfeld, 2.11.1540, zum Brief des Hz. Moritz an Lg. Philipp.

40 PKMS 1, S. 78–80 Nr. 68.

41 PKMS 1, S. 67 Nr. 62, 2.7.1540, Moritz an Lg. Philipp.

Moritz und seine Gemahlin Agnes, Gemälde von Lucas Cranach d. J., auf Lindenholz, 1559

sprechen einlöse.[42] Er reiste von Dresden nach Mügeln, das zum Reichsterritorium des Bischofs von Meißen gehörte. Dort fühlte er sich wohl etwas sicherer als im albertinischen Gebiet. Ein Brief Katharinas wurde ihm sofort nachgesandt. Der Vater sei, wenn Moritz zurückkäme, grundsätzlich für die Ehe. Andernfalls sündige Moritz gegen Gott. Die Abreise könne den Vater unter die Erde bringen, und Moritz verliere außerdem die Gunst von Vater und Mutter.[43] Moritz antwortete, die Mutter habe ihn vielfältig auf die Verlobung hin geleitet. Er tue, was christlich und ehrlich sei und könne dadurch die Gunst der Eltern nicht verlieren.[44] Die Mutter kündigte ihm in scharfer Antwort bei Vollzug seiner Ehe die zeitliche und wohl auch ewige Strafe Gottes an, wegen des Verstoßes gegen die auch von Luther gepredigte Ordnung und gegen das Vierte Gebot „Du sollst Vater und Mutter ehren".[45]

Moritz war, nachdem er die knapp dreizehnjährige Agnes gesehen hatte, bei seiner Zusage aus dem Sommer 1539 geblieben. Vorher hatte er auf die Pläne Herzog Georgs aufschiebend und abweisend geantwortet. Er wollte evangelisch bleiben. Nun wollte er ohne großen Aufschub heiraten und an beidem trotz der ganz anderen Interessen seiner Mutter, der Stände und der Altgläubigen festhalten. Er machte sich auf seinen selbstständigen Weg.

---

42 Langenn 2, S. 186. Dieser und die folgenden Briefe sind in PKMS 1 nur als Überschrift ohne Text notiert, deshalb ist auf den Text in Langenn verwiesen.

43 Langenn 2, S. 189 f.

44 Langenn 2, S. 190.

45 Langenn 2, S. 190 f.

Moritz reiste nach Hessen, obwohl durch Katharina noch Räte in Leipzig und in Weißenfels aktiviert wurden, um ihn aufzuhalten. Er bat in Marburg Landgraf Philipp am 9. Januar 1541 dringend um den sofortigen Vollzug der Ehe. Philipp versuchte zusammen mit seiner Gemahlin, den überstürzten Vollzug der fest beschlossenen Ehe um einige Zeit aufzuschieben, er konnte aber bei Moritz nichts erreichen.[46] Dieser schrieb zugleich aus Marburg an Katharina, er habe nicht als ungehorsames Kind gehandelt, sondern zu dieser Ehe wäre er, wie öffentlich bekannt, vom Vater und ganz besonders von der Mutter so weit bewegt worden, *daß wir als ein gehorsames Kind darein gewilligt und demnach soweit eingelassen, dass wir niemals nicht zurück mögen*.[47]

Philipp war von Katharina vor der *unordentlichen, ungöttlichen* Ehe seiner Tochter gewarnt worden. Er nahm jedoch Moritz in Schutz und wunderte sich, dass sie nun das ablehne, was sie gefördert und niemals widerrufen hatte.[48] Am 11. Januar 1541 wurde das junge Paar in Marburg wohl in der Elisabethkirche getraut, ohne jede Einschränkung auf eine nur rechtliche Ehe. Moritz ist damit sicher der erste Mann, den Agnes kannte. Sie war bei der Hochzeit nicht ganz 14 Jahre alt. Wie weit sich Moritz zu dieser Zeit schon dem anderen Geschlecht zugewandt hatte, wissen wir nicht. Die Marburger Hochzeit wird ohne jeden öffentlichen Glanz gewesen sein. Fürstenhochzeiten sind sonst lange geplante, über Tage dauernde Feste gewesen. War Moritz so sehr unter Druck? Hat Philipp seine politische Basis erweitern wollen? Fürchtete Moritz ein Kommen seiner zungenfertigen Mutter Katharina? Nur Tatsachen konnten sie bremsen!

Danach war Moritz mit zwanzig Jahren in seinem persönlichen Leben eine eigenständige Person. Viel länger dauerte es, bis er auch als Landesfürst selbstständig und frei von den Wünschen anderer zu entscheiden lernte. Moritz war Anfang 1541 eine allseits begehrte Figur im politisch-konfessionellen Spiel. Die Mutter Katharina, der Onkel Georg, der Vetter Johann Friedrich, die sächsischen Stände, Elisabeth von Rochlitz, der Landgraf und sogar König und Kaiser wollten durch seine Person ihre Pläne erreichen. Moritz aber ließ sich wohl von der ihm vertrautesten Person, Elisabeth von Rochlitz, und dann von Landgraf Philipp beraten. Er wollte seinen selbstbedachten Lebensweg gewinnen, das musste ihn immer wieder von anderen trennen.

Leider schloss Philipp, als seine Doppelehe allgemein bekannt wurde, einen Vertrag mit dem Kaiser am 13. Juni 1541 in Regensburg, der ihn vor der Reichstrafe wegen Bigamie bewahrte. In diesen Vertrag zog er Moritz mit hinein. Moritz folgte seinem Schwiegervater, durch den er gerade ein eigenes Leben gewonnen hatte. Er ratifizierte diesen Vertrag, der ihm wohl nur vorgelesen wurde, in einem eigenen Brief an den Kaiser am 23. Juni 1541 vom hessischen Friedewald aus, den Herzog Georgs Kanzler Pistoris entworfen hatte.[49]

Der wirkliche Grund für die Mühen, die Moritz mit seiner Mutter Katharina und durch sie mit dem Vater 1540/41 hatte, sind weder die Erbschaft noch Philipps Doppelehe, sondern der feste Wille der Herzogin, weiter an der Macht zu bleiben. Sie suchte die Ehe ihres Sohnes zu verhindern, mit der sie ihren Einfluss auf den Sohn verloren

---

46 Langenn 2, S. 197, 13.1.1541, Lg. Philipp an Hz.in Elisabeth.
47 PKMS 1, S. 87 Nr. 83, Marburg 10.1.1541, Hz. Moritz an Hz.in Katharina.
48 Langenn 2, S. 192–194, 10.1.1541.
49 PKMS 1, S. 149 f. Nr. 164

hätte. Katharina schrieb an Landgraf Philipp, dass ein Kind das höchste Gut wäre, das einem Mann von Gott auf Erden gegeben würde, deshalb dürfte Philipp Moritz nicht zum Ungehorsam gegen die Eltern führen. So redete sie von sich durch die Person ihres Mannes.[50] Sie wollte mit Moritz nicht ihren politischen Einfluss verlieren. Nachdem er die Nachfolge des verstorbenen Vaters angetreten hatte, bemühte sie sich, die bisher bewohnten Gemächer der regierenden Herzogin im Dresdner Schloss zu behalten und nicht an die junge Agnes abzutreten. Als die hessischen Räte, die Moritz im Namen des Landgrafen bei Regierungsbeginn halfen, das verhinderten, verließ sie wütend Dresden und nahm ihren Witwensitz im Freiberger Schloss ein.

Es gibt einen schmalen Band von originalen, ganz persönlichen Briefen im Dresdner Archiv, der nur Briefe von Moritz an Agnes enthält, aber keine Antworten von Agnes. Diese Moritz-Briefe sind vermutlich bei der Übersiedlung von Agnes aus Dresden in den Witwensitz nach Weißenfels und dann nach Weimar mitgenommen worden. Wohl erst durch die Reichsacht gegen Johann den Mittleren sind sie mit anderen Aktenbänden aus dem ernestinischen Archiv wieder nach Dresden gekommen. Johann Jenitz, der Geheimsekretär von Kurfürst August, hielt vielleicht Moritz betreffende Briefe, den er nur als Vorspiel zu dessen Nachfolger sah, ohnehin nicht für sehr wichtig. Es gibt in Hessen im Marburger Archiv mehr Briefe von Moritz als in Dresden.

Moritz hatte von Anfang an ein freundliches Bild von Agnes. In einem Brief an Landgraf Philipp lässt er 1540 das *lebliche* (lebensvolle, lebenslustige) Frauenzimmer grüßen. Die Neigung zwischen Moritz und Agnes ist immer beständig geblieben. Auch in späteren eigenhändig geschriebenen Briefen von Moritz stehen zärtliche Formulierungen, zumeist nur der Empfängerin wirklich verständlich. So heißt es im Oktober 1550: *jn soma jch will diesen winter bey dir bleiben vnd wollen mit einander birn braten wan sie chussen so wollen wir sie aus nehmen vnd mit gottes chulff ein guts mutlein haben amen.*

In einem seiner letzten Briefe schreibt Moritz: *ist es meglich so kom ich zu dir kann es aber nit sein vnd du wollest mich ihe ansprechen so magstu in die nehe zu mir komen so will ich fleis vorwenden das ich dir mog das badt gesegne ich befil dich got der helf vns mit freuden zu samen vnd geb uns genad das wir hinfuro lang lang lang mogen besamen wonen vnd das vorrichten das wir lang beidt gewunst haben amen.* Agnes weilte da längere Zeit in Bad Ems zur Kur gegen Unfruchtbarkeit.[51] Es ist eine Last für Agnes und Moritz gewesen, dass ihnen nach der Tochter Anna, 1544 geboren, und dem Sohn Albrecht, der nach knapp einem halben Jahr 1546 schon starb, keine anderen Kinder geschenkt wurden. So kann Landgraf Philipp ermahnen, als er ihr im Brief gestattet, seinen kleinen Sohn Georg nach dem Tod der Landgräfin in Pflege zu nehmen: Sie sollten nicht so faul sein wie in den letzten Jahren und selbst zu einem Sohn kommen.[52]

Es ist möglich, dass zwischen Moritz und seiner Frau eine Rhesusunverträglichkeit bestanden hat. Das erste Kind wuchs normal heran, das zweite Kind war auf Dauer nicht lebensfähig. Danach hat Agnes nur noch Fehlgeburten gehabt. Herzogin Katharina von Mecklenburg schrieb ihr am 5. Juli 1550, sie wünschte ihr von Gott Gesundheit,

50 Langenn 2, S. 191 f.
51 PKMS 6, Nr. 605, 20.6.1553, Kf. Moritz an Kf.in Agnes.
52 PKMS 4, S. 617 Nr. 537, 27.4.1550, Lg. Philipp an Kf.in Agnes.

da Agnes von einer „Leibesschwachheit" befallen wäre. Sie sollte ihr berichten, dann wollte sie dazu „mütterlich" raten. Es handelte sich wohl wieder um eine Fehlgeburt.[53] Nachdem Agnes nach Moritz' Tod 1555 Herzog Johann Friedrich den Mittleren, einen Sohn Johann Friedrichs d. Ä., geheiratet hatte, erlitt sie im Oktober wieder eine Fehlgeburt. Ihr Tod kurz danach am 2. November 1555 hatte aber seinen Grund im Lungensiechtum, wie ihr Mann ausführlich an Landgraf Philipp berichtete.[54]

Bis zuletzt bestand eine tiefe und intime Zuneigung von Moritz zu Agnes. Zwischen den Eheleuten hat es eine Art Privatsprache gegeben, ganz persönliche Sprachformen, die in den üblichen Wörterbüchern nicht zu finden sind. Was steckt hinter dem gemeinsamen *birn braten wan sie chussen?*[55] Ist Moritz der Hahnfürst, wenn er an Agnes schreibt *und befil hier mit got meine hunner furstin?*[56] Moritz bittet Agnes zu berichten, *wie es deinem Forbrig gat desgleichen wie die gerten sthan.*[57] Sehr frei kann er ihr schreiben: *du kenist mein Sitten das ich so gern schreib als ich bet darumb sols tu vnbekemertsein das ich nit mer geschriben hab Ich hoff zu got Ich will die botschafft baldt selber bringen vnd nit von dir stellen dan ich bin der grossen herren dinst fast mudt vnd beger nit mer als Rug vndt frid.*

Eigenhändig schreibt Moritz März 1551: *herzliebes weib ich hab dein treuherzig schreiben empfangen und alles inhalts gelesen.* Das ist zwar eine unter bürgerlichen Eheleuten dieser Zeit übliche Anrede, doch Moritz verwendet diese nicht immer, und sie hat damit hier größeres Gewicht.[58] Als er einmal erfährt, dass er die Saujagd lieber haben solle als Agnes, wie diese ihm schreibt, verfasst er selbst eigenhändig einen wütenden Brief.[59] Er fällt in seinem Zorn aus der üblichen Grammatik: *das du* (dir) *solchs durch vorlogen meuler mus angetzeiget sein.* Die kurzen Sätze zeigen Erregung. Zum Ende des Briefes aber schreibt er selbstkritisch: *ich will den abschit halden und dich auf den neuen bau* (das Schloss in Dresden) *erfordern. Das du begerest da ich nit bey dir wer das ich deyner im hertzen nit vorgesen wolt, bin ich gantz geneiget allein weis ich nit ob ich nue mer in dem glauben kegen dir stehe hie mit got befohlen.*

Moritz hatte volles Vertrauen zu Agnes. In ihrer Truhe im Schlafzimmer ließ er die für ihn wichtigen Akten, die geheim bleiben sollten, verwahren: *Die wollen E. L. In ihre Trohne legen vnd darinnen wolvorwart behalten.*[60] Noch sein allerletzter Brief gilt dieser Geheimhaltung: *sich aber im veld leichtlich ein vnrath mit brieuen zutragen kann, So haben wir dieselbigen Inn ein paketh zueinander machen lassen ... vnnd begerend E. L. wolle dieselbigen brieffe also versecretiert bei sich in gutter verwahrung behaltenn, vnnd die niemand zustellenn wir schreiben E. L. Dan mit eigen handen vnterzaichent.*[61]

---

53 Staatsarchiv Weimar D 224, Reg. D pag. 149, Bl. 5ab, 5.7.1550, Hz.in Katharina von Mecklenburg an Kf.in Agnes.

54 Staatsarchiv Weimar, ebd. Bl. 18a-22a, Weimar 26.10.1555, Hz. Johann Friedrich d. M. an Lg. Philipp.

55 Chussen = Kissen, d. h. wenn die Birne sich im Feuer aufbläht, soll das Kernhaus herausgenommen werden? Oder steckt hinter dem *chussen* das Küssen? Was wird dann ausgenommen?

56 PKMS 5, S. 106 f. Nr. 42, Calbe 12.3.1551.

57 PKMS 5, S. 877 Nr. 531, Linz 28.4.1552. Handelt es sich dabei um den Frühling in den Schlossgärten? Oder ist *Forbrig* so etwas wie Bäuchlein heutzutage?

58 PKMS 4, S. 106 Nr. 42, Calbe 12.3.1551, Kf. Moritz an Kf.in Agnes.

59 PKMS 4, S. 206 Nr. 159, Colditz 13.11.1551, Kf. Moritz an Kf.in Agnes, egh.

60 PKMS 4, S. 887 f. Nr. 770, 8.12.1550, Kf. Moritz an Kf.in Agnes.

61 PKMS 6, S. 1022 Nr. 648, Feldlager bei Einbeck 3.7.1553, Kf. Moritz an Kf.in Agnes.

Der humanistische Landesfürst lebt in schwierigen Partnerschaften

Mit der Trennung von der Mutter beginnt Moritz sich selbst zu regieren. Er will nach dem Tode des Vaters den Weg des albertinischen Landes anders fortsetzen, als er unter seinen Eltern gestaltet worden war. Vor jeder Stufe, die Moritz in seinem kurzen Leben emporstieg, hat er sich eine Vision der kommenden Aufgaben gemacht. Seit seiner überstürzt erzwungenen Heirat im Januar 1541 wusste Moritz, was sein nächster Schritt sein sollte. Er war selbst vom Vorangehenden soweit vorbereitet, dass er das Neue ohne Mühe sicher beginnen konnte. Moritz wollte nach der „Großväterlichen Ordnung" ohne Landesteilung regierender Fürst in einem modernen albertinischen Staat sein.

Der junge Herr wird Nachfolger seines Vaters

Moritz blieb nach der Hochzeit einige Wochen in Marburg. Er musste sich als junger Ehemann im Klaren sein, dass er mit der Befreiung aus mütterlicher Lenkung auch den direkten Kontakt zum Dresdner Hof und zum Vater verloren hatte. Er suchte schon am 12. Januar 1541 von Marburg aus über die herzoglichen Räte zu Leipzig den Kontakt wieder zu knüpfen.[62] Er bat seinen Vater um Verzeihung für seine Abreise ohne ausdrückliche Erlaubnis. Er habe aber als ehrlicher sächsischer Fürst sein Eheversprechen erfüllen müssen.[63]

Die Schwester Sibylle schrieb ihm danach, ihm müsse bewusst sein, dass er mit seinem Ungehorsam das Vaterland verscherzt habe, denn er habe sich gegen Gott, die Obrigkeit und die Eltern vergangen. Hinter diesem Brief stand in klarer Härte Katharina.[64] Sie wollte die Ehe als heimliche Ehe ohne Genehmigung der Eltern werten, die auch von den evangelischen Theologen abgelehnt wurde.

Die Räte Dr. Georg Komerstadt und Anton von Schönberg suchten zwischen beiden Seiten zu vermitteln. Moritz schrieb dann der Mutter und dem Vater getrennt, er habe lieber freien als brennen wollen, weil er allein dadurch ein „unzüchtiges Wesen" habe vermeiden können. Der Vater möge ihn auch bei der Mutter vertreten.[65]

Im März reiste Moritz nach Sachsen. In Naumburg verhandelte er zunächst mit albertinischen Räten. Anschließend suchte er den Rat von Kurfürst Johann Friedrich in Torgau und zog dann sofort Richtung Marienberg, um den Vater zu treffen. Unterwegs in Altzelle hörte Moritz aber, dass der Vater in Dresden wäre. Heinrich war gerade von einer Hasenjagd zurückgekommen und weigerte sich, seinen Sohn zu hören. Er wagte

62 Langenn 2, S. 195 f., PKMS 1, S. 89 Nr. 86, 12.1.1541.
63 Langenn 2, S. 194, PKMS 1, S. 89 Nr. 85, 12.1.1541.
64 PKMS 1, S. 92 Nr. 90, Langenn 2, S. 198, 25.1.1541.
65 Langenn 2, S. 198 f., 14.2.1541.

nicht, gegen seine Gemahlin zu handeln. Dagegen konnte die Schwester Sibylle Moritz an der Hand ins Zimmer der Mutter führen. Diese empfing ihn, doch ihre Worte waren hart und mit vielen Vorwürfen gefüllt. Ihre norddeutsche, für sächsische Ohren fremde Aussprache hatte sich in den langen Jahren in Sachsen nicht verloren.[66]

Was stattfand, wurde weniger Gespräch zwischen Mutter, Vater und Sohn als vielmehr diplomatische Verhandlung. Moritz war als Schwiegersohn Landgraf Philipps mit zwei hessischen Räten nach Dresden geritten, die ihn berieten. Er wollte nicht nur nachträglich eine elterliche Zustimmung zu seiner Ehe, sondern auch den Wohnsitz als Verheirateter und den Unterhalt für sich und seine junge Frau klären. Außerdem stand auf der Dresdner Seite immer noch die Auszahlung des Erbanteils der Landgräfin Christine am Barvermögen Herzog Georgs des Bärtigen offen, die ja Katharina mit der Ausstattung der jungen Frau zu verrechnen hoffte. Damit wäre die Ehe anerkannt.

Als beide Eltern dann aber, ohne nachzugeben, Wohnsitz und Unterhalt nur durch die Landstände regeln lassen wollten, reiste Moritz ab. Die Versöhnung mit den Eltern war ja notdürftig vollzogen. Georg von Karlowitz und der Hofmeister Graf Kaspar von Mansfeld suchten sich dann in Dresden für Moritz einzusetzen. Um ihm die nötige Autorität zu geben, hatte Moritz den Grafen Kaspar zu seinem Oberhofmeister ernannt.[67]

Bei seiner ersten Rückreise nach Marburg wusste sich Moritz als Ehemann in seiner ganz persönlichen Selbstständigkeit bestätigt. Der Vater hatte wohl schneller als die Mutter diese Ehe völlig anerkannt. Nach der Abreise war Heinrich in Dresden seinem Sohne nicht ungeneigt, wie Landgraf Philipp es sagte.[68] Die Rückreise Moritz' nach Dresden verzögerte sich dann aber durch eine Krankheit. Man schrieb Moritz, dass Heinrich täglich frage, wo sein Sohn bleibe.

Heinrich war bereit, Wohnung und Unterhalt für das junge Paar angemessen zu ordnen.[69] Katharina dagegen wollte Hans Löser und Graf Kaspar, die sein Ausbleiben bei den Eltern wegen Krankheit entschuldigen wollten, als von Moritz Beauftragte nicht vorlassen. Heinrich dagegen hatte es akzeptiert.

Als Heinrich – wohl durch eine Grippe – krank und schwach lag, sah Katharina ihre Chance und erreichte von Heinrich ein Testament, das die beiden Söhne im Erbe des Besitzes gleichstellte und sich eventuell als Mitregierung des jüngeren Sohnes August interpretieren ließ.[70] Würde nun die Mutter Moritz als Erbprinzen gemäß der albertinischen Ordnung Albrechts des Beherzten, der „Großväterlichen Ordnung", beim Tode des Vaters auch die Eigenständigkeit des regierenden Fürsten zugestehen? Als Heinrich sich Ende Mai erholt hatte, wollte Katharina ihren Leibarzt Dr. Blasius Sattler zu Moritz schicken. Sattler werde Moritz mit Gottes Hilfe helfen, wenn er ihm nur gehorche. Sie gab dem ihr ungebärdigen Sohn wohl Schuld an seiner Krankheit. Meinte sie, Moritz verzögere seine Reise, um das neue Testament seines Vaters nicht unterschreiben zu müssen?[71] Aber erst Mitte Juli fühlte sich Moritz wieder völlig gesund.[72]

66 Vgl. PKMS 1, S. 139 f. Nr. 151, 30.5.1541.
67 Langenn 2, S. 206, 15.5.1541.
68 Langenn 2, S. 205, 7.5.1541.
69 Langenn 2, S. 204, 5.5.1541.
70 PKMS 1, S. 128 f. Nr. 134, 9.5.1541.
71 PKMS 1, S. 139 Nr. 151.
72 PKMS 1, S. 167 Nr. 180.

Die Ratgeber, die für Moritz in Dresden handelten, rieten ihm, er solle in Hessen bleiben, damit man keinen Einfluss auf ihn nehmen könne, besonders nachdem Heinrich am 5. Mai das Testament unterzeichnet hatte, das Herzog August zum gleichberechtigten Erben einsetzte. Man unterschätzte die Denk- und Verhandlungsfähigkeit des jungen Fürsten. Moritz ließ sich auch von Landgraf Philipp beraten.

Anton von Schönberg, der wichtigste Ratgeber Katharinas und auch Heinrichs, versuchte für sich bei Moritz nach dessen zweitem Eintreffen in Dresden im Juni 1541 gut Wetter zu erreichen. Deshalb erwähnte Schönberg in seinen ausführlichen Darstellungen Herzogin Katharina nie. Er wollte als unabhängiger Rat dastehen und versuchte, die Bedeutung des neuen Testamentes zu beschönigen, das doch die von Albrecht dem Beherzten erlassene Ordnung für das Erbrecht des Erstgeborenen außer Kraft setzen sollte. Schönberg meinte, Moritz wäre zu überlisten.

Durch Heinrich sollte es jedoch ab 5. August, kurz vor seinem Tode, anders geschehen. Er hatte am Ende seiner Tage auf eine Lösung ohne Katharina gedrängt. Er war sich Ende Juli 1541 über seine nur noch kurze Lebenszeit wohl im Klaren und wollte der Misswirtschaft unter Katharina ein Ende setzen, indem er Moritz zu seinem Vertreter in den laufenden Geschäften machte. Zuerst beauftragte er Ständevertreter, einen Vorschlag zu weiterem Handeln zu unterbreiten.

Nach diesem Papier ließ Heinrich einen Text ausarbeiten, der einerseits die Ausführung der laufenden Geschäfte Moritz ab 5. August 1541 übertrug und nur alle grundlegend neuen Entscheidungen noch von Heinrich abhängig machte, denn es wäre *die Bestellung an unserm Hofe so zu dieser Zeit etwas unrichtig.*[73] Heinrich und die Räte, die ihn zur Übergabe an Moritz bewegten, missbilligten die Verwaltung des Staates durch Katharina, den führenden Rat Anton von Schönberg und andere bestimmende Männer. Zugleich regelte diese Abmachung die Unterbringung und Ausstattung für Moritz und seine Gattin. Es wurde ihm gestattet, auch außerhalb Dresdens, etwa in Meißen, seine Hofhaltung einzurichten, wenn es in Dresden schwierig würde. Damit konnte sich Moritz notfalls der direkten Einwirkung seiner Mutter entziehen. Am 5. August wurde auch dieses Übereinkommen geschlossen. Es bestand aber noch das Testament, das eine Landesteilung im Besitz, wenn auch nicht für die Regierung, vorsah.

Als Heinrich gestorben war (18. August 1541) und Moritz seine Frau aus Hessen heimholte, wollten dann die bisherigen Räte den Vertretern des Herzogs Moritz das Siegeln nur gestatten, wenn Herzog August mit ihnen siegelte. Sie versuchten damit das Modell einer Geschäftsführung im Staate durch Moritz unter der Aufsicht Katharinas durchzusetzen. August war mit gerade 15 Jahren noch nicht selbstständig geschäftsfähig. Dadurch wollte Katharina tätig sein. Sie wollte gewissermaßen eine Übergabe der Geschäfte unter ihrer Aufsicht erreichen. Herzog Albrechts Erbordnung des Erstgeborenen, die „väterliche" und nunmehr „großväterliche" Ordnung, die vom Kaiser ratifiziert war, sollte so unterlaufen werden.[74]

Landgraf Philipp kannte die Absicht Katharinas und Schönbergs, mit dem Testament Heinrichs die sächsische Erbordnung Herzog Albrechts ungültig zu machen. Er hatte seinen Schwiegersohn entsprechend aufgeklärt. Moritz ging deshalb vor dem Tod

73 Langenn 2, S. 217, 5.8.1541.

74 PKMS 1, S. 186 Nr. 197, 22.8.1541.

des Vaters besonders höflich und sachlich mit Schönberg um und hatte wohl auch dadurch seine Beauftragung mit den Regierungsgeschäften am 5. August erreicht. Seine Anhänger in Sachsen meinten im Juli sogar, nun werde Schönberg auch bei Moritz der oberste Rat werden.[75]

Am 6. August 1541 suchte Moritz sich noch von der Bindung an das von Katharina vorbereitete Testament Heinrichs freizumachen. Er protestierte im Georgentor zu Dresden – Herzog Georg war für Moritz das Vorbild einer rechtlich geordneten Staatsleitung – in rechtlich bindender Form mit einer notariellen Urkunde vor acht Zeugen aus den Landständen gegen das Testament und alle letzten Verfügungen Heinrichs, die der „väterlichen Ordnung" Herzog Albrechts widersprechen würden.[76] Vor seiner Abreise am 10. August befahl Moritz seine Vertrauten Graf Kaspar von Mansfeld, Ernst von Miltitz und Dr. Simon Pistoris nach Dresden. Er ordnete die Räte seines Vaters dem Grafen unter, ohne dessen Wissen nichts geschehen dürfe. Alle Schriften seien als Kopien in Büchern zu verzeichnen. Außerdem sollten die Räte die übermäßigen Kosten verringern und das Personal reduzieren. Zu allem, was sich nicht sofort sparsam ordnen lasse, sollten sie bis zur Rückkehr des Herzogs schriftliche Vorschläge ausarbeiten. So wurde bald von der Pleißenburg aus Leipzig das Personal zurückgerufen.

Moritz tritt die Herrschaft an

Die Gruppe der Räte unter Katharina hatte nach dem Tod Heinrichs die Meinung ausgegeben, dass sich die Stellvertretung in den Staatsgeschäften durch Moritz mit Heinrichs Tode erledigt habe. Diese Gruppe um Schönberg nahm den jungen Moritz nicht sehr ernst. Der Bruder Anton von Schönbergs meinte, *er wollte den Herzog Maurizischen in bart scheissen.*[77] Anton Schönberg nahm das Staatssiegel unter eigenen Verschluss. Ohne Zustimmung von Herzog August, in dem Schönberg den Mitregenten sehen wollte, sollte nichts geschehen.

Am 28. August 1541 kam Moritz aus Marburg nach Dresden zurück und übernahm am Folgetag die Herrschaft als regierender Fürst. Landgraf Philipp hatte ihm sinnvolle und kenntnisreiche Ratschläge für sein Verhalten mitgegeben. Moritz solle sich zunächst von den großen Städten und danach vom thüringischen und vom meißnischen Adel getrennt huldigen lassen. Er solle seine Räte aus der Zeit seines Vaters und seines Onkels Herzog Georg wählen, Anton von Schönberg aber nach Hause schicken und künftig nur für Sonderaufträge „von Haus aus" verwenden.

Erst wenn Moritz fest im Sattel säße, solle er auf Grund genauer Abrechnung die einzelnen Räte befragen. Man wisse, was sie aus der Regentschaft Herzog Georgs an Bargeld und anderem übernommen hätten. Je nach der Ehrlichkeit solle er dann mit Heinrichs Räten verfahren. In seinen bösen Absichten sollte damit besonders Anton von Schönberg gebremst werden. Notfalls sollte Moritz die Meuterei durch Haft für Schön-

75 PKMS 1, S. 170 Nr. 182.
76 PKMS 1, S. 178–180 Nr. 191.
77 PKMS 1, S. 189 Nr. 199, 25.8.1541, Lg. Philipp meint, Moritz solle den anderen Schönberg inhaftieren.

berg brechen. Wenn nötig, wollte der Landgraf sogar mit zunächst 500 bis 600 Reitern und schließlich mit 8000 Knechten militärisch helfen, wenn die Praktiken Schönbergs zur echten Meuterei auswüchsen.[78]

Seinem Bruder sollte Moritz nach den Erbverträgen und Rechten alles, wie er verpflichtet wäre, und lieber mehr geben. Außerdem möchte er einen anderen Hofmeister für August einsetzen. Philipp bemühte sich ehrlich, aus dem immer vergleichsbereiten jungen Mann einen Landesherrn mit eigener Entscheidungskraft zu machen. *Ich bitt E. L. aufs freundlichst, E. L. sei selbst herr und lass sich nit in allem regiren; thut es E. L. in der erst, so musst irs Euer leben lang von den leuten und iren nachkommen haben, dass sie Euch setzen, wie sie wollen.*[79]

Moritz und seine Eltern hatten jeder eine andere Sicht der Aufgaben eines Fürsten in seinem Lande. Heinrich fühlte sich wie die meisten Fürsten seiner Zeit als Verwalter des Fürstentums und als Landesvater. Katharina sah in der Repräsentation des Herrschers mit dem nötigen Glanz ihre Aufgabe. Sie wollte an sich selbst, in der eigenen Person, die Herrschaft sichtbar machen. Dazu mussten die Mittel des Landes beschafft und verwendet werden. Für diese Aufgaben, die das Handeln seiner Eltern bestimmten, hat Moritz auch gelebt. Er ging aber weit darüber hinaus. Er wollte das Land modern und seine Verwaltung sinnvoll und tragfähig gestalten. Ob er das als Selbstzweck ansah oder seine Lande als Basis für seine außenpolitischen Aktivitäten ausbauen wollte, ist zunächst schwer zu entscheiden. Er sah sein Land in der Gemeinschaft der Territorien des Reiches, für die er sich einsetzte. Um Konflikte zu lösen, hat er später kriegerische Aktionen gezielt eingesetzt. Er wollte politische Veränderungen herbeiführen, die dem Ausgleich dienten, vor Magdeburg 1550, vor Passau 1552, vor einem Frieden gegen Markgraf Albrecht Alkibiades 1553.

Moritz ist dem Rat Philipps gegenüber seiner machtsuchenden Mutter und auch gegenüber Anton von Schönberg gefolgt. Schon in Leipzig am 26. August sicherten ihm die Bürgermeister die Huldigung nach der Ordnung zu, wie sie bei Herzog Georg geschehen sei. Diese war nach Albrechts Erbordnung gelaufen. Die Dresdner Beauftragten von Moritz teilten mit, dass sie sofort nach dem Tode Heinrichs die Torschlüssel Dresdens an sich genommen hätten. Am 29. August vereidigte Moritz in Dresden seine neuen Räte auf sich, unter denen Räte beider Vorgänger waren. Als einer dieser Räte stand nun auch Anton von Schönberg unter Eid bei Moritz. Der Leipziger Professor Dr. Simon Pistoris wurde zum Kanzler ernannt. Sein Vorgänger Dr. Wenzeslaus Naumann aber wurde mit einer Pension von 200 Gulden entlassen. Herzog August erhielt Ernst von Miltitz als neuen Hofmeister und durfte die Schule beenden. Damit gewann Moritz den Bruder August für sich.

Die Leitung des Staates war geklärt, doch Katharina war unzufrieden.[80] Entsprechend vertrat Schönberg am nächsten Tag die Haltung, dass durch das Testament Heinrichs aus dem Mai die Erbordnung Herzog Albrechts ungültig wäre. Keiner der anderen Räte folgte ihm darin.[81] Der zu großzügige Umgang mit der Silberkammer, die

78 PKMS 1, S. 187 f. Nr. 198; PKMS 1, S. 189–191 Nr. 199.

79 PKMS 1, S. 213 Nr. 211.

80 PKMS 1, S. 194–205 Nr. 201, Bericht der hessischen Räte zur Herrschaftsübernahme, 1.9.1541.

81 PKMS 1 ebd., S. 197 f.

Herzog Moritz mit Herrschaftsinsignien auf einer zeitgenössischen Ofenkachel aus Grimma

nun leer war, und dieser Versuch, Moritz in der Herrschaft stark zu begrenzen, stürzten den Vertrauensmann Katharinas. Vor dem 7. September kam er in Haft. Moritz war in wenigen Tagen Herr des albertinischen Staates geworden.

Moritz lässt sich beraten

Moritz hatte seit 1539 einen Kreis vertrauter Berater um sich gesammelt, den er nun erweiterte. Zunächst blieb Hans Löser, sein Hofmeister aus Torgauer Tagen, in seinem Dienst. Er starb aber im Sommer 1541. Graf Kaspar von Mansfeld als Oberhofmeister ist wohl als sein Nachfolger anzusehen. Von Georg von Karlowitz übernahm Moritz schon 1540 dessen Schreiber Joachim Faust. Landgraf Philipp empfahl Georg von Karlowitz, der von Katharina und Anton von Schönberg 1539 beiseite geschoben worden war, Moritz sehr. Herzog Heinrich hatte Karlowitz nur als Rat „von Haus aus" weiter verwendet. Er wurde für die ersten Regierungsjahre führender Rat bei Herzog Moritz. Doch in dessen Dienst behielt er immer seine reformkatholische Gesinnung. Moritz wollte

Burg Kriebstein über der Zschopau, wohin sich Georg von Karlowitz zurückzog

darüber hinwegsehen, dass er auf Burg Kriebstein weiter Messe lesen ließ, wollte es aber am Hof nicht dulden.[82]

Georg von Karlowitz hatte seit 1522 Herzog Georg als Hofrat in Dresden gedient, nachdem er vorher Amtmann in Pirna und Sagan gewesen war. Als Enkel des Böhmenkönigs Georg von Podiebrad besaß Herzog Georg Bindungen an Böhmen. Weil Herzog Georg seine bewusst katholische Haltung in Gerechtigkeit lebte, die aus einem humanistisch gebildeten Geist wuchs, konnte sie auf seinen ganzen Hof Einfluss gewinnen. In den letzten Jahrzehnten seiner Regierung waren die Beziehungen zum katholischen Herrscherhaus der Habsburger die Grundlinie seiner Politik. Diese politische Linie verfolgte Karlowitz weiter. Er wollte wirklich dem albertinischen Sachsen dienen, im Unterschied zu vielen seiner Standesgenossen, denen die Standesinteressen zuerst am Herzen lagen.

82 Wartenberg: Landesherrschaft, S. 111 Anm. 16.

Hatte der alte Karlowitz sich in der Verwaltung empor gedient, so absolvierte sein Neffe Christoph von Karlowitz nach Leipzig ein Studium bei Erasmus von Rotterdam in Freiburg und in Frankreich, das ihn prägte. Damit waren beide Karlowitze von einem Reformdenken im Sinne des Erasmus geprägt, das die spätmittelalterliche Kirche nicht grundsätzlich ändern wollte. Zu dieser Gruppe von Beratern gehörten zunächst auch Dr. Simon Pistoris und Dr. Ludwig Fachs. Die aber auch als Leipziger Juristen mit Georg von Komerstadt gut bekannt waren. Die beiden Leipziger Fachs und Pistoris standen seit 1541 auf der Seite von Moritz. Ihr Denken wandelte sich seit der Einführung der Reformation im albertinischen Sachsen. Sie hielten an den reformkatholischen Gedanken nicht fest.

Georg von Karlowitz bemühte sich um einen Ausgleich der Religionsparteien im Reich, der in den Jahren nach dem Augsburgischen Bekenntnis vielen noch möglich schien. Zweimal, 1535 und nochmals Anfang 1539, hatte Karlowitz führende Theologen in Leipzig zusammengebracht, um sie über einen Ausgleich zwischen beiden Konfessionen verhandeln zu lassen. Ein Ergebnis war dabei allerdings nicht erreicht worden. Nur mit dem Kaiser war der Ausgleich möglich, der ihn in den Religionsgesprächen, die besonders Anfang der vierziger Jahre bestimmend waren, und später durch direkten Zwang herbeiführen wollte. Christoph von Karlowitz war Moritz seit seinem Jahr in Halle vertraut. Er hatte sein Studium in Leipzig begonnen. Die Karlowitze wollten eine nötige Reform der bestehenden Kirche und waren auch mit Priesterehe und Abendmahl mit Wein und Hostie, Neuordnung der Klöster und der Verwaltung der Kirche einverstanden, aber sie wollten möglichst keine grundlegende Änderung der Lehre. Auch dadurch traten sie immer mehr im Chor der Räte zurück und verloren ihre führenden Stimmen unter den albertinischen Räten. Der jüngere Karlowitz war nach einem Jahrzehnt an den geheimsten Entschlüssen wie der Erhebung gegen Kaiser Karl V. nicht mehr beteiligt.

Der bewusst evangelische Dr. Georg Komerstadt war ein Gegengewicht zu den beiden Karlowitzen. Komerstadt gewann aber erst ab 1544 nach dem Ausscheiden Georgs von Karlowitz bestimmende Bedeutung. Er hatte seine Arbeit in Dresden nach 1526 schon unter Herzog Georg begonnen. Gegenüber den Offensivplänen der Ernestiner war er misstrauisch und wollte eine evangelische Neutralität, die zwischen den Mächten, zwischen dem Kaiser und den Schmalkaldenern, ein Gleichgewicht der Beziehungen suchte. Seine geistigen Wurzeln hatte von Komerstadt in der Leipziger juristischen Fakultät. Er hatte dort studiert und promoviert, ehe er Stadtsyndikus in der evangelischen Stadt Zwickau wurde und schließlich in den Dienst Herzog Georgs trat. Komerstadt setzte noch unter Herzog Georg 1536 mit Jakob Klappe einen evangelischen Pfarrer in seinem Patronatsdorf Niederebersbach ein, indes auf Burg Kriebstein bei Karlowitz weiter die Messe gelesen wurde. Auf seinem Renaissancegrabmal aus Sandstein in der Kirche zu Reinersdorf (siehe Abb. S. 47), das wohl auf seinen Wunsch zurückgeht, liegt Georg Komerstadt betend, wobei sein Kopf von Büchern gestützt ist. Er blickt auf eine Darstellung der Kreuzigung, die von den Figuren der Liebe und des Glaubens flankiert ist.[83] Damit stellte er sich als glaubender und gelehrter Rat dar.

---

83 Dehio, Sachsen 1, S. 749.

Um Komerstadt haben sich offenbar Absolventen der Universität Leipzig versammelt. Damian von Sibottendorf war Geheimschreiber von Moritz und ab 1549 der Schwiegersohn Komerstadts. Er löste wohl Joachim Faust als Schreiber bei Moritz ab. Später war Wolf Koller ähnlich wie der ältere Karlowitz vom Amtmann zum fürstlichen Rat und zum Oberhauptmann des Thüringischen Kreises avanciert. Franz Kram stieg vom Rat und Gesandten am kaiserlichen Hof zum Professor in Leipzig auf.

Der gelehrte Dr. Melchior von Ossa arbeitete gern für Moritz als Rat von Haus aus gegen gute Dotationen, solange nicht die mühevollen Reisen nötig waren. Er war von galliger Gemütsart und hatte vielleicht gehofft, vor Mordeisen in Dresden Kanzler zu werden, was sein Urteil beeinflusste. Körperliche, aber auch psychisch begründete Krankheiten machten ihm manche Gesandtschaft im Dienste von Moritz schwer.

1549 vertraute der kluge Jurist Melchior von Ossa seinem Tagebuch an, dass am albertinischen Hofe in Dresden zwei Rätegruppen in den Anhängern der Karlowitze und in denen Komerstadts bestünden, die sich heftig bekämpften. Wer einer der beiden Gruppen etwas zu Gefallen tue, lüde sofort die andere auf sich. Er sei froh, dort nicht im Dienst sein zu müssen. Wahrscheinlich hatte Ossa eine Stellung als anwesender Rat in Dresden erhofft, die ihm Georg von Karlowitz vorgemalt hatte, nun schilderte er die Trauben, die ihm zu hoch gehangen hatten, als sauer.[84] Ossa überzeichnet die Verhältnisse, denn Georg Komerstadt verfasste vor 1545 die meisten Entwürfe für wichtige Briefe von Karlowitz. Das lässt nicht auf eine totale Feindschaft schließen. Komerstadt hat sie anscheinend verfasst und Karlowitz dann zur Unterschrift vorgelegt, dieser hat nicht diktiert. Aus diesem Brauch und den daraus wachsenden Kenntnissen konnte Komerstadt nach 1544 ohne Mühe den Platz von Karlowitz einnehmen.

Es bestand eher der Unterschied zweier Generationen der Politik als der bewusste harte Gegensatz von Bekenntnissen. Georg Komerstadt war 18 Jahre jünger als Georg Karlowitz. Die Gruppe hinter den beiden Karlowitzen trat allmählich von der wichtigen Politik zurück, während die um Georg von Komerstadt an Einfluss gewann. Schon 1542 konnte Kurfürst Johann Friedrich die Einsetzung des Julius Pflug, des Schwagers von Georg von Karlowitz, zum Bischof in Naumburg verhindern. Georg von Karlowitz zog sich Anfang 1545 wegen seines Alters von weit über 60 Jahren auf seine Burg Kriebstein im Zschopautal zurück und diente als Rat „von Haus aus". Diese Räte lebten auf ihren Besitzungen und waren jeweils für besondere Gesandtschaften oder andere Aufträge bei einer jährlichen Besoldung bereit.

Zu seinem harten Urteil war Ossa sehr persönlich motiviert. In seinem Tagebuch 1549 schildert er in einem Traum, was ihn innerlich umtrieb. Ihm erscheint der große Dr. Georg Komerstadt, der ihn überwältigt und würgt. In dem Kampf gerät der gewürgte Ossa in höchste Todesangst. Es hilft dem bösen Komerstadt noch ein kleinerer Mann. Dieser muss, so deutet es sich Ossa, Dr. Fachs gewesen sein. Aber Ossa wehrt sich heftig. Er kann – träumend – dem Kleinen schließlich den Hals umdrehen.[85] Dahinter stand Ossas Erfahrung der Jahre seit 1547. Er hatte sich Hoffnung gemacht, albertinischer Rat in Dresden zu werden. Georg von Karlowitz scheint ihm dieses in einem Gespräch während des Landtages nach Weihnachten 1548 nochmals eingepflanzt zu

84 Hecker: Osse, S. 137, vgl. auch S. 149.
85 Ebd., S. 154.

haben. Aber Komerstadt und Fachs als die seit 1545 bestimmenden Räte in Dresden haben den Aufstieg Ossas verhindert. Ludwig Fachs verwaltet in der Interimszeit 1548 die Kanzlerschaft. Weil er sie aber schon im März 1549 wieder verliert,[86] kann Ossa träumen, ihn besiegt zu haben. Nach allem, was wir wissen, hat Herzog Moritz den Unterschied der beiden Rätegruppen beherrscht und genutzt. 1553 bilden Komerstadt und Fachs wieder eine Meinungsgruppe, die den Krieg mit Markgraf Albrecht Alkibiades nach dem Tode des Kurfürsten beenden will. Dagegen wollten Mordeisen, Heideck und Christoph von Karlowitz zusammen mit König Ferdinand den Krieg wohl bis zu einer Unterwerfung des Markgrafen fortsetzen.[87]

Grabmal des Georg von Komerstadt in der Kirche Reinersdorf bei Großenhain

86 Hecker: Osse, S. 579. 23.3.1549 hatte er sein Amt schon aufgegeben.
87 Reiner Groß: Geschichte Sachsens. Leipzig 2001, S. 73.

Anfang 1546 kam der aus Leipzig stammende hochgebildete Dr. Ulrich Mordeisen zu Moritz.[88] Er war bis dahin Juraprofessor in Wittenberg und zuletzt auch Rektor der wichtigsten evangelischen und größten Universität im Reich. Hatte er als friedfertiger Mann den ernestinischen Kurs der aktiven Verteidigung des evangelischen Glaubens durch die Fürsten des Schmalkaldischen Bundes nicht gebilligt? Er wurde zuerst Rat und im März 1549 Kanzler in Dresden. Er suchte immer den Ausgleich.[89] Ebenso wechselte Sebastian von Wallwitz 1545 aus dem ernestinischen in den albertinischen Dienst.

Auch Franz Kram ist im Jahr 1545 zum Dienst bei Herzog Moritz angeworben worden. Kram hatte in Leipzig studiert und wurde dort schließlich Juraprofessor. Seine erste Aufgabe war eine Erkundungsreise für Moritz nach Süddeutschland, Venedig und weiter nach Rom. Er gewann ab 1548 besonders als Gesandter Kursachsens am kaiserlichen Hof Bedeutung, wo er durch direkte Beziehungen zum kaiserlichen Schreiber Paul Pfintzing, der aus Leipzig stammte, manches vor der Veröffentlichung erfuhr. Er nannte Pfintzing einige Mal „mein Kind". War er Pate von Pfintzing? Auch bei Anton Fugger hatte Kram Schulgenossen, die ihn von Augsburg nach Venedig empfahlen.[90] Georg Komerstadt wird ab 1545, sicher in der Kirchen- und Bildungspolitik, für eine Verstärkung des Wittenberger Einflusses gesorgt haben.

Ernst von Miltitz, blieb im Hintergrund. Er war seit 1524 im Dienst Herzog Georgs aufgestiegen. Von 1538 bis 1540 war er Amtmann in Meißen. Die Familie Miltitz besaß mit Scharfenberg eine Burg mit einem kleinen, einträglichen Silberbergbau. Dadurch konnte Ernst von Miltitz aus dem Besitz der aufgelösten Klöster 1543 einen größeren Teil seines eigenen Besitzes erwerben.[91] In der Zeit von Moritz befand sich der Miltitzsche Familiensitz in Batzdorf bei Scharfenberg, später in Siebeneichen, am Rande des Elbtals bei Meißen. Er konnte 1544 einen großen Festsaal in Batzdorf bauen. Durch den Bergbau in seiner Familie war er wirtschaftlichen Umgang mit Geld gewohnt. Er gewann als Kämmerer durch die Verwaltung der Staatsfinanzen, die sich unter Moritz sehr ausweiteten, große Bedeutung.

Miltitz war gewissermaßen der Finanzminister, denn er verwaltete die Silberkammer, d. h. Silberschätze und Barvermögen. Er hatte die Abrechnung der Amtleute zu überwachen.[92] Auch bei den Fürstenschulen wird seine Arbeit den Finanzen gegolten haben. Auf den Leipziger Messen sorgte Miltitz in guter Zusammenarbeit mit Leipziger Kaufleuten für die Beschaffung der Kredite und den Schuldendienst.

In den ersten Regierungsjahren war Miltitz für Moritz wichtig als Hofmeister vom Bruder Herzog August. Bei der Gründung der Fürstenschulen stand er neben Komerstadt. Miltitz wurde schon 1543 nach Prag geschickt, um für Sachsen mit dem König über die Münzeinheit, d. h. den einheitlichen Münzwert, zu verhandeln.[93]

88 Hecker: Osse, S. 136, Anm. 12.

89 PKMS 6, S. 769 Nr. 495, 12.4.1553, Mordeisen an Eustachius von Schlieben.

90 PKMS 2, S. 520 Nr. 861.

91 Helga-Maria Kühn: Die Einziehung des geistlichen Gutes im Albertinischen Sachsen 1539–1553. Köln/Graz 1966, S. 101, S. 102, S. 106, S. 107: Von Kloster Afra Schäferei Korbitz bei Meißen, Weiden bei Meißen vom Dominikanerkloster Freiberg, Vorwerk Siebeneichen von Kloster Heilig Kreuz Meißen, außerdem die Dörfer Prausitz, Pauschütz und Höfgen, alles gegen mehrere tausend Gulden.

92 PKMS 3, S. 521 Nr. 743, 7. 8. 1547, Instruktion des Kf. Moritz für seine Abwesenheit auf dem Reichstag.

93 PKMS 1, S. 631 f. Nr. 479.

Wappen und Bauinschrift des Ernst von Miltitz am großen Festsaal seines Schlosses Batzdorf, 1544

Mit August war Miltitz ab Frühling 1542 in Prag am Hof König Ferdinands. Dieser nahm August 1543 auch mit zum Reichstag in Nürnberg. Dort musste Miltitz ihn suchen, weil er einen längeren Abstecher zur Schwester Emilia nach Ansbach machte. Als August das Amt des weltlichen Verwalters des Bischofsamtes in Merseburg antrat, wurde Miltitz von seiner Aufgabe als Erzieher frei. Seit 1547 war Miltitz Oberhauptmann des Meißnischen Kreises.

In den letzten Tagen des Schmalkaldischen Krieges war es Miltitz wohl lieb, dass er krank war und deshalb sein Haus nicht verlassen konnte.[94] Ein Jahr später ging er auf eine Badereise nach Teplitz, wozu ihm Moritz seine Anteilnahme sagte.[95]

Der Schwiegersohn von Ernst von Miltitz, Heinrich von Gleisenthal, war zwar nur Amtmann in Gräfenhainichen, aber er wurde zur ungemein schwierigen, hochgeheimen Gesandtschaft verwendet, mit welcher Moritz engen Kontakt zum französischen König Heinrich II. aufnahm. Aus diesen Beziehungen wuchs 1552 der wichtige Vertrag von Chambord. Miltitz hat demnach von Anfang an Kenntnis von den Plänen zum Fürstenkrieg gehabt.

Das Studium in Leipzig hat die Mehrzahl der Räte um Moritz verbunden. Auch der geheime Schreiber Johann Jenitz kam aus dieser Stadt. Der offene Geist der Handelsstadt, deren juristische Fakultät sich früh dem Humanismus zugewandt hatte, hat die

94 PKMS 3, S. 385 Nr. 543, 1.5.1547, Komerstadt an Hz. Moritz.
95 Langenn 2, S. 174.

meisten Räte um Moritz geprägt. Die Denkweise eines christlichen Humanismus, bei Mordeisen des Wittenberger Bibelhumanismus Melanchthons, verband die Räte zu einheitlichem Denken. Auch Moritz war in Kindheit und Jugend in Halle, Dresden und Torgau davon geprägt worden. Georg von Karlowitz war eine Ausnahme unter den in Leipzig ausgebildeten Räten. Vielleicht auch weil er sich, der ältere Mann von Adel, unter den jüngeren auf der Universität gebildeten, zum Teil bürgerlichen Räten nicht ganz wohl fühlte, ist er aus dem direkten Hofdienst ausgeschieden.

Moritz wusste sich fähig, Umstände und Möglichkeiten zu begreifen und Lösungswege zu erkennen. Er selbst hatte wie bisher üblich tiefere Kenntnisse weithin nur durch Zusehen und Mitarbeiten bei bestimmten Abläufen etwa der Dresdner Verwaltung erworben. Er wollte aber in seinem Staate bei den jungen Menschen eine direkte, weitgreifende humanistische Ausbildung dem praktischen Erwerb von Kenntnissen vorangehen lassen. 1543 begann deshalb sein intensives Bemühen um die neue Gestaltung der Bildung in seinem Lande. In seinen Stab nahm er als Nachwuchs daher ihm gleichaltrige junge Männer auf, die eine wissenschaftliche Ausbildung besaßen wie Ulrich Mordeisen, Franz Kram, Johann Jenitz.

Diese Berater und Helfer hat Moritz während seiner Regierung ohne Änderung von seiner Seite her in Dienst behalten. Neue sind hinzugetreten, doch deshalb hat er sich nicht von den bisherigen Männern getrennt. Es ist bemerkenswert, dass sich Moritz im Laufe seiner Regierung nie von einem seiner Mitarbeiter im Streit auf Dauer getrennt hat. Er war bald selbstbewusst und bald regierungserfahren genug, um sich gegenüber seinen Räten immer behaupten zu können. Schon 1542 nimmt Moritz gegen den Rat von Georg von Karlowitz am Türkenfeldzug teil. Der Gedanke, dass Komerstadt der bestimmende Denker, die „graue Eminenz“ hinter Moritz gewesen ist, wäre nicht leicht zu beweisen, weil Moritz auch vieles völlig allein und ohne ihn verhandelt hat.

Sehr bald gliederte Moritz seine Staatsverwaltung und übertrug jeweils bestimmte Bereiche besonderen Räten. Der schon unter Herzog Georg evangelische Komerstadt wurde mit den Kirchen- und Schulsachen betraut. Miltitz war der „Finanzminister“, der sich vor allem um die Geldbeschaffung für Truppen bemühen musste. Christoph von Karlowitz hat die Gesandtschaften bei den Habsburgern, besonders beim französisch sprechenden Kaiser ausgeführt, weil er als Gelehrter Latein und durch seine Zeit in Frankreich Französisch sprach. Das Amt eines Kanzlers, das schon seit dem 15. Jahrhundert am sächsischen Hof bestand, war in der Regierungszeit Moritz' immer in der Hand eines Juraprofessors. Zuerst wurde es von Dr. Simon Pistoris ausgeübt, dann kurze Zeit von Dr. Ludwig Fachs und schließlich vom hochgebildeten Dr. Ulrich Mordeisen, der sich in der ihm übertragenen Professur in Leipzig immer vertreten ließ.

Aus vorbereiteten Texten, Korrekturen der Räte und den fürstlichen Entscheidungen sehen wir etwas von der Arbeit der Räte zusammen mit Moritz. Leider gibt es fast keine Protokolle von Beratungen des engsten Kreises, wie sie etwa am Heidelberger Hof geführt wurden. Aber es findet sich nicht selten die Wendung *Wir haben im Rate befunden ...*, die auf kollegiale Beschlüsse der am Hof anwesenden Räte mit dem Fürsten weist. Der Geist einer Erneuerung bestimmte das Handeln und Planen des sächsischen Hofes mit den anwesenden Räten und den Räten, die *von Haus aus* jeweils zu besonderen Aufträgen gesandt wurden.

Mit seinen Räten gemeinsam wollte Moritz die Verwaltung des Staates, die Kirche und die Ausbildung der Jugend zu neuen Formen führen. Sogar für das System der Länder des Reiches und wahrscheinlich als Fernziel zuletzt auch für das der Staaten Europas in ihrem Umgang miteinander bedachte man neue Formen und Möglichkeiten. Die gemeinsame Mühe um sinnvolle Verwaltung und tragfähige Gestaltung hat die Männer mit Herzog Moritz und wohl auch untereinander verbunden.

Moritz war bestrebt, fähige Leute an sich zu binden. Die neu gegründeten Schulen sorgten mit der Universität in Leipzig für Nachwuchs. Moritz wollte andere Meinungen hören und suchte eher Kompromisse als scharfe, einseitige Entscheidungen. Seine fremden Gesprächspartner waren manchmal erstaunt über seine offene und ergebnisorientierte Gesprächsführung.[96] Das wird gegenüber den Räten nicht anders gewesen sein. Von den Gesprächen nach der neuen Kanzleiordnung gibt es keine Notizen. Noch weniger sind Notizen von den politischen Plänen vorhanden. Komerstadt, Ernst von Miltitz, fast immer auch Ulrich Mordeisen und die beiden Geheimschreiber Damian von Sibottendorf und Johann Jenitz waren an Beratungen beteiligt. Sicher ist jedenfalls, Moritz ließ sich beraten.

Auch mit seiner Frau scheint Moritz vieles bedacht zu haben. Sie wachte über seine geheimsten Akten in einer Schlafzimmertruhe. Nach seinem Tode wird Agnes nachgesagt, *als sollte hochgemelte witwe ein boser zorniger helteuffel* (Lichtteufel oder Höllteufel?) *sein, die sich bei leben Ihres herren allerlei regirung angemast.*[97] Sie hatte wohl mit Moritz politische Gespräche geführt, die nicht vielen am Hofe mitgeteilt wurden, und sie ist Moritz auch in politischen Fragen Partnerin gewesen. Noch wenige Tage vor seinem Tod schickte Moritz ihr mit dem Boten ein großes, versiegeltes Paket mit Briefen, damit es durch den Krieg nicht verloren ginge, das sie geheim aufbewahren und niemandem ohne Moritz' schriftlichen Befehl weitergeben soll.[98] Ein eigenhändiger Brief von Agnes zeigt eine klare Schrift, die der von Moritz ähnlich ist. Sie wusste ihre Anliegen kurz und deutlich zu sagen.[99] Als Moritz den Text des Passauer Vertrag nach Dresden geschickt hatte, schreibt er ihr, August werde sie diesen lesen lassen.[100] Sie nahm also Anteil am Erfolg der Politik ihres Mannes.[101] Agnes wusste zu lesen und zu denken, in ihrem Nachlass ist *ein Kramfaß mitt Büchern.*[102] Buchhändler transportierten damals ihre Ware in diesen Fässern über Land. Sophia von Miltitz war die Hofmeisterin der Kurfürstin. Das passte dazu, dass der Schwiegersohn von Ernst von Miltitz der Gesandte des Kurfürsten nach Frankreich war. Sophia von Miltitz war maßgeblich an einer großen Sammlung von Rezepten beteiligt, die samt ihrer Fortsetzung noch in der Heidelberger Universitätsbibliothek zu finden ist.

---

96 PKMS 5, S. 99 Nr. 39, 27.2.1551; PKMS 5, S. 752 Nr. 427. Heinrich von Plauen an Kg. Ferdinand: *er bedrug mich dan das sein erpitten anders ist als das hertz war.*

97 Weimar Staatsarchiv Reg D 88 pag. 42 No 79 (Vol 1), Bl. 1a–2b., Erasmus Minckwitz an Kf. August.

98 PKMS 6, S. 1022 Nr. 648, Feldlager bei Einbeck 3.7.1553. Kf. Moritz an Kf.in Agnes.

99 Weimar Staatsarchiv Reg D 88 pag. 42 No 79 (Vol 1), Bl. 55a.

100 PKMS 6, S. 385 Nr. 253, Vor Frankfurt 3.8.1552, Kf. Moritz an Kf.in Agnes: *ich hab meinem bruder den vortrag zugeschickt den wirt dich sein lib sehen lassen.*

101 PKMS 6, S. 1022 Nr. 648, Feldlager bei Einbeck, 3.7.1553, Kf. Moritz an Kf.in Agnes.

102 Weimar Staatsarchiv Reg D 88a, Bl. 257a, Weimar 24.12.1555, Inventar der Hz.in Agnes.

Auf dem Weg zum neuen Staat

Was die Stände des Landes, die durch Rat und Bürgermeister verwalteten Städte, die Zünfte und die Gewerke des Bergbaus und die Nachbarschaften der Dörfer nicht unter sich klären konnten, mussten die Amtleute und nach ihnen die herzogliche Kanzlei lösen. Moritz regierte aber nicht nur durch die Behandlung von immer neuen Einzelfällen. Er suchte grundlegende Lösungen zu finden. Dabei war er zu Innovationen bereit, wie es dem humanistischen Denken seiner Zeit entsprach. Erneuerung als durchgehender Zug seines Handelns findet sich bei Moritz bis in die Nebendinge. Schon in seiner ersten Anordnung, als er nur in Vertretung seines Vaters handelte, ehe er sich am 10. August 1541 wieder nach Marburg wandte, gab er genauere Vorschriften für die Verwaltung. Die ausgehenden Schreiben sollten in ihrem Text in Kopialbücher verzeichnet werden. Es sollte nichts ohne die Kenntnis seines Vertreters Graf Kaspar von Mansfeld abgesandt werden.

Moritz wusste, wie wichtig eine genau geführte Verwaltung war. Er hatte die solide Führung einer Kanzlei bei Herzog Georg erlebt. Das wandte er nun in seiner Regierung an. Er hatte ja auch führende Räte von Herzog Georg übernommen. Nach dem sehr persönlichen Regiment zur Zeit Herzog Heinrichs durch dessen Gemahlin Katharina versuchte Moritz zur geordneten Kanzleiform Herzog Georgs zurückzukehren.

Schon am Ende des ersten Jahres seiner Regierung wurde am 1. Juli 1542 eine neue Münzordnung erlassen. Durch die reichen Silbervorkommen des Erzgebirges konnten die Wettiner einen guten Silbergehalt ihrer Münzen garantieren. Den Münzgehalt stimmte Moritz vorher mit dem ernestinischen Vetter Kurfürst Johann Friedrich ab. Sie waren zusammen am erzgebirgischen Silberbergbau beteiligt. Der sächsische Bergbau brachte ungefähr zwei Drittel der gesamten Silberproduktion (19 850 Tonnen) im Römischen Reich Deutscher Nation zutage. Beide wollten die Einfuhr geringerwertiger „böser" Münzen in die Lande der wettinischen Staaten verhindern.

Die Münzordnung benutzte die Einteilung in neun Kreise, die Herzog Georg 1503 besonders für die Einberufung der Landstände gebildet hatte. Die Aufseher und Exekutoren dieser Kreise mussten nun auch für die Einhaltung der Münzordnung sorgen. Für die großen Bergstädte Annaberg, Marienberg und Schneeberg wurden Amtsverweser für die Bergverwaltung eingesetzt. 1547 wurde dann das Oberbergamt in Freiberg diesen vorgeordnet. Dieses Oberbergamt ist die tiefe Wurzel der heutigen Bergakademie in Freiberg. Damit wächst 1547 hier zum ersten Mal das dreigliedrige Modell für alle staatliche Verwaltung unter Moritz. Darin werden mittlere Behörden über den Ämtern einer Oberbehörde untergeordnet. Die Verwaltung des Staates lief in drei Stufen auf der Ebene der Ämter, der Kreise und der Oberbehörden wie dem Oberbergamt in Freiberg seit 1547, dem Oberhofgericht in Leipzig ab 1548, den Konsistorien in Leipzig ab 1543 und ab 1545 in Meißen.

Die neue Landesordnung vom 21. Mai 1543 behandelte zwei selbstständige Themen nebeneinander. Sie versuchte einmal, die durch die Reformation der alten Kirche nun fehlenden Bereiche in der geistlichen Gerichtsbarkeit und der schulischen Ausbildung zu regeln. Sie machte außerdem auch Versuche einer Wirtschafts- und Arbeitsgesetzgebung und der Regelung der städtischen Handwerke. Der größere Teil der Landesordnung aber galt den Schulen und der Universität.[103] Die Kanzleiordnung vom Jahre 1547 setzte diese Linie der Ordnung des Landes nach dem Schmalkaldischen Kriege fort.

Erstmals im Reich wurde die Schule in einem alle Landesteile eines Fürstentums umfassenden System durch eine staatliche Ordnung geregelt. Die albertinische Regierung hatte unter Moritz erkannt, dass der Staat sich im eignen Interesse um die ganze Ausbildung – an der Schule und der Universität – kümmern müsse. Für das Land war außerdem die Bildung möglichst vieler Begabungen und nicht nur die der regierenden Schichten nötig. Die bisherigen Klosterschulen waren mit den Klöstern zu Ende gegangen. Nur die größeren und reicheren Städte unterhielten Lateinschulen, deren Wirkung aber auf die eigene Stadt begrenzt war.

Als Ersatz für die Klosterbildung und zur Erweiterung des Angebotes der städtischen Schulen wurden die neuen Landesschulen, später Fürstenschulen genannt, in jedem der drei Bistümer gegründet, die zum albertinischen Gebiet gehörten. Sie wurden in ehemaligen Klöstern eingerichtet und dazu von Einkünften mehrerer alter Klöster unterhalten. Die „Leges Komerstadtii", die von Komerstadt verfasste Ordnung über die Versorgung der Schüler dieser Internatsschulen, mussten jährlich den Schülern verlesen werden. Bis in die Gegenwart ist dieser Brauch aufrecht erhalten worden.

Im Bereich von Naumburg war es Pforta, das seinen Klosternamen dadurch zu Schulpforte erweiterte. Für das Bistum Meißen entstand die Schule im Meißner Kloster St. Afra. Beide bestanden seit 1543. Die anfangs in Merseburg geplante dritte Schule wurde 1550 im alten Augustinerkloster zu Grimma begonnen. Moritz gründete damit als erster Fürst in Deutschland staatliche Schulen. Ihr Lehrplan war vom Humanismus bestimmt. Latein war auch die tägliche Umgangssprache der Schüler. Wer von den Schülern vergaß, diese Sprache aller europäischen Universitäten auch im Alltagsleben der Schule zu gebrauchen, wurde mit einem Pensum bestraft, dem Auswendiglernen eines lateinischen Textes. Die drei Schulen standen für begabte Adels- und Bürgersöhne des ganzen Landes offen, nicht nur wie bisher für Schüler eines Klosters oder einer Stadt. Die Zahl der ihm zustehenden Plätze war für jeden Ort festgelegt. Insgesamt sollten in den drei Schulen 230 Stipendiaten aufgenommen werden, von denen ein Drittel dem Adel vorbehalten blieb. Nicht nur für Unterhalt und Kleidung, sondern auch für Papier und Bücher wurde jedem Einzelnen Geld bereitgestellt. Die Kosten wurden jeweils von den Gütern mehrerer ehemaliger Klöster erbracht. Die sächsischen Schulen wurden Vorbild für die Württemberger Klosterschulen.

Dazu parallel wurde die Universität Leipzig humanistisch gestaltet und neu ausgestattet.[104] Diese Neuordnung der Universität besonders durch Caspar Borner kam fast einer Neugründung gleich. Durch den streng altgläubigen Kurs Herzog Georgs hatte sie die meisten ihrer Hörer verloren. Sie konnte sich neben der Leucorea in Wittenberg, die zur größten Universität im Reich aufgestiegen war, nicht behaupten. Die erneuerte Universität erhielt in Leipzig 1543 das bisherige Dominikanerkloster mit allen seinen

103 Rudolf Kötzschke, Hellmut Kretzschmar: Sächsische Geschichte: Werden und Wandlungen eines Deutschen Stammes und seiner Heimat im Rahmen der Deutschen Geschichte. Bd. 1. Dresden 1935, S. 240.

104 Herbert Helbig: Die Reformation der Universität Leipzig im 16. Jahrhundert. Gütersloh 1953, passim.

Kurfürst Moritz im Hof der ehemaligen Landesschule Grimma, heute Gymnasium St. Augustin

Besitzungen als Unterkunft, obwohl es auch die Stadt Leipzig wie alle anderen Klöster der Stadt für sich kaufen wollte. Außerdem wurden der Universität 2000 Gulden im Jahr zur Verfügung gestellt. Joachim Camerarius, ein Freund Melanchthons, wurde durch Moritz als führender Gelehrter für Leipzig gewonnen. Johann Pfeffinger, als Superintendent in Leipzig eingeführt, wurde der führende Theologe an der Universität. An drei Stellen in der Stadt richtete die Universität den Studenten einen Mittagstisch, eine Mensa ein, für die 600 Gulden jährlich aus der fürstlichen Kasse kamen. Die entsprechende Neuausstattung der evangelischen Zentraluniversität Wittenberg erfolgte sofort nach der Übergabe der Kurlande und der Kurwürde an Moritz 1547.[105] Die Universität Wittenberg hatte alle Zuwendungen aus dem ernestinischen Staat verloren, denn Johann Friedrich d. Ä. erstrebte eine neue Hochschule in Jena.

Seine abschließende und dann weitwirkende Gestaltung erfuhr das System der albertinischen Regierung erst nach dem Schmalkaldischen Krieg in der Kanzleiordnung vom 5. August 1547[106] und der Hofordnung vom 23. September 1548[107]. Moritz ordnete auf dem Landtag im Juli 1547 das gesamte Staatsgebiet in fünf Kreisen neu unter Einschluss der bis dahin ernestinischen Gebiete, die durch den Schmalkaldischen Krieg erworben worden sind. Die fünf Kreise waren: Meißnischer, Leipziger, Thüringer und Kurkreis, danach noch der Gebirgische Kreis. Sie wurden ohne Rücksicht auf die alte Gliederung zwischen dem albertinischen und ernesti-

105 Heinz Scheible: Melanchthon rettet die Universität Wittenberg. In: Melanchthon als Politiker zwischen Reich, Reichsständen und Konfessionsparteien, hrsg. von Günther Wartenberg, Matthias Zentner. Wittenberg 1998, S. 73 f.

106 PKMS 3, S. 513–518 Nr. 737.

107 PKMS 4, S. 150–152 Nr. 107.

nischen Teil Sachsens gebildet. Gleichzeitig wurde die zentrale Verwaltung des Kurstaates durch die neue Kanzleiordnung auf ein System umgestellt, das an diesen Gebieten und an Sachen orientiert war. In der Kanzlei war für jeden Kreis ein besonderer Sekretär zuständig, wodurch die eingegangenen Sachen für jeden Kreis getrennt, aber von allen anwesenden Räten gemeinsam beraten und beschlossen wurden.

Die Beratungen fanden ihr Ergebnis in den ausgefertigten Schreiben, die in Abschriften oder den Kopialbüchern in der Kanzlei blieben. Gesprächsprotokolle kommen kaum vor. Die vorangehenden oder am Ende zu fällenden Entscheidungen, die diesem wohlgeordneten Apparat die Richtungen setzten, haben bei Moritz, dem Kanzler und wenigen Räten neben Moritz gelegen. Für ganz geheime Pläne wie die spätere Erhebung gegen den Kaiser 1552 hat Moritz allerdings die Kanzlei umgangen und den Schriftverkehr im Schlafzimmer seiner Gemahlin in einer Lade aufbewahrt.

Den Räten in der Kanzlei als der Zentrale der Staatsverwaltung waren zum Teil bestimmte Aufgaben zugewiesen, wie oben zu den Räten gesagt. Als Kollegium aber berieten alle Räte am Hof die eingehenden Fragen aller Kreise gemeinsam. Neben den Hofräten, die den täglichen Regierungsdienst in der Kanzlei, den Empfang der ankommenden Gesandten, der auswärtigen Staatsdiener und der Bittsteller versahen, gab es die bereits erwähnten Räte *von Haus aus*. Alle, die sonst kamen, durften die Kanzlei nicht betreten, sondern mussten in Stuben davor angehört werden. Nur den in der Kanzlei Tätigen stand die Kanzlei offen. Diesen waren dort private Tätigkeiten wie Singen oder Saitenspiel untersagt.

Die Kanzlei war ein für die Öffentlichkeit geheimer Bereich. Sogar die Bücher für die Abschriften der ausgehenden Schreiben wurden für die Kreise jeweils getrennt von einem bestimmten Schreiber geführt. Für die Religions-, Kirchen und Schulsachen und für die auswärtigen Angelegenheiten und außerdem für die ernestinischen Fragen bestanden besondere Bereiche der Kanzlei. Die Auswärtigen Schreiben und die Antworten dazu mussten sofort geheftet werden. Von diesen Schreiben gibt es heute noch im Dresdener Hauptstaatsarchiv viele Bände im ursprünglichen Zustand. Durch diese Geheimhaltung konnten sich leicht phantasievolle Gerüchte über die Absichten der sächsischen Politik bilden. Öffentliche Verleumdung von geheimen, ganz anders geplanten Vorgängen wurde ein wichtiges Instrument der Agitation gegen Moritz.

Den Finanzen des Landes suchte Moritz eine neue Grundlage zu geben, indem er besonders die Ämter enger in die Gesamtverwaltung einbezog. Dadurch stiegen die Einnahmen. Bei der Rechnungslegung eines Amtes in Dresden musste jeweils Ernst von Miltitz als Finanzverantwortlicher anwesend sein. Er wirkte kräftig beim Ausbau der kursächsischen Finanzwirtschaft mit, indem er in Leipzig immer wieder für neue Anleihen zu sorgen hatte. Die weitgreifende Außenpolitik des Kurfürsten Moritz erforderte diese Gelder später vor Magdeburg 1550/51, gegen den Kaiser und nach Ungarn 1552 und zur letzten Friedenssicherung 1553 gegen Markgraf Albrecht. Dazu war es nötig, eine Steuerverfassung zur Deckung der Anleihen in Anfängen auszubilden. „Das wurde ein Schwungrad der kursächsischen Staatsmaschine."[108] Bei der Betrachtung dieser

108 Uwe Schirmer: Grundzüge der sächsischen Steuerverfassung (15.–17. Jahrhundert). In: Sachsen im 17. Jahrhundert: Krise, Krieg und Neubeginn. (= Schriften der Rudolf-Kötzschke-Gesellschaft 5) Beucha 1998, S. 76.

Finanzwirtschaft muss beachtet werden, dass Moritz Kredit hatte. Adel und Städte haben ihm 1552 sogar im Vorgriff auf künftige Geleits- und Tranksteuereinnahmen Gelder geliehen. Die Zustimmung beim Landtag im August 1552 und die Teilnahme des Adels am Feldzug 1553 deuten auch auf die Kreditfähigkeit des Kurfürsten. „Wie kein anderer Wettiner legte Moritz die Fundamente für die Sächsische Staatsverfassung.“[109]

Um 1500 hatten die Einnahmen aller wettinischen Lande ungefähr 50 000 Gulden betragen. Fünfzig Jahre später sind es allein im albertinischen Sachsen unter Moritz ca. eine halbe Million Gulden.[110] Auch wenn die laufende Geldentwertung die Zahlen vergrößerte, sind um 1550 die Einnahmen real damit sicher auf mehr als das Fünffache gestiegen. Im Unterschied zur alten Zeit, in der das Amt Vorräte sammelte und aufbewahrte für den heranziehenden Fürsten und seine Beauftragten, wurden nun die Leistungen möglichst in Geld umgewandelt und in die Kammer geliefert. Für die im Amt eingehenden Gelder, besonders der Tranksteuer, war jetzt in jedem Amt ein Amtsschösser eingesetzt, der die Bücher zu führen hatte. In kleineren Ämtern gab es eventuell nur einen Amtsschösser, aber keinen Amtmann.

Moritz musste sich die Steuereinnahmen durch die Landstände genehmigen lassen. Anfangs hat er diese Genehmigung eine ganze Zeit nicht gebraucht, weil er einerseits genehmigte Einnahmen durch die Türkensteuer erhielt, die nicht verbraucht wurden, da der befürchtete Türkeneinfall ins Reich nicht erfolgte. Andererseits verkaufte er 1543 eine Reihe der säkularisierten Klöster. Die Leipziger Klöster, die mit Ausnahme des Dominikanerklosters an den Rat der Stadt verkauft wurden, brachten dabei insgesamt 83 342 Gulden ein, soviel wie alle anderen Klöster zusammen. Die Einnahmen aus dem Bergbau gingen auch direkt an den Fürsten.

Durch den geordneten Instanzenzug vom Amt zum Kreis, zur Kanzlei und zu anderen Oberbehörden und die von einander abgegrenzten Zuständigkeiten hat Moritz in wenigen Jahren im albertinischen Sachsen den Grund für den kommenden Landesstaat gelegt. Da er jeden nach seinen Fähigkeiten einsetzte und soweit zu sehen keine Personen gegeneinander ausspielte oder plötzlich entließ, lief die Entwicklung rasch und effektiv. Zumindest nach der Kanzleiordnung von 1547 hatten der Kanzler und zwei Räte morgens von 8 Uhr bis 9 Uhr und nachmittags um 4 Uhr Gelegenheit, Moritz alle nötigen Dinge, *wue wier vorhanden seindt*, vorzutragen. So hatte er Kenntnis aller wichtigen Vorgänge. Wie weit die noch reformkatholische Gesinnung der beiden Karlowitze oder die bewusst evangelische Komerstadts oder andere Einzelüberzeugungen auf die Sachentscheidungen in der Kanzlei Einfluss hatten, ist schwer zu sagen.

Herzog Georg hatte einen großen Teil der wichtigen Korrespondenz selbst verfasst und war wohl dadurch häufig in der Kanzlei anwesend. Seine Räte hatten damit wenig Gelegenheit, eigenständige Entscheidungen zu treffen. Sie waren aber einen soliden Geschäftsgang gewohnt. Georg von Karlowitz war in diesem Geschäftsgang der führende Rat geworden. Das Misstrauen der Wittenberger Theologen gegenüber diesen in den Dienst von Herzog Moritz getretenen Räten aus der Mannschaft Herzog Georgs ist nicht durch die Taten dieser Männer unter Moritz gerechtfertigt, was die Wittenberger

109 Uwe Schirmer, ebd.

110 Uwe Schirmer: Grundzüge, Aufgaben und Probleme einer Staatsbildung- und Staatsfinanzgeschichte in Sachsen, Vom Spätmittelalter bis in die Augusteische Zeit. In: NASG 67. Band. Weimar 1996, S. 51.

jedoch nicht anerkennen konnten. Ihr Misstrauen nährte sich wohl aus dem Vorwiegen der politischen Sicht bei diesen Räten gegenüber einer theologischen Sicht der Wittenberger. Wahrscheinlich ist aber die völlige Neuordnung der Kanzlei nicht möglich gewesen, solange Georg von Karlowitz der bestimmende Rat unter den Hofräten in Dresden war. Für seine Haltung hätte auch das kollegiale Modell der Kanzleiordnung von 1547 nicht gepasst.

Die Ordnung der Verwaltung des albertinischen Staates unter Herzog Moritz war der Ordnung in Brandenburg oder im ernestinischen Thüringen überlegen. Sie hat zum Teil bis ins 19. Jahrhundert weitergewirkt. Die Entscheidungsform des heutigen evangelisch-lutherischen Landeskirchenamtes durch das Kollegium seiner Oberlandeskirchenräte scheint ein ferner Abglanz der sächsischen Kanzlei des 16. Jahrhunderts zu sein.

Der Platz unter den evangelischen Ländern des Reichs

Um Zeit und Handeln des Herzogs und späteren Kurfürsten Moritz zu verstehen, wenden wir Bezeichnungen an, die heute geläufig sind. Das Begriffspaar: „Evangelisch–Katholisch" ist für uns auf zwei Konfessionen festgelegt. Die beiden entstehenden Glaubensweisen um 1540 waren aber in ihrem Erscheinungsbild anders als die beiden Konfessionen heute. Die evangelischen Gemeinden im albertinischen Sachsen mit all ihren Bräuchen und Gewändern würde man heute wohl eher als anglikanisch bezeichnen. Die katholischen Gemeinden, in denen der spätmittelalterliche Glaube mit allen Prozessionen, Wallfahrten und Ablassordnungen, Zölibat und monarchischem Bischofsamt weiter gepflegt wurde, standen noch nicht unter der Erziehung durch Seelsorge, die durch die Gesellschaft der Jesuiten nach dem Trienter Konzil üblich wurde. Die Beschlüsse des Trienter Konzils wurden in Deutschland erst nach 1565 ausgeführt. Um 1540 kamen die ersten Glieder des Jesuitenordens nach Deutschland.

Kaiser Karl V., der wichtigste Verteidiger der bisherigen Art der christlichen Kirche, sah im römischen Papst nicht seinen Herrn, sondern einen oft mühsamen Vertragspartner, dessen Stadt Rom er anderthalb Jahrzehnte zuvor 1527 einer dreitägigen Plünderung seinen Söldnern überlassen hatte.

Dazu kommt ein allgemeines Bewusstsein, in der Zeit einer Erneuerung zu leben, in die auch die Kirchgemeinden eingeschlossen waren. Deshalb ist es schwierig, wenn dem albertinischen Adel ein Stempel „katholisch" aufgedrückt wird, weil er die Patronatsrechte über seine Dörfer und die Aufstiegs- und Versorgungsmöglichkeiten für seine Kinder in der Kirche mit ihren Klöstern und Kapiteln sich nicht nehmen lassen wollte. Derselbe Adel hat in der Zeit Luthers gern Pfarrstellen und Kirchengut eingezogen und eigenem Besitz hinzugefügt, da er sie ja früher einmal gestiftet habe.

Als Herzog Heinrich 1537 die evangelische Kirche in seinem Freiberger Ländchen begründete, hat er die Hilfe des Kurfürsten Johann Friedrich in Anspruch genommen. Er war zusammen mit Moritz in den Schutz des Schmalkaldischen Bundes getreten.[111]

111 Langenn 2, S. 177–181, vgl. PKMS 1, S. 14 Nr. 11, 7.7.1537.

In der Auseinandersetzung mit den Eltern hatte Moritz Rat und Hilfe des Kurfürsten in Anspruch genommen. Vielleicht hatte sich so beim Kurfürsten die Meinung festgesetzt, Moritz sei ein leicht lenkbarer, noch sehr junger Mann. Johann Friedrich verstand sich ab 1537 und endgültig ab 1539 als Patron des evangelischen albertinischen Sachsen.

Vom Nürnberger Bund der katholischen Reichsstände unter der Führung Herzog Georgs des Bärtigen blieben nach Georgs Tod nur noch Herzog Heinrich von Braunschweig und der Bischof von Merseburg übrig. Die anderen Beteiligten ließen sich ihre eingezahlten Gelder aus der gemeinsamen Kasse, die Georg geführt hatte, gern zurückgeben. Die Auszahlung der angesammelten Gelder führte Moritz genau durch. Damit verlor der Nürnberger Bund seine Kraft durch zuviel Geld und nicht wie der Schmalkaldische Bund wenige Jahre später durch Geldmangel. Moritz musste danach nur noch auf König Ferdinand und den Kaiser Rücksicht nehmen.

Als Moritz die Herrschaft im albertinischen Sachsen übernahm, war der Übergang zur evangelischen Kirche durch die Visitationen unter Herzog Heinrich seit einem Jahr abgeschlossen. Bei der ersten schnellen Visitation hatte in allen albertinischen Städten Kurfürst Johann Friedrich den bestimmenden Einfluss gehabt. Ernestinische Theologen hatten sie selbst durchgeführt. Sie wurde ein halbes Jahr später von Dezember 1539 bis Juli 1540 durch eine gründliche Visitation fortgesetzt, die nun alle Gemeinden in Stadt und Land betraf. Sie wurde nur von Männern aus den albertinischen Ländern unternommen. Allerdings kamen zwei Theologen dabei aus der ernestinischen Tradition, denn Wolfgang Fueß war 1539 vom ernestinischen Leisnig nach Chemnitz gegangen und Kaspar Zeuner 1536 von Trebsen nach Freiberg, zur Gestaltung der dortigen Reformation.

Es gab für Moritz keinerlei Zweifel, dass die Gemeinden seiner Lande bei der neuen Konfession bleiben würden. Landgraf Philipp hatte Moritz geraten, Räte Herzog Georgs um ihrer fachlichen Tauglichkeit für die Verwaltung des Landes willen wieder einzustellen, nicht aber wegen ihrer persönlichen, noch reformkatholischen Gesinnung. Die neue Kirche wurde dabei von den beiden Karlowitzen, dem neuen Kanzler Dr. Simon Pistoris und Dr. Ludwig Fachs niemals in Frage gestellt.

Der Schmalkaldische Bund war neben den Habsburgern die andere bestimmende Macht im Reich. Seine Führer Kurfürst Johann Friedrich und Landgraf Philipp wollten Moritz nach seinem Regierungsantritt gern als volles Mitglied gewinnen. Moritz war als Schwiegersohn und Vetter mit den beiden persönlich verbunden und kannte sie durch seine Lebenszeiten in Torgau und in Marburg ziemlich genau. Gerade das persönliche Erleben mit beiden, besonders bei Johann Friedrich in Torgau, muss sein Verhalten zum Bund stark bestimmt haben. Moritz wusste einerseits, wie sehr Philipp durch seinen geheimen Vertrag an den Kaiser gebunden war. Philipp hatte einen Teil seiner politischen Freiheit geopfert, um sich selbst vor der Strafe wegen seiner sexuellen Verfehlungen zu retten. Er verhinderte ein Eingreifen für Reichsstände, die am Niederrhein auf dem Weg zum evangelischen Glauben waren, wie den Herzog von Jülich und den Erzbischof von Köln. Man hätte sie leicht gewinnen können, Glieder des Schmalkaldischen Bundes zu werden.

In Torgau war Moritz andererseits klar geworden, dass Johann Friedrich ihn niemals als gleichwertigen Partner anerkennen würde, denn er sah sich gegenüber Moritz als erziehungsberechtigt. Moritz kannte auch durch Philipp den Gegensatz zwischen diesem und Johann Friedrich. Im Oktober 1541 in Naumburg hatte Moritz spüren müssen, dass die Gedanken der Häupter des Bundes mehr einer Ausdehnung ihrer Macht als dem Schutz aller Reichsstände vor den Türken galten.[112] Moritz wird schon dort für sich selbst Wege überlegt haben, sein Land vor den Gegensätzen zu bewahren und neue Wege für die evangelischen Länder des Reiches zu finden. Er ist nicht Mitglied des Schmalkaldischen Bundes geworden, wie Philipp und Johann Friedrich erwarteten. Er hatte schon 1538 in Frankfurt als junger, aufmerksamer Beobachter die Spannungen in diesem Bund zwischen den Städten und den Fürsten und auch zwischen den beiden Häuptern des Bundes kennen gelernt. Als Markgraf Johann von Küstrin 1551 einen erneuerten Verteidigungsbund in der Art des Schmalkaldener Bündnisses gründen wollte, hat Moritz sich dem heftig widersetzt und einen Angriffsbund erreicht.[113]

Außerdem richteten sich die Interessen des Kurfürsten Johann Friedrich auf das Gebiet des Erzbistums Magdeburg und des Bistums Halberstadt. Das Land Herzog Heinrichs von Braunschweig begrenzte deren Gebiete im Westen. Heinrich strebte mit allen rechten und auch unrechten Mitteln nach der absoluten Herrschaft über die Städte und den hohen und niederen Adel im Bereich seines Fürstentums und soweit seine Macht reichte. Gegen seine ständigen Angriffe hatten die Städte Braunschweig und Goslar Hilfe beim Schmalkaldischen Bund gesucht und gefunden. Doch deren Mitgliedschaft im Verteidigungsbündnis schreckte Heinrich nicht ab.

Moritz hatte 1540 Landgraf Philipp als ganz junger Ehemann in Marburg versprochen, an einem Kampf gegen den Unruhestifter Herzog Heinrich teilzunehmen. Beim ersten Treffen mit Landgraf Philipp und Kurfürst Johann Friedrich in Naumburg 1541 hatte Moritz seine Hilfe gegen Herzog Heinrich zugesagt. Er schloss auf dem Fürstentag in Naumburg am 26. Oktober 1541 einen Vertrag mit Philipp und Johann Friedrich, gemeinsam gegen Heinrich im März 1542 vorzugehen.[114] Besonders Philipp wollte das, denn Heinrich war, nachdem Herzog Georg der Bärtige gestorben war, der eifrigste Vertreter der kaiserlichen, katholischen Partei in Norddeutschland.

Seine erfahrenen Räte warnten Moritz aber nachdrücklich vor einem solchen Kriege, zu dem auch Johann Friedrich nicht sehr neigte. Moritz lehnte vor allem einen plötzlichen Überfall ab. Schließlich schrieben Moritz und Johann Friedrich gemeinsam an Philipp, den Krieg aufzuschieben.

Gleichzeitig bemühte sich Johann Friedrich, als der Bischof von Naumburg starb, um einen evangelischen Nachfolger für diesen, denn das Herrschaftsgebiet des Bistums Naumburg stand unter der Schutzherrschaft der Ernestiner. So überging im Januar 1542 Johann Friedrich die reguläre Wahl des Julius Pflug durch das katholische Domkapitel und ließ am gleichen Tage Nikolaus von Amsdorf zum evangelischen Bischof von Naumburg durch die Stände des Stiftes wählen. Damit übernahm er, ohne auf das Reichsrecht zu achten, die weltliche Herrschaft im Bistumsgebiet, denn für die Durchführung der weltlichen Regierung wurde Amsdorf ein sehr selbstherrlicher Amtmann zur Seite gestellt.

112 PKMS 1, S. 223–231 Nr. 226–228. 24. und 26.10.1541.
113 Vgl. unten Abschn. „An die Spitze des Fürstenbundes“.
114 PKMS 1, S. 225–231 Nr. 228.

Johann Friedrich war bestrebt, seine Macht nach allen Seiten auszudehnen. Er tat das mit gutem Gewissen, weil damit evangelische Gruppen oder Gemeinden unter seinen Schutz kamen. Er hatte das Kloster Dobrilug für sich 1541 eingenommen, das an Moritz ein Schutzgeld zahlte und eigentlich zur böhmischen Lausitz gerechnet wurde. Auch die Nachfolge des ergrauten Kardinals Albrecht für Magdeburg wollte er gern einem Sohn zukommen lassen. Doch auf diese hoffte zugleich Moritz für seinen Bruder Herzog August. Johann Friedrich war aber auch der für Moritz zuständige Hauptmann des Schmalkaldischen Bundes.

Moritz wollte ebenso wie Johann Friedrich beherrschenden Einfluss auf die in seiner Nähe gelegenen Bistümer und ihre unter Reichsrecht stehenden Gebiete gewinnen. Er wollte die Bistümer nicht völlig seinen Territorien einverleiben, sondern strebte an, dass sie sich als eigenständige Bereiche an ihn hielten. Er selbst wollte sie gegenüber Kaiser und König vertreten. Sie sollten nur indirekt über ihn ihre Reichsstandschaft wahrnehmen. Dem Reich wollte Moritz schriftlich erklären, dass er in Ewigkeit dem Kaiser und dem Reich nichts an Lehen oder Diensten entziehen werde.[115] Damit hätten sie den gleichen Rang gehabt wie die Bistümer der habsburgischen Erblande.

Das Amt Wurzen gehörte zur weltlichen Herrschaft des Bischofs von Meißen. Die Schutzherrschaft stand beiden wettinischen Linien zu. Es war der größte Herrschaftsbereich des Bischofs von Meißen und hatte die Türkensteuer nach Wittenberg zu liefern. Am 22. März 1542 ließ Kurfürst Johann Friedrich Wurzen von ca. 180 Reitern und Knechten besetzen, um die Ablieferung der Türkensteuer nach Wittenberg zu beschleunigen. Doch ging es nicht zuerst um die Türkensteuer, die der Meißner Bischof noch nicht, wie üblich, geschickt hatte, sondern Johann Friedrich wollte seinen Machtbereich auch an dieser Stelle erweitern. Der evangelische Gottesdienst wurde eingeführt. Der Kurfürst meinte wohl, dass der ihm gleichberechtigte junge Fürst keinen Widerstand leisten werde, da es ihm um gute Nachbarschaft gehen müsse. Dem aber widersetzte sich Moritz in heftiger Form und zog wie Johann Friedrich auch Truppen zusammen. Er ließ den Adel seines Landes aufbieten. Er wollte dem Kurfürsten eine Grenze setzen und verhindern, dass Johann Friedrich den letzten Übergang über die Mulde in seine Hand bekam, an dem die Albertiner zu bestimmen hatten.

Zugleich bat Moritz Philipp von Hessen um Hilfe. Dieser eilte sofort herbei, um den möglichen Kampf zwischen evangelischen Fürstentümern zu verhindern. Es standen sich südlich Wurzen schon 12 000 ernestinische und 3500 albertinische Reiter und Kriegsknechte gegenüber. Philipp vermittelte in Oschatz einen Vertrag zwischen Moritz und dem Kurfürsten, der den bisherigen Status wiederherstellte.[116] Der Evangelische Gottesdienst blieb, aber die Huldigung des Adels im Stift gegenüber Johann Friedrich als eigentliche Inbesitznahme wurde aufgehoben, und der Bischof blieb Landesherr. Weil die Aufgebote sich ohne jeden Kampf gegenüber gelegen und nur Verhandlungsschriften getauscht hatten, konnten alle Herren und Kriegsleute nach dem Abschluss des Friedensvertrages in Oschatz am Ostermontag, dem 10. April, miteinander Osterfladen essen. Der Krieg ohne Kampf erhielt dadurch den Namen „Wurzener Fladenkrieg“, denn allein die Osterfladen wurden vollkommen besiegt. Moritz hatte

115 PKMS 1, S. 595 f. Nr. 454, Dresden 30.3.1543.
116 PKMS 1, S. 407–411 Nr. 340, Oschatz 10.4.1542.

mit Hilfe des Landgrafen dem Vetter die Eigenständigkeit bewiesen, obwohl er als junger Mann noch kein Jahr regierte. Der Weg zwischen der Mark Meißen und dem Leipziger und Thüringer Bereich seiner Herrschaft blieb in seiner Hand.

Moritz hat es von nun an immer deutlich vermieden, Glied des Schmalkaldischen Bundes zu werden. Nach dem Wurzener Fladenkrieg begann auch für ihn ein langwieriger Weg in die Einsicht, dass nur der einen unabhängigen Platz und dann auch die Möglichkeit zur Vermittlung haben kann, der genügend Macht besitzt. Als er 1552 diese Macht auf kurze Dauer gegenüber dem Kaiser aufbringen konnte, hat er fehlende, langdauernde Macht durch schnelles Handeln ersetzt, das die Zustimmung der Mehrheit im Reich erwarten konnte, wie später darzustellen ist.[117] Moritz hat aus den Fehlern des Schmalkaldischen Bundes gelernt.

Landgraf Philipp hat kurz vor dem Schmalkaldischen Krieg noch versucht, Moritz für einen Dreierbund zusammen mit Johann Friedrich und ihm zu gewinnen. Das kam aber vor diesem Krieg zu spät.

Evangelische Kirchenpolitik

Moritz übernahm von seinem Vater ein Herzogtum, in dem seit zwei Jahren die Kirche im Sinne des evangelischen Bekenntnisses erneuert war. Moritz war der Meinung, dass sich der evangelische Glaube, *die christliche religion*, durch eigene Kraft bei den Menschen durchsetzen werde.[118] Er schrieb: Wäre Herzog Georg länger am Leben geblieben, er hätte die Menschen *sulcher religion halben lenger nicht haben aufhalten konnen.* Einige einflussreiche herzogliche Untertanen hätten sich schon gegen Georgs Willen zu dessen Lebzeiten zur christlichen, evangelischen Religion begeben. Das ist im herzoglichen Erbland und in den beiden Stiften Meißen und Merseburg bemerkt worden. Wenn auch die Bischöfe bisher die christliche Religion für ihre Person aufgehalten hätten, *so konnen sie doch ire underthanen davon nicht zihen, sondern der mere teil sein derselben anhengig.*[119]

Es gab in den Städten Mittweida und Leipzig und auf vielen Dörfern bereits vor 1539 eine selbstständige Bewegung des neuen Glaubens. Daher sah sich Moritz im Recht, von den Bischöfen die Reformation zu fordern. Er wollte aber die Stifte nicht ohne den Willen der Kapitel oder Bischöfe und gegen das Reichsrecht übernehmen.

Sehr wichtig für das persönliche Glaubensleben von Moritz war der Hofprediger Johannes Weiß, der Moritz auch 1542 nach Ungarn und 1544 nach Frankreich begleitete. Schon Herzog Heinrich hatte in seinen letzten Wochen Weiß nach Dresden geholt. Moritz sagte, er habe ihn gern gehört. Wenn man gern zuhört, finden die Predigtworte auch Zugang zum Denken und Handeln. Moritz verglich in seinen letzten Wochen sein fürstliches Handeln mit dem eines guten Hirten, der sein Leben für seine Schafe ein-

117 Vgl. unten Abschnitte „Krieg als Mittel der Diplomatie", „Ferdinand verhandelt in Linz" und „Karl V. flieht aus Innsbruck".
118 Vgl. zur Religionspolitik: Wartenberg: Landesherrschaft, S. 108–272.
119 PKMS 1, S. 570 Nr. 443, Dresden 6.3.1543, Moritz an Christoph von Karlowitz.

setzen müsste, dahinter scheint die Predigt von Johannes Weiß zu stehen. Weiß hatte wie die anderen albertinischen Superintendenten eine Zeit in Wittenberg studiert. Er wurde 1539 von Melanchthon zum Superintendent in Meißen empfohlen und war seit dem Jahre 1541 für Moritz Hofprediger. Moritz ging es persönlich um evangelischen Gottesdienst. Er vertrat auch die neuen evangelischen Pfarrer, die vom Adel abgelehnt wurden, gegen ihre Patronatsherren, die zum Teil gern bei altgläubigen Pfarrern geblieben wären.

In einer Denkschrift aus dem Anfang des Jahres 1543 wird das gesamte bisherige Handeln des Herzogs Moritz im Bereich der Kirche in zwölf Punkten dargestellt. Wenn diese Schrift auch von Georg von Karlowitz versandt wurde, wird sie doch auf Georg Komerstadt zurückgehen, der sie wie die allermeisten größeren Schriften, die Karlowitz verschickte, konzipiert hat.[120] Da sie zum Gebrauch an den Habsburger Höfen bestimmt war, hat sich Komerstadt einer allgemein christlichen Terminologie bedient.

Die eigenständige Hinwendung zum evangelischen Glauben haben die albertinischen Fürsten aber nicht dem zufälligen Wachsen überlassen. Die Grundstruktur der evangelischen Superintendenturen entstand mit der ersten Visitation 1539 überall im albertinischen Sachsen. Die Superintendenten übten in den Amtsstädten ihren Dienst als Pfarrer der Stadt und Instanz über den umliegenden Dorfkirchen aus. Sie waren ein eigenständiger, kirchlicher Teil der herzoglichen Verwaltung in den Ämtern, der untersten Einheit der herzoglichen Verwaltung.

Diese allgemein üblichen Superintendenturen fassten als erste kirchliche Ordnung die einzelnen Gemeinden zusammen. In allen Gemeinden sollte das kirchliche Leben nach der Agende gehandhabt werden, die Herzog Heinrich von Wittenberger Theologen ausarbeiten und im September 1539 einführen ließ. Sie erhielt deshalb den Namen „Heinrichsagende". Sie erschien im Druck, das war eine gute Voraussetzung für ihre allgemeine Verbreitung. Sie war von Wittenberger Theologen und in den meisten Teilen von Justus Jonas ausgearbeitet worden.

Die Verwaltung der weithin entvölkerten Klöster hatte Moritz wieder in die eigenen Hände genommen und nicht mehr dem Adel überlassen. 1543 wurde ein großer Teil der Klöster und ihres Besitzes verkauft, ein anderer zur Ausstattung der neuen Schulen genutzt. Am Lätaresonntag, dem 23. März, 1544 rief Moritz die Superintendenten in Leipzig zusammen, um das von ihm erbetene Gutachten zu besprechen, wie das Kirchenwesen in Bräuchen, Gottesdiensten und der christlichen Lebensführung vor sich gehen solle. Dabei sollten sie andere Ordnungen aus Hessen, Franken und Wittenberg als Vorbild nehmen. Aber die Agende Herzog Heinrichs sollte in Geltung bleiben.

Die Grundfrage für die Gestaltung der evangelischen Kirche im albertinischen Sachsen lautete: Sollte eine Gemeinschaft der evangelischen Einzelgemeinden das Zusammenleben in der Kirche bestimmen, oder sollte sie die Gestalt erneuerter Bistümer annehmen? Das Ergebnis der Leipziger Besprechung war von den Superintendenten her gedacht und antwortete auf alle Fragen in dem Entwurf einer Kirchenordnung, die von den einzelnen Gemeinden ausging. Es blieb die Frage offen, wie die übergemeindlichen Aufgaben der bisherigen Bistumsverwaltungen ausgeführt werden sollten.

---

120 PKMS 1, S. 561–563 Anm. 3.

Als Vorbild bestand in Wittenberg seit 1539 ein Konsistorium, das für Eheprobleme, Scheidungen und für Streitigkeiten unter Geistlichen zuständig war und von Kurfürst Johann Friedrich eingerichtet worden war. In Merseburg wurde 1544 dem Koadjutor Georg von Anhalt in seiner Bestallungsurkunde ein geplantes Konsistorium untergeordnet. Darauf legte Georg bei der Gründung des Konsistoriums großen Wert. In Merseburg und in Meißen wurden 1545 Konsistorien eingesetzt, für Merseburg geschah es durch Herzog August und Moritz und für Meißen durch Moritz allein. Die Konsistorien waren mit Theologen und Juristen besetzt und sollten den Bann als höchste Kirchenstrafe verwalten. Bann bedeutete für den Einzelnen den Ausschluss vom Abendmahl und vom Begräbnis, d. h. von der Hoffnung auf ewiges Leben und Vergebung vor Gott.

In den Vorverhandlungen hatten die Superintendenten dieses Recht für sich in Anspruch nehmen wollen. Die Konsistorien waren nun zuständig für Lehrfragen und damit für die Prüfung und Anstellung der Pfarrer, die kirchliche Disziplin und in besonderem Maße für alle Ehefragen.

Moritz betrieb 1544 die Einsetzung seines Bruders als weltlichen Herrscher in drei Bistümern gleichzeitig. Die Bemühungen um Magdeburg und Halberstadt begannen dabei vor denen um Merseburg. In Merseburg entstand erst durch den Tod des Bischofs Sigmund von Lindenau die Möglichkeit der Nachfolge, während für Magdeburg und Halberstadt vorgesehen war, dass Kardinal Albrecht auf sein Amt verzichten sollte.

Moritz und seine beiden Räte Karlowitz haben die Pläne für die drei Bistümer sehr wichtig genommen. Denn mit Moritz reisten Georg und Christoph von Karlowitz und auch Dr. Fachs 1544 auf den Reichstag nach Speyer. Der anwesende Kaiser ließ Moritz durch den kaiserlichen Rat Naves sagen, er verlange, die Stifte Merseburg und Meißen in ihrem Bestand unverändert zu lassen.[121] Sinngemäß musste das Moritz auch auf Magdeburg und Halberstadt anwenden. Er befahl daher den Amtleuten 1547, die Regierung der Merseburger Ämter nicht in seinem Namen, sondern dem seines Bruders August, des Administrators, zu führen.[122] Damit wurde er indirekt vom Kaiser auf eine bischöfliche Gestaltung der evangelischen Kirche im albertinischen Sachsen gedrängt.

Indem Karl V. offen mit Moritz einen Dienstvertrag gegen Frankreich am 7. April 1544 schloss, erkannte er damit dessen Absichten an, über seinen Bruder August die Bistümer Merseburg, Magdeburg und Halberstadt in seine Verfügung zu bekommen. Der Kaiser wusste aber zugleich, dass auch Kurfürst Johann Friedrich für die Bistümer Magdeburg und Halberstadt in Erweiterung seiner Burggrafschaft von Halle ähnliche Absichten wie Moritz hatte. Der Kaiser förderte so einen Gegensatz zwischen Moritz und dem Kurfürsten Johann Friedrich und dem Schmalkaldischen Bund.

Für Magdeburg und Halberstadt wurde schon seit 1543 sehr langwierig durch den erzbischöflich-magdeburgischen Rat Dr. Christoph Kruschwitz, genannt Türk, verhandelt. Moritz wollte erreichen, dass Kardinal und Erzbischof Albrecht von Brandenburg auf die Ausübung seines Amtes verzichtete, das sollte ein geistlicher Koadjutor übernehmen, während auch dort Herzog August weltlicher Bischof werden sollte. Moritz gab deshalb 1544 dem Kardinal ein Darlehen von 10 000 Gulden und erhielt die vertragliche Zusage, dass Albrecht den Bruder August zum Koadjutor in Magdeburg und

121 PKMS 2, S. 46 Nr. 585, 9.4.1544, Protokoll einer Unterredung zwischen dem Ks. und Moritz.
122 PKMS 3, S. 524 Nr. 745, Anfang August 1547.

Halberstadt machen werde, mit dem Anrecht auf Nachfolge des Kardinals anstelle des jetzigen Koadjutors Johann Albrecht von Brandenburg. Damit hätten die Wettiner die Brandenburger vom Erzbistum verdrängt. August wäre als Verwalter der Reichsterritorien von drei Bistümern zu einem größeren Fürsten an Saale und Elbe geworden.

Am 4. Januar 1544 starb in Merseburg Bischof Sigmund von Lindenau. Moritz erreichte zunächst in Merseburg, dass das Kapitel seinen Bruder Herzog August zum weltlichen Verwalter des Bistums wählte. Für die geistlichen Aufgaben wurde Georg von Anhalt, ein Domherr des Merseburger Kapitels, zum geistlichen Koadjutor bestimmt. Georg war Jahre vorher evangelisch geworden und hatte im Fürstentum Anhalt 1530 bis 1532 zusammen mit seinen Brüdern die Reformation eingeführt.

Georg von Anhalt war persönlich fromm und einsatzbereit. Er hatte als Domherr die Leitung des Bistums schon selbst durchdacht. Er handelte und fühlte sich nun als evangelischer Bischof von Merseburg. Sein Aufsichtsbereich wurde von Moritz über das Bistum Merseburg hinaus auch über das nördliche Thüringen ausgedehnt, weil es zum Herrschaftsbereich des Herzogtums gehörte. Für die Verwaltung der Kirche als der Gemeinschaft der Gemeinden wurden die staatlichen Grenzen maßgeblich.

Georg von Anhalt wollte keine völlig neue Ordnung der Kirche gestalten, sondern die von ihm vorgefundene Kirche des späten Mittelalters von ihren Fehlern und falschen Entwicklungen im Sinne Luthers reinigen. Er hat alles beibehalten, was nicht der Bibel widersprach. Dadurch wurde die mittelalterliche Gottesdienstkleidung der Pfarrer im Bereich des Bistums Merseburg aufrechterhalten. Auch eine ganze Anzahl von Festen blieb bestehen. Diese hochkirchlichen Formen entsprachen ungefähr dem Erscheinungsbild der heutigen Anglikanischen Kirche in England. Moritz hat, als der Kaiser 1549/50 auf die Einhaltung seines Interims drängte, auf diese hochkirchlichen Formen verwiesen, um zu behaupten, dass dieser kaiserlichen Ordnung gefolgt werde. Das war aber ein nicht ganz ehrliches Ausweichen vor dem kaiserlichen Drängen.

Melanchthon war mit Georg von Anhalt so eng verbunden, dass er bis zum Ende der Tätigkeit Georgs 1550 als Bischof dessen Reden für die halbjährlichen Pfarrersynoden jeweils über eine Bibelstelle verfasste. Diese Synoden betrafen zuerst den direkten Herrschaftsbereich des Stiftes Merseburg. Georg bemühte sich aber, sie auf den ganzen Jurisdiktionsbereich seines Amtsgebietes auszudehnen. Sie sollten der Lehre dienen, die Gemeinschaft mit dem Bischof und unter den Pfarrern fördern und schließlich der öffentlichen, gemeinsamen Bitte, dass Gott sie bewahre, für die Kirche dienen.

Luther hatte zunächst große Vorbehalte gegen den „Raub von Kirchengut" durch Moritz für die Ausstattung seines Bruders August. Nachdem ihn Fürst Georg in einem persönlichen Besuch in Wittenberg dazu bewegt hatte, hat er 1545 Georg in Merseburg, ein Jahr nachdem Georg dort seine Arbeit begonnen hatte, persönlich eingewiesen. Mit dieser Weihe hat Luther dem Handeln von evangelischen Bischöfen so zugestimmt, wie Moritz und seine Räte das Amt im Rahmen des Reichsrechtes ohne weltliche Macht gestaltet hatten.[123] Ähnlich lief der Versuch für Magdeburg und Halberstadt. Wenn dort auch der große Finanzbedarf des Kardinals Albrecht ausgenutzt werden sollte.

123 Peter Gabriel: Fürst Georg III. von Anhalt als evangelischer Bischof von Merseburg und Thüringen 1544–1548/50, ein Modell evangelischer Episkope in der Reformationszeit. Frankfurt a. M. 1997, S. 101–376.

Die alte Form der Bistümer blieb hinter der neuen Struktur der Superintendenturen der evangelischen Landeskirche im albertinischen Sachsen wirksam. Für jedes ehemalige Bistum (Meißen, Merseburg, Naumburg) wurde beispielsweise, wie schon dargestellt, eine Fürstenschule begründet. Ab 1544 beanspruchte Georg von Anhalt als Koadjutor in Merseburg den ihm zugeordneten Sprengel des Bistums Merseburg.

Die klare Trennung der weltlichen Aufgaben eines Bischofs als Reichsfürsten von dessen geistlicher Tätigkeit war eine neue Sicht, weil sie die reichsrechtlichen Formen des Bistums nicht änderte und dem evangelischen Glauben Raum schaffte, ohne das Kapitel zu vertreiben. Im Protokoll der Verhandlung am 7. April 1552 von Moritz, begleitet von Markgraf Albrecht von Brandenburg-Kulmbach, mit Herzog Albrecht von Bayern wird noch deutlicher gesagt, dass den Bischöfen die weltliche Obrigkeit nicht gebührt, die Bundesfürsten aber die Geistlichen – und mit ihnen die Bischöfe – bis zu einer christlichen Einigung in ihrem Schutz und Schirm haben wollen.[124] Die katholische Kirche trennte sich erst 1803 durch die Veränderungen der napoleonischen Zeit von der fürstlichen Macht ihrer Bischöfe im Reich. In Merseburg wurde schon 1544 der „weltliche" Bischof vom Kapitel gewählt, und der „geistliche" Bischof ging aus der Mitte des Kapitels hervor.

Weil Moritz nach dem Erwerb der Bistümer strebte, die er ja als Reichslehen nicht verändern konnte und nicht verändern wollte, ist der Gedanke einer bischöflichen Struktur der Kirche in diesen Bereichen nicht allein auf die Person Georgs von Anhalt zurückzuführen. Doch Fürst Georg hat sie in seinem persönlichen Handeln in Merseburg lebendig gemacht. Seine evangelischen Visitationen und die Fürsorge für Gemeinden und Pfarrer in seinem Bereich wirkten so, dass Michael Helding, der ihm als katholischer Bischof folgte[125], keine Möglichkeit fand, den alten Glauben wieder einzuführen.[126] Nachdem Herzog August nach seiner Heirat 1548 auf das Stift Merseburg verzichtete, musste auch Georg von Anhalt seine Tätigkeit Ende 1550 beenden, als der romtreue Bischof Helding sein Amt in Merseburg angetreten hatte. Das Konsistorium wurde nach Leipzig verlegt. Es war nun allein eine kurfürstlich albertinische Behörde.

Moritz, der Kaiser und das Reich

Das Verhältnis zwischen Karl V. und Herzog Moritz ist allmählich gewachsen. Der Vertrag von Regensburg 1546 stand am Ende einer von den kaiserlichen Räten gesteuerten Entwicklung, aber er kam nicht plötzlich. Moritz war in den ersten Jahren seiner Regierung stark vom Schwiegervater Philipp von Hessen und von Georg von Karlowitz, dem wichtigsten Rat, bestimmt. Beide standen in engeren Bindungen zum Hause Habsburg. Karlowitz war durch die Haltung von Herzog Georg geprägt, der sich bewusst zu den Habsburgern gehalten hatte, um den katholischen Glauben im Lande zu erhalten. Landgraf Philipp hatte sich nach seiner Doppelehe in die Formel geflüchtet, man könne

---

124 PKMS 5, S. 802 f. Nr. 465, Fürstenfeld 7.4.1552.
125 PKMS 4, S. 824 Nr. 722, 7. 11. 1550, Ks. Karl an Kf. Moritz.
126 PKMS 5, S. 423 f. Nr. 216, Merseburg 7.10.1551, Bf. Michael an Ks. Karl V.

in den Dingen des evangelischen Glaubens Selbstständigkeit bewahren und in weltlichen Dingen dem Kaiser gehorsam sein. Dadurch konnte er alle persönlichen Strafen für seine Doppelehe vermeiden, musste jedoch von Karl V. den Vertrag vom 13. Juni 1541 annehmen. In diesen Vertrag hatte Philipp Moritz einbezogen, ohne ihm vorher Raum zu eigener Gedankenentwicklung zu lassen.

Moritz hat sich in den ersten Jahren seiner Herrschaft um Dienste für das Reich bemüht. Er wollte damit seine Absichten auf die Bistümer Merseburg und Meißen, Magdeburg und Halberstadt unterstützen.[127] König Ferdinand hatte 1541 die vertragliche Anwartschaft auf Ungarn verloren, da die Magnaten des ungarischen Adels das nicht wollten und sich von den Türken gegen ihn helfen ließen. Dadurch konnten die Türken Oberherrn über Ungarn werden. 1542 suchte Ferdinand mit der Hilfe der Reichsstände die Türken zurückzudrängen. Moritz nahm nach dem Wurzener Fladenkrieg den ganzen Sommer über an diesem Feldzug teil. Im Juni ging er mit einer Reitertruppe nach Ungarn. Der Feldzug konnte gegen die Türken keine Erfolge verzeichnen. Am Ende des Jahres musste Moritz in Ungarn seine Fähigkeiten und seine Grenzen in einer für ihn im Letzten demütigenden Form kennen lernen.

Bei der Belagerung von Pest geriet Moritz in einem Gefecht durch Übermut zu weit unter die Türken. Am nächsten Tage schrieb er selbst: *haben wir zu merung der gegenwehr und als der so wider diesen Feinde zefechten begirlichs gemuets – ungeacht, das vnsere diener unser eyl vnd wolberitikeit halber vns In dem hauffen aussem gesicht verloren, Do wir etlicher turcken gewar worden In sie neben vnserm getrewen diener Ribisch den man schnauber genant gerant vnd mit Inen nach unserm hochsten vormogen mit stechen vnd slagen vns dermassen geubt, das wir durch prechung unsers sattel gurts, zur erden gefallen, da dann die turcken Ir bests an vns versucht vnd seind vormittelst gotlicher gnad vnd vorgenants vnsers erlichen dieners schnaubers entschuttung, der auf vns ein turcken erstochen, vnd daruber in ansehung das er sowol als wir mit harnisch nit verwart noch angethan gewesen, dermassen gehawen, verwundt vnd geschossen, das er sein geist (den der lieb got gnediglich beselligen wolle) bald aufgeben hat auf ein ander pferd unbeschedigt vnsers leibs, doch Sye, die turcken, ohne Rum zu reden, nicht mit geringem vnserm Inen zugefuegten schaden davon gekommen, Es sol vns aber diese fraidickeit (beuor ab so vngefaßt) furaan ein exempel geben vns nit als gah auf die fart zemachen.*[128] Diese Schilderung entspricht wohl den Tatsachen, wenn Moritz auch weglässt, dass ungarische Husaren ihn heraushieben und auf das andere Pferd setzten. Beim Berichten in der Heimat wurden dann zwei Türken über ihm, der auf dem Boden lag, erstochen. Moritz betonte, dass es sein viertes Scharmützel war. Der Kampfesmut war also allmählich gewachsen. Von der bestimmt erlittenen Todesangst redete man damals als Krieger nicht. Aber noch 1544 ist Philipp von Hessen froh, dass Moritz nun beim Feldzug gegen Frankreich vorsichtiger war, *sonderlich dass E. L. (also wie vor zweien jahren vor den Türken) nicht geeilt, sondern ihrer geschwader reuter gewartet und Ihrer sachen in gewahr gehabt haben.*[129] Moritz hatte sich das selbst damals gesagt. Freidigkeit ist Übermut ohne rechtes Nachdenken.

---

127 Siehe oben Abschn. „Der Platz unter den evangelischen Ländern des Reichs".
128 Langenn 2, S. 229, 2.10.1542, Moritz an Christoph von Taubenheim.
129 PKMS 2, S. 111 Nr. 625, 11.8.1544, Lg. Philipp an Moritz.

Der eigentliche Sturm auf Pest am 6. Oktober wurde von den Türken abgewiesen. Aber *wann man berurts sturms halber einem jungen narren gefolgt, hette es sonder zweifel besser geraten und zugehen sollen*. Damit meinte Moritz sich, der wohl als unerfahrener „junger Narr" im Kriegsrat nicht ernst genommen wurde.[130] Es muss ihn tief getroffen haben, dass er so als junger Mann abgewiesen wurde. Er war schließlich in seinen ersten drei Scharmützeln immer Sieger geblieben. Moritz musste sich aber eingestehen, wenn er so durch seinen unbedachten Tatendrang in höchste Lebensgefahr geraten war, dass dann auch sein vielleicht kühner, aber bedachter Vorschlag für den Sturm auf die Stadt bei den andern im Kriegsrat unter die gleiche Überschrift gestellt wurde. Moritz war noch nicht die in sich geschlossene überzeugende Person, als die er nach dem Ende des Schmalkaldischen Krieges auftrat. Auch gegenüber Johann Friedrich hatte er sich 1542 nur mit Hilfe Landgraf Philipps behaupten können. Das musste er in Ungarn erneut spüren. Das Heer zog ins Winterlager. Moritz war kaum vierzehn Tage später wieder in Leipzig.[131]

Im Januar 1543 setzte ein zweiter Reichstag zu Nürnberg den ersten Reichstag in Nürnberg vom Herbst 1542 fort. Der Kaiser selbst ließ für sich König Ferdinand und seinen Rat Nikolaus Granvella arbeiten. Granvella war wichtig, die Schmalkaldischen Stände einerseits für die Hilfe gegen die Türken zu gewinnen und sie andererseits von der Unterstützung des Herzogs von Kleve abzuhalten. Für Granvella ging es in Nürnberg nicht um die Türkenabwehr, sondern nur um den großen Plan, erst den Bund Frankreichs mit dem jungen Herzog von Kleve zu zerstören und Geldern der kaiserlichen Herrschaft in den Niederlanden einzuordnen, dann aber Frankreich zu besiegen, um schließlich gegen die deutschen Protestanten insgesamt vorgehen zu können.

In der Folge seines Ungarnzuges war man auf Moritz aufmerksam geworden. Die Schmalkaldener machten auf dem Reichstag ihre Hilfe gegen die Türken von der Reformation des Reichskammergerichtes und einem Religionsfrieden abhängig. Der Reichstag war gewissermaßen in Religionsparteien zerfallen. Es wurde kaum in den üblichen Gremien des Reichstages, im Kurfürstenrat, im Fürstenrat und unter den Städten, verhandelt. Ferdinand sprach, um Hilfe gegen die Türken zu erreichen, im Wesentlichen nur mit den beiden Religionsparteien, die jeweils durch alle drei Gruppen gingen.

Moritz ließ sich durch Christoph von Karlowitz vertreten. Man strebte eine neutrale Stellung an. Die albertinischen Räte sollten einer Türkenhilfe auch ohne Erfüllung der evangelischen Forderungen zustimmen. Sie hielten sich von den Schmalkaldenern möglichst fern, da sie mit dem Pfalzgrafen Johann im Streit um die Rangordnung des Sitzes im Reichstag lagen. Direkte Gespräche mit den Habsburgern führte Dr. Johann Stramburger. Die Schmalkaldener lehnten ohne Gleichberechtigung im Reich die Türkenhilfe ab, die nur von den katholischen Reichsständen beschlossen wurde.

Gegen Frankreich suchte Granvella die Hilfe junger evangelischer Fürsten. Nachdem Heinrich von Braunschweig aus seinem Land von Landgraf Philipp und Kurfürst Johann Friedrich vertrieben worden war, musste dessen Schwiegersohn Markgraf Johann von Küstrin offen für kaiserliche Angebote sein. Er war auch immer bereit, Geld zu erwerben. Sein Bruder Kurfürst Joachim von Brandenburg musste wohl auf seiner

130 PKMS 1, S. 489 f. Nr. 400, vor Pest 7.10.1542, Moritz an Lg. Philipp.
131 PKMS 1, S. 493 f. Nr. 401, 19.10.1542, Georg von Karlowitz an Lg. Philipp.

Seite stehen. Dem jungen Markgrafen Albrecht Alkibiades von Brandenburg-Kulmbach war jede gut bezahlte Gelegenheit recht, als Truppenführer tätig zu sein.

Herzog Moritz war der wichtigste der nicht fest an die Schmalkaldener gebundenen jungen Fürsten. Er war selbst nicht in Nürnberg erschienen. Moritz hatte Ostern 1542 mit Kurfürst Johann Friedrich den Oschatzer Vertrag geschlossen, weil sich Philipp von Hessen ausgleichend zwischen beide stellte. Granvella meinte wohl, Moritz wegen des Gegensatzes zu Johann Friedrich auch gegen dessen Schwager Wilhelm von Kleve und Frankreich gewinnen zu können. In Nürnberg 1543 suchte Granvella Moritz zu einem entsprechenden Dienstvertrag unter Befehl des Kaisers zu veranlassen. Auf den Einwand, dass dann Kurfürst Johann Friedrich als Schwager des Herzogs von Jülich und Kleve gegen Moritz vorgehen könne, wurde sehr dunkel angedeutet, dass das dem Kurfürsten schweren Schaden, Moritz aber ungeheuren Nutzen bringen könnte. Granvella riet außerdem Karlowitz dringend, das nur höchst verschwiegen und verschlüsselt in Geheimzeichen an Moritz mitzuteilen. Moritz müsse von Kurfürst Johann Friedrich nichts befürchten, der Kaiser müsste ihn nicht immer Kurfürst bleiben lassen. Hier wurde schon der Köder, selber Kurfürst zu werden, für Moritz ausgelegt![132]

Granvella bemühte sich intensiv über Christoph von Karlowitz, Moritz zum Dienst unter dem Kaiser zu bewegen. Er vermochte mit dem Habsburgfreund Karlowitz viel leichter zu reden als mit seinem Herrn, dessen Gedanken sich nicht so gut lenken ließen. Für Karlowitz ist es wohl eine Art Standeserhöhung gewesen, vom wichtigsten kaiserlichen Rat ins persönliche Gespräch gezogen zu werden. Er war über die Gespräche mit dem großen alten Mann der kaiserlichen Politik glücklich und übermittelte sie in äußerst positiven Briefen an Moritz. Das erleichterte es Granvella, mit Lobreden auf Moritz die Vorschläge und angedeuteten Gewinnmöglichkeiten glaubhaft zu machen. Das nämlich entsprach den inneren Wünschen dieses Rates, der sehr genau nach Hause berichtete.

Alles schien so verheißungsvoll und ertragreich, dass schließlich noch der alte Georg von Karlowitz selbst nach Nürnberg reiste. Moritz wollte aber für den Kaiser nicht nur wieder wie in Ungarn eine Reiterschar befehligen, sondern ein Regiment aus Reitern und Knechten. Karls Grundsatz, den Granvella ausführte, war, die Schmalkaldischen von den anderen Protestanten und dazu untereinander zu trennen.[133] Die Weichen für das Handeln Christophs von Karlowitz 1546 hatte der kaiserliche Rat damit schon auf den Reichstagen von Nürnberg 1542/43 für mehrere Jahre gestellt.

Mit geschickten Worten warb Granvella für den Kaiser. Es wäre die Zeit jetzt sicher vor der Tür, dass sich Landgraf Philipp und sein Schwiegersohn im Dienst des Kaisers groß machen könnten. Sie brauchten auch keine Sorge zu haben, dass der Kaiser jemanden wegen der Religion beschweren würde, wenn man sich ihm nicht widersetze. Moritz könne die Truppen der protestantischen Stände gegen Frankreich führen, der Landgraf aber als „General" des Kaisers in Deutschland bleiben.[134] Auf diese Weise würde der Schmalkaldische Verteidigungsbund sicher ruhig bleiben. Herzog Moritz und zuerst

---

132 PKMS 1, S. 548–550 Nr. 430, Nürnberg, 14.12.1543.

133 PKMS 2, S. 519 Anm. 1 Nr. 860, 30.1.1546. Die Kaiserlichen meinen, dass Moritz in Streit mit dem Lg. Philipp und auch mit dem Kf. Johann Friedrich steht. Um 1.2.1546. Das wünschen sie.

134 PKMS 1, S. 581 Nr. 446, 13.3.1543, Christoph an Georg von Karlowitz.

sein Rat Christoph von Karlowitz, der dem Kaiser treu ergeben war, sollten auf neue Denkmöglichkeiten der kaiserlichen Politik geleitet werden, denn es könnte ja sein, dass man Moritz brauchte.

Über all seine Gespräche mit dem kaiserlichen Rat Granvella und dem königlichen Rat Hans Hofmann berichtete Christoph von Karlowitz immer zuerst an Georg von Karlowitz. Erst in zweiter Linie wurde Moritz informiert. Der jüngere Karlowitz dachte wohl als Diplomat etwas abgehoben von den heimischen Problemen. Er hatte keine zu große Bindung an die alltägliche Verwaltung des evangelischen, albertinischen Landes, die dessen Menschen in Kirche und Bildung beim neuen Glauben halten und erziehen sollte. Er wollte wahrscheinlich die andere, auch den Schmalkaldenern, bestimmt aber Philipp von Hessen zugewandte Seite der sächsischen Politik nicht sehen.

Doch Moritz trat 1543 den Dienst mit einer Reiterschar für den Kaiser nicht an. Gegen Kleve wollte Moritz nicht kämpfen. Beim Kampf für den Kaiser gegen Frankreich forderte er das Kommando über ein Regiment von Reitern und Fußtruppen. Der ältere Karlowitz erreichte aber darüber keine Zusage.

Erst im Herbst 1543 besuchte Moritz, begleitet von Christoph von Karlowitz, den Kaiser bei der Belagerung von Landrecy in den Niederlanden. Wahrscheinlich hat sich Moritz in Flandern mehr für die Baukunst der Städte und Verteidigungsanlagen als für die Kriegsführung des Kaisers interessiert. Auch der Dresdner Baumeister und Techniker Caspar Vogt begleitete ihn, er sollte sich vielleicht mit ihm die modernen Festungsbauwerke in Antwerpen besehen, die italienischen Bauwerken folgten? Beim Festungsbau der nächsten Jahre wurden sie in Dresden als Vorbild verwendet.

Warum war Moritz wirklich gereist? Seine Frau war darüber nicht informiert. Sie fragte bei ihrem Vater, Landgraf Philipp, nach Moritzens Aufenthalt.[135] Moritz wollte vielleicht im kaiserlichen Lager seine Hilfsbereitschaft zeigen und direkt am kaiserlichen Hof für seine Absicht, seinen Bruder zum Administrator des Erzbistums Magdeburg zu machen, sondieren und diese sichern.

Der Kaiser meinte vor Landrecy, Moritz für sich nützlich einsetzen zu können. Moritz, der für Habsburger Interessen offen schien, sollte sich bei seinen Verwandten bemühen, die Rückgabe des Landes Braunschweig zu erreichen. Man traute ihm einen solchen „Friedenseinsatz" zu. Am 11. Oktober ging der Brief nach Dresden ab. Ehe er eintraf, war Moritz aber schon auf der Reise. Vorher waren bereits die Versuche König Ferdinands gescheitert, direkt mit Kurfürst Johann Friedrich und Landgraf Philipp über Heinrich von Braunschweig und dessen Rückkehr in sein Land zu verhandeln, welches die beiden Fürsten besetzt hielten.

Moritz reiste auch nicht über Kassel. Vielleicht wollte er sich keine Anweisungen für den Umgang mit Herzog Heinrich von Braunschweig, dem Feind seines Schwiegervaters, geben lassen, der im kaiserlichen Lager lebte. Erst dort erhielt Moritz den ihm überschickten kaiserlichen Vermittlungsauftrag, Heinrich von Braunschweig mit den Schmalkaldenern, Kurfürst Johann Friedrich und Landgraf Philipp, auszusöhnen.[136] Bedingung war, dass ersterer sein Land zurück erhielt. Der Kaiser hat Moritz nochmals im persönlichen Gespräch darum gebeten. Er versagte ihm aber einen zweiten Fürsten

135 PKMS 2, S. 695 Nr. 542 Anm. 1, 6.11.1543, Hz.in Agnes an Lg. Philipp.
136 PKMS 1, S. 689 Nr. 536, 11.10.1543.

als Helfer. Moritz sollte erreichen, dass man das Herzogtum Braunschweig in Treuhandverwaltung an Brandenburg und Pfalz stellte oder dem Kaiser übergab. Das haben Philipp und Johann Friedrich abgelehnt. Wahrscheinlich wollte Karl V. auch nur einen Gegensatz von Moritz zu Johann Friedrich und Landgraf Philipp schüren. Auf der Rückreise hat Moritz in Kassel den Versuch gemacht auszugleichen, Landgraf Philipp hat ihn damit aber an die Schmalkaldener verwiesen. Als nach Torgau zum Kurfürsten gesandte Räte ohne Erfolg zurückkamen, machte Moritz sich davon frei und gab seinen Auftrag im Januar 1544 an den Kaiser zurück.[137]

Der Reichstag 1544 in Speyer schien eine Wende in der kaiserlichen Politik gegenüber den protestantischen Reichsständen zu bringen. Zwischen Karl V. und dem Papst herrschte ein tiefes Zerwürfnis, weil dieser mit Frankreich und dadurch mit den Türken zusammenarbeitete, um die Macht seiner Farnesefamilie zu erweitern. Der Kaiser sicherte den Protestanten die Verlängerung des Religionsfriedens zwischen den Konfessionen zu. Damit gewann er die Hilfe der Schmalkaldener für den Feldzug gegen Frankreich. Moritz nahm selbst am Reichstag teil. Noch bei den Passauer Verhandlungen 1552 hat er auf den Reichstagstext von 1544 zurückgegriffen. Die Stände des Reiches beschlossen im Reichstagsabschied 1544, den Kaiser sechs Monate lang gegen Frankreich und auch gegen die Türken zu unterstützen.

Moritz zog auf Grund eines Dienstvertrages, den er schon am 7. April 1544 in Speyer schloss, als Oberst über 1000 Pferde mit dem Kaiser gegen Frankreich.[138] Der Feldzug nach Frankreich hinein stockte durch die Belagerung des kleinen St. Dizier, das sich erst nach sechs Wochen ergab. Moritz lernte in den Gefechten ein bedachteres Kriegführen.[139] Die Erfolge des Kaisers reichten gerade, um König Franz zu einem neuen Frieden zu drängen, der in Crépy geschlossen wurde. Aus St. Dizier schickte Moritz einen „Riß“ von Stadt und Lager an Landgraf Philipp, der zu den sehr alten kartographischen Geländedarstellungen in Deutschland zählt.[140]

Zum Dienst für den Kaiser hatte Georg von Karlowitz seinem Fürsten geraten, um damit die kaiserliche Zustimmung für die Administration Magdeburgs durch August zu erhalten.[141] Ein Vertrag mit Kardinal Albrecht über August als künftigen Koadjutor in Magdeburg war am 2. April in Speyer geschlossen worden.[142] Der gegen Frankreich geleistete Kriegsdienst hatte aber keine Wirkung für den Besitz Magdeburgs. Kardinal Albrecht starb schon 1545. Der Brandenburger Johann Albrecht wurde sein Nachfolger.

Herzog Heinrich von Braunschweig war nach dem Tode Georgs des Bärtigen der letzte weltliche Fürst, der die katholische Politik des Kaisers in Norddeutschland vertrat. Er erstrebte eine absolute Herrschaft über sein Territorium, in welches er auch die weithin selbstständige Stadt Braunschweig – die größte Handelsstadt nördlich des Harzes und damit seines Herrschaftsbereiches – einbeziehen wollte. Zudem suchte er die reiche

137 PKMS 2, S. 11 Nr. 560, 12.1.1544.
138 PKMS 2, S. 39–42 Nr. 583.
139 PKMS 2, S. 111 f. Nr. 625, 11.8.1544
140 PKMS 2, S 110. In Marburg Politisches Archiv nicht beim Brief, sondern bei Karten gelagert.
141 PKMS 2, S. 39–42 Nr. 583, Speyer 7.4.1544.
142 PKMS 2, S. 26–33 Nr. 579.

Bergbaustadt Goslar seiner Herrschaft einzuordnen, wenn er auch auf diese als freie Reichsstadt keinerlei Rechte hatte. Auf die Rechte seines hohen Adels nahm er ebenso wenig Rücksicht, wenn er seine Besitzinteressen durchsetzen wollte. Seine harte Haltung war mit dem bewussten Festhalten am alten Glauben verbunden. Damit stand er fest zum Kaiser. Heinrichs Mittel waren Fehde und vielfältige Gewalt gegen Adel und Städte, dazu literarische Polemik gegen die umliegenden evangelischen Fürsten.

Die Städte Goslar und Braunschweig wurden daher auf ihr Drängen hin in den Schmalkaldischen Bund aufgenommen. In einer Mischung von Verteidigung dieser Städte, dem Vorgehen zum Schutz und zur Ausbreitung der evangelischen Lehre und der Erweiterung ihres Machtbereiches hatten Philipp und Johann Friedrich schon 1541 beschlossen, Heinrich zu vertreiben. Sie wollten damit auch die Gefahr beseitigen, die ihnen von Heinrich drohte. Die beiden Fürsten sahen König Ferdinand durch den Vormarsch der Türken in Ungarn gebunden. Der Kaiser hielt sich noch in Spanien auf und war durch seinen Gegensatz zu Frankreich nicht anderweitig handlungsfähig.

Durch die Verträge mit dem Kaiser hatte Moritz bis 1545 seine politischen Zukunftspläne stützen wollen, durch Herzog Heinrich wurde er in bestehende praktische Politik gezogen. Mit dem Feldzug des Landgrafen zusammen mit dem Kurfürsten gegen Heinrich von Braunschweig 1542 wurde für Moritz ein Strang in das Gewebe seines politischen Handelns eingefügt, der ihn bis in seine letzten Tage beschäftigen sollte.

Philipp hatte Moritz im Frühjahr 1541 in Marburg zur Teilnahme gegen Herzog Heinrich verpflichtet, als Moritz für die Anerkennung seiner Ehe durch seine Eltern und die Nachfolge in Dresden Philipps Hilfe brauchte. Er sollte Philipp und Johann Friedrich gegen einen Angriff Heinrichs von Braunschweig helfen. Nach Regierungsantritt aber stellten sich die Dresdener Räte gegen die Teilnahme ihres Herzogs am Feldzug gegen Braunschweig. Wegen des beginnenden Reichstages in Nürnberg 1542 hielt dann auch Johann Friedrich in der ersten Jahreshälfte zunächst einen Feldzug gegen Heinrich für ungünstig.

Außerdem machte vor Ostern 1542 die Wurzener Fehde zwischen Kurfürst und Moritz die Zusammenarbeit zwischen den drei Fürsten unmöglich. Der Landgraf konnte nur noch zwischen Johann Friedrich und Moritz vermitteln. Moritz war danach froh, am Zug nach Ungarn gegen die Türken teilnehmen zu können.

Aber in der ersten Hälfte des August 1542 eroberten Philipp und Johann Friedrich das Herzogtum Braunschweig-Wolfenbüttel ohne die Hilfe der anderen Stände des Schmalkaldischen Bundes. Herzog Heinrich und seine Söhne flohen nach Bayern. Der Landgraf und der Kurfürst setzten eine Militärverwaltung im Herzogtum ein und förderten die Ausdehnung der evangelischen Kirche. Da Moritz den ganzen Sommer 1542 in Ungarn stand, konnte er seine Verpflichtung, gegen Heinrich von Braunschweig zu kämpfen, auf Geldhilfe beschränken. Die Bedenken der Räte hatten in Dresden den Ausschlag gegeben. Moritz war es aber wichtig, mit der Beihilfe sein Versprechen gehalten zu haben. Er hatte ja seine unbedachte Marburger Zusage nach dem Ausgleich der Wurzener Fehde Ostern 1542 in Oschatz wiederholt.[143] Im Herbst 1543 hatte Kaiser Karl V. erfolglos versucht, über Moritz den Konflikt zu lösen.

143 PKMS 1, S. 412 f. Nr. 341, Oschatz 11.4.1542.

Landgraf Philipp von Hessen, Holzschnitt von Hans Brosamer

1545 nahm der Landgraf die Zusage zu helfen von Moritz in Anspruch, die er in Oschatz 1542 gegeben hatte, falls Heinrich sie in ihren Landen angriffe, denn Heinrich ging daran, seine Braunschweiger Lande zurückzuerobern. Im Herbst 1545 war Moritz auch bereit, Hessen und das ernestinische Kursachsen gegen den heranrückenden Herzog Heinrich von Braunschweig mit zu verteidigen. Schwere Krankheit machte ihn aber Ende August 1545 handlungsunfähig. Noch in den letzten Septembertagen konnte er eine hessische Gesandtschaft nicht anhören.[144] Trotzdem hatte er erklärt, dass er sich in einer Sänfte zum Feldzug tragen lassen würde, wenn er sich nicht auf dem Pferd halten könne.[145] Sein Hauptziel, zu dem er mit seinen Truppen zu Landgraf Philipp zog, war jedoch nicht der Kampf, sondern die Vermittlung zwischen beiden Feinden.[146] Im Rückblick sagte er: *Wir, als der hendler, haben beiden theilen zu vertrag und frieden gerathen, wie wir dann auch nochmals rathen, sunderlich und zuvor, wu der vertrag, billig, ehrlich und ruhmlich.*[147]

Moritz hatte in diesen Wochen der Genesung, in denen seine Nase noch spitz aus dem schmalgewordenen Gesicht stach, nicht genug Kraft, dem direkten Handeln des Landgrafen zu widerstehen. Philipp wollte keine Verhandlung. Er stellte absichtlich unannehmbare Bedingungen an Heinrich. Moritz aber wollte zum ärgerlichen Erstaunen Philipps sogar diese als Ausgangspunkt für Verhandlungen nehmen. Als Philipp

144 PKMS 2, S. 360 Nr. 779, 13.10.1545, Hessischer Gesandter an Lg. Philipp.

145 PKMS 2, S. 329 Nr. 752, 26.9.1545.

146 PKMS 2, S. 370–379 Nr. 789 Verhandlung mit Lg. Philipp zur Vermittlung durch Hz. Moritz; PKMS 2, Nr. 782, 783, 785–788.

147 PKMS 2, S. 493 Nr. 848, 14.1.1546.

das merkte, ließ er nachschicken, er wolle nur verhandeln, wenn Heinrich vorher evangelisch würde. Das gab Moritz nur am Rande weiter – als für Heinrich unmögliche Forderung. Er wollte unbedingt Verhandlungen erreichen und war blind für die eigene Machtlosigkeit, sie zu erzwingen. Er gedachte Landgraf Philipp durch die Kapitulationsgeste, zu der er Heinrich bewegt hatte, zum Beenden der Feindschaft zu bewegen. Philipp jedoch hatte während der zum Schein geführten Gespräche seinen Feind schon von dem ihn begleitenden Sohn Viktor getrennt und dessen Begleittruppe abgedrängt. Philipp nutzte die Gutgläubigkeit seines Schwiegersohnes und ließ Heinrich in Gefangenschaft auf die hessische Festung Ziegenhain führen.

Im Einzelnen bestand das Geschehen aus vielen Gesprächen von Moritz mit Philipp und noch längeren mit Heinrich. Dazwischen die Ritte und internes Reden zwischen Moritz und den Unterführern Heinrichs und wieder Heinrichs mit diesen.

Nach einem ersten abgebrochenen Verhandlungstag versuchte Philipp im Morgengrauen in einem Überfall seiner Truppen auf das Lager Heinrichs zu siegen. Der Überfall wurde abgewehrt. Doch stand es später durch Philipps Geschütze an der Landwehr bei Kloster Wiprechtshausen für Heinrich schlechter. Deshalb konnte Moritz ihn bewegen, doch noch zum Landgrafen zu ziehen. Heinrich war auf das intensive Zureden seiner Unterführer und danach von Herzog Moritz bereit, zu Landgraf Philipp zu reiten und sich vor diesem zu demütigen. Er wollte damit Verhandlungen beginnen und schließlich doch in den Besitz seines Landes kommen. Heinrich kam, um sich zu demütigen, aber nicht, um sich als geschlagener Fürst auf Gnade und Ungnade zu ergeben. Er hatte von Moritz die Zusicherung der Rückkehr. Das ist als Tatsache ebenso sicher wie die damit verbundene Erwartung Heinrichs, mit dieser Handlung eine Basis für eine Verhandlung zu bereiten, die Moritz von Dresden aus führen wollte.

Doch Philipp verweigerte, nachdem sich Heinrich gedemütigt hatte, die entscheidende Geste, Heinrich die Hand zu geben und ihn damit als Verhandlungspartner anzuerkennen, dem Verzeihung gewährt war. Auch die dringende Bitte von Moritz, das zu tun, hatte keinen Erfolg, auch nicht, als Moritz sie wiederholte. Philipp wusste sich auf der Siegerstraße und neigte sich nicht zu Herzog Heinrich herab. Er hatte schon vorher dafür gesorgt, dass Heinrich von seinen Begleitern getrennt wurde.

Im Ganzen wollte Moritz unbedingt Verhandlung zum Frieden, was Philipp nur lästig war. Er sah zuerst das Mittel, Heinrich in die Hand zu bekommen. Dafür hat er dem Drängen von Moritz nicht ehrlich geantwortet. So konnte sich Philipp mühelos durch Moritz unter dem Schein eines Verhandlungsbeginns Herzog Heinrich und seinen Sohn zuführen lassen, der sonst bestimmt geflohen wäre. Wie die Sache von anderen empfunden wurde, wird zwei Jahre später in Halle a. d. S. am 19. Juni 1547 sichtbar.[148] Karl V. scheint die Gefangennahme Philipps in Halle 1547 nach dem Muster der Gefangennahme Heinrichs durch Philipp vollzogen zu haben. Er reichte ihm nicht die Hand und ließ ihn dann gefangen festhalten, obwohl vorher nichts davon gesagt worden war. Wieder sollte Moritz das Werkzeug werden, dessen Eifer benutzt wurde, um einen halbwegs Gutgläubigen in Gefangenschaft zu bekommen, den der Kaiser sonst selbst mit Mühe nur schwer hätte festnehmen können.

---

148 PKMS 3, S. 440 Nr. 631, 18./19. 6. 1547 Bericht zum Fußfall des Lg. Philipp; Nr. 632, 19. 6. 1547, Antwort des Ks. an Lg. Philipp.

Moritz musste am 22. Oktober 1545 erfahren, wie Ausgleichswillen allein ohne unterstützende Macht keinen Erfolg hatte. Der Landgraf dachte danach nicht daran, die beiden Braunschweiger freizulassen, um die zu übereifrige Zusage und dann die Bitten seines Schwiegersohnes zu erfüllen. Moritz war wieder wie schon vor drei Jahren in Ungarn der gedemütigte junge Fürst. Eine ausführliche Verteidigungsschrift in Form einer gedruckten Flugschrift, die Moritz sogar zum Kaiser zu bringen suchte, hat ihm in der allgemeinen Meinung wohl wenig genützt. Er galt als unehrlicher Helfer des Landgrafen. Moritz hatte sich aber nicht vom überschießenden Temperament, sondern von ehrlichen Hoffnungen leiten lassen, dabei jedoch die realen Machtmöglichkeiten übersehen.

Damit tat sich ein innerer Abstand zum Schwiegervater Landgraf Philipp auf, Moritz verlor dessen hilfreiches Urteil für sich. Als er durch Gesandte um die Freilassung des Herzogs Heinrich bat, verschob Philipp die Frage auf den Bundeskongress der Schmalkaldener, die nur in ihrer Gesamtheit zuständig wären. Die Schmalkaldener sprachen zwar in Frankfurt über Herzog Heinrich, aber sie verschoben eine Antwort wieder auf ihr nächstes Zusammentreffen beim Reichstag 1546 in Regensburg. Moritz konnte nichts erreichen.

Den Tiefpunkt seiner Machtlosigkeit musste Moritz erleben, als die geschickte Diplomatie des kaiserlichen Rates Granvella zusammen mit der habsburgtreuen Gruppe seiner Räte ihn auf den habsburgischen Weg führte. Es gelang, weil Moritz nach den Bistümern Magdeburg und Halberstadt strebte. Das stand im Gegensatz zu gleichen ernestinischen Plänen.

Der Pakt mit dem Kaiser in Regensburg

In den ersten Wochen des Jahres 1546 verschoben sich in Dresden die Gewichte unter den Räten, weil Professor Dr. Ulrich Mordeisen aus Wittenberg in den Dienst von Herzog Moritz trat. Er war persönlich mit Melanchthon bekannt und 1545 in Wittenberg sogar zum Rektor der Universität gewählt worden. Als Sohn reicher, bewusst evangelischer Leipziger Bürger passte er in Dresden gut zur führenden Leipziger Gruppe, denn auch er hatte sein Studium in Leipzig begonnen. Als Sohn aus begütertem Haus hatte er Margarete Scherl aus einer der reichsten Leipziger Familien geheiratet. Beim Einzug in Dresden war neben dem Hausrat eine stattliche, hauptsächlich lateinische Bibliothek zu bestaunen. Ihr Umfang von ca. 1500 Nummern nach einer Liste im Dresdner Archiv ist heute noch respektabel.

Ulrich Mordeisen stand Komerstadt nahe, der seit einem Jahr als führender Rat die wichtigen Denkvorlagen und Entwürfe in Dresden verfasste. Mordeisen kam von der bekanntesten und größten Universität Deutschlands, wo Luther lehrte, ins albertinische Sachsen in den Staatsdienst eines mittleren Fürstentums. Hatte sich Mordeisen aus Wittenberg verabschiedet, weil dort aus der Möglichkeit des Widerstandes um des Glaubens willen eine Pflicht des Widerstandes auf seiten des Schmalkaldischen Bundes wurde? Wollte er nach einem reichen Erbe von Vater und Onkel in Leipzig durch seine

Stellung in Dresden im Staat und im Adel vorankommen? Auf jeden Fall kam mit ihm ein ruhiger Mann von großem Verhandlungsgeschick, der auf die nächsten zwei Jahrzehnte die albertinische Politik mit bestimmen sollte. Schon vor Mordeisen war der Truppenführer Sebastian von Wallwitz wohl 1545 aus ernestinischem Dienst in albertinischen Dienst gewechselt. Er stammte aus dem Adel des Erzbistums Magdeburg.

Zugleich nahm Franz Kram, ein junger Magister aus Leipzig, den Dienst für Moritz auf. 1546 sollte Kram als erstes besondere Erkundungen in Süddeutschland und weiter nach Venedig vornehmen und danach wie ein Tourist zu geheimen Verhandlungen nach Rom ziehen. Kram hat dann ab 1549 als sächsischer Gesandter am kaiserlichen Hof den Platz von Christoph von Karlowitz gut ausgefüllt. Dabei zeigt sich seine direkte Verbindung zu Komerstadt, denn an diesen schickte Kram Briefe, die mit seinen Berichten an Moritz inhaltlich gleich waren. Der direkte Einfluss der Karlowitze auf die sächsische Politik ging weiter zurück.

Der neue persönliche Sekretär von Moritz, Damian von Sibottendorf, stammte auch von der Leipziger Universität. Er wurde nicht wegen seiner keinesfalls schönen Schrift, sondern auf Grund seiner schnellen Auffassungsgabe berufen. Er war mit Mordeisen gleichaltrig, beide waren wenig jünger als Kram. Komerstadt machte ihn 1549 zu seinem Schwiegersohn. Wahrscheinlich hatte Komerstadt gleich, nachdem sich Georg von Karlowitz nach Kriebstein zurückgezogen hatte, 1545 begonnen, die drei intelligenten, jungen Männer aus dem Kreis der Leipziger Universität anzuwerben, denn sie wurden Anfang 1546 schon mit Aufgaben betraut. Alle drei neu Eingestellten gehörten zur Generation des Herzogs Moritz. Komerstadt, der bisher nur die Entwürfe verfasst, aber nie unterschrieben hatte, war damit aus dem Schatten Georgs von Karlowitz herausgetreten.

Sein sachliches Vertrauen zu Kurfürst Johann Friedrich hatte Moritz 1542 im Wurzener Fladenkrieg verloren. Der Streit um andere regionale Kleinigkeiten wurde bitter. Aber seit Frühjahr 1545 neigte sich die albertinische Politik nach dem Ausscheiden des alten Georg von Karlowitz durch den Einsatz Komerstadts den Schmalkaldenern wieder mehr zu. Moritz beteiligte sich 1545 am zweiten Krieg gegen Heinrich von Braunschweig, weil er in diesem Konflikt vermitteln wollte. Dann jedoch zerstörte Landgraf Philipp seine offenen, vertrauensvollen Beziehungen zu Moritz bei Kalefeld 1545. Das hatte Moritz nicht erwartet. Bald sollte doch Herzogin Agnes in Dresden Albrecht, einen Enkel des Landgrafen, zur Welt bringen (28. November 1545).

Weil sich 1545 die Grundlinien der Politik in Dresden änderten, hat Christoph von Karlowitz 1546 einen letzten Versuch gemacht, die alte politische Linie festzuhalten. Anstelle der Neutralität Komerstadts zwischen den Blöcken sollte die Bindung des albertinischen Sachsen aus Herzog Georgs Zeiten an Böhmen, König Ferdinand und den Kaiser bestimmend bleiben. Karlowitz wollte die Linie Komerstadts und Mordeisens, die auch über Sibottendorf einen guten Zugang zu Moritz besaßen, nicht vertreten.

Christoph von Karlowitz suchte im Frühjahr 1546 die Wendung der albertinischen Politik zu einer eigenständigen Neutralität zu verhindern. Ohne Auftrag von Moritz gab er nach drei Jahren dem Werben Granvellas nach. Er hatte dessen lobende Töne und angedeuteten Zusagen immer gern nach Dresden berichtet. Nun trat er wohl in persönliche Verhandlungen ein über den unbeschränkten Einsatz des Herzogs im Reich

Christoph von Karlowitz, nach einem alten Stich

auf Seiten des Kaisers. Die Pläne zur Bindung des Herzogs Moritz an die Interessen des Kaisers konnte er aber nur ohne direkte Kenntnis des Herzogs ausführen.

Zuerst war Christoph von Karlowitz 1546 zu den Schmalkaldenern geschickt worden. Die Instruktion vom 14. Januar an den Bund in Frankfurt a. M. sollte einen Vertrag für Heinrich von Braunschweig erreichen, den Moritz vermitteln wollte.[149] Das sollte den Eindruck überwinden, als wäre Moritz bewusstermaßen Helfer des Landgrafen bei der Gefangennahme Herzogs Heinrich von Braunschweig gewesen, weil er ihn unter falschen Vorgaben in die Hände des Landgrafen gelockt habe. Doch sogar Herzog Heinrich hatte – allerdings aus der Gefangenschaft in Ziegenhain – bestätigt, dass Moritz es mit ihm bei der Gefangennahme vor Kalefeld in Niedersachsen ehrlich und gut gemeint habe. Moritz wollte damit eine neutrale Haltung zwischen dem Kaiser und den Schmalkaldenern gewinnen.

Wie schon an die Schmalkaldener wurde am 14. Januar 1546 für Karlowitz auch eine Instruktion an den Kaiser ausgefertigt. Damit sollte er nach Maastricht zum Kaiser reiten, der auf dem Wege nach Deutschland war.[150] Karlowitz wurde noch der Befehl nachgesandt, sich für den Erzbischof von Köln einzusetzen, der ein dem Kaiser gehorsamer Kurfürst wäre und nur in den Religionsdingen bei Gottes Wort bleiben wolle.[151]

Karlowitz empfand die *weite und sorgliche reise* in Frost, Kälte und Schnee und in einer so schwierigen Mission als sehr belastend. Wegen dieser Doppelaufgabe, durch die er Treu und Glauben verlieren könne, verlangte er vom Herzog ein besonderes finanzielles „Gedenken".[152] Mit beiden Instruktionen lag die Planung der großen auswärtigen Poli-

149 PKMS 2, S. 491–494 Nr. 848, 14.1.1546.
150 PKMS 2, S. 494–497 Nr. 849, 14.1.1546.
151 PKMS 2, S. 505–507 Nr. 855, 24.1.1546.
152 PKMS 2, S. 502 Nr. 852, um 20.1.1546.

tik in Dresden fest. Moritz und seine Räte, voran Komerstadt, wollten zwischen allen anderen, ob nun Kaiser oder Schmalkaldener, stehen und vielleicht auch vermitteln. Trotz aller Verärgerung darüber, dass der Landgraf seine vermittlungseifrige Gutgläubigkeit benutzt hatte, um den Feldzug gegen Herzog Heinrich kostensparend zu beenden, wollte Moritz 1546 keinen Krieg gegen seinen Schwiegervater führen.

Dabei ist es bis in die zweite Hälfte des April geblieben. Aber schon Ende Februar berichtete Karlowitz, dass Moritz das alte Vertrauen am kaiserlichen Hof noch voll besitze, *und nicht allein hinfuro behalten, sonder auch hochlich mehren* könne, wie ihm Karlowitz nach seiner Rückkehr berichten wolle.[153] Damit legte Karlowitz die Wendung von der Neutralität zur Partei des Kaisers fest.

Was hat Moritz bewegt, darauf einzugehen? Wir wissen nicht, was Karlowitz im mündlichen Bericht sagte. Es hat aber den Dresdner Hof nicht zum Kaiser gezogen. Bis im Frühjahr 1546 sichtbar wurde, dass Karl V. gegen die Schmalkaldener vorgehen würde, hatten für Moritz keine reale Möglichkeiten bestanden, die Ernestiner beiseite zu schieben und Sachsen wieder unter einer Person als Kurfürst zu vereinen. Deshalb taucht der Gedanke allein in unsicheren Andeutungen Granvellas auf.

Die Instruktion für die Gesandtschaft im April zum Kaiser nach Regensburg hatte andere Ziele als die dann von Karlowitz verhandelten. Moritz ging es in seiner Instruktion um das Erzbistum Magdeburg und das Bistum Halberstadt nach dem Tode des 1545 verstorbenen Kardinals Albrecht. Komerstadt hat sich noch am 6. April um ein Abkommen mit dem Erzbistum Magdeburg bemüht, durch das Moritz' Sohn Albrecht als Säugling zum Bischof von Magdeburg postuliert werden sollte. Eine Stiftsregierung sollte für ihn eingesetzt und er zunächst bei den Eltern erzogen werden.[154] Der Tod seines Erstgeborenen mit vier Monaten am 12. April 1546 machte diesen Plan zunichte, selbst wenn andere Söhne ihm nachfolgen sollten. Agnes und Moritz wurde auch nie wieder ein lebendiges Kind geboren. Moritz hatte sich über Jahre erst für seinen Bruder als Koadjutor[155], dann ebenso für seinen Sohn 1546 um Regierung in den Stiften Magdeburg und Halberstadt bemüht. Nun konnte er nur noch für sich allein handeln.

Am 25. April 1546 wurde Karlowitz zum Reichstag nach Regensburg geschickt. Dieser hatte sicher seine Gespräche am kaiserlichen Hof bei der Winterreise nach Frankfurt und Maastricht in rosigen Farben geschildert. Trotz dieser Berichte wollte sich Moritz die Schutzrechte über die Bistümer Magdeburg und Halberstadt nur für eine Neutralität im heraufziehenden Konflikt zwischen dem Kaiser und den evangelischen Reichsständen des Schmalkaldischen Bundes zusichern lassen. Die Instruktion dafür wollte durch Karlowitz erreichen, einerseits die Brandenburger Bestrebungen für Magdeburg beiseite zu schieben, die Wahl eines neuen Koadjutors zu Lebzeiten Johann Albrechts, des jetzigen Nachfolgers von Kardinal Albrecht, zu verhindern und Moritz als kaiserlichen Kommissar über die Bistümer einzusetzen, damit trotz der Schulden der beiden Bistümer die regelmäßigen Zahlungen an Kaiser und Reich geleistet würden.

153 PKMS 2, S. 529 f. Nr. 868, Maastricht 27.2.1546.

154 PKMS 2, S. 562 f. Nr. 883, 5.4.1546.

155 PKMS 2, S. 26–33 Nr. 579, 2.4.1544, Urkunde des Kf. Moritz über die mit Ebf. Albrecht getroffene Abmachung; S. 33–36, Nr. 580, 2.4.1544, Urkunde der Herzöge Moritz und August über die Ausübung der ihnen in den Stiftern Magdeburg und Halberstadt zu erwerbenden Rechte; S. 36–38 Nr. 581, 5.4.1544, Urkunde des Hz. Moritz für Ebf. Albrecht.

Am gleichen Tag erhielt Karlowitz für seine Reise zum Kaiser 30 lateinische Exemplare der Verteidigungsschrift zum Braunschweiger Feldzug Oktober 1545, die er verbreiten sollte. Eine Reise von Moritz nach Regensburg wurde erwogen. Sie sollte aber den Ausgleichstermin mit Kurfürst Johann Friedrich in Naumburg nicht behindern.[156]

Franz Kram wartete wohl auch wegen Magdeburg auf eine päpstliche Audienz in Rom.[157] Er behauptete dort öffentlich, nur als Tourist unterwegs zu sein und machte deshalb *zu sterkung derselben meiner reden* mit dem Sohn von Dr. Fachs und anderen einen Abstecher nach Neapel.[158] Warum kam der Fachs-Sohn, der vielleicht in Padua die Rechte studierte und kaum nur als „Tourist" in Italien lebte, mit nach Rom? Als Joachim von Brandenburg den Kaiser bat, seinen Sohn zum Koadjutor für das Magdeburger Erzbistum zu machen, verwies ihn Karl V. an den Papst.[159] Später hat Moritz in Rom versucht, auch über Kardinal Christoph Madruzzo von Trient den neuen Gebrauch der bisher geistlichen Güter für Kirchen- und Schulsachen abzusichern.

Moritz und Komerstadt schickten Karlowitz am 25. April nur nach Regensburg, um die Pläne für Magdeburg und Halberstadt zu sichern. Moritz war in Dresden wenig bereit, selbst nach Regensburg zu reisen, um für den Erwerb der Bistümer voranzukommen. Zeitgleich arbeitete die Dresdner Kanzlei eifrig an der Vorbereitung zur Verhandlung mit dem Landgrafen und Kurfürst Johann Friedrich in Naumburg am Donnerstag nach Kantate (27. Mai), die man der Reise nicht opfern wollte. Andererseits drängte Moritz, Karlowitz solle Ergebnisse zur Schutzherrschaft über Magdeburg erreichen, sonst brauche Moritz gar nicht zu reisen. Er hatte nicht voraus geplant, in Regensburg mit dem Kaiser zu verhandeln.

Schon am 6. Mai in Regensburg hat Karlowitz mit viel Mühe und großem Nachdenken sein Schreiben an Moritz verfasst, das zeigen die vielfältigen, immer neuen Änderungen in seinem Konzept. Er wollte unbedingt die Anreise von Moritz in Regensburg erreichen, aber keine Klarheit über die Pläne Granvellas, der für den erkrankten Kaiser handelte, geben. Karlowitz ging auf dem Weg weiter, den er wohl seit seiner Winterreise verfolgte. Mit dem Drängen auf schnelle Anreise – der König würde nur sehr kurz nach Regensburg kommen – wollte Granvella auch einer Einigung zwischen Kurfürst Johann Friedrich und Moritz in Naumburg am 27. Mai 1546 zuvorkommen.

Moritz reiste schließlich trotz seines Zögerns. Die Hoffnung auf die Regentschaft für Magdeburg lockte. Fast vier Wochen lang verhandelten die herzoglichen Räte mit Granvella. Dann erhielt Moritz einen Dienstvertrag mit 5000 Gulden im Jahr[160], die Ernennungsurkunde zum Konservator und Exekutor der Stifte Magdeburg und Halberstadt[161] und als wichtigstes den Regensburger Vertrag.[162]

Besaß aber ein Konservator wirkliche Rechte? Was konnte ein Exekutor ausführen? Diese Schutzherrschaft über die beiden Stifte war doch völlig vom politischen Umfeld abhängig. Der Kaiser wollte katholischen Glauben konservieren. Noch im November

156 PKMS 2, S. 569–572 Nr. 889, 25.4.1546.
157 PKMS 2, S. 567–569 Nr. 888.
158 PKMS 2, S. 568 Nr. 888, Rom 22.4.1546.
159 PKMS 2, S. 578 Nr. 894,4, 6.5.1546.
160 PKMS 2, S. 667 f. Nr. 924, 19.6.1546.
161 PKMS 2, S. 665 f. Nr. 923, 19.6.1546.
162 PKMS 2, S. 660–664 Nr 922, 19.6.1546.

schreibt Komerstadt, dass der kaiserliche Schutzbrief über die Bistümer so verfasst sei, *dass man uns vor papisten schelten konnte.*[163] Moritz sollte für den Kaiser verhindern, dass die beiden Stifte in den weltlichen Stand gezogen oder von der alten, wahren Religion abgezogen würden. Er hatte sein Amt *auf gnädiges Gefallen* des Kaisers. So sollte Moritz weltliche Bewerber abwehren, ohne selbst etwas für sich verändern zu können.

Wohin Karlowitz die Sache führen wollte, zeigte die Wendung, die Karlowitz in einen Entwurf zum Revers von Moritz auf den kaiserlichen Dienstvertrag einfügen wollte: Er müsse sich gegen die Religion nicht gebrauchen lassen, so lange sie durch das Konzil nicht entschieden sei. Das hieß: nach dem Konzil in Trient musste evangelischer Glaube nicht mehr geduldet werden, und Moritz müsste gegen ihn dienen. Diese Änderung übernahmen Komerstadt und Fachs, die mitgereisten Hauptratgeber des Herzogs von der anderen, evangelischen Hofpartei nicht.[164] Insgesamt war Moritz vom Kaiser in Dienst genommen worden, ohne eine sichere Schutzherrschaft über Magdeburg zu erreichen. Die alte Erbeinigung mit Hessen und Kursachsen war zwar ausgenommen, Erbeinigung hieß, dass die Dynastien gegenseitig die Erbfolge hatten, wenn bei der anderen männliche Erben fehlten. Dazu gehörte auch eine gewisse politische Zusammenarbeit nach außen. In seinem Herzen wollte der Kaiser aber durch die Reichsacht gegen Kurfürst und Landgraf vorgehen, vor der Erbeinigungen nichts mehr galten. Schritt für Schritt wurde Moritz in das kaiserliche System fest eingeordnet, ohne protestieren zu können. Karlowitz hatte damit scheinbar auch im innenpolitischen Parteienkampf gesiegt. Karlowitz und nicht Komerstadt würde künftig die Politik bestimmen.

Nach dem Vertrag vom 19. Juni 1546[165] sollte Moritz zur Herstellung von Friede und Recht, d. h. bei der von Karl V. schon geplanten Reichsacht gegen Landgraf Philipp und Kurfürst Johann Friedrich, und auch gegen die Türken helfen. Moritz sollte das Trienter Konzil, das Dezember 1545 begonnen hatte, beschicken und anerkennen. In nur einem Satz wurde dann auch der jetzige kirchliche Bestand anerkannt. Erst am Schluss wurde die Schutzherrschaft über Magdeburg und Halberstadt in Aussicht gestellt. Mit dem Vertrag war durch die geschickte Vorbereitung Christophs von Karlowitz und die Verhandlungskunst der kaiserlichen Räte Moritz nun gebunden, ohne eine feste Gabe dafür zugesagt zu bekommen.

Den wirklichen Wert dieser diplomatischen Verträge suchte Moritz mit seinen Räten durch eine Audienz beim Kaiser zu erfragen, doch dieser gab wieder nur undeutliche Auskünfte. *I. MMt. Sei noch endlich nicht entschlossen, wie es I Mt. wollte anfahen, der markt werde es lernen, was das korn gilde.*[166] Es solle jeder haben, was er bekomme, wenn die Acht oder Ähnliches erginge.[167] Dagegen war die Bindung an den Dienst und den Gehorsam gegenüber dem Kaiser den Schriftstücken sehr deutlich zu entnehmen

Der Kaiser war nach der Unterzeichnung des Vertrages mit Moritz nicht bereit, die mündlich in immer neuen Andeutungen geäußerten Zusagen auch schriftlich zu geben. Somit konnte Moritz nur in deutlichen Fragen um Auskünfte bitten. Der vorsichtige

163 PKMS 2, S. 901 Anm. 1, Dresden 4.11.1546.
164 PKMS 2, S. 668 Anm. 1 Nr. 925.
165 PKMS 2, S. 660–664 Nr. 922, Regensburg 19.6.1546.
166 PKMS 2, S. 673 f. Nr. 928, Regensburg 20.6.1546, Albertinische Aufzeichnung über die Unterredung zwischen Ks. Karl V., Kg. Ferdinand und Hz. Moritz.
167 PKMS 2, S. 674. Nr. 928, 20.6.1546.

Kaiser Karl V., 1548 von Tizian, Öl auf Leinwand (Ausschnitt)

Komerstadt hat die Antworten des Kaisers protokolliert, und Moritz hat sie unterschrieben. Als zweiter Zeuge setzte Karlowitz seine Unterschrift auf die drei Blätter. Damit wurden sie zum – allerdings nur von einer Seite, von den Sachsen – beglaubigten Protokoll.

Der kaiserliche Hof hatte die Sachsen völlig ausmanövriert, die nun zusammen mit ihrem Fürsten möglichst viel für ihr Land zu retten suchten. Die kaiserlichen Antworten waren bewusst undeutlich. Auch in der Religion wurde nur anerkannt, dass Moritz nicht gegen die Religion zu handeln schuldig wäre und dass die Verwendung geistlichen Gutes zu milden Zwecken der Kaiser nicht anfechten werde.[168]

Der Sommer 1546 schwirrte von Briefen, Zeitungen, d. h. irgendwo gesammelten und zusammengefasst weitergegebenen Nachrichten und Gerüchten, und wirklichen Hinweisen auf die Absicht des Kaisers, durch einen Feldzug die Spaltung der Religion zu beseitigen. Im Juli und August wurde dann auch bekannt, dass der Kaiser sich mit dem

168 PKMS 2, S. 673 f. Nr. 928, 20.6.1546, Komerstadt egh.,

Papst zur Beseitigung der neuen Religion verbunden habe. Die Schmalkaldener schickten sichere Beweise an Moritz.[169]

Obwohl die Reichsacht gegen Kurfürst Johann Friedrich und Landgraf Philipp schon am 20. Juli in Regensburg von Karl V. erlassen worden war, behielt Moritz noch bis in den Oktober seine neutrale Haltung bei. Er schlug Markgraf Johann, der Reiter zur Unterstützung des Kaisers durch die Mark Meißen führen wollte, im Juli den Durchzug ab, um sich bei den Schmalkaldenern nicht verdächtig zu machen.[170]

Aus heutiger Sicht der Dinge kann man meinen, Herzog Moritz suchte seit Beginn der Regierung, Johann Friedrich als Kurfürst mit Hilfe des Kaisers beiseite zu drängen und das 1485 geteilte Sachsen unter seiner Führung wieder zu vereinen. Doch ein solches Argument der Wiedervereinigung Sachsens, die unbedingt nötig sei, hat Moritz nicht gekannt. Die Politik der Ernestiner war in Naumburg, Dobrilug und zu Braunschweig und zu Magdeburg so sehr von einem allein protestantischen Rechtsverständnis bestimmt, dass man ihr gegenüber Kaiser und Reich keine Erfolgschancen geben konnte. Durch sein Handeln in der Braunschweiger Sache war Philipp nicht mehr der sichere, helfende Partner für Moritz wie in den ersten Regierungsjahren. Deshalb wollte Moritz Neutralität zum Kaiser und zu Johann Friedrich und zum Landgrafen halten. Er hatte aber für eine Neutralitätspolitik zwischen den Parteien nicht viel mehr Aussichten auf Erfolg, als er dem Schmalkaldischen Bund zuerkennen konnte.

Landgraf Philipp sah sich von Karl V. gezwungen, den Krieg zu beginnen, ehe seine Rüstungspläne beendet waren. Im Überraschungsschlag eroberte Sebastian Schärtlin die Ehrenberger Klause (11. Juli 1546). Damit war dem Kaiser der Hauptweg nach Italien und für Hilfe aus Spanien versperrt. Am 20. Juli 1546 führten Johann Friedrich und Philipp ihre Truppen vereinbarungsgemäß bei Meiningen zusammen. Am gleichen Tag erließ Karl V. in Regensburg die Reichsacht gegen Kurfürst Johann Friedrich und Landgraf Philipp, die beiden Führer des Schmalkaldischen Bundes.[171] Doch die doppelte Führung der Schmalkaldener mit der Mischung der Meinungen von Kurfürst Johann Friedrich und Landgraf Philipp, die wohl gut für Verhandlungen war, erwies sich im Krieg als Fehler. Es bestand nach dem ersten Erfolg an der Ehrenberger Klause keine von den Fürsten unabhängige Heerführung, kein gemeinsamer Kriegsplan und kein vorläufig erreichbares Ziel.

Wollte man Kaiser und König nicht völlig vertreiben, musste man verhandeln. Die Schmalkaldener wollten 1546 den geplanten Religionskrieg des Kaisers verhindern. Aber was wollten sie positiv erstreiten, und in welcher Form sollte sich ihr politisches Leben vollziehen? Sie mussten sich sagen, dass sie den mächtigsten Herrscher Europas nicht besiegen konnten. Er blieb – selbst aus Deutschland vertrieben – noch König von Spanien und Kastilien und Herrscher in Neapel und Mailand und Herr der Niederlande. Sie konnten nicht einen Krieg gegen Karl von Gent beginnen, wie sie den Kaiser nach seinem Geburtsort in einer Flugschrift genannt hatten, wenn sie Karl als Kaiser des deutschen Reiches auch nach einem Siege brauchten.

---

169 PKMS 2, S. 775 f. Nr. 981, 21.8.1546, Johann Friedrich an Moritz; PKMS 2, S. 776 f. Nr. 982, 21.8.1546, Lg. Philipp an Moritz.

170 PKMS 2, S. 706 Nr. 947, 5.7.1546.

171 PKMS 2, S. 761 Nr. 973.

Die Schmalkaldener hätten von ihm einen Frieden für alle Reichsstände erzwingen müssen, der allen Anhängern der Augsburgischen Konfession Religionsfreiheit gab. Um das mit allen verhandeln zu können, mussten sie die Übermacht im Reich gewinnen. Aber sie verhinderten nicht einmal den kaiserlichen Zuzug aus Italien und den Niederlanden. Unter den Schmalkaldischen Fürsten war keiner Heerführer, und sie hatten auch keinen gemeinsamen Truppenführer ernannt.

Am 21. Juli hatten Moritz und Kurfürst Joachim von Brandenburg den Schmalkaldenern eine eigene Vermittlung angeboten, die schon seit Anfang Juli geplant worden war. Die Gesandten von Moritz kamen im Lager bei Meiningen an, wo Philipp und Johann Friedrich ihre Truppen musterten, ehe Moritz etwas von der erlassenen Reichsacht gegen die beiden Spitzen des Schmalkaldischen Bundes erfuhr und dem Befehl zu ihrer Vollstreckung hätte folgen müssen. Doch die beiden Führer der Schmalkaldener ließen die Gesandten ihre Botschaft vorbringen und sie dann vier Tage bis zur Antwort dem Heer nachziehen. Die Gesandten hatten die Behauptung des Kaisers betont, dass dieser nicht gegen die Religion, sondern nur gegen einige ungehorsame Fürsten vorgehen müsse. Moritz wolle sich aber mit Kurfürst Joachim erbieten, beim Kaiser für die Fürsten in den weltlichen Sachen zu vermitteln.[172]

Philipp und Johann Friedrich lehnten an der Spitze der Schmalkaldener die kaiserliche Fiktion ab. Sie könnten nicht ohne die anderen Glieder des Bundes handeln. Moritz möge ihnen die Zusage geben, dass er ihre Lande in Schutz nehmen wolle, dann wollten sie ihm die Antwort des Bundes übermitteln. Vielleicht aber wollte Moritz der Vorgabe des Kaisers folgen und Philipp vom Kriegführen abbringen.

Nach der Eroberung der Ehrenberger Klause haben die Schmalkaldener den Erfolg nicht genutzt. Sie haben diesen Zugang ins Reich nicht besetzt gehalten. Karl V. wurde nicht von den italienischen und spanischen Hilfsquellen abgeschnitten. Ebenso ließ der Bund die kaiserlichen Truppen unter Graf Maximilian von Büren aus den Niederlanden ungehindert heranmarschieren. Sie entschlossen sich nicht zur schnellen Schlacht gegen den Kaiser durch den Sturm auf dessen Lager am 2. September. Der Feldzug im Donauraum bestand allein aus taktischen Truppenverschiebungen.

Kaiser Karl V. konnte den Feldzug in der Schwebe halten, bis die Finanzen der süddeutschen Reichsstädte erschöpft waren und bis in geschicktem Zusammenspiel König Ferdinand mit Druck und Verlockung Herzog Moritz zum Vorgehen gegen Johann Friedrichs Land bewegt hatte.[173] Einerseits wurden Moritz dafür die Kurwürde und die ernestinischen Lande als sicher zugesagt.[174] Andererseits bestand die Drohung, durch eine allein königlich-böhmische Eroberung der ernestinischen Besitzungen die albertinischen Lande zu einer Enklave des Königreiches Böhmen zu machen. Christoph von Karlowitz unterschrieb den Vertrag in Prag, ehe die letzte Anweisung und Zustimmung von Moritz eingetroffen war.[175] Die Räte um Komerstadt hatten sich vorher bemüht, die ganze Besetzung der ernestinischen Lande auf das Frühjahr 1547 zu verschieben.

172 PKMS 2, S. 731–737 Nr. 960, 16.7.1546

173 PKMS 2, S. 872–877 Nr. 1023, Prag 14.10.1546, Offensiv- und Defensivbündnis zwischen Kg. Ferdinand und Hz. Moritz.

174 PKMS 2, S. 894 Nr. 1033, 2.

175 PKMS 2, ebd. 1.

Wie verflochten die Möglichkeiten waren, zeigt ein Gespräch, das Moritz mit der Herzogin Elisabeth von Rochlitz auf dem Schellenberg, der späteren Augustusburg, führte. Darin sagte sie ihm, dass sie von Kurfürst Johann Friedrich die mit Handschlag bekräftigte Zusage habe, wenn Moritz nur stillsitze und nichts tue für den Kaiser in diesem Krieg, dann wolle er ihn im Falle des Sieges gegen die anderen Schmalkaldener beschützen.[176] Der Schmalkaldische Krieg mit seinen Geschehnissen des Jahres 1546 ist für Moritz und seinen Hof das negative Lehrbeispiel für den Feldzug 1552 geworden.

Enttäuschender Erfolg

Um eine Entlastung in Süddeutschland zu erreichen, drängte der Kaiser seinen Bruder und auch Moritz zum Vollzug der Acht gegen Johann Friedrichs Besitzungen.[177] Als die Neutralität nicht mehr sicher zu schützen war, reiste Moritz mit allen wichtigen Räten und dem Ausschuss der Landstände zu Verhandlungen nach Prag, die sich als mühsam erwiesen. Komerstadt und Fachs wollten das Vorgehen gegen Kurfürst Johann Friedrich auf das Frühjahr vertagen. Dieser habe seine Festungen besetzt und werde leicht Hilfe bekommen. Der Winter werde die Besetzung mühselig machen, außerdem hänge das Landvolk in beiden Sachsen am Kurfürsten.[178] Man wollte eine Entscheidung in dem Krieg zwischen Kaiser und den Schmalkaldenern noch weiter abwarten. Die königlichen Räte drängten indes auf sofortige Besetzung der ernestinischen Gebiete.

Moritz suchte sich wieder hinter die Entscheidung seiner Landstände zurückzuziehen. Er ritt von Prag nach Freiberg und eröffnete dort am 8. Oktober den Landtag. An dessen Ende waren die Stände einverstanden, dass im Notfall, wenn keine Verhandlung zu erreichen sei und Kaiser und König die ernestinischen, kurfürstlichen Lande in Besitz nehmen wollten, Moritz diese besetzen solle. Komerstadts und Fachs' Meinung, dass man vor dem Winter nichts gegen die kurfürstlichen Lande beginnen sollte, klang hier auch wieder an. Immer wieder wurde betont, dass in der Religion nichts geändert werden dürfe. Moritz betonte auch, dass der Kaiser zugesagt habe, in der Religion keine Änderung vorzunehmen. Diese Zusage an die Stände machte Moritz dann in der gesamten Interimszeit zur Basis seiner Politik gegenüber dem Kaiser.

Nachdem die albertinischen Stände zugestimmt hatten, war Moritz zum Abschluss eines Vertrages bereit. Der Prager Vertrag zwischen König Ferdinand und Moritz sah am 14. Oktober 1546 vor, die Gebiete des „Ächters“ Johann Friedrich getrennt einzunehmen.[179] Christoph von Karlowitz unterzeichnete den Vertrag am 17. Oktober, ehe die letzten Wünsche von Moritz zum Vertrag eingetroffen waren. Er wollte seinen Plan, die albertinische Politik zur klaren Entscheidung für Habsburg zu drängen, sichern und vollenden. Komerstadt wollte abwarten, aber er konnte sich damit nicht durchsetzen.

176 PKMS 2, S. 890 Anm. 1 Nr. 1031. Dresden 18.10.1546, Moritz an Elisabeth.
177 PKMS 2, S. 822–824 Nr. 1006, 19.9.1546.
178 PKMS 2, S. 832 Nr. 1009, 1.10.1546.
179 PKMS 2, S. 872–877 Nr. 1023, Prag 14.10.1546.

Mit dem Prager Vertrag bekamen die vagen Aussagen des Kaisers greifbare Gestalt. Die völlige Aufteilung durch die Form der Besetzung aber war schon am 4. Oktober in einer Vorbesprechung der Räte beider Seiten vorgesehen worden.[180] Es schien, dass Macht und Land des Kurfürsten Johann Friedrich d. Ä. auf Moritz übertragen werden sollten, wenn er es erobere. *Wer etwas bekomme, der habs, wan die acht oder dergleichen sollt ergehen,*[181] hatte der Kaiser den Sachsen in Erläuterung des Vertrages im Juni gesagt. Ferdinand sollte alle Gebiete, die böhmische Lehen waren, wie das Vogtland und die drei Grafschaften Colditz, Leisnig und Eilenburg, und Moritz alle ernestinischen Reichslehen und die bischöflichen Lehen in Besitz nehmen. Es war an dauerhaften Besitz, nicht an eine vorübergehende Besetzung gedacht. Die drei Grafschaften sollten wegen ihrer Lage gegen andere, für beide günstigere Gebiete getauscht werden. Es sollte künftig nach dieser Aufgabenteilung kein ernestinisches Sachsen mehr geben. Das halbe Amt Schwarzenberg und auch das gesamte Lehen über die Reußischen Herrschaften sollten Ferdinand zustehen. Damit hatte man die gesamten ernestinischen Gebiete unter Moritz und König geteilt. Darin war die Kurwürde eingeschlossen, ohne ausdrücklich benannt zu werden. Ferdinand versicherte, dass er die Untertanen der von ihm besetzten Regionen nicht von ihrer jetzigen Religion drängen werde.[182]

Wahrscheinlich wollte Ferdinand einen starken, aber von ihm abhängigen Verbündeten gewinnen. Dieser würde dann für die Durchsetzung der habsburgischen Absichten im Ostteil des Reichs sorgen. An eine Teilung des ernestinischen Landes, wie sie durch die spätere Wittenberger Kapitulation geschaffen wurde, war nicht gedacht. Das scheinen Karl V. und seine Ratgeber erst nach dem Erleben der sächsischen Lande für nötig gehalten zu haben. Moritz sollte mit seiner Besetzung spätestens sechs Tage nach dem Losschlagen König Ferdinands beginnen. Nach Unterzeichnung dieses Vertrages konnte Moritz nicht mehr ausweichen, er musste als Reichsfürst die Acht gegen Johann Friedrich vollziehen. Außer Wittenberg und Gotha haben die Städte und der Adel keinen Widerstand geleistet. Nachdem Moritz begonnen hatte, gemäß dem Abkommen mit König Ferdinand die ernestinischen Lande zu besetzen, traf dann auch der Text des Kaisers für die Verleihung der Kurwürde an Moritz beim König in Prag ein. Auf Beschwerde von Moritz wurde dies auch auf seinen Bruder August erweitert.[183] Moritz hat zwar einen Text zu diesem Revers zum 20. Dezember in Torgau ins Reine schreiben lassen, wonach die Kurwürde dem Ächter Johann Friedrich und seinen Nachfolger auf immer aberkannt und an Moritz gegeben worden wäre. Er unterzeichnete diesen Text aber nicht und ließ ihn nicht bekanntgeben, obwohl der Kaiser ihn mahnen ließ, Titel und Siegel zu gebrauchen.[184] Moritz wollte Ausgleichsmöglichkeiten mit Johann Friedrich nicht vorzeitig zerstören, ehe nicht alles entschieden war. Seit der Rückkehr Johann Friedrichs wurde die militärische Lage für ihn immer schwieriger.

Um 1540 hatte sich die Meinung entwickelt, dass man um des evangelischen Glaubens willen auch mit Gewalt widerstehen könne. Deshalb ist verwunderlich, dass ernes-

180 PKMS 2, S. 841 f. Nr. 1012.
181 PKMS 2, S. 674 Nr. 928, 20.6.1546.
182 PKMS 2, S. 875, Nr. 1023.
183 PKMS 2, S. 925 f. Nr. 1057, 15.11.1546.
184 PKMS 2, S. 993 f. Nr. 1093 Anm. 1, 20.12.1546.

tinische Untertanen und der Adel Moritz nicht abwehrten. Man wird die Besetzung nicht als feindlichen Akt gewertet haben. Moritz hatte seinen Truppen verboten, irgendetwas ohne Bezahlung zu nehmen. Nur ungarische Reiter, die König Ferdinand geschickt hatte, sollen Futter für die Pferde geraubt haben. Moritz bemühte sich vor und nach dieser Besetzung um einen Ausgleich mit Hessen. Er meinte, man könne den Kaiser bei seiner Zusage packen, dass er keinen Religionskrieg führe, und eine Ergebung aushandeln, die den Religionsstand nicht beeinträchtige.[185]

Genauso schnell, wie sie besetzt worden waren, gewann aber Johann Friedrich im Dezember 1546 seine Lande zurück. Bei seinem Zug auf den Finanzmittelpunkt Leipzig bemühte er sich, von den Städten des albertinischen Nordthüringens Brandschatzungen – eine Geldforderung anstelle des Abbrennens der Stadt – zur Bezahlung der Truppen zu gewinnen. Die wenigen Truppen, mit denen Moritz das ernestinische Thüringen besetzt hatte, zogen sich nach Leipzig zurück. Johann Friedrich fühlte sich als Herr im albertinischen Sachsen. Im Stift Merseburg, das Herzog August als gewählter Bischof verwaltete, forderte er vom geistlichen, evangelischen Koadjutor Georg von Anhalt die Einstellung aller noch für das Kapitel geduldeten katholischen Gottesdienste. Er meinte, das als Notbischof verordnen zu müssen. In Halle wurde Johann Friedrich gern begrüßt. Der Erzbischof musste ihm gegen die Zahlung von 10 000 Gulden die Bistümer Magdeburg und Halberstadt abtreten. Aber der Kurfürst brauchte für seine Truppen das Geld von Leipzig.

Moritz musste nun zum ersten Mal als selbstständiger Feldherr handeln. Mit Umsicht bereitete er Leipzig in den ersten Januartagen zur Verteidigung vor. Vor den Mauern ließ er die Vorstadthäuser niederbrennen. Insgesamt 3000 Knechte bildeten die Besatzung der Stadt, die vom Herzog zusammen mit den Bürgern auf dem Marktplatz für die Verteidigung der Stadt eingeschworen wurden. Sebastian von Wallwitz leitete dann die Verteidigung. Moritz zog am zeitigen Morgen des 5. Januar aus Leipzig in Richtung Grimma ab.[186] Johann Friedrich rückte am gleichen Tag vor die Stadt, um diese größte und reichste Stadt des albertinischen Herzogtums zu erobern.

Trotz eisiger Kälte blieb der Ernestiner drei Wochen vor Leipzig. Der Boden war beim Bau der Geschützstellungen so hart, dass die Schanzgräber vor dem Klang ihrer eigenen Hacken flohen, weil sie meinten, es wären herangaloppierende Reiter.[187] Wegen der verbrannten Vorstädte brachte Johann Friedrich seine Reiter und Knechte in den Dörfern südöstlich der Stadt von Eicha bis Markkleeberg und Connewitz unter.

Die Stadt wurde nach 14 Tagen Belagerung eine Woche lang beschossen. Doch Feuerpfeile und Brandkugeln erstickten die Leipziger mit nassen Ochsenhäuten. Besonders an der Südostecke der Stadt mit dem Henkersturm und an der Pleißenburg wurden die Mauern durch viele Kugeln stark zerstört. Der Kurfürst Johann Friedrich ließ dort die Gräben für den Sturm mit Reisig füllen. Weil die Belagerten das Reisig in der Nacht verbrannten, wurde der Angriff über die Glut unmöglich. Schließlich zog sich Kurfürst Johann Friedrich am 27. Januar in Richtung Altenburg zurück. In der Stadt hatte man noch die Aufbruchssignale im Morgengrauen als einen Sturm auf Leipzig gefürchtet.

185 PKMS 2, S. 904–906 Nr. 1041, 27.10.1546.
186 PKMS 3, S. 80 Nr. 78, Zeitung über den Abzug von Hz. Moritz und Hz. August von Leipzig.
187 PKMS 3, S. 121 Nr. 151, zum 11.1.1547.

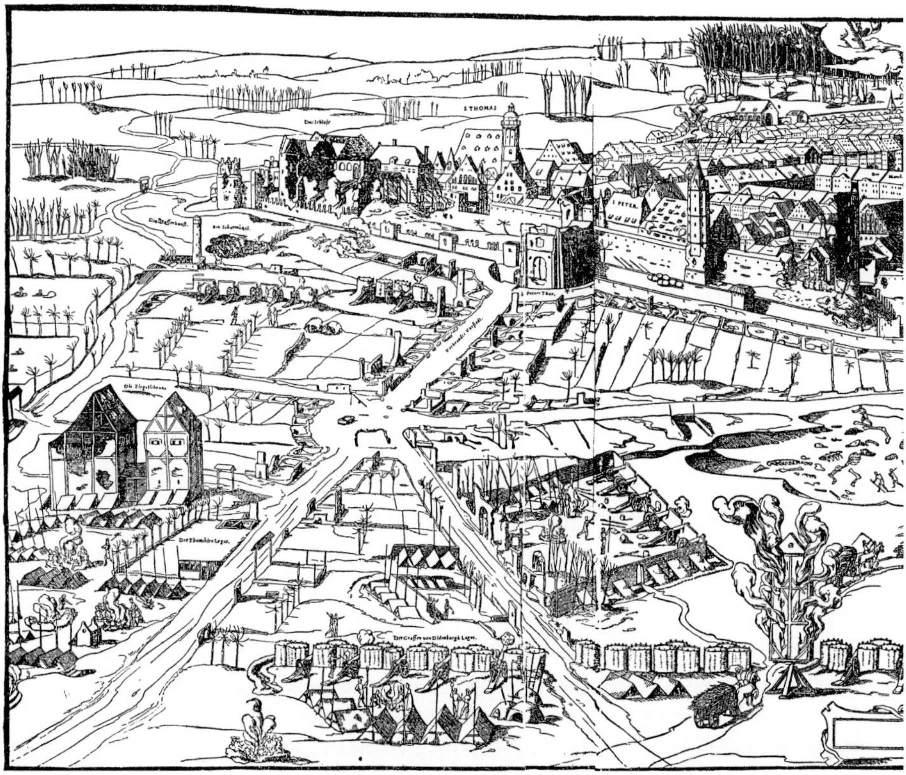

„Warhafftige abconterfeyung der Stadt Leipzig, wie die nach abbrechung der Vorstede von Hertzog Hans Friedrich zu Sachssen belegert und beschossen ist worden, Nach der geburt Christi 1547, im monat Januario.“ Zeitgenössischer Holzschnitt der Belagerung Leipzigs im Schmalkaldischen Krieg

Die älteste detaillierte genauere Darstellung der Stadt Leipzig schildert in einem Holzschnitt diese Belagerung.[188] Moritz ließ 1551 bis 1553 den zerstörten Mauerabschnitt als Bastei von Hieronymus Lotter wieder errichten, die heute als „Moritzbastei“ der bekannte Studententreffpunkt ist.

Johann Friedrich lag dann vier Wochen still und nutzte seine große Truppenüberlegenheit über Herzog Moritz und die Söldner des Königs nicht aus. Der König half Moritz mit einzelnen Knechtefähnlein, deren Bezahlung aber mangelhaft war. Ferdinand hatte selbst Schwierigkeiten mit den Ständen Böhmens, die ihre Truppen in keinen Krieg gegen die Evangelischen führen wollten.

Moritz rief den König und den Kaiser um militärische Hilfe an, wurde aber zunächst allein gelassen. Komerstadt wurde direkter Vertreter von Moritz in Prag, doch nur der Markgraf Albrecht von Brandenburg-Kulmbach zog nach diesen Bitten im Namen des Kaisers über Plauen und Zwickau heran.[189] Als er in Rochlitz bei Herzogin Elisabeth

188 PKMS 3, S. 344–352 Nr. 493, 9.4.1547, Bericht über die Belagerung.
189 PKMS 3, S. 262 Nr. 359, vor 27.2.1547.

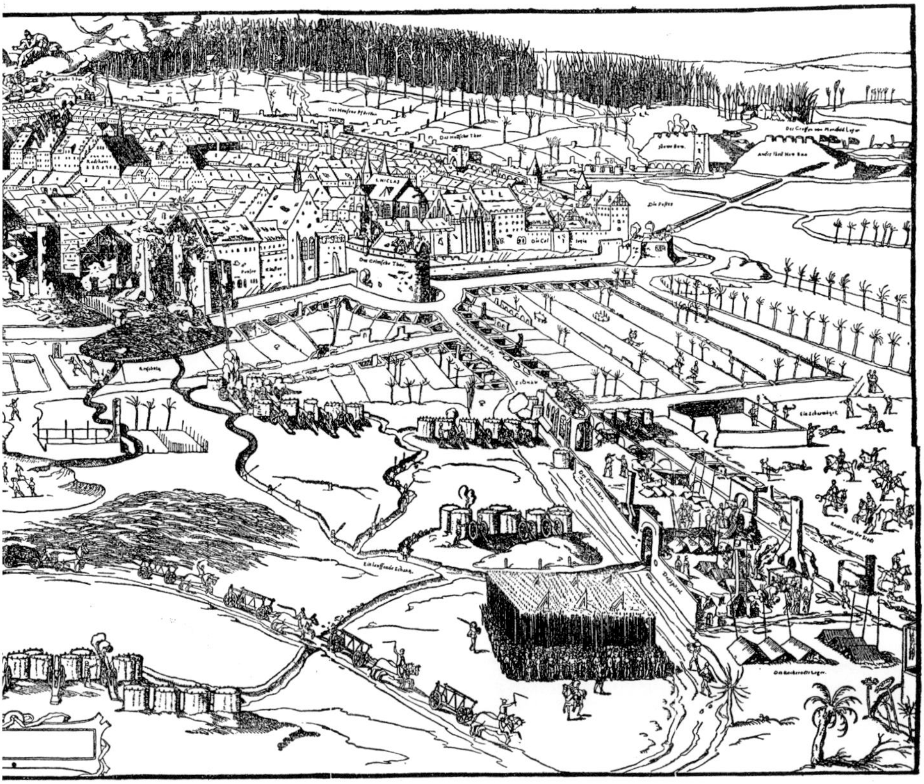

Quartier genommen hatte, plünderte er Colditz. Inzwischen hatte Johann Friedrich sein Winterquartier von Altenburg nach Geithain 20 Kilometer näher an den Feind gelegt. Elisabeth wird Vetter Johann Friedrich nun gebeten haben, sich ihrer Einquartierung „anzunehmen".

Dezember und Januar waren anderweitig von Betriebsamkeit erfüllt. Viele drängten auf Ausgleichsverhandlungen zwischen Albertinern und Ernestinern: Kurfürst Joachim von Brandenburg, Herzogin Elisabeth von Rochlitz[190], der Bischof-Koadjutor von Merseburg Fürst Georg von Anhalt[191] und auch Kurfürst Johann Friedrich selbst. Man erkannte noch nicht die weitgreifende Bedeutung der Entwicklungen und erstrebte einen Ausgleich, ohne die tatsächliche Schwäche des Schmalkaldischen Bundes und den harten Durchsetzungswillen des Kaisers wahrzunehmen.

Moritz meinte, dass die beiden wettinischen Staaten sich nur einigen könnten, wenn Johann Friedrich vorher mit dem Kaiser verglichen sei. Er wollte aber nur mit den Söhnen Johann Friedrichs, nicht mit dem geächteten Vater verhandeln. Am 10. März schlugen die ernestinischen Stände den albertinischen Ständen Ausgleichsverhandlungen zwischen beiden Seiten vor. Moritz wollte sie verhindern und gab die Einladun-

190 PKMS 3, S. 75 Nr. 72; ebd., 92 Nr. 98, 8.1.1547.
191 PKMS 3, S. 93 Nr. 100, 8.1.1547.

Herzog Moritz, Gemälde von Lucas Cranach d. J., Öl auf Leinwand, 1578

gen nicht weiter. Sie gelangten trotzdem in vielen Abschriften an den albertinischen Adel. Auch die Dresdner Räte rieten zu verhandeln. Philipp von Hessen meinte, Moritz solle lieber verhandeln, als sich viele kaiserliche Gäste ins Land laden.[192]

Am 21. März 1547 kamen in Mittweida vier Vertreter jeder Seite zusammen. Während der Verhandlungen sollte eine Waffenruhe in Sachsen herrschen. Johann Friedrich erklärte sich dann vor seinen Ständevertretern bereit, mit dem Kaiser zu verhandeln. Danach sollten die Vertreter die gegenseitigen Schäden erörtern. Die albertinischen Vertreter meinten, mehr von Schäden betroffen zu sein.[193] Beide Fürsten aber hatten mit einander gebrochen. Moritz adressierte Briefe aus *unserm Schloss Torgau,* und Johann Friedrich ließ sich in den eingenommenen albertinischen Städten huldigen. Der Kurfürst wollte alles vor dem Gewissen Nötige getan haben. Moritz musste wohl Zeit gewinnen, um später seine Truppen dem Kaiser entgegen ins Egertal zu führen.

Kurfürst Johann Friedrich zog in der Nacht zum 1. März vor Rochlitz. Albrecht, der mit seinen Reitern ihm vor der Stadt begegnen wollte, wurde durch einen Flankenangriff überrascht, in die Flucht geschlagen und schließlich selbst gefangen. Daraufhin

192 PKMS 3, S. 291 zu Nr. 407, 13.3.1547.

193 PKMS 3, S. 305 f. Nr. 430; Nr. 431; Nr. 438; Nr. 443; Nr. 445; Nr. 454; Nr. 457; Nr. 467; Nr. 473 – alle 1.3.1547 bis 1.4.1547.

kapitulierten auch die anderen kaiserlichen Truppen in der Stadt.[194] Das war der größte militärische Erfolg des Kurfürsten im ganzen Schmalkaldischen Krieg.

Im Anschluss besetzte Johann Friedrich die Mark Meißen und besonders die Städte des Erzgebirges und ließ sich im April in Chemnitz, Freiberg, Großenhain sowie einer Reihe kleinerer Städte huldigen. Nur noch Leipzig, Zwickau und Dresden waren von Moritz widerstandsfähig besetzt. Der Kurfürst sandte den aufständischen Böhmen unter Caspar Pflug den Obersten Wilhelm Thumbshirn mit Truppen ins Erzgebirge entgegen. Aber beide vereinigten sich nicht, sondern erwarteten Hilfe über das Gebirge hinweg jeweils vom anderen.

Der Kurfürst drang bis vor die Tore Dresdens und ließ es am 8. April beschießen. Er folgte aber nicht dem Vorschlag Thumbshirns, die noch von einander getrennten feindlichen Truppen einzeln anzugreifen. Moritz dagegen führte seine Reiter und Knechte Ende März zu den Truppen von Kaiser und König ins Egertal. Der Kaiser war am 4. April in Eger angekommen. Nach der Sammlung aller Truppen zog man eilig nach Norden.

Weil Thumbshirn für den Kurfürsten noch südlich des Erzgebirgskammes stand und Johann Friedrich bei Dresden, schlug Moritz am 15. April von Zwickau aus vor, ihnen den Rückzug auf die befestigten Städte Torgau, Wittenberg und Gotha abzuschneiden, denn in drei Tagen stünde man in ihrem Rücken.[195] Stammt damit die Idee zum Vorgehen Richtung Mühlberg von Moritz? Am 18. April erreichte der Kaiser die Burg Gnandstein bei Borna. Am 22. April war er schon nach Jahna südwestlich des Klosters Riesa gekommen. Die Nachricht, dass Johann Friedrich von Meißen in der Nacht östlich der Elbe abgezogen war, lag vor.

Einerseits heißt es, Johann Friedrich habe die Sympathien des Landvolks besessen, andererseits war er nicht über die Bewegung der kaiserlichen Truppen informiert. Es hatte ihm diese keiner zugetragen. Am 12. April 1547 war Johann Friedrich bei Meißen auf die Ostseite der Elbe gegangen. Er wollte eigentlich in den Festungen die Zeit überstehen. Warum zog er nicht sofort Richtung Wittenberg, sondern zögerte tagelang untätig bei Meißen? Wartete er auf Thumbshirn und die böhmischen Aufständischen, die König Ferdinand die Gefolgschaft verweigert hatten?

Aber diese kamen nicht. Nun erst änderte Johann Friedrich seinen Plan. Am Vorabend des 23. brach er von Meißen auf und wollte in seine Festung Wittenberg ziehen. Hinter den Truppen ließ er die Meißner Brücke verbrennen und die Schiffbrücke wegführen. Johann Friedrich kam nach einem Nachtmarsch am 23. April in Mühlberg erst kurz nach Mittag an und wollte am Sonntag, dem 24. April, ausruhen lassen. Auf den Elbwiesen, hinter dem Fluss, der ihm Sicherheit gab, baute er sein persönliches Lager.

Die Schlacht von Mühlberg[196] wurde keine Schlacht im eigentlichen Sinne, sondern ein ausgedehntes Rückzugsgefecht zwischen Mühlberg und Torgau ohne militärische Vorausplanung und ohne fachgerechte Leitung. Johann Friedrich übergab seinem Finanzminister Hans von Ponickau auf Pomßen die Leitung des Abzuges von Mühlberg.

---

194 PKMS 3, S. 269–272 Nr. 371, Bericht aus Kf. Johann Friedrichs Lager; PKMS 3, S. 275 Nr. 378, 3.3.1547, Moritz an die Leipziger Befehlshaber.

195 PKMS 3, S. 358 Nr. 505, Zwickau 15.4.1547 in Eile, Hz. Moritz an Kg. Ferdinand.

196 Vgl. Wieland Held: 1547. Die Schlacht bei Mühlberg/Elbe, Entscheidung auf dem Wege zum albertinischen Kurfürstentum Sachsen. Beucha 1997

Üblicherweise hätte einer der Obersten die Truppen führen müssen. Man möchte fast meinen, dass Johann Friedrich meinte, ihm könnte als Vertreter des rechten gottgewollten Glaubens nichts geschehen. Es ging ja in Wittenberg die Rede, die Stadt könne als Bethlehem Gottes, als Wiege der neuen Glaubenserkenntnis, nicht erobert werden. Gott streitet für die Seite des Kurfürsten und *wirdt das Bethlehem woll erhalten, vnd nicht lassen aus rotten, die Ketzergrube, wie es die Konnigschen nennen.*[197]

Nach einem kalten und trockenen Winter lag aber die Wasserführung der Elbe unter dem normalen Frühjahrshochwasser. Damit waren die Elbwiesen ohne weiteres betretbar. Im Februar wird einmal gemeldet, dass Hochwasser die Furten der Zwickauer Mulde unpassierbar machte. Das Tauwetter im Erzgebirge lag danach wohl acht Wochen zurück.[198] Der Kaiser erschien, in der Nacht aufgebrochen, am 24. April gegen 9 Uhr auf der linken Elbseite bei Schirmenitz, um dort zu frühstücken. Herzog Moritz und Herzog Alba waren mit ihren Truppen dahin mitgezogen. Johann Friedrich erhielt im Gottesdienst die Meldung über das Auftauchen von Reitern und Fußtruppen des Gegners auf der anderen Seite. Er sandte einige Reiter zur Beobachtung und beschloss sofort aufzubrechen. Er wusste, dass er wesentlich weniger Truppen als der Kaiser zur Verfügung hatte. Ein großer Teil seiner Streitkräfte lag als Besatzung in albertinischen Städten. Zuvor aber ließ er die Kaiserlichen mit zwei Kanonen beschießen und begann noch zu frühstücken. Er erwartete nicht, dass der Kaiser schon mit allen Truppen herangezogen war.

Zunächst versuchten einige kaiserliche Spanier, die zum Transport bereite, schwimmende Schiffbrücke des Kurfürsten in der Elbe zu erobern, in dem sie mit dem Säbel zwischen den Zähnen heranschwammen. Die Kurfürstlichen versuchten die Brücke abzubrennen. Die Spanier nahmen dort einen Hufschmied des Herzogs von Braunschweig gefangen, durch den der Kaiser unterrichtet wurde.

Nachdem so bekannt wurde, dass der Kurfürst nur 5 000 Mann bei sich hatte, beschloss der Kaiser die Verfolgung des abziehenden Kurfürsten. So musste Johann Friedrich aus dem Baumgarten vor der Stadt an der Elbe, wo er sein Lager hatte, wegen heftigem Beschuss durch kaiserliche Hakenbüchsen und sechs Kanonen in die Stadt fliehen. Dort war kein Befehlshaber verfügbar. Der kranke Feldmarschall war beim plötzlichen Aufbruch nicht zu finden. Johann Friedrich selbst verstand es nicht, einen eiligen Abmarsch zu befehligen. Nach Ponickaus Befehl zogen zuerst die magdeburgische Fahne mit dem Geschütz und der Munition, dann die Fußknechte und schließlich die Reiter mit dem Kurfürsten aus Mühlberg ab.

Keiner der aufbrechenden Kurfürstlichen wusste, wie man den Weg auf Lochau und weiter auf Wittenberg nehmen sollte. Sieben Jäger waren erst für Montag, den 25. April, als Wegführer des Weiterzuges bestellt. Der Kurfürst wollte sich nicht von seinen Truppen trennen. Viele Engstellen in Dörfern und zwischen Häusern und Weidezäunen erschwerten den Marsch der kurfürstlichen Truppen. Als die von den Kaiserlichen bedrängten Reiter der Nachhut sahen, wie weit das übrige Heer voraus war, zogen sie schnell diesem nach. Das wirkte wie eine Flucht. Ponickau hielt sie auf.

197 PKMS 3, S. 43 Nr. 4, Ernestinischer Bericht über Hz. Moritz und sein Kriegsvolk.
198 PKMS 3, S. 259 Nr. 355, 24.2.1547.

Die Kaiserlichen setzen zu Schlachtbeginn bei Mühlberg über die Elbe, nach Friedrich Hortleder, Der Römischen Kayser- und Königlichen Majesteten ... (Gotha 1645)

Zu der Zeit kam der Hesse Heinrich von Lersener mit einem Trompeter zum Kurfürsten, den Moritz vor der Schlacht abgeschickt hatte. Er forderte Johann Friedrich auf, sich dem Kaiser zu ergeben. Moritz wollte sich dann einsetzen, ihn zu Gnaden beim Kaiser zu bringen. Wieder versuchte Moritz auf dem Schlachtfeld eine im Grunde völlig verspätete Vermittlung.[199] Der Kurfürst verschob eine Antwort auf den Abend.

Der Rückzug wurde schneller. Ponickau und Herzog Ernst von Braunschweig brachten gegen Abend die Reiter zum Stehen. Aber dann griffen ohne Befehl zwei seitlich stehende Geschwader kurfürstlicher Reiter die kaiserliche Reiterei an. Doch sie wurden von deren zweiter Welle zurückgeschlagen und rasten fliehend in die eigenen Fußknechte. Aus dem entstandenen Wirrwarr von Reitern und Knechten, Freund und Feind wurde die allgemeine Flucht. Viele Knechte wurden erschlagen. Wer konnte, flüchtete sich in die abendlichen Wälder. Der Kurfürst suchte sich absichtlich weit abseits vom Haupttrupp der Reiter zu retten. Nördlich von Falkenberg gab er sich nach

199 PKMS 3, S. 373 Nr. 526, Feldlager vor Mühlberg 25.4.1547, Hz. Moritz an Lg. Philipp, Zettel.

Gegenwehr im Gehölz Schweinert dem sächsischen Ritter Thilo von Trotha gefangen, über 20 km nördlich von Mühlberg. Der Kurfürst war im Gesicht leicht verwundet.

Die Niederlage bei Mühlberg ist das Ergebnis mangelnden militärischen Überblicks.[200] Nachdem die kurfürstlichen Truppen eine erste kaiserliche Angriffswelle der Reiter zurückgeworfen hatten, die den Fluss durchschwammen, noch ehe man die Furt gefunden hatte und benutzen konnte, dachten Johann Friedrich und Ponickau nicht daran, das etwas erhöhte Ufer am Übergang durch eine verteidigungsfähige Nachhut mit Hakenschützen oder Kanonen zu sichern.

Kaiser Karl V. hatte durch seinen schnellen Zug durch Sachsen und den Entschluss den Kampf zu beginnen, ehe seine Truppen beieinander waren, gesiegt. Herzog Moritz erkannte hierbei, dass ein gezieltes und schnelles Handeln wichtiger war als vorhandene Stärke. Karl V. führte den gefangenen Kurfürst Johann Friedrich nach dessen Niederlage in der Lochauer Heide mit sich vor die Festung Wittenberg. Um deren Kapitulation zu erzwingen, verurteilte er den Gefangenen gegen alle deutschen politischen Bräuche zum Tode und erreichte dessen völlige Unterwerfung. Anfangs schien es, als würden die Ernestiner ihre gesamten Besitzungen verlieren, wie das Moritz gefordert und im Oktober 1546 zugesagt bekommen hatte. Aber der Kaiser setzte die Ernestiner nicht ab. Kurfürst Johann Friedrich bewies im Lager ruhige Beharrlichkeit, was dem Kaiser Achtung abzwang. Johann Friedrich wusste seitdem, dass ihn der Kaiser als Stachel gegen Moritz behalten wollte, und setzte fortan alle seine Erwartungen auf den Kaiser.

Gedenkstein in der Lochauer Heide, 1897 errichtet, heutige Kopie von 1988

Karl V. ließ die Wittenberger Kapitulation aufsetzen, die Johann Friedrich unterschreiben musste. Diese beschreibt aber nicht eine genaue Teilung des bisher ernestinischen Gebietes, sondern nur die Gebiete, die Johann Friedrichs Söhne behielten. Der Anteil von Moritz ergab sich als der Teil der ernestinischen Gebiete, die nicht als Johann Friedrich und seinen Söhnen zuständig genannt waren. Alle Gebiete aber unter böhmischer Lehnshoheit fielen an den König zurück: das Vogtland, die Reußischen Herrschaften und die ehemaligen Grafschaften Eilenburg, Leisnig und Colditz.

200 PKMS 3, S. 367–370 Nr. 520, Bericht Hans von Ponickaus.

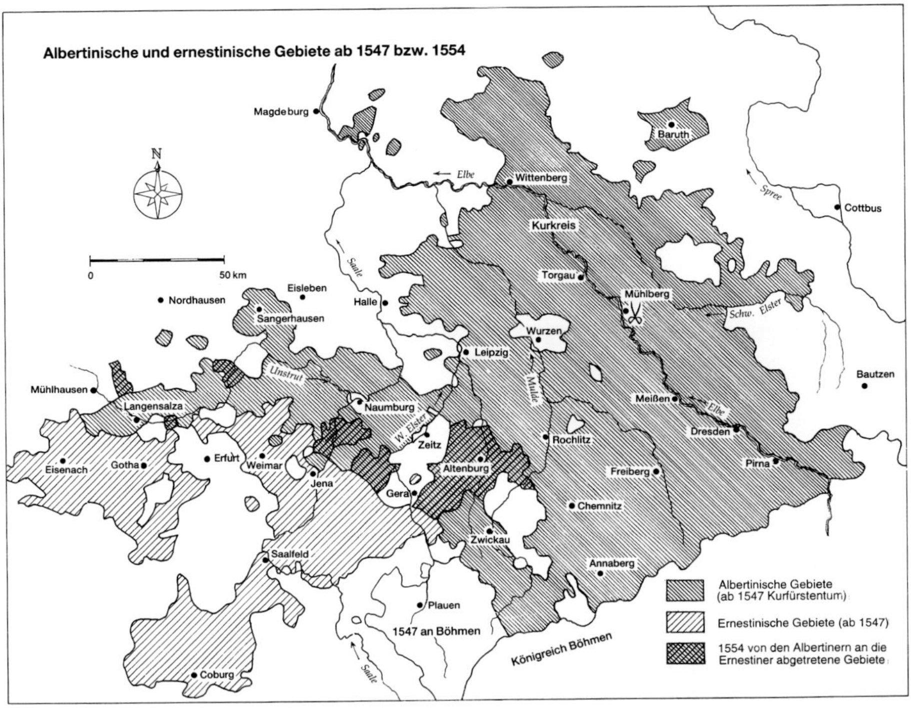

Albertinische und ernestinische Gebiete ab 1547 bzw. 1554

Karl V. benutzte die Ernestiner von nun an als Gefahr für Moritz, dessen eigenen Willen er gespürt hatte, vielleicht in dessen langem Zögern vor der Besetzung der ernestinischen Gebiete oder zuletzt in seinem Vorschlag, in der Nacht von Jahna auf Mühlberg zu ziehen. Moritz sollte die mögliche Entlassung Johann Friedrichs bei jeder politischen Handlung bedenken und fürchten müssen. Durch die Bestimmung, dass Moritz den Söhnen Johann Friedrichs ein jährliches Einkommen von 50 000 Gulden durch die ihnen verbliebenen Ämter und Besitzungen gewähren sollte, und durch eine unklare Formulierung der Teilung waren vom Kaiser bewusst Gegensätze zwischen Moritz und den Söhnen Johann Friedrichs geschaffen worden. Karl V. beherrschte mit seinen Räten das „Teile und herrsche" meisterhaft.

Moritz musste außerdem 100 000 Gulden Altschulden des Kurfürsten übernehmen. Seine beiden Ämter Camburg und Dornburg, die westlich der Saale lagen, wurden den Söhnen Johann Friedrichs zugesprochen. Moritz musste das Vogtland, das Johann Friedrich als böhmisches Lehen besessen hatte, der direkten Herrschaft des königlichen Großkanzlers von Böhmen, Fürst Heinrich von Plauen, überlassen. Die früheren Reichsgrafschaften Eilenburg, Leisnig und Colditz mussten durch Tausch gegen das Fürstentum Sagan in Niederschlesien und gegen die Hälfte des Amtes Schwarzenberg erworben werden.

Moritz gewann die Kurwürde und die dazu gehörigen Gebiete des Kurkreises und der früheren Grafschaft Brehna, südlich Wittenberg das Gebiet um das Tal der Mulde bis hinauf zum Erzgebirge mit der Bergstadt Schneeberg und die Schutzherrschaft über

Naumburg. Der Kaiser und die anderen Fürsten nannten Moritz seit dem 4. Juni 1547 Kurfürst und des Reiches Erzmarschall, obwohl er erst am 24. Februar 1548 öffentlich mit der Kurwürde belehnt wurde.

Der höhere Einfluss im Reich und der Gebietsgewinn, der im Endergebnis ungefähr 50 Prozent des früheren ernestinischen Gebietes umfasste, waren teuer erkauft. Sein Land war mit hohen Kosten für den vergangenen Krieg belastet. Für einen Gewinn, der wesentlich kleiner war, als er von Moritz im Frühsommer 1546 erhofft und vom Kaiser ihm scheinbar versprochen worden war, musste er zahlen und Gebiete abtreten. Moritz hatte außerdem durch den Kampf an der Seite des Kaisers, mochte der auch nicht freiwillig gewesen sein, die Sympathien aller ehemaligen Schmalkaldener verloren. In der öffentlichen Meinung kam die Bezeichnung des neuen Kurfürsten als ein „Judas" auf.

Moritz bindet sich an Landgraf Philipp

Für seine Hoffnung auf Gesamtsachsen unter seiner Herrschaft hatte Moritz vor Wittenberg erfahren, dass auf mündliche und auch schriftliche Zusagen des Kaisers nicht zu bauen war. Trotzdem führte er für Landgraf Philipp Verhandlungen mit dem Kaiser, um Philipp die schlimmsten Folgen einer Niederlage zu ersparen. Er wollte verhindern, dass der Krieg nach Hessen getragen und Philipp in hartem Kampf besiegt würde. Moritz ging auf dem Weg weiter, den er im Herbst 1546 für Philipp eingeschlagen hatte. Schon am Anfang des Krieges hatte er sich um Vermittlung für den Landgrafen bemüht. Er wollte allein für Philipp beim Kaiser vermitteln. Philipp dagegen hatte sich bemüht, gleichzeitig zwischen Moritz und Johann Friedrich zu vermitteln und dann insgesamt mit dem Kaiser zu verhandeln. Moritz besaß weder von Philipp noch vom Kaiser einen Auftrag, für Philipp zu handeln. Ende Dezember 1546 hatte er dem Landgrafen einen eigenen Vorschlag geschickt, nach dem Philipp sich vor dem Kaiser demütigen sollte, den Schmalkaldischen Bund auflösen, Herzog Heinrich von Braunschweig restituieren und anderes, aber seine Religion behalten sollte.

Mit hessischen Gesandten hatte man Vorschläge für Gespräche mit König Ferdinand auszuarbeiten. Philipp hatte dazu Heinrich von Lersener zu Moritz geschickt, der am 2. und 4. Januar 1547 in Leipzig mit Moritz selbst über die Form einer Kapitulation vor dem Kaiser verhandelte.[201] Philipp wollte sich nur „auf Gnade" ergeben, während König Ferdinand, über den Moritz die Vermittlung zum Kaiser suchte, Ergebung „auf Gnade und Ungnade" gefordert hatte.[202] Moritz hatte sich bemüht, im Gespräch mit dem hessischen Gesandten weiterzukommen.[203] Vermittelnd war Lersener zwischen Hessen und Sachsen hin und her gereist.[204] Für seinen Vorschlag hatte Moritz die Bedingungen als Vorbild genommen, zu denen der Herzog von Württemberg, ohne sein

201 PKMS 2, S. 1006–1009 Nr. 1102, 28.12.1546. Instruktion.
202 PKMS 3, S. 186 f. Nr. 245, 30.1.1547. Moritz an Kg. Ferdinand.
203 PKMS 3, S. 251 f. Nr. 341, 17.2.1547, Lersener an Lg. Philipp.
204 PKMS 3, S. 194 Nr. 256, 1.2.1547, Vorschläge des Hz. Moritz zur Aussöhnung Lg. Philipps mit dem Ks.; PKMS 3, S. 279 f. Nr. 386, 5.3.1547 Antwort des Lg. Philipp an Lersener.

Land zu verlieren, wieder vom Kaiser angenommen worden war, obwohl er es nicht als direktes Reichslehen, sondern nur als Afterlehen der Habsburger innehatte.

Moritz hatte mit dem König in Aussig vom 17. bis 20. Februar über den eigenen Vorschlag verhandelt, aber ehe ihm Philipp zugestimmt hatte oder er zum Kaiser gelangt war. Es war in Aussig, weil Moritz Milderungen suchte, zum Streit mit König Ferdinand gekommen. Nach diesem Vorschlag sollten nicht mehr alle Festungen Hessens dem Kaiser eingeräumt werden müssen. Dem Kaiser und seinen Räten waren diese Verhandlungen über die eventuelle Unterwerfung lieb gewesen, weil sie Philipp von energischen Maßnahmen gegen den Kaiser und zur eigenen Verteidigung abgehalten hatten.

Die Niederlage des Markgrafen Albrecht bei Rochlitz am 1. März hatte Philipps Mut wieder gestärkt. Er hatte nur noch über eigene Vorschläge verhandeln wollen. Dieses Selbstbewusstsein Philipps hatte bei Moritz heftige Emotionen hervorgerufen. Er hatte Ende März vor Lersener eine Stunde über die Antwort Philipps gewettert,[205] ehe er dann mit Komerstadt doch einen Weg zum Kaiser beschlossen hatte.[206] Nach der Mühlberger Schlacht hatten die Kurfürsten Joachim von Brandenburg und Moritz vor Wittenberg den Kaiser für den Landgrafen gebeten. Und schließlich war Philipp nach der Niederlage Johann Friedrichs selbst am 27. und 28. Mai nach Leipzig gekommen.

Wahrscheinlich ist die kaiserliche Seite nach der Gefangennahme des Kurfürsten Johann Friedrich am Ende des Krieges auf die Vermittlung eingegangen, um dadurch den anderen Führer des Schmalkaldischen Bundes in die Hand zu bekommen. Die anderen Bedingungen bei Philipps Ergebung waren den kaiserlichen Räten nicht so wichtig. Sie wurden später nur genutzt, um Gründe für das längere Festhalten des Landgrafen zu liefern. Ob in den Verhandlungen mit Granvella und noch mehr mit seinem Sohn, dem Bischof von Arras, das Versprechen lautete, Philipp nicht in e i n i g e, also gar keine, oder in e w i g e , d. h. nicht in lebenslängliche, Gefangenschaft zu nehmen, hing nur von einem getilgten i-Punkt und einem kleinen Bogen ab, der das „n“ von einig zum „w“ machen konnte. Das war leicht zu übersehen oder auch leicht beim Abschreiben des Entwurfes zu ändern. Sicher haben die beiden Kurfürsten die Wendung *nicht mit ewigem Gefängnis* nicht als Ankündigung einer längeren Haft verstanden, sondern sie meinten, jede Haft sei ausgeschlossen. Die kaiserlichen Räte ließen die Frage absichtlich im Unklaren. Im einzig erhaltenen Text, dem französischen, der zwischen den beiden Kurfürsten und den kaiserlichen Räten verhandelt wurde, steht die Wendung von *keinem ewigen Gefängnis*. Die Kaiserlichen behielten sich jedoch stillschweigend vor, dass damit Haft unterhalb ewiger, d. h. lebenslänglicher Dauer, möglich sei. Der Kaiser vertrat diese Deutung gegenüber seinem Bruder als statthaft. Joachim und Moritz schreiben noch Ende November 1547 in Augsburg an den Kaiser, dass bei den Verhandlungen über den Landgrafen vor Wittenberg durch schlechte sprachliche Verständigung Missverständnisse eingetreten sein können. Damit sagten sie sehr diplomatisch, dass sie sich durch sprachliche Spitzfindigkeiten betrogen fühlten.[207]

205 PKMS 3, S. 308 f. Nr. 436, 21.3.1547.
206 PKMS 3, S. 327 f. Nr. 462, 28.3.1547.
207 PKMS 3, S. 656 zu Nr. 911, Schriftliche Erklärung von Kf. Moritz und Kf. Joachim an den Ks., 26.11.1547.

Der Kaiser aber benutzte durch seine Räte den neuen Kurfürsten Moritz und Kurfürst Joachim, dem die Sicherung Magdeburgs für sein Haus Brandenburg am Herzen lag, um sich das andere Haupt des Schmalkaldischen Bundes in die Hände liefern zu lassen.

Die Fürsten haben die kaiserliche Deutung nie anerkannt. Moritz hatte zusammen mit Kurfürst Joachim garantiert, dass Landgraf Philipp, wenn er nach Halle komme und sich dem Kaiser „auf Gnade und Ungnade" ergebe, ohne Schaden für seine Person und ohne Gefangenschaft wieder nach Hause zurückkehren könnte. Es war für beide eine Frage der Ehre, sich dann selbst bei den Kindern des Landgrafen in Hessen zur Gefangenschaft einzustellen, wenn dieser gefangen gehalten werden sollte, bis der Landgraf freigelassen würde.

Die Verhandlungen über die Kapitulation Landgraf Philipps waren zuletzt mit dem Bischof von Arras am 4. Juni im Feldlager vor Wittenberg abgeschlossen worden. Am gleichen Tag wurde in diesem Lager Moritz öffentlich als der neue Kurfürst von Sachsen ausgerufen. Ebenso am 4. Juni musste die Familie des bisherigen Kurfürsten Johann Friedrich die Stadt Wittenberg verlassen. Karl V. liebte solche Inszenierungen.

Ganz gleich was im Entwurf der kaiserlichen Zusage für die Wiederannahme des Landgrafen stand, bestimmt sagte keiner der vom Kaiser beauftragten Räte den beiden Kurfürsten vorher, dass zum Abendessen in der Hallenser Moritzburg am 19. Juni 1547 schon der Trupp der Söldner bereitstand, der den Landgrafen festhalten sollte. Keiner sagte, dass Karl V. dem Landgrafen trotz dessen Demütigung keine Hand der Vergebung reichen werde. Der sächsische Rat Ludwig Fachs schrieb auf dringende Nachfrage des Kurfürsten Moritz: *Das weis ich aber, das sich vnser keiner solcher Custodien vorsehen hat.* Die Täuschung durch die kaiserlichen Räte war perfekt.

Es sind spätere Konstruktionen, dass der Landgraf beim demütigen Knien vor dem Kaiser, mit dem er sich auf Gnade und Ungnade in des Kaisers Hand gab, gelacht hätte. Weil er damit den Kaiser beleidigt und er dessen Zorn neu erregt hätte, wären die vorangehenden Absprachen ungültig gemacht. Das waren Juristenfiktionen, welche die beiden Kurfürsten aus ihrer Pflicht lösen sollten, sich bei den Kindern des Landgrafen zur Gefangenschaft einzustellen, denn dazu passt nicht, dass zuerst beide Kurfürsten und dann Moritz die ganze Nacht zum 20. Juni 1547 beim Landgrafen als „Mitgefangene" blieben. Sie wären nicht mit dem kaiserlichen Hof bis nach Naumburg gezogen, um den Landgrafen freizubekommen.

Beide Kurfürsten hatten, ehe sie Philipp von Naumburg nach Halle abholten, sich nochmals die Versicherung geben lassen, dass der Landgraf unbeschadet nach Hause ziehen könne. Ob nun mit oder ohne Ahnung der beiden Kurfürsten von Philipps Gefangennahme, der Kaiser hat mit dem Umherführen der beiden Fürsten der Schmalkaldener als Ausstellungsstücke seines Hofes und ihrer langen Gefangenschaft die bisherigen auf Ehre gegründeten Bräuche des deutschen Reiches verlassen. Karl V. war in diesen Monaten viel mehr der Herrscher einer klaren Monarchie mit untergeordneten fürstlichen Dienern als der deutsche Kaiser, der eine Wahlkapitulation unterschrieben hatte.

Der eigenständige Reichsfürst sucht seinen Platz

Mit viel Geschick der durch Christoph von Karlowitz geförderten kaiserlichen Diplomatie war Moritz Parteigänger des Kaisers geworden. Er wollte das aber zu seiner eigenen Bedingung sein. Zum Kaiser hatte ihn wahrscheinlich auch die Krise des Schmalkaldischen Bundes geführt, der durch den Gegensatz zwischen beiden Führern Landgraf Philipp und Johann Friedrich und den Vertrag Philipps mit dem Kaiser in Wachsen und Handeln stark gehemmt war. Der Plan von Moritz, neutrales Zünglein an der Waage zwischen Schmalkaldischem Bund und Kaiser zu werden, misslang. Auch die andere Hoffnung, dann der einzige Fürst aller wettinischen Lande zu werden – Kurfürst von Torgau/Wittenberg und Herzog von Dresden –, erfüllte der Kaiser nicht.

Deshalb musste sich Moritz die nächsten Jahre ab Sommer 1547 besonders bemühen, selbstständiger evangelischer Reichsfürst gegenüber den kaiserlichen politischen Plänen zu bleiben.

Die sächsische Ordnung geht dem Reichstag voran

Moritz hatte nach dem kaiserlichen Erfolg von Mühlberg erfahren müssen, dass er für den Kaiser kein selbstständiger Partner war, sondern nur ein erfolgreicher Unterfeldherr, der wie die anderen seine Belohnung erhielt. Seine geheime Hoffnung, einziger regierender wettinischer Fürst zu werden, wurde in den Verhandlungen zum Abschluss der Wittenberger Kapitulation immer weiter zurückgeschraubt. In Halle schließlich, als er für den Landgrafen Frieden vermitteln wollte, wurde er vom Kaiser zum scheinbaren Verräter seines Schwiegervaters gestempelt.

Der Kaiser hat Moritz durch die beiden gefangenen Fürsten für sein Handeln enge Fesseln angelegt. Karl V. konnte jederzeit Johann Friedrich restituieren und dadurch Moritz die Macht nehmen. Moritz war außerdem durch seine Ehre gebunden, vom Kaiser die Freilassung des Landgrafen zu erreichen oder sich gemäß seiner Verpflichtung bei den Kindern Landgraf Philipps in Gefangenschaft zu begeben, bis der Landgraf vom Kaiser entlassen würde. Damit war es nach Meinung des Kaisers Moritz unmöglich, etwas gegen ihn zu unternehmen. Karl V. hatte seine Macht gebraucht, um Moritz auszunutzen und völlig zu binden.

Johann Friedrich wurde vom Kaiser gefangen gehalten, aber im Verkehr mit seinen Räten und Söhnen nur wenig behindert. Er sollte so Sympathien für den Kaiser entwickeln. Damit benutzte Karl V. das autokratische Herrschen Johann Friedrichs d. Ä.,[208] um dessen Söhne von einem Zusammengehen mit Moritz abzuhalten.

Moritz wird dieses Netz, in dem er gefangen war, durchschaut haben. Es gab für ihn jedoch zunächst keine Hilfe von außen. Der herannahende Reichstag in Augsburg ab

208 Vgl. z. B. PKMS 3, S. 658 Nr. 914, 29.11.1547, Hz. Johann Friedrich d. Ä. an die jungen Herrn.

1. September 1547 sollte auch die innere Herrschaft Karls V. durch einen kaiserlichen Reichsbund und mit einer „Vereinigung“ in der Religion bringen.

Vier Wochen nach seiner öffentlichen Proklamation zum Kurfürsten im Lager lud Moritz am 1. Juli zum Landtag nach Leipzig für den 13. Juli 1547 ein, weil die Zeitläufte dafür Grund gäben.[209] Alle Bemühungen, den Landgrafen freizubitten, waren zunächst ergebnislos geblieben und hatten keine sicheren Aussichten. Ehe er wirkungsvoll bitten und neuen Schritten des Kaisers begegnen konnte, musste Moritz in seinem eigenen Lande handlungsfähig werden. Er wollte seine Landesherrschaft, besonders für die bisher ernestinischen Gebiete, sichern. Schon Ende Juni ließ er sich im Kurkreis huldigen.[210] Wittenberg als die evangelische Zentraluniversität musste gesichert und der evangelische Religionsstand des ganzen neuen Landes vor den Augen aller Untertanen deutlich gemacht werden, um durch beides innere Unruhe im Land zu verhindern.

Moritz ließ durch Georg von Anhalt besonders Melanchthon bitten, zum Landtag nach Leipzig zu kommen. *Da welten wir vns mit ime nach E. L. selbst ermessen vnd bedencken der vnderhaltung vnd anderer not wendiger sachen halben vnterreden und vergleichen.* Melanchthon war nach Luthers Tod der wichtigste evangelische Theologe im Deutschen Reich. Georg sollte Melanchthon mitteilen, *das er sich ghar kein vngenade oder eynicherlei gefhar zu besorgen*, ihm wurde vielmehr alle Gnade zugesichert.[211] Moritz suchte unbedingt Frieden. So wurde z. B. dem Schulmeister von Liebenwerda, der ein großes Gedicht gegen Moritz verfasst hatte, zur Buße auferlegt, die nächsten zwei Jahre weiter an der Schule in Liebenwerda zu bleiben.[212]

Die Stände des alten und des neuen Herrschaftsbereiches im Kurfürstentum erschienen zahlreich am 13. Juli in Leipzig. Man akzeptierte also in beiden Teilen des Kurfürstentums den neuen Kurfürsten. Auch die Theologen beider Landesteile kamen, an ihrer Spitze Philipp Melanchthon und Georg von Anhalt. Moritz wollte in Leipzig einen Vereinigungslandtag halten, bei dem es nicht um alte oder neue Gebiete ging, sondern um das neue Kurfürstentum Sachsen, das völlig neu geordnet werden sollte. Er kam den Ständen und auch den Theologen in ihren Wünschen entgegen oder sagte wenigstens zu, die Dinge zu bedenken, wie etwa mildere Strafen für alle, die gegen ihn gehandelt, geredet, gepredigt oder geschrieben hatten.

Eine Schrift aus dem Sommer 1547 zeigt allerdings, wie schwierig sich seine Haltung im Schmalkaldischen Kriege an der Seite des Kaisers einsichtig erklären ließ.[213] Moritz konnte vor den Landständen nicht sagen, dass der Schmalkaldische Bund und besonders Johann Friedrich unfähig waren, die evangelische Sache im Allgemeinen und die sächsischen Erblande im Besonderen gegen den Kaiser zu retten. Er könnte es gedacht haben. Der Sommerfeldzug 1546 hatte die militärische Unfähigkeit des Schmalkaldischen Bundes bewiesen, aber sagen oder schreiben konnte Moritz das für die Öffentlichkeit nicht. Moritz konnte noch viel weniger sagen, dass er 1546 lange gezögert hatte, um nicht auf die eine oder andere Verliererseite zu geraten. Er musste verschweigen,

209 PKMS 3, S. 454 Nr. 655.
210 Hecker: Osse, Einleitung, S. 21.
211 PKMS 3, S. 459 Nr. 665, 6.7.1547, Kf. Moritz an Fs. Georg von Anhalt
212 PKMS 3, S. 512 Nr. 736, Torgau 4.8.1547, Moritz an Fs. Georg von Anhalt.
213 PKMS 3, S. 465 f. Nr. 675, Sommer 1547.

dass er sich schon im Sommer 1546 gern als Kurfürst von Sachsen gesehen hatte. Um ihn zu begreifen, muss bedacht werden, dass weder Karl V. noch Kurfürst Johann Friedrich, noch Landgraf Philipp gezögert haben, wenn sie für sich Gewinn und Vorteil erringen konnten. Bei allen gab es neben dem Machtgewinn einen zweiten, vertretbaren Grund. Karl V. wollte die Monarchie der Habsburger über alle wichtigen Teile der Welt zur Sicherung des alten Glaubens ausbauen. Der Schmalkaldische Bund mit Kurfürst Johann Friedrich und Landgraf Philipp an der Spitze wollte die Ausbreitung des evangelischen Glaubens im Reich sichern. Landgraf Philipp suchte zugleich den Bestand Hessens und den evangelischen Glauben auszubauen und zu schützen. Johann Friedrich wollte als Kurfürst die geistlichen Territorien von Naumburg, Magdeburg und Halberstadt als Besitz auch für den neuen Glauben gewinnen. In diesem Streben müssen vom großen Kaiser, der Utrecht und Geldern gewann, bis zu Philipp und Moritz alle gleich beurteilt werden. Aber immer sind beide Motive echt. Am neuen Altan des Dresdner Schlossneubaus ließ Moritz auf sich als Josua, den zweiten Führer Israels, hinweisen. Moritz hat jedenfalls im Sommer 1547 die Basis erworben, auf der er ab 1550 im besten Sinn für das ganze Reich wirken konnte. Es musste eine andere Macht anstelle des Schmalkaldischen Bundes für Bewahrung der evangelischen Gemeinden eintreten.

In den Strafverfahren, die sich aus der Zusammenarbeit albertinischer Untertanen mit dem „Feind“ Johann Friedrich ergaben, hat sich Moritz bemüht, maßvoll entscheiden zu lassen. In Großenhain und Chemnitz scheint es je ein Todesurteil wegen der Übergabe der Städte an Johann Friedrich gegeben zu haben.[214] Es wurde eine größere Anzahl von Prozessen geführt, natürlich nur gegen Untertanen des bisherigen albertinischen Herzogtums. Der Leipziger Schöppenstuhl sollte über eine peinliche Befragung, d. h. Verhör mit Anwendung von Folter, vorher befragt werden. Der Schöppenstuhl legte auch die Urteile abschließend fest. Es wurden Urteile von Vertreibung oder zeitweiliger Ausweisung aus dem Land bis zu hohen Geldstrafen gesprochen, wenn die Beschuldigungen durch Zeugen nachgewiesen werden konnten. Da die Verfahren schriftlich verlesen wurden und Einspruch vorgesehen war, zogen sich die Prozesse hin. Sehr viele Gefangene wurden gegen Bürgschaft entlassen. Bewusst hat Moritz die üblichen Rechtsverfahren einhalten lassen.[215] Zum Tode verurteilt wurde nach Kriegsrecht ein vorher verwundeter Kriegsknecht, der sich beim albertinischen Fähnlein Schönberg nicht hatte streichen lassen, aber in Döbeln für den Kurfürsten Johann Friedrich andere angeworben hatte und mit ihnen zum Kurfürsten gezogen war.[216]

Wichtiger als die politische und damit auch steuerliche Ordnung des gesamten Landes war die Religionszusage an die Stände. Moritz griff in seiner Proposition auf den kaiserlichen Befehl zum Achtsvollzug gegen Johann Friedrich d. Ä. zurück. Karl V. hatte darin für das albertinische Sachsen mit der Aufforderung zur Acht gegen Johann Friedrich erklärt, dass er keinesfalls beabsichtige, *die christliche religion, wort gotts* mit dem Schwert zu bekämpfen oder sonst gegen sie vorzugehen.[217] Das zog Moritz nun heran und gab den Ständen des ganzen, neuen Kurstaates die Versicherung, dass er an der

214 PKMS 3, Einleitung S. 37
215 PKMS 3, S. 688–691 Nr. 945–950.
216 PKMS 3, S. 689 Nr. 948, Urteile des Leipziger Schöppenstuhls.
217 PKMS 2, S. 761 Nr. 973, 8.8.1546, Ks. Karl V. an Hz. Moritz und die Landstände.

christlichen Religion nach dem göttlichen Wort festhalten und nicht wieder in die alten Missbräuche fallen werde.[218] Ehe Karl V. auf seinem geplanten Reichstag etwas anderes entscheiden konnte, hatte ihn Moritz damit auf die Sicherung des evangelischen Religionsstandes in Kursachsen festgelegt. Deshalb konnte sich Moritz auf dem Reichstag immer auf die kaiserliche Zusage an die Landstände zurückziehen.

Am Gottesdienst, obwohl er ursprünglich in den ernestinischen Gemeinden möglichst nach der Form der Torgauer Residenz eingerichtet worden war und in den albertinischen Gemeinden der Heinrichsagende folgte, wurde zunächst nichts verändert. Die Heinrichsagende war ein Werk ernestinischer Theologen im Zusammenhang mit der ersten Visitation 1539 im albertinischen Sachsen und hatte den Wittenberger Justus Jonas als Hauptverfasser. Die Unterschiede bezogen sich nur auf sogenannte Nebensachen oder „Adiaphora", etwa die noch „altgläubige" Kleidung der Pfarrer im Gottesdienst, einige Feste an Wochentagen, das Emporheben der geweihten Hostie (Elevation) bei der Abendmahlsfeier und anderes. Nach dem Willen der Stände verzichtete Moritz auch auf die beabsichtigte Zusammenlegung von Pfarrstellen.

Die neue innere Ordnung des gesamten Staates geschah besonders durch die Kanzleiordnung vom 5. August 1547[219], die in Torgau, in der Residenz des bisherigen Kurfürsten Johann Friedrich, erlassen wurde. Torgau wurde damit die zweite Residenz von Moritz. In der Residenz saßen der Hofrat, d. h. der Kanzler und die für die Kreise zuständigen Räte, mit der Kanzlei. Das Land wurde in fünf Kreise gegliedert, die sich nicht um die bisherigen politischen Grenzen zwischen den beiden Sachsen kümmerten. Die Kanzleiordnung ordnete das Kurfürstentum nach sachlichen und geographischen Gesichtspunkten neu. Es entstanden der Kurkreis, der Leipziger Kreis, der Thüringer Kreis, der Meißnische Kreis und der Gebirgskreis.

Ab 1547 ließ Moritz in Dresden den grundlegenden Schlossumbau beginnen. Diese Stadt sollte sein Lebensmittelpunkt bleiben. Am Dresdner Schloss begann nun eine andere Zeit, die anstelle der mittelalterlichen Kapelle eine evangelische Schlosskirche brauchte. Sie wurde in der gleichen Art gebaut, wie sie von Luther in Torgau gutgeheißen und geweiht worden war. Moritz wollte als der großzügige, evangelische Erneuerer von Staat und Schloss sichtbar werden, ohne eine Zerstörung des sinnvoll Vorhandenen wie des Torbaus und der Verwaltung Herzog Georgs vorzunehmen.[220]

Weil nach Abbruch des Westflügels mit der Kapelle die Südseite des Hausmannsturm wohl gesichert werden musste, wird man den Altan rasch in Angriff genommen haben. Deshalb sind seine bekennenden bunten Bilder vielleicht schon vor der Fassadengestaltung der Gebrüder Tola entstanden. Der offene Bekenntnisgehalt stimmte dann mit der albertinischen Haltung seit dem Beginn der Kanzlerschaft Mordeisens überein. Moritz vertrat auch bereits 1547/48 in Augsburg die Forderung eines allgemeinen, freien, christlichen Konzils zur Reformation der Kirche an Haupt und Gliedern, d. h. ein alle Völker umfassendes, von Befehlen des Papstes unabhängiges, an der Bibel orientiertes Konzil sollte der Erneuerung der Kirche vom Papst bis hinab zu den einzelnen Gemeinden dienen.

---

218 PKMS 3, S. 64 Nr. 674, 2. und 3., 13.7.1547, Moritz an die Stände.
219 PKMS 3, S. 513–518 Nr. 737, Torgau 5.8.1547. Vgl. oben Abschn. „Moritz tritt die Herrschaft an".
220 Zum Schlossbau vgl. unten Abschn. „Wege in die weite Welt".

Reichstag zu Augsburg 1547/48 – die Wege trennen sich

Nachdem die innere Einheit durch den Leipziger Landtag und die Kanzleiordnung auf den Weg gebracht waren, ritt Moritz zum Augsburger Reichstag, auf dem er öffentlich als Kurfürst belehnt werden sollte. Der Landtag hatte keinen Widerstand der neuerworbenen ernestinischen Landesteile gebracht. Moritz erwartete auf dem Reichstag die öffentliche Belehnung mit der Kur von Sachsen. Er ließ sich zum Reichstag wie bisher von Christoph von Karlowitz begleiten. Zugleich aber war Dr. Ludwig Fachs bei ihm, der eng mit Komerstadt zusammenarbeitete, seit Moritz regierte.

Augsburg war von Menschen überfüllt. Der Kaiser hatte fast so viele Söldner wie Einwohner in die Stadt gebracht. Er war Sieger und Herr im Reich. Als Sieger von Mühlberg hoch zu Ross ließ er sich in Augsburg von Tizian malen.

Ehe Moritz zum Reichstag nach Augsburg aufbrach, hatte er sich intensiv von seinen juristisch beschlagenen Räten über die Frage des vom Kaiser geplanten Reichsbundes unterrichten lassen. Georg von Komerstadt meinte dazu, darauf passe der lateinische Spruch: *Ich kann nicht mit dir und nicht ohne dich leben.*[221] Der Kaiser hatte über den lange geplanten Reichsbund schon im Juni in Ulm verhandeln lassen. Doch die anwesenden Stände waren lustlos und bemühten sich um Zeitgewinn, nicht um Ergebnisse. Kursachsen, Brandenburg und Braunschweig reisten damals erst gar nicht an.

Karl V. wollte im Reichsbund den Schwäbischen Bund wieder aufleben lassen, denn er forderte von seinen Kommissaren, bei den Verhandlungen entlang der Artikel des alten Schwäbischen Bundes vorzugehen. Dieser Bund war immer eine nützliche Hilfe der Habsburger für ihre Herrschaft in Südwestdeutschland gewesen. Nun wollte Karl V. ihn wieder als Instrument seiner stärkeren Zentralgewalt für das ganze deutsche Reich beleben. Der Bund sollte zwischen den Reichstagen das Reich handlungsfähig darstellen. Die Verhandlungen dafür wollte Karl V. schon vor dem Reichstag abgeschlossen sehen. Moritz aber reiste zum Reichstag mit dem Rat seiner Experten, aufschiebend zu verhandeln.[222] Vor einer Entscheidung seien Beratungen in den Erbeinigungen mit Hessen und Brandenburg und mit Böhmen nötig, zumal der Bund die alten Erbeinigungen außer Kraft setzen sollte.

Der Reichstag begann am 1. September 1547, 9 Uhr. Den vorangehenden Besuch des katholischen Hochamtes im Dom von 6 bis 7 Uhr hatte der Kaiser den Besuchern freigestellt. Weil man nüchtern zur Messe ging, blieb danach die Zeit zum Frühstück frei. Im Palast der Fugger, einer der reichsten Familien Europas, traten die Reichsstände zusammen. In Gegenwart Karls V. eröffnete Erzherzog Maximilian mit einer kurzen Ansprache die Verhandlungen.

Die lange kaiserliche Proposition der geplanten Themen verlas der kaiserliche Schreiber Johann Obernburger. Moritz nahm an der Eröffnung teil. Wegen seiner kommenden öffentlichen Belehnung zum Kurfürsten von Sachsen brauchte er den guten Willen des Kaisers. Drei Themen waren für Moritz auf dem Reichstag wichtiger als diese Zeremonie: 1. die Befreiung des Landgrafen; 2. er wollte keinen kaiserlichen Reichsbund; 3. der Kaiser wollte die Spaltung der Religion überwinden.

---

221 PKMS 3, S. 535 f. Nr. 763, Kalkreuth 20.8.1547, Komerstadt an Kanzler Simon Pistoris.
222 PKMS 3, S. 539 f. Nr. 765, 23.8.1547.

Moritz war persönlich an der eingehenden Diskussion der Religionsfrage auf dem Reichstag beteiligt. In seiner Antwort auf die kaiserliche Proposition des Reichstages, mit der Kaiser Karl V. die Themen für die Verhandlungen benannt hatte, schlug Moritz vor, man solle ein Religionsgespräch über die Augsburger Konfession unternehmen. Er wollte – vielleicht auf Vorschlag Melanchthons – das evangelische Grundbekenntnis zur Basis der Einigung der Konfessionen machen.[223] Er griff damit auf Bemühungen des Kaisers von 1530 zurück. Zugleich hat Moritz das allgemeine, freie, christliche Konzil gefordert. Am 6. September wurde er aber darin von den anderen Kurfürsten überstimmt.[224]

Am 20. Oktober 1547 verhandelten die fünf in Augsburg anwesenden Kurfürsten persönlich über die kaiserliche Antwort, die Resolution zur Religionsfrage vom 18. Oktober. Diese stellten fest, dass die Reichsstände mit dem Kaiser in der Religionsfrage übereinstimmten. Dabei war aber die vorhandene Bereitschaft der Protestanten zum Konzil von deren Bedingungen getrennt worden, die gewissermaßen durch die Zusage des Kaisers, für eine christliche ehrliche und gebührende Durchführung sorgen zu wollen, als erledigt angesehen wurden.

Moritz hat darauf die Bedingungen wieder ganz deutlich vorgebracht. Diese waren, das Konzil sollte allgemein, frei und christlich sein: allgemein, d. h. alle Nationen sollten teilnehmen; frei, d. h. alle Konzilsteilnehmer sollten für die Dinge des Konzils aus der Hoheit des Papstes entlassen werden, und der Papst selbst sollte dem Konzil unterworfen sein; christlich, d. h. alle Fragen sollten nach der Bibel als Lehrgrundlage entschieden werden. Außerdem sollten alle schon entschiedenen Artikel neu verhandelt werden und die Protestanten dazu gehört werden. Diesem Votum schloss sich der Brandenburger Kurfürst an. Der Kurfürst von der Pfalz erklärte zwar auch diese Meinung, erhob aber keinen Widerspruch gegen die kaiserliche Resolution, dadurch wurde Moritz wieder überstimmt. Seine Räte konnten auch nicht nachträglich die Bedingung der Neuverhandlung aller Artikel ins Protokoll bringen. Genauso lief es bei der Frage der Restitution der Geistlichen in ihre Güter. Aller Besitz, den sie durch die Reformation verloren und aufgegeben hatten, sollte den Altgläubigen zurückgegeben werden. Hier konnte Moritz aber seinen Protest wenigstens ins Protokoll einfügen lassen.[225]

Zu diesen Fragen des Konzils hatte Moritz augenscheinlich ein Gutachten bei Philipp Melanchthon angefordert,[226] das dieser am 12. Oktober in Leipzig an Komerstadt übergeben sollte. Dessen Beauftragter scheint es Moritz direkt zugestellt zu haben,[227] denn die obige Stellungnahme von Moritz im Kurfürstenrat am 20. Oktober stimmt mit dem Gutachten Melanchthons überein.

Moritz hat also nicht nur seinen Landständen seine evangelische Haltung erklärt, sondern sie auch auf dem Reichstag von der ersten Verhandlung an deutlich vertreten.

223 Horst Rabe: Reichsbund und Interim, die Verfassungs- und Religionspolitik Karls V. und der Reichstag von Augsburg 1547/1548. Köln, Wien 1971, S. 207 f.

224 HStA Dresden Loc. 10 186, Proposition Kay. Mat./ Reichstagshändel 1547/48, Bl. 10a–12a.

225 Horst Rabe, Reichsbund und Interim, S. 235.

226 Melanchthons Briefwechsel: kritische und kommentierte Gesamtausgabe / im Auftrag der Heidelberger Akademie der Wissenschaften, hrsg. von Heinz Scheible. Regesten Bd. 1–8 Stuttgart-Bad Cannstatt 1977 ff. (MBW) 5, S. 189 Nr. 4920.

227 PKMS 3, S. 603 f. Nr. 847, Dresden 16.10.1547, Komerstadt an Moritz.

Er folgte Melanchthon, dem führenden evangelischen Theologen, wenn es um Fragen des Glaubens ging. Er versuchte damit schon 1547, die führende Rolle unter den Ständen der Augsburgischen Konfession einzunehmen. Bei dieser Haltung ist er geblieben.

Doch zugleich war er mit der Gefangenschaft der beiden Führer des Schmalkaldischen Bundes schwer belastet. Moritz hatte zur Gefangennahme des Landgrafen wesentlich beigetragen, weil er ihn zur Reise zum Kaiser nach Halle intensiv überredet hatte. Nun musste Moritz zu den Folgen stehen und sich wenigstens, sobald die kaiserliche Kapitulation von den landgräflichen Söhnen und Landen erfüllt war, in die Hände der jungen Landgrafen als Gefangener begeben. Ständig gingen Mahnungen des Landgrafen und der Söhne Philipps ein, die Entlassung des Landgrafen zu erreichen.

Vielleicht wollte Moritz durch seine Abreise Ende November auch diesem zweiten Problem und dem Drängen von Landgraf Philipp ausweichen. Der wurde in Donauwörth eine Tagesreise von Augsburg gefangen gehalten und drängte Moritz und mit ihm Joachim von Brandenburg immer wieder, seine Entlassung beim Kaiser zu erreichen. Selbst in einem persönlichen Gespräch gab Karl V. nicht nach. Philipp durfte nicht einmal befristet nach Kassel reisen.

Die fußfällige Bitte der Landgräfin Christine mit ihren Töchtern vor dem Reichstag hatte keinen Erfolg. Der Kaiser stellte sich empört. Er verlangte von Philipp die Herausgabe der Verpflichtung von Moritz und Joachim zur Einstellung bei den jungen Landgrafen in Kassel. Die in der Mehrheit gegen Philipp eingestellten altgläubigen Stände wischten die Sache zugunsten des Kaisers beiseite. Eine dem Bischof von Arras, dem wichtigsten kaiserlichen Berater, angebotene „Verehrung“ (in Geld) bewirkte nichts für Philipp.[228] Schließlich entschuldigte sich Philipp für seine Frau beim Kaiser.[229]

Der Kaiser hatte erreicht, dass die Reichstände ihm scheinbar die Verhandlungen zum Konzil übergaben. Er war zufrieden, dass die Reichsstände, aber je nach Konfession in einem anderen Verständnis, ihm überließen, dass er für einen frommen und christlichen Verlauf des von ihm wieder nach Trient zurückzuholenden Konzils sorgen werde. Die Protestanten meinten ihre alte Haltung, die katholischen Stände die Unterwerfung unter das Konzil.

Karl V. hat durch seine Räte in den Verhandlungen mit den Kurfürsten und besonders den Städten eine derart schwammige Formulierung erreichen lassen, indem sie die evangelischen Kurfürsten und Fürsten überstimmen ließen und die Ablehnung der Städte zugunsten des Kaisers verstanden, weil diese die Voten der anderen Stände nicht ändern konnten. Er war am Ziel seiner diplomatischen Bemühungen, als ihm überlassen wurde, die Konzilssache zu regeln. Karl V. hatte in einer deutbaren Formel einen Kompromiss erreicht. Er konnte damit auf dem Konzil, wenn es wieder nach Trient kommen würde, im Namen des Reiches handeln. Um das Konzil nach Trient zurückzuführen, schickte er Kardinal Christoph von Madruzzo nach Rom. Doch Papst Paul III. weigerte sich. Das Konzil blieb in Bologna im Kirchenstaat unter direkter Leitung des Papstes. Dieser wollte auch keine vorläufige Regelung der Religionsfrage in Deutschland. Deshalb konnte Karl V. gegen die Religionsspaltung nur im Reich vorankommen. Er wollte daher nur noch im Reich die verbleibende Zeit bis zum neuen Beginn in Trient regeln.

---

228 PKMS 3, S. 651 zu Nr. 907, 27.11.1547, Philipp an Moritz.
229 PKMS 3, S. 656 zu Nr. 911, 28.11.1547.

Als die Verhandlungen so weit gediehen waren, ritt Moritz am Morgen des 29. November nach Sachsen zurück,[230] um mit Räten und Ständen die Fragen des Reichstages intensiv zu beraten, besonders die Religionsfrage und den vom Kaiser erstrebten Reichsbund. In Torgau erklärte er den nach Weihnachten versammelten Ständevertretern: *das wir von den wort Gottes nicht dencken abzuweichen, Noch des Concilii halben etwas zu willigen, das dem selbigen zuwieder sein mochte.*[231]

Die vertretenen Stände und Städte, d. h. der Ausschuss, meinten, es scheine, als habe sich Moritz allzu tief mit dem Kaiser eingelassen. Ob man nun dem Kaiser nicht folge und dadurch in größere Ungnade komme als Johann Friedrich, oder ob man dem Kaiser folge und dadurch ein bei Gott und der Welt verachteter Fürst werde, in beiden Fällen müsse es Moritz um die Folgen bange sein.[232]

Auf seine Anfrage zum Reichsbund erwiderten die Stände, Moritz solle ihn ablehnen. Einmal würden in diesem die Geistlichen in ihre Güter wieder eingesetzt, was der christlichen Religion in den kurfürstlichen Landen schade. Alle Erbverbrüderungen und Bündnisse würden während des Bündnisses aufgehoben, die Moritz nicht aufgeben könne. Die Stände meinten, außerdem seien die Lande vom letzten Krieg erschöpft und könnten nicht neue Kosten für den Bund und vielleicht ferne Länder aufbringen.[233]

Moritz war zur Besprechung nach Torgau mit der Erfahrung gereist, dass er durch seinen offenen Protest beim Kaiser nichts ausrichten würde. Konnte man nicht Formeln finden, mit denen der Kaiser einverstanden sein musste, obwohl sich in Kursachsen in der Sache nichts änderte? Wahrscheinlich hat Moritz zusammen mit Melanchthon, den er persönlich zum 6. Januar zu sich nach Torgau geladen hatte,[234] eine solche Formel gesucht und erörtert. In dieser Zusammenkunft haben Moritz und Melanchthon zueinander Vertrauen gefasst und beschlossen, Wege zur Sicherung des Bestandes der evangelischen Kirche in Kursachsen zu finden. Entsprechend hatte Moritz Melanchthon angekündigt, dass er ihn als Berater nach Augsburg holen wollte.[235] Die Wittenberger Theologen warnten ihren Kurfürsten daraufhin schon am 22. Januar vor einem „interim", das nur Unruhe hervorrufen werde.[236]

Auf diesem großen Reichstag, der alle Gegensätze im Reich, besonders die der Religion, heilen sollte, hat Karl V. am 24. Februar 1548 Moritz von Sachsen öffentlich auf dem Weinmarkt von Augsburg als Kurfürst zu Sachsen und Erzmarschall des Reiches belehnt. Diesen Aktus machte sich Karl V. am 48. Geburtstage selbst zum Geschenk. Eine Woche vorher ließ die kaiserliche Kanzlei den strittigen Text der Urkunde, vom 4. Juni 1547, in einer Kopie der kurfürstlich sächsischen Reichstagsdelegation zugehen. Sollte demütigend an die Überlegenheit habsburgischer Verhandlungskunst oder an den gezahlten Preis erinnert werden?

Bei der Belehnung saß der Kaiser mit den andern fünf Kurfürsten auf einem Podium, „dem Palast". Um 3 Uhr am Nachmittag begannen dahinter die kaiserlichen Trompeter

230 PKMS 3, S. 658 Nr. 915, 29.11.1547.
231 PKMS 3, S. 686 Nr. 943, Torgau 31.12.1547 oder kurz danach.
232 PKMS 3, S. 674 f. Nr. 93.
233 PKMS 3, S. 681 f. Nr. 942, 31.12.1547, Antwort der Räte und Ständevertreter an Moritz.
234 MBW 5, S. 224 Nr. 4999, Wittenberg 22.12.1547, Melanchthon an Camerarius.
235 MBW 5, S. 238 Nr. 5037, 20.1.1548.
236 MBW 5, S. 239 Nr. 5040.

zu blasen, begleitet von Trommeln. Unter dieser Musik zog Moritz in kurfürstlichem Gewand heran. Seine ihn begleitenden Reiter waren in roten Samt gekleidet. Zwölf Trompeter hielten die Spitze. Unter dem Geschmetter der Trompeten bestiegen drei Fürsten das hohe Podium und baten den Kaiser kniend um die Belehnung des Albertiners Moritz. Der Kaiser beriet der Form nach mit den fünf Kurfürsten das längst Feststehende. Dann gab der Kurfürst von Mainz als Reichskanzler die Zustimmung bekannt.

Die drei Fürsten ritten darauf mit dieser Nachricht über den Platz zu Moritz zurück, der dann zum „Palast“ zog. Dabei wurden ihm zehn Fahnen feierlich vorangetragen: Die Kurfahne, die Fahne des Herzogtums Sachsen, die der Landgrafschaft Thüringen, des Markgrafentums Meißen, der Burggrafschaft Magdeburg, der Pfalz Sachsen, der Grafschaft Brehna, der Herrschaft Pleißenland, des Burggrafentums Altenburg und die rote Fahne des Blutbanns. Moritz wurde kniend mit dem Kurfürstentum und mit dem Amt des Erzmarschalls des Reiches und allen Besitzungen, die Johann Friedrich vorher besessen hatte – soweit durch die Wittenberger Kapitulation nicht schon anders über sie verfügt worden war –, belehnt. Danach leistete er den Eid auf das Evangelienbuch, das der Mainzer Kurfürst dem Kaiser in den Schoß gelegt hatte. Nun reichte der Reichserbmarschall Pappenheim das Schwert dem Kaiser, der Moritz mit dem Schwert als Reichserzmarschall und mit den Fahnen seiner Besitzungen belehnte, die ihm vorangetragen worden waren. Schließlich übergab der Kaiser Moritz das Kurfürstenschwert. Damit erhielt Moritz den Platz unter den Kurfürsten und gelobte daraufhin Kaiser und Reich den Gehorsam.

Ein Graf von Mansfeld huldigte anschließend ebenfalls an Stelle von Herzog August, der als eventueller Erbe mitbelehnt wurde. Die Kurschwerter wurden seitdem im Wappen der Albertiner geführt. Sie sind heute noch als Zeichen des anfangs kurfürstlichen Meißner Porzellans zu finden. Die zehn Lehnsfahnen aber wurden am Ende nach altem Brauch ins Volk geworfen, das sich zu Tausenden auf dem Platz drängte. Wann war sonst Gelegenheit, die Spitzen des Reiches in aller Pracht zu sehen.

Nachdem sich alle Beteiligten einige Zeit „auf dem Palast“ sitzend hatten sehen und ihre Ornate hatten bewundern lassen, traten sie vom Podium ab. Der Kaiser und die Kurfürsten legten im Tanzhaus ihre Ornate ab. Allein Moritz ritt in vollem Ornat in sein Quartier, das er wahrscheinlich bei Jakob Herbrot hatte, der einer der ersten Vertreter der Augsburger Zünfte und zeitweise Bürgermeister war.[237] So war vollzogen, was am 4. Juni im Vorjahr schon öffentlich ausgerufen, von Moritz ausgeübt und ihm bereits im Herbst 1546 fest zugesagt worden war.

Der kaiserliche Versuch, die Religionsspaltung schon vor dem Konzil im Heiligen Römischen Reich Deutscher Nation auf eine Einigung hinzuführen, war am folgenreichsten für Sachsen. Karl V. hatte im Herbst auch von den beiden protestantischen Kurfürsten Pfalz und Brandenburg erreicht, dass sie einer kaiserlichen Regelung, die Religionsfrage auf dem Konzil zu lösen, zustimmten. Der Kaiser meinte damit die größte Ursache der Spaltungen im Reich zu beseitigen. Auf diesem Wege wollte er das Reich weiter führen.

---

237 PKMS 3, S. 734–736 Nr. 1001, Augsburg, 24.2.1548.

Aber Anfang 1548 bestand keine Aussicht, das Konzil aus dem päpstlichen Bologna wieder nach Trient ins Reich zu verlegen, deshalb strebte der Kaiser eine Lösung der Religionssachen des Reiches ohne den Papst an. Er ließ eine scheinbare Vermittlung zu den Protestanten ausarbeiten. Sie sollte gelten, bis man auf dem wohl fernen Konzil würde verhandeln können. Karl V. wollte in Augsburg im Grunde keine mittlere Linie, um die getrennten Teile der Kirche zu vereinen, sondern eine Heimführung der Protestanten auf dem Wege der Verhandlung. Die Theologen Malvenda und Soto aus dem kaiserlichen Hofstaat verfassten im Herbst mit einer kaiserlichen Kommission sogar Schriften, die bewusst antiprotestantisch auf eine innerkatholische Reform in Lehre und Leben drängten. Karl V. hatte den Kardinal Christoph Madruzzo von Trient vergeblich nach Rom geschickt. Da er auf dem Wege innerhalb der katholischen Kirche durch den Papst nicht vorankam, ernannte der Kaiser im Januar 1548 eine Kommission, die eine Religions- und Erneuerungsordnung allein für das Reich für die Zwischenzeit, bis das Konzil getagt habe, ausarbeiten sollte. Wegen der Gültigkeit „inzwischen" (*interim*) erhielt die Ordnung den Namen als „das Interim".

Der Text des dann sogenannten „Interims" wurde hauptsächlich von Julius Pflug, dem Naumburger Bischof, und Michael Helding auf katholischer Seite und Johann Agricola, dem evangelischen Hofprediger des Kurfürsten Joachim von Brandenburg, ausgearbeitet und dann noch von den kaiserlichen Hoftheologen im Sinne ihrer Rechtgläubigkeit revidiert.[238] Große Teile des Textes gingen auf eine vorhandene Ausarbeitung Pflugs zurück, der manches reformtheologisch formulierte, aber im Grunde seines Herzens nur die Kirche unter dem Papst bewahren wollte. Das sollte sich bei sächsischen Verhandlungen Ende August 1548 in Pegau zeigen.

Für den neuen Kurstaat und für Moritz waren die Glaubensfragen im Juli ohne Rücksicht auf das Reich gelöst, indem er auf dem Landtag zu Leipzig allen Ständevertretern und den Theologen besonders erklärt hatte, dass es beim Leben nach dem Wort Gottes bleiben werde. Diese Zusage war durch das Leben in den Gemeinden der ehemals ernestinischen Gebieten ebenso getragen wie durch die Verhältnisse im bisherigen albertinischen Herzogtum.

Am 15. März 1548 ließ der Kaiser über König Ferdinand dem Kurfürsten Moritz den fertigen Text des Interims zukommen. Er solle sich mit den Kurfürsten von Brandenburg und der Pfalz darüber beraten. Diese beiden hatten dem Text schon zugestimmt und sollten nun Moritz dazu überreden. Sie erschienen bei ihm am 17. März, begleitet von zwei Räten. Moritz hatte Christoph von Taubenheim, Christoph von Karlowitz und Ludwig Fachs außer seinem Hofprediger bei sich. Der anwesende brandenburgische Hofprediger Johann Agricola sah sich wegen seiner Mitarbeit als einziger Evangelischer am Text des Interims als den wichtigsten evangelischen Theologen im Reich. Er wurde aber nur der verantwortliche Mann für die meisten Zweideutigkeiten und auch Schwierigkeiten der Interimsverhandlungen.

Zu Beginn erklärte Moritz grundsätzlich, dass dieses alles seine Ehre und sein Gewissen betreffe und seine Untertanen mitbeteiligt seien, da ihnen der Kaiser in Regensburg 1546 zugesagt hätte, sie sollten nicht von ihrer Religion gedrängt werden. Nach dieser

238 PKMS 3, S. 810–853 Nr. 1095, 15.5.1548, Abschlusstext des Interims, in Fußnoten unter A der Moritz im März übergebene Text.

Grundsatzerklärung fand sich Moritz auf Zureden bereit, die Artikel des Augsburger Interims unverbindlich einzeln verlesen zu lassen. Fachs hat diese heißen diplomatischen Gespräche, so weit möglich, mitgeschrieben und lässt uns heute noch beinahe als Zuhörer teilnehmen.[239] Zu den einzelnen Abschnitten brachte Moritz jeweils seine Bedenken vor. Dieses Verfahren dauerte Sonnabend, den 17., Montag, den 19., und Dienstag, den 20. März 1548.

Dann drängten die beiden Kurfürsten Moritz zur Annahme, weil er sich nicht von allen andern Ständen des Reiches trennen und gegen den Kaiser stellen könnte. Moritz lehnte aber die Zustimmung ab, weil er nicht verständig genug wäre. Mit dieser Äußerung brachte er wohl auch seinen Ärger über die Ablehnung seines Einspruchs für ein evangelisches Verständnis des Konzils im Kreis der Kurfürsten zum Ausdruck. Er stellte die evangelischen Einwände gegen Messopfer, Vergebung durch Werke, Heiligenverehrung und anderes heraus. Ebenso argumentierte Markgraf Johann von Küstrin einige Tage später.[240] Im Verhalten zum Interim bestand zwischen beiden kein wesentlicher Unterschied. Johann berief sich sogar auf die kaiserliche Religionszusage an Moritz. Der Unterschied besteht nur dort in der Literatur, wo Moritz als ergebener Diener des Kaisers geschildert wurde, weil man ihm ein bewusstes, selbstständiges, evangelisches Christsein absprach.

Über seine Weigerung hinaus sagte Moritz, weil in seinen Ländern noch viele schöne Zeremonien gehalten würden, könne man sich in dem vergleichen, was nicht gegen die heilige Schrift stehe. Darüber sollten die beiden Kurfürsten ein Kolloquium beim Kaiser befördern.[241] Moritz scheint in diesen Äußerungen einem Entwurf von Ludwig Fachs zu folgen,[242] doch nicht einer von Karlowitz vorbereiteten Schrift, die dem Interim in fast allen Punkten zwar vorsichtig, jedoch deutlich zustimmte, mit der Moritz dem kaiserlichen Druck am 24. März ausweichen sollte.[243] Moritz ließ sich in den Religionsfragen bewusst von Melanchthon und Komerstadt, aber nicht von Karlowitz beraten. Er führte die Korrespondenz mit Georg Komerstadt. In der Betonung der vorhandenen Bräuche zeichnete sich schon der sächsische Weg gegenüber dem Interim ab, den Moritz wohl Anfang Januar mit Melanchthon bedacht hatte.

Zunächst aber ließ König Ferdinand Fachs und Karlowitz vorladen und verlangte die Auslieferung Melanchthons, weil dieser übel gegen den Kaiser gesinnt wäre. Beide Sachsen verteidigten Melanchthon geschickt als Führer der Pfarrer zu Ordnung und wahrer Reformation, den selbst der Kaiser habe in Dienst nehmen wollen. Der König möge ihn beim Kaiser entschuldigen.

Als damit ein erster und zweiter Anlauf bei Moritz nichts bewirkte, bestellte der Kaiser den störrischen Kurfürsten vor sich. In Gegenwart des Königs und der beiden evangelischen Kurfürsten ließ er durch den Kanzler Georg Sigismund Seld etwas ungnädig erklären, dass dieser Reichstag mit dem Interim die Religionszusage an Moritz erfüllt

239 PKMS 3, S. 755–758 Nr. 1030, Augsburg 17.–24.3, 15.5.1548, Protokoll über die Interimsverhandlungen mit Kf. Moritz.

240 PKMS 3, S. 762 f. Nr. 1038, Augsburg 26.3.1548, Mgf. Johann an Kg. Ferdinand.

241 PKMS 3, S. 756 Nr. 1030, Protokoll der Interimsverhandlungen mit Moritz in Augsburg.

242 PKMS 3, S. 723–725 Nr. 994.

243 PKMS 3, S. 747 f. Nr. 1016. Nach ihrem Inhalt wurde sie zwischen dem 20. und 24.3. verfasst, ehe Moritz zum Ks. zitiert wurde.

hätte und Moritz sich nicht mehr darauf berufen könnte. Er sollte sich so dankbar zeigen, wie man – nach seiner offiziellen Belehnung – erwarten könnte, zustimmen und keine Spaltung unter den Reichsständen hervorrufen. Moritz aber zog sich wieder auf seine Zusage an die Landstände zurück. Er müsste sich von den Theologen unterrichten lassen und bat dafür um Urlaub. Zu allem wäre er für den Kaiser gehorsam bereit, was vor Gott ohne Verletzung seines Gewissens möglich wäre.

Der Kaiser erkannte den Gehorsam des Kurfürsten und seiner Untertanen an, doch dürfte sich Moritz nicht auf seine Untertanen berufen. Diese müssten im Reich immer dem Fürsten folgen. Der Kaiser könnte im Reich eine Änderung darin nicht aufkommen lassen. Dazu hätten die Theologen den ehemaligen Kurfürsten verführt und wollten nun auch Moritz verleiten. Moritz sollte deshalb Melanchthon ausliefern. Moritz erwiderte: Seine Geleitszusage an Melanchthon, den er hätte nach Augsburg holen wollen, und die Religionszusage an seine Stände wären ihm eine Sache der Ehre, die bei anderen Ständen nicht bestünden.

Bis auf vier Artikel, für die er große Bedenken dem Kaiser schon mitgeteilt hätte, könnte man sich vergleichen. In Sachsen wären Angriffe auf den Kaiser verboten. Auf allen Kanzeln bete man für den Kaiser. Sollte Melanchthon den Kaiser angegriffen haben, sollte dieser das erst einmal überprüfen, denn dieser Theologe wäre friedfertig. Als der König die kaiserliche Ungnade gegen Melanchthon Moritz mitteilte, hätte er ihn gewarnt. Melanchthon wäre vielleicht gar nicht mehr in Sachsen.

Dahinter stand wohl, dass Moritz die Theologen nach Zwickau geladen hatte, der südlichsten Stadt Kursachsens an der Straße nach Augsburg. Sie sollten ihn schneller zum Interim beraten können. Moritz hatte sie, nachdem er den ersten Interimstext wohl am 15. März erhalten hatte, sofort bestellt, um ihren Rat nahe zu haben. Weil nun Melanchthon aber persönlich bedroht wurde, musste Komerstadt nach einem Extrabefehl ihn am 29. März in Altenburg abpassen, von den anderen trennen und geheim nach Altzella führen.[244] In der Korrespondenz wurde Melanchthon nur noch „der Mann“ oder „das Männlein“ genannt. Melanchthon verfasste im intensiven Gespräch mit Komerstadt am 30. März und am 1. und 2. April Gutachten[245] zum Interimstext vom 15. März.

Nun suchte König Ferdinand den Streit zu mildern. Er führte Moritz vor das Zimmer und riet ihm, von Melanchthon nichts mehr zu sagen und ihn stillschweigend im Lande zu behalten. Moritz müsste aber in der Hauptsache tun, was alle übrigen Stände bewilligt hätten. Bis zum Konzil sollte Moritz nach den vier besonderen Artikeln nicht gefragt werden. Nach der kursächsischen Ablehnung von: 1. Messkanon und Messopfer, und dadurch der Messe ohne Kommunikanten; 2. Prozessionen mit geweihter Hostie und Seelmessen; 3. Heiligenanrufung; 4. nach dem Bekenntnis zur Rechtfertigung vor Gott aus Gnaden allein und der dazu gehörenden Buße.

Nach langem Gespräch blieb Moritz bei seiner Haltung: Er könnte seine Untertanen nicht zwingen. Er gestand aber zu, dass er damit den Beschluss aller anderen Kurfürsten und Fürsten nicht ändern könne. Auf diese Weise hatte der König mit sanfterer Metho-

---

244 PKMS 3, S. 769 Nr. 1044, Zella 2.4.1548.

245 PKMS 3, S. 764–766 Nr. 1040, Zella 31.3.1548, 1. Gutachten Melanchthons zum Interim; PKMS 3, S. 766 Nr. 1041, Weiteres Gutachten Melanchthons zum Interim, April 1548.

de den Widerspruch Kursachsens im Reichstag neutralisiert. Wieder musste Moritz sich von geschickter Diplomatie der Habsburger überwältigt sehen. Es gab nichts zu verhandeln, sondern nur anzunehmen. Damit wurde Moritz innerlich wohl endgültig vom Kaiser getrennt.

Erst nachdem Moritz und Markgraf Johann zum Stillhalten gedrängt waren, hat der Kaiser das Interim den katholischen Reichsständen vorgelegt. Diese erklärten es für unnötig, lehnten Priesterehe und Laienkelch ab und wiesen das Interim in einem Schreiben, das vom bayerischen Kanzler Leonhart Eck entworfen war, völlig zurück. Damit zerstörten sie die kaiserlichen Pläne, eine gemeinsame Ordnung für das ganze Reich zu gestalten und zu erlassen. Denn anfangs wollte Karl V. das Interim für alle, auch für die katholischen Reichsstände, einführen. Mit dieser Einheitlichkeit, der er sich nicht widersetzen dürfe, ist gegenüber Moritz und anderen vom Kaiser und seinen Räten sehr intensiv argumentiert worden. Ebenso hatte Kurfürst Joachim eifrig diese neue Einheit für ganz Europa gegenüber Martin Bucer betont. Auch die Wittenberger Theologen gingen in ihren Gutachten bis Ende April immer von der allgemeinen Gültigkeit des Interims im Reich aus.

Zum 19. April wurde Melanchthon wieder nach Altzella geladen. Die von Zwickau dorthin beorderten Wittenberger Theologen verfassten mit ihm das Gutachten vom 24. April.[246] Mit diesem wurde der bekannte Brief Melanchthons an Christoph von Karlowitz geschickt, in dem einige Sätze stehen, welche Luthers Verhalten gegenüber Melanchthon kritisierten.[247]

Indem Karlowitz diesen Brief Melanchthons als Bekenntnis gegen Luther veröffentlichte und damit seinen ursprünglichen Sinn umbog, wollte er die Sicht der Öffentlichkeit auf den Kurfürsten beeinflussen. Die Leser sahen nur die Sätze, die kritisch über Luther sprachen.[248] Melanchthon wollte damit aber sagen, wenn ich Luthers Art vertragen habe, werde ich auch das Joch des Interims ertragen können. Im Weiteren des Briefes brachte Melanchthon klar seine Kritik gegen das Interim vor. Dieser Brief war die Antwort auf ein Schreiben von Christoph von Karlowitz, das nicht erhalten ist, in dem er Melanchthon zum Nachgeben drängte.

Zwei Tage später schrieb Komerstadt an Moritz unter Bezugnahme auf diesen Brief Melanchthons, man könne zu einer Einigung kommen, wenn die Gegenseite sich bereit fände.[249] Moritz sollte dazu ein Kolloquium in seinem Lande veranstalten. Die Kosten würde man nicht scheuen. Komerstadt verstand den Brief also nicht als Zustimmung zum Interim, als den ihn Karlowitz ausgab, sondern wie die Absicht des Kurfürsten, auf Grund des evangelischen Augsburger Bekenntnisses zu verhandeln. Karlowitz wollte mit seiner Interpretation Anfang Mai 1548 die Zustimmung Moritz' zu den kaiserlichen Plänen vorwegnehmen. Dieses Verhalten war ihm ja beim Regensburger Vertrag mit dem Kaiser im Juni und im Oktober 1546 beim Vertrag in Prag mit dem König gelungen.

Als Melanchthon den Ablehnungstext der katholischen weltlichen und geistlichen Reichsstände von Komerstadt erhielt, wonach diese Stände nichts ändern wollten und

246 PKMS 3, S. 788–790 Nr. 1070, 24.4.1548.
247 CR 6, S. 922 f., 28.4.1548, Melanchthon an Christoph von Karlowitz.
248 MBW 5, S. 281 Nr. 5139, 28.4.1548, Philipp Melanchthon an Christoph von Karlowitz.
249 PKMS 3, S. 796 f. Nr. 1076, 28.4.1548.

nur die Restitution aller Güter und ihrer Jurisdiktion erstrebten, riet er Moritz, man sollte sich bemühen, die Kirchen in Ruhe zu bewahren. Weil die Bischöfe keine Reformation wollten und der Zwiespalt bleibe, *so lass man die sachen, die man nit besser machet also hangen, oder linder in disem teil das interim so, das es nit vervolgung unter uns selber anrichte.* Man könne keinen Frieden machen zwischen Wölfen und Schafen. Damit gab Melanchthon die Verhaltensweise für die Interimszeit in Sachsen vor. Er wollte die Herde Christi schützen.[250]

Der Kaiser ging auf die Forderung der geistlichen Kurfürsten und Stände ein, das Interim nur für die evangelischen Reichsstände einzuführen. Am 15. Mai nachmittags ließ er durch eine vom böhmischen König Erzherzog Maximilian verlesene Schrift die versammelten Reichsstände auffordern, das Interim anzunehmen. Es sollte aber nicht verlesen werden. Die Stände traten nach der Ordnung des Reichstages jeweils als Kurfürsten, Fürsten und Städte zusammen.

Die Kurfürsten sammelten sich ohne ihre Räte in einer Fensternische des Saales. Dort erklärte Moritz, das Interim wegen seiner Landschaft und nun als Sondergesetz für die Evangelischen nicht annehmen zu können. Er wurde aber überstimmt. Daraufhin sagte Moritz, er werde dem Kaiser seine Sache morgen eindringlich vorbringen.

Nach einer Stunde schon erklärte der Reichstag insgesamt durch den Mainzer Kurfürsten, dass man dem Willen des Kaisers gehorsam sein wollte, aber eine Abschrift des Textes erbitte. Am 16. Mai wurde der Text durch Diktat den Ständen bekannt gemacht, jedoch keine Beratung gehalten. Moritz erhielt an diesem Tag keine Audienz beim Kaiser.[251] Erst am 18. Mai gelang es Moritz, seinen Standpunkt zu erklären.[252] Der Kaiser allerdings schickte ihm schon am 17. Mai die Absage auf alle Fürbitten von Moritz, Kurfürst Joachim und Philipps Gemahlin für die Entlassung des Landgrafen.[253] Das hieß doch: Überlege dir, wenn du mich erzürnst, was geschieht.

Erst im Juni nach dem Interimstext hat Karl V. noch einen Text für die katholischen Stände erlassen, der bei den katholischen Reichsständen eine Reformation bewirken sollte. Dieser wurde dann zusammen mit dem Interim gedruckt.

Bei seinem Einspruch ließ Moritz das Datum des schriftlich übergebenen Textes bewusst auf dem 16. Mai. Er erklärte, dass er die Zusage des Mainzer Erzbischofs für die Reichsstände vom Vortage, dem 15. Mai, nicht halten könne. Die Gültigkeit des Interims für alle Stände bestünde nicht mehr und auch nicht der Text, den er in der Verhandlung mit Pfalz und Brandenburg am 20. März zukünftig nicht hatte im Reichstag behindern wollen. Der Text wäre geändert worden. Das Interim wäre ihm beschwerlich, zumal die kaiserliche Zusage an seine Untertanen bestünde.[254]

Erst am 24.Mai erhielt Moritz eine schriftliche Antwort des Kaisers auf seinen Protest. Moritz hatte inzwischen zu König Ferdinand, der ihn wohl zur persönlichen Zustimmung drängen wollte, gesagt, er werde sich schon mit dem Kaiser zu vergleichen wissen. Dies deutete der Kaiser nun schriftlich als eine Zustimmung.

250 PKMS 3, S. 797 Nr. 1077, 29.4.1548.
251 PKMS 3, S. 854 Nr. 1097, Anm. 1.
252 PKMS 3, S. 854 Nr. 1097, Anm. 2.
253 PKMS 3, S. 855 Nr. 1099, 17.5.1548.
254 PKMS 3, S. 854 Nr. 1097.

Moritz setzte das diplomatische Spiel mit Widerspruch und Deutung nicht fort. Markgraf Johann von Küstrin wusste aber besser, als der Kaiser das behauptete, dass Moritz auch für sich persönlich das Interim nicht angenommen hatte.[255] Moritz wird froh gewesen sein, überhaupt vom Reichstag entlassen zu sein. Komerstadt hatte ihn von Dresden aus schon gedrängt, vom Kaiser Urlaub zu erbitten, *dan wer weis, wue sich's lenger verziehen sollte, ob Ewer Churf. G. ane gefahr Irer gesundheit lenger verharren konnte.*[256] Er fürchtete offenbar kaiserliche Maßnahmen wie eine Gefangennahme von Moritz.

Noch unterwegs lud Moritz Melanchthon nach Leipzig ein. Am 9. Juni 1548 kamen beide dort zusammen. Moritz bestellte ein Gutachten zum ganzen Interim in dessen abschließender Form.[257] Er wusste dabei, es konnte nur eine Ablehnung geben. Der Rat der Stadt Leipzig lud die hohen Gäste und andere zum Wein ein.[258] Dadurch wissen wir von dem Treffen beider. Von den Gästen waren Melanchthon und Komerstadt wohl für Glaubens- und Staatsfragen, dagegen von Könneritz d. J. (Erasmus) und Hans von Dieskau für Kriegsfragen, Caspar Vogt für Bau- und Festungsfragen zuständig.

Moritz war um eine bittere Erfahrung mit kaiserlichem Deuten und Verhandeln reicher. Er hatte gelernt, dass Karl V. nicht verhandelte, sondern sich kraft seiner Macht mit friedlichen Mitteln und Finten der Deutung durchsetzte. Moritz ist nie wieder mit ihm zusammen getroffen. Der Briefverkehr blieb auf die wichtigen staatlichen Fragen beschränkt. Dagegen trat ihm König Ferdinand in Besuch und Gegenbesuch näher.

Der Kaiser erstrebte eine allen Christen im Reich, ob alten oder neuen Glaubens, gemeinsame Glaubenshaltung, die aber nur in der Ausarbeitung der vom Kaiser beauftragten Theologen bestand. Damit stellte Karl V. sich gegen den Papst, denn dieser bot durch das Konzil keine Hilfe für die deutschen Probleme. Der Papst konnte den kaiserlichen Sonderweg nicht hindern.

Die Beauftragten hatten eine reformkatholische Kirchenordnung verfasst. Das Interim hatte die Priesterehe und den Kelch beim Abendmahl als die jedermann sichtbaren Lebensäußerungen der evangelischen Gemeinden zugestanden, doch nicht die ihnen zugrunde liegenden evangelischen Glaubenslehren. Die katholischen Reichsstände lehnten aber sogar jede Einführung des Interims ab. Damit war der Plan des Kaisers, eine Einheit des christlichen Lebens im gesamten Reich zu befehlen, schon vor dem Beschluss durch den Reichstag gescheitert. Das Interim hat nur Streit hervorgerufen.

Moritz hatte die Religion nach göttlichem Wort und keine Wiedereinführung der alten Missbräuche seinen Ständen und Untertanen auf dem Leipziger Landtag zugesagt. Weil die Menschen in den Gemeinden Kursachsens den neuen Glauben lebten, musste er einen Weg zur Bewahrung des evangelischen Glaubens suchen. Moritz musste gegen die Autorität des Kaisers und des von ihm gelenkten Reichstages handeln, weil die kaiserliche Lösung des Interims für die kursächsischen Stände und Untertanen nicht tragbar war. Dadurch trennte sich Moritz vom Kaiser. Er war durch das Drängen des Kaisers von dem Zwang der kaiserlichen Reichsvorstellung frei und selbstständig geworden.

---

255 PKMS 4, S. 65 Nr. 23, Küstrin 26.6.1548, Mgf. Johann an Kf. Moritz.

256 PKMS 3, S. 801 Nr. 1086, Georg Komerstadt an Kf. Moritz, 5.5.1548.

257 MBW 5, S. 296 Nr. 5178, Leipzig 9.6., Melanchthon an Georg von Anhalt. PKMS 4, S. 59 zu Nr. 14.

258 Stadtarchiv Leipzig, Stadtkassenrechnungen Bd. 60, 1548–49, 202a Der Rat bewirtet Kf. Moritz, Melanchthon, Georg Komerstadt, von Könneritz d. J., Hans von Dieskau, Zeugmeister Caspar Vogt.

In Sachsen ändert sich nichts

Die Religionsfragen wurden im Frühsommer zum Hauptproblem der albertinischen Politik. Sie musste nach der Rückkehr des Kurfürsten vom Reichstag eine vorzeigbare, schriftliche Antwort der Landstände an den Kaiser finden. Diese durfte die Kirche in Kursachsen nicht verändern, wie Moritz auf dem Leipziger Landtag 1547 versichert hatte. Moritz musste vor dem Kaiser, dem politischen Haupt des Reiches, auch die evangelischen Gemeinden im bisher ernestinischen Teil Kursachsens vertreten, die seit gut zwanzig Jahren evangelisch lebten.

Weil das Gesamturteil über Kurfürst Moritz sehr von seiner Haltung zu den Glaubensfragen abhängt, sind die Ereignisse bis zum Leipziger Landtag 1548 mit seiner Ordnung, die polemisch als „Leipziger Interim" bezeichnet wurde, und die Geschehnisse im Jahr 1549 genauer zu schildern.

Alle Verhandlungen um die Ordnung des Leipziger Landtags wurden von weltlichen Institutionen geleitet, von Räten oder Vertretern der Landstände auf dem Landtag oder im Ausschuss der Stände. Bis zu den Verwaltungsvorschriften im Herbst 1549 waren die Theologen nicht selbstständig Handelnde, sondern immer nur Berater, von denen Auskunft oder lediglich Zustimmung eingeholt wurde. Dem entsprach die Ernennung von Ludwig Fachs im Sommer zum Kanzler in Dresden. Er übernahm die Stelle von Simon Pistoris, weil er die Verhandlungen beim Augsburger Reichstag an der Seite von Moritz erlebt hatte und als Protokollant die Haltung der Habsburger kannte.

Noch während des Reichstages hatte Melanchthon vorgeschlagen, sich auf die gelebten Bräuche zurückzuziehen. Der kirchliche Brauch bedeutete damals sehr viel in der Ordnung des persönlichen Lebens. Der Sonntagsgottesdienst mit der Predigt, der in jeder Gemeindekirche gehalten wurde, war das einzige wöchentliche Ereignis, das alle Menschen einer Stadt oder eines Dorfes verband. Hier wurden die persönlichen Geschehnisse wie Taufen, Hochzeiten und Begräbnisse bekannt gegeben, die seit den Jahren von Moritz allgemein in den Gemeinden, die immer zugleich Kirchgemeinden waren, in die Kirchenbücher verzeichnet wurden. Die wichtigen Verordnungen und Gesetze des Staates, die Mandate, wurden für die nächsten fast 300 Jahre im sonntäglichen Gottesdienst bekannt gegeben.

Ein Eingriff in die gewohnte Ordnung des Gottesdienstes bedeutete sehr viel. Im albertinischen Herzogtum Sachsen lag die größte Änderung durch die allgemeine Einführung der Reformation, als Moritz vom Reichstag in Augsburg zurückkam, gerade acht Jahre zurück. Im Herbst 1539 war die Heinrichsagende für den Gottesdienst im albertinischen Sachsen herausgegeben und durch die zweite und gründliche Visitation 1540 überall in Städten und Dörfern eingeführt worden. Die Agende enthielt Ordnungen für Gottesdienst und Taufe, Beichte, Abendmahl, Trauung und Begräbnis.[259]

Mit dieser Agende des Gottesdienstes wurden die Predigt an jedem Sonntag, das Abendmahl mit Hostie und Wein und die durchgehend deutsche Form des Gottesdienstes eingeführt. 1548 war die legale Ehe der Pfarrer gelebte Ordnung, nicht mehr

259 Günther Wartenberg: Die Entstehung der sächsischen Landeskirche von 1539 bis 1559. In: Das Jahrhundert der Reformation in Sachsen, Festgabe zum 450jährigen Bestehen der Evangelisch-Lutherischen Landeskirche Sachsens ..., hrsg. von Helmar Junghans. Berlin 1989, S. 72.

Philipp Melanchthon, Ölgemälde von Lucas Cranach d. Ä., 1532

das geduldete Konkubinat des katholischen Priesters. Man kannte das alles in den bisher ernestinischen Teilen schon ungefähr 25 Jahre. Der Gottesdienst war auch durch die neuen Choräle ein Gemeinschaftserlebnis von Pfarrer und Gemeinde. Dieser neue evangelische Gottesdienst wurde als Weiterentwicklung, nicht als Zerstörung der alten Messe erfahren. Die Kirchen behielten ihre bisherige äußere Gestalt und die Hauptaltäre vielerorts den spätgotischen Aufbau. Der Pfarrer trug weiter die alten Gewänder.

Diese Gestalt des Gottesdienstes benutzte Moritz, um sie als Erfüllung des Interims hinzustellen. Die neue Lebensform der Kirche mit deutschem Gottesdienst, regelmäßiger Predigt usw. ohne Heiligenverehrung wollte Moritz nicht zerstören und in alte Art zurückdrängen. In einem Briefentwurf für ein Schreiben an den Kaiser vom 8. Juli 1548 stellten die Theologen die Bräuche der Kirche im albertinischen Kurfürstentum als Erfüllung des Interims dar. Wenn der Kaiser richtig unterrichtet würde, würde er dem zustimmen.[260] Schon während des Reichstages hatte der Jurist Fachs aus alter Rechtstradition festgestellt, dass *Religio erga Deum* (das persönliche Bekenntnis gegenüber Gott) kaum aus dem Herzen der Leute auszurotten und ein Recht des Volkes wäre.

260 PKMS 4, S. 85 f. Nr. 38, (Meißen) 8.7.1548.

Deshalb sollte der Kaiser bis zur Religionsvergleichung nicht nach politischem oder bürgerlichem Recht dagegen vorgehen, sondern bis zum Konzil oder einem Nationalkonzil warten.[261]

Das in Leipzig bestellte Theologengutachten[262] zum Interim wurde Moritz aus Wittenberg am 17. Juni gesandt.[263] Am Schluss sagte es, dass dieses Interim in den aufgezeigten Artikeln gegen die rechte Lehre stehe, deshalb müssten die Theologen davor warnen. Da Melanchthon das Bedenken mehrfach verschickt hatte, wurde es bald gedruckt. Dieses Schriftstück war aber eigentlich nur zur Information des Kurfürsten bestimmt. Es wurde von Moritz offiziell nicht weitergegeben.

Zur ersten, offenen und offiziellen Verhandlung aus Anlass des Augsburger Interims lud Moritz die Theologen und den Ständeausschuss zum 2. Juli 1548 nach Meißen. Die Stadt soll deshalb neben den beiden kleineren Gruppen der Geladenen von Neugierigen erfüllt gewesen sein. Jeder aus den alten und den neuen Gebieten des Kurfürstentums wollte wissen, wie sich Moritz zum Augsburger Interim verhalten würde.

In Meißen startete Moritz einen völlig neuen Versuch. Das Gutachten vom 16. Juni wurde den Ständen nicht bekannt gegeben. Es wurde aber von den Theologen verwendet, die den Text mitgebracht hatten. Moritz ließ dem Ständeausschuss das Augsburger Interim mitteilen, dessen Einführung der Kaiser forderte. Er hätte im Rahmen der Augsburgischen Konfession an das Konzil appelliert. Damit stellte er sich auf den Boden des seit 1530 allgemeinen evangelischen Bekenntnisses. Die Ständevertreter sollten das Interim lesen und ihm dann raten, was mit gutem Gewissen für Frieden und Einheit geschehen könne.[264] Gleichzeitig waren die Theologen von Moritz nach Meißen geladen. Zu ihnen gehörten erstmals auch Fürst Georg von Anhalt als Merseburger Koadjutor und die Superintendenten von Leipzig und Dresden.

Die Stände gaben das Interim bald an die Theologen weiter, diese sollten feststellen, was darin dem Wort Gottes nicht entspräche, weil der Kaiser die Einführung des Interims forderte. Sie hatten eine doppelte Aufgabe. Da sie das Augsburger Interim im Gutachten vom 16. Juni abgelehnt hatten, wollten sie einerseits die Mängel des Interims deutlich und ausführlich darlegen und andererseits ihr Bekenntnis positiv formulieren. Beides sollte auch nach der Intention des Kurfürsten als Antwort an den Kaiser dienen.

Nach der Arbeit einiger Tage waren sich die Theologen über ihre Bedenken zur kaiserlichen Proposition des Interims in Augsburg, die ihnen erstmals hier in Meißen vorlag, und über die Mängel im eigentlichen Interim einig. Sie legten sie in einer ausführlichen, eigenen Stellungnahme den Vertretern der Landschaft vor.[265] Vom zugehörigen Bekenntnis hatte Melanchthon jedoch erst die Abschnitte „Rechtfertigung" und „Gute Werke" abgeschlossen.

Danach konnte man das Augsburger Interim mit seinen Mängeln nicht annehmen. Deshalb wollten die Theologen die Ähnlichkeit des Lebens der eigenen Gemeinden mit dem Leben der Gemeinden im kaiserlichen Machtbereich betonen, damit das dann der

261 PKMS 3, S. 723 f. Nr. 994, Bedenken für Moritz zur Religionsänderung.
262 PKMS 4, S. 54–60 Nr. 14, beendet am 16.6.1548.
263 PKMS 4, S. 60 f. Nr. 15.
264 PKMS 4, S. 73 f. Nr. 33. Meißen 2.7.1548.
265 PKMS 4, S. 74–84 und PKMS 4, S. 120 Nr. 74 Anm. 1.

Kaiser als Erfüllung des Augsburger Interims anerkennen könne. Unter dem 8. Juli 1548 entwarfen die Theologen unter Mitwirkung der Räte ein entsprechendes Schreiben an den Kaiser, worin die Bräuche der Kirche in Kursachsen ausführlich beschrieben wurden.[266] An den Schluss setzten sie aber die Formel vom freien, allgemeinen, christlichen Konzil als Ziel aller Handlung. Dafür hatte Moritz schon in Augsburg keine Zustimmung gefunden.

Deshalb gab Moritz den Brief zurück und bat, diesen an ihn selbst zu adressieren. Er werde ihn dann an den Kaiser weitergeben. Für die Ablehnung des Augsburger Interims durch die Ständevertreter – diese hatten der Liste der Theologen über die Mängel des Interims zugestimmt – fand man die Sprachregelung, dass nur die Gesamtversammlung aller Landstände über so eine wichtige Sache beschließen könnte. Damit waren alle Beschlüsse der Ständevertreter von Meißen nur ein vorläufiger Teilbeschluss. Moritz stand am Ende der Tagung wieder ohne Antwort für den Kaiser da, wie vor dem 2. Juli. Er hatte nur die Forderung erfüllt, das Interim den Ständen vorzulegen. Wollte Moritz mit den Meißner Gesprächen zunächst nur eine innenpolitische Beruhigung erreichen? Denn es waren mit Georg von Anhalt und den Superintendenten von Dresden und Leipzig Männer der kirchlichen Praxis hinzugezogen worden.

Moritz versuchte dann durch ein Treffen seiner Räte mit den Bischöfen in Pegau weiter zu kommen. Nach dem Meißner Misserfolg wollten Moritz und seine Räte von den katholischen Bischöfen ein Schreiben an den Kaiser erreichen, das Antwort auf dessen Drängen zum Augsburger Interim gab. Sie sollten Zeugen für Kursachsen beim Kaiser werden. Ihnen sollte die Jurisdiktion zurückgegeben werden, wenn sie Pfarrer duldeten und ordinierten, die verheiratet waren und das Abendmahl unter beiden Gestalten reichten. Nicht Theologen, Ständevertreter oder Kurfürst Moritz selbst, sondern sie, die Bischöfe, müssten über die Erfüllung der Interimsforderungen an den Kaiser schreiben.

Melanchthon wurde beauftragt, den Meißner Rechtfertigungsartikel in eine beiden Seiten annehmbare Form zu bringen.[267] Am 23. August kam man in Pegau zusammen. Georg von Anhalt sollte die Begegnung mit dem Bischof von Naumburg vorbereiten und dann mit den Bischöfen über die in Meißen festgestellten Mängel des Interims verhandeln. Wenn diese von den Bischöfen nicht geklärt werden könnten, sollte man bei ihnen Geduld für das andere, evangelische Verhalten dazu erreichen. All das sollte Kursachsen beim Kaiser entlasten. Die Bischöfe sollten den Gehorsam Kursachsens gegenüber dem Kaiser für die andern Artikel bestätigen.

Die Bischöfe von Meißen und Naumburg waren bereit, an den Kaiser zu schreiben, nachdem Melanchthon zugestanden hatte, dass der Mensch durch Christus gerechtfertigt werde, was diesem möglich mache, vom Geiste Gottes erfüllt, vor Gott rechtfertigende Werke zu tun.[268] Der Rechtfertigungsartikel sollte für inhaltlich gleich mit dem Augsburger Interim erklärt werden, und sie müssten einen päpstlichen Dispens für die Priesterehe und Abendmahl unter beiden Gestalten erhalten. Durch einen heftigen

266 PKMS 4, S. 56 f. Nr. 38, 8.7.1548.

267 PKMS 4, S. 115–122 Nr. 74, Pegau 24.8.1548, Der zwischen den Kgl. Räten, Theologen und den Bischöfen von Naumburg und Meißen verglichene Rechtfertigungsartikel.

268 PKMS 4, S. 122 f. Nr. 75, Notiz zum Pegauer Rechtfertigungsartikel.

Protest gegen diese Festlegung verhinderte Melanchthon, mit den Theologen für das Augsburger Interim durch diesen diplomatischen Winkelzug vereinnahmt zu werden.[269] Die Übereinstimmung mit dem Augsburger Interim musste Melanchthon verweigern. Die einzigen evangelischen Punkte im Interim konnten nicht vom päpstlichen Dispens abhängig gemacht werden. Diese Rückgabe der Jurisdiktion wäre Beseitigung der evangelischen Gemeinden gewesen. Auch ein gemeinsames Schreiben mit den Bischöfen an den Kaiser, dass Kursachsen sich schon bemühe, war nicht zu erreichen.[270]

Der Weg zur Ordnung des Leipziger Landtages 1548

Moritz übergab die Initiative dem Kanzler Ludwig Fachs, der im Oktober in Torgau und dann im November in Altzella federführend mit den Theologen verhandelte. Dieser arbeitete im Sinne des Briefvorschlags der Theologen an den Kaiser eine Art Kirchenordnung aus. Schließlich wurden alle unvollständigen Einzelergebnisse zu einem Gesamtbündel verschnürt und den Landständen vorgelegt, die nach Leipzig geladen waren. Diesen wechselnden Versuchen war gemeinsam, dass Moritz keine Gewalt in Glaubenssachen in seinem Lande anwenden und weder die eigene Glaubenshaltung noch die seiner Untertanen ändern wollte.

Die Aufgabe blieb, dem Kaiser eine befriedigende Auskunft über die Taten für das Interim zu geben. Nachdem in Meißen der Weg der Theologen für die Politiker nicht annehmbar war, hatten die Räte die Initiative fest in die Hand genommen. Aber in Pegau wurde das Ziel der kurfürstlichen Räte nicht erreicht, obwohl sie, als man sich theologisch nicht einigen konnte, zuletzt noch versuchten, die Bischöfe zu der gemeinsamen Antwort an den Kaiser zu bewegen, Kursachsen bemühe sich um das Interim.

Am kaiserlichen Hof herrschte keine hohe Meinung über eine für den Kaiser annehmbare altgläubige Haltung in Kursachsen, wie spätere Berichte des Gesandten Franz Kram zeigen.[271] Man hatte wohl von der ablehnenden Haltung der Ständevertreter in Meißen gehört, die durch den aufschiebenden Hinweis, dass allein der ganze Landtag entscheiden könnte, nur mühsam verhüllt worden war.

Schon Ende August 1548 traf von König Ferdinand der Gesandte Hans von Oppersdorf in Dresden ein. Er drängte den Kurfürsten,[272] sich um die Einführung des Interims zu bemühen, und forderte Antwort. Das störte die bisherige Methode, die Dinge so weit als möglich auf die lange Bank zu schieben. Zum Glück für Moritz war am 26. August, als Oppersdorf sein Beglaubigungsschreiben (Kredenz) überreichte, der Bericht über das Scheitern in Pegau noch nicht in Dresden eingetroffen.[273]

269 PKMS 4, S. 123 f. Nr. 76, Bericht von Fachs; PKMS 4, S. 122 f. Nr. 75.

270 PKMS 4, S. 123 f. Nr. 76, Pegau 25.8.1548, Bericht von Ludwig Fachs über die Pegauer Handlung an Kf. Moritz.

271 Das zeigt sich 1549 an vielen Stellen der Berichte des sächsischen Gesandten, Magister Franz Kram, Dr Loc. 8238: Mag. Frantzens Schriften ... 1549 (PKMS 4, S. 299 Nr. 255; ebd., S. 306 Nr. 262; ebd., S. 325 Nr. 282; ebd., S. 358 Nr. 311; ebd., S. 415 Nr. 375; ebd., S. 441 Nr. 388, in der zweiten Jahreshälfte 1549 hören die negativen Mitteilungen auf).

272 PKMS 3, S. 757 f. Nr. 1030, 4.

273 PKMS 4, S. 124 zu Nr. 77.

Ferdinand gab besonders Moritz die Schuld für einen Druck des internen Gutachtens der Wittenberger Theologen vom 16. Juni 1548 zum Augsburger Interim. Er ließ Moritz sagen, dass er auf Grund seiner persönlichen Zusage in Augsburg an den König im März jetzt mit seiner Landschaft das Interim angenommen haben müsse. Damit stellte sich der König, als hätte Moritz ihm auch für die albertinischen Landstände die Annahme des Interims zugesagt, indem er beiläufig gesagt hatte, er wolle sich mit dem Kaiser schon einigen. Ferdinand ließ sagen, ohne diesen Religionsvergleich könne es keinen Frieden geben. Das hieß wohl, ein kaiserlicher Feldzug drohte. Moritz solle das kaiserliche Interim annehmen und Schriften und Predigten dagegen verbieten.

Moritz erklärte, Melanchthon habe den Druck des Gutachtens vom 16. Juni nicht veranlasst und das ihm zugestellte Druckexemplar zerrissen. Damit sei er zufrieden. Im Lande seien Streitschriften und Schmähbilder verboten. Bald nach seiner Heimkehr aus Augsburg habe er das Interim einem Ausschuss seiner Länder vorgelegt, dort habe sich gezeigt, dass Moritz die Antwort nur vom gesamten Landtag bekommen könne. Er wolle dem König durch eine Gesandtschaft über die Lage berichten lassen.

Wegen der gegen Magdeburg vom König geforderten Reichsacht müsse er zunächst mit Kurfürst Joachim von Brandenburg und Herzog Heinrich von Braunschweig an den Erzbischof von Magdeburg schreiben. Habe man sich dann verglichen, wolle er sich für die Ausführung des kaiserlichen Befehls gegen die Stadt einsetzen.[274] Moritz lud die beteiligten Reichsstände zum 20. Oktober 1548 nach Eisleben.[275] Mit dieser Argumentation aus dem Kreise um Komerstadt gewann Moritz wieder einen Monat Frist.

Moritz versuchte nach dem Scheitern bei den Landständen in Meißen und der Ablehnung der Bischöfe in Pegau wenigstens den König zufrieden zu stellen. Deshalb wurde Melchior von Ossa als angesehener und vorsichtiger Rat nach Wien geschickt. Ossa versuchte zwar am 1. September 1548, Moritz den Dienst als Rat „von Haus aus" aufzukündigen, aber Moritz nahm das am 8. September in Torgau nicht an und schickt Ossa trotz Weigerung zum königlichen Rat Hans Hofmann in Prag[276] und weiter zu König Ferdinand.[277] Fachs schrieb dabei den Entwurf der Instruktionen. Vielleicht wird deshalb in einem Schreiben zum Vorsprechen bei Hofmann, das als Begleitschreiben wie ein Kommentar zur Gesandtschaftsinstruktion zu verstehen ist, viel mehr Wert auf die Ergebenheit gegenüber dem Kaiser im Schmalkaldischen Krieg gelegt als in der Antwort an Oppersdorf, die auf Komerstadts Entwurf zurückging.

Von seiner Reise für den Kurfürsten gibt Ossa in seinem Tagebuch eine genaue und lebendige Liste der Stationen und Wirte von Altenburg bis Wien und zurück und meint z. B.: *Von Prage nach Win: Behemschen Brodau ein guter alter man, aber ein loß gesinde im haus, zimlich(e) kost; Zaschlawi ein sehr kostlicher guter wirt, ein starker junger man von Brun burtig, hat aldo ein witfrau genommen, tut gutlich umb ein gleich geld; Deutschen Brodau ist ein hundin zu einer wirtin, uf die linke hand, wan man von Pragau hinein zceuhet, schlecht den man, gibt nichts guts zu essen, sehr schwinde teur; solt kein frommer man zu ir einzihen.*[278]

274 PKMS, 4, S. 124 f. Nr. 78. 26.8.1549.

275 PKMS 4, S. 171–178, Eisleben 20.–25.10., Protokoll über die Verhandlung zu Eisleben zur Achtexekution gegen Magdeburg.

276 PKMS 4, S. 144 f. Nr. 100, vor 22.9.1548.

277 Hecker: Osse, S. 125–130 Schilderung der Reise vom 24.9. bis 30.10.

278 Hecker: Osse, S. 130.

Aber nur 14 Tage nach dem königlichen Gesandten traf ein Mahnschreiben des Kaisers ein,[279] in dem er verlangte, Melanchthon auszuweisen – weil dieser *auf seinem bösen gifftigen gemüt* beharre. Zugleich sollte Moritz die in Augsburg beschlossene kaiserliche Polizeiordnung einführen.[280] Danach wurden Drucke und Bilder gegen das Interim und gegen die katholische Kirche verboten. Die Bestrafung sollte bis zum Reichskammergericht wahrgenommen werden.

Erst nachdem Ossa das Ergebnis von seiner Gesandtschaft zum König in Torgau[281] am 30. Oktober berichtet hatte, antwortete der albertinische Hof dem Kaiser.[282] Man könnte ohne Melanchthon bei den neuen Untertanen nur wenig ausrichten. Außerdem würde dieser wegen seiner zu großen Zugeständnisse gegenüber dem Interim schon angegriffen. Die Druckordnung würde man selbstverständlich einhalten.

Inzwischen war in Torgau die Hochzeit zwischen Herzog August und Prinzessin Anna von Dänemark ab 7. Oktober 1548 eine Woche lang gefeiert worden.[283] Die Verbindung mit Dänemark stärkte die evangelische Position Kursachsens. Moritz hatte auf dem Fest auch guten Kontakt zum Markgrafen Johann von Küstrin gewonnen, der den Gedanken eines neuen Verteidigungsbündnisses der Evangelischen pflegte. Sie hatten zusammen über einen Widerstand um des Evangeliums willen gesprochen.[284]

Danach gingen Moritz und seine Räte auf dem Wege weiter, die bestehenden Verhältnisse als Erfüllung des Interims darzustellen. Die Räte suchten die Gebräuche in Artikel zu fassen, um auf dem Landtag einen Beschluss zustande zu bringen, der den Kaiser befriedigen sollte. Für den 18. Oktober 1548 wurden Theologen und Räte nach Torgau geladen, um ihre Zustimmung zu gewinnen. Die Abfassung der Texte lag nun bei den Räten, besonders bei Fachs.

So entstand für die Gespräche eine Ordnung, die einerseits das Ergebnis von Pegau aufnahm, den Rechtfertigungsartikel Melanchthons und die dort aufgestellten Forderungen zur Ordination, andererseits Artikel nach den üblichen Gebräuchen. Durch die Gespräche der Räte, die alles formulierten, mit den Theologen in Torgau und weiter in Altzella ab 20. November wurden diese Texte erweitert und geändert.[285] Der Text des Augsburger Interims wurde von den Räten vielleicht gelesen, doch für die schriftlichen Formulierungen nicht benutzt.

In Torgau legten die Räte den Entwurf einer Ordnung vor, die das praktische Leben der Kirchgemeinden beschrieb und ordnete. Neu war darin eine bischöfliche Leitung der Kirche. Hinfort sollten aber nur Menschen berufen werden, um Bischöfe und Archidiakone zu sein, die ausreichend Kenntnis der heiligen Schrift hätten. Die Pfarrer sollten das Wort Gottes lehren. Die Firmung und die Ölung der Kranken sollte wieder

279 PKMS 4, S. 126 Nr. 81, Speyer 31.8.1549.

280 PKMS 4, S. 73 Nr. 31, Ksl. Mandat gegen den Druck von Schmäh- und sonstigen Schriften, Bildern usw. gegen das Interim, 30.6.1548.

281 PKMS 4, S. 163 Nr. 121; S. 164 Nr. 122 schriftlicher Bericht; vgl. NASG 3, 1882, S. 193–200: Julius Bernhard: Zu Ossas Mission an Kg. Ferdinand.

282 PKMS 4, S. 189 Nr. 145, 31.10.1548 Entw. Fachs.

283 Siehe unten Abschn. „Wege in die weite Welt".

284 PKMS 4, S. 160 f. Nr. 117, 6.10.1548.

285 Vgl. für die Besprechungen in Torgau und Altzella vgl. PKMS 4, S. 254–260 Nr. 213. Dort wird am Abschlusstext von Zella die Entwicklung in Fußnoten sichtbar gemacht in den je zwei Formen von Torgau und von Zella und der Form von Jüterbog und der von Leipzig.

Kurfürst Joachim II. von Brandenburg, Zeichnung von Lucas Cranach d. J.

aufgenommen werden, dazu als Anordnung der Obrigkeiten in den Fastenzeiten das öffentliche Verkaufen und Essen von Fleisch untersagt werden. Die Messe sollte nur mit Kommunikanten gehalten werden in den ordentlichen Kirchenkleidungen, d. h. der Chorrock sollte wieder in Gebrauch genommen werden, wo er nicht mehr üblich war.

Die Besprechung der Artikel wurde am 21. und 22. November in Kloster Altzella fortgesetzt. Doch zwei Ereignisse drängten die Räte über die Lösung von Torgau hinaus. Einerseits war die Gesandtschaft Ossas aus Wien zurück und hatte keine Hilfe des Königs beim Kaiser in der Interimsfrage gebracht. Andererseits hatte Kurfürst Joachim von Brandenburg einen ausführlichen Brief an Moritz geschrieben, dem er einen Entwurf einer Interimskirchenordnung einfügte.[286] Daraus wurde wohl die Festliste von den Räten übernommen. Zwischen beiden Besprechungen in Torgau und Zella näherten sie den Text in den Zwischenüberschriften und der Festliste dem Augsburger Interim an.

Das meiste, was hier angeordnet wurde, war in den Gemeinden des bisherigen albertinischen Sachsen allgemeiner Brauch, aber nicht im bis dahin ernestinischen Gebiet. Doch Fronleichnam war in ganz Sachsen nicht mehr gefeiert worden und stand nun aber in der Fassung der Artikel in Altzella. Man folgte hier der Festliste aus dem Augsburger Interim. Kurfürst Joachim nannte es in seiner Festliste nicht. In ihrem eigentlichen Text hat diese dann in Leipzig vorgelegte Ordnung nichts mit dem Augsburger

286 PKMS 4, S. 196–201 Nr. 152, Cölln/Spree 7.11.1548.

Interim zu tun. Die in Zella abgeschlossene Ordnung will bestehende Bräuche darstellen und für das ganze Land verbindlich machen. Sie ist gewissermaßen eine Empfehlung für öffentliches Handeln der Gemeinden, während das Augsburger Interim eine theologische Erneuerung der Kirche versuchte, bis das Konzil dazu feste Beschlüsse fasse.

Am Ende setzten Johann Bugenhagen und Georg von Anhalt in Zella wohl im Beisein Melanchthons als oberste Vertreter der Kirche beider bisheriger Landesteile ihre Unterschrift unter die Artikel. Moritz benutzte sie in Jüterbog am 17. Dezember 1548 bei Gesprächen mit Kurfürst Joachim als gemeinsame Basis, um sich über die Haltung zum Augsburger Interim zu vergleichen.

Der Text, den man dann dem Leipziger Landtag vorlegte, war keine durchdachte Arbeit, sondern eine Sammlung der Texte, über welche die Räte meinten, mit den evangelischen Theologen und den katholischen Bischöfen nicht im Streit zu sein, so dass man sie dem Kaiser als sächsische Zustimmung zum Augsburger Interim vorlegen könne. Melanchthon hatte an beiden Zusammenkünften in Torgau und Altzella teilgenommen, wurde aber in den Texten der Räte nirgends erwähnt. Hatte er nichts zu den Verhandlungen gesagt oder wollte man ihn durch die Nichterwähnung vor einer Auslieferung an den Kaiser bewahren?

Moritz selbst hatte, abgesehen von seiner Zustimmung zum Verfahren, keinen feststellbaren Anteil an der Entwicklung des Textes. Die Entwürfe sind alle in der Handschrift von Ludwig Fachs überliefert. Erst beim Treffen mit Kurfürst Joachim in Jüterbog am 17. Dezember benutzte Moritz den Text[287] und dann auf dem Landtag in Leipzig.[288] In Jüterbog hatten sich Melanchthon und Georg von Anhalt auf eine harte Diskussion über den Kanon der Messe vorbereitet. Melanchthon verfasste eine entsprechende Schrift.[289]

Die Ordnung von Altzella wurde auf dem Leipziger Landtag den Ständen vorgelegt, die sie als verbindlich für alle albertinischen Lande annehmen sollten. Die Ordnung sollte heute „Ordnung des Leipziger Landtages“ genannt werden, weil sie nur dort in Erscheinung trat. Ihre Entstehungsgeschichte zeigt, dass sie das Ziel hatte, Bestehendes eventuell zu erweitern. Sie hat den Text des Augsburger Interims, das der Kaiser den evangelischen Ständen im Reich verbindlich gemacht hatte, nicht berücksichtigt. Man wollte aber, was beim anderen Teil noch in Gebrauch war, wenn es der heiligen Schrift nicht widersprach, predigen und halten. Unter dieser Überschrift meinten die Räte, die äußeren Bräuche, d. h. die Adiaphora, und weiter die Firmung, die Krankenölung, bischöfliche Ordination der Pfarrer, die Beichte vor der Teilnahme am Abendmahl und das Fasten als Anordnung der weltlichen Obrigkeit übernehmen zu können. Sie wollten in der „Leipziger Ordnung“ äußerlich der kaiserlichen Ordnung ähnlicher werden. Auf diese Weise wurde im bisherigen albertinischen Herzogtum das Bestehende zur Norm. Die bisher ernestinischen Gebiete waren aber in den letzten zehn Jahren darüber hinaus gewachsen. Es sollte jedoch möglichst wenig geändert werden. Zugleich wollte man dem Kaiser eine formulierte Ordnung vorweisen können, deren genaue Einführung man dann aufschieben konnte.

287 PKMS 4, S. 254–260, Nr. 212, Text 5.
288 PKMS 4, S. 254–260 Nr. 212, Text 6.
289 MBW 5, S. 398 f. Nr. 5384, vor 16.12.1548, Abhandlung Melanchthons über das Messopfer.

Räte, Theologen und Kurfürst in Kursachsen stimmten darin überein, eine solche Ordnung äußerlich befolgen zu wollen. Die Theologen wollten, ohne in der Lehre grundsätzlich nachzugeben, den Bestand der evangelischen Gemeinden sichern. Sie wollten einen Zugriff des Kaisers, der das Interim in Süddeutschland streng durchsetzte, auf die evangelischen Gemeinden verhindern. Die Räte suchten den Bestand des evangelischen albertinischen Sachsens unter den Reichsständen zu sichern. Moritz aber wollte Frieden erhalten und seinen selbstständigen Platz unter den Fürsten des Reiches wahren, ohne seine Lande zu sehr zu belasten.

Die Flüchtlinge in Magdeburg wie Matthias Flacius und Nikolaus von Amsdorf, in seinem Denken auch der Pfarrer Nikolaus Gallus, hatten für keinen Staat und keine Gemeinde zu sorgen und haben sich allein für ihre Person für die Erhaltung der richtigen, christlichen Lehre eingesetzt. Sie konnten so persönlich den richtigen Glauben erhalten. Diese Magdeburger Theologen konnten nur heftig ablehnen, wenn etwa der alte Georg von Karlowitz politisch meinte, der Kaiser würde zufrieden sein und kein Schwert zücken, wenn man ihm die Ehre gäbe und die Ordnung den Namen „Interim" hätte.[290]

Weil diese Theologen auf Seiten des ehemaligen Kurfürsten Johann Friedrich standen, führten sie gewissermaßen den verlorenen Krieg von 1547 mit Worten weiter. Ihr Wissen war auf dem Stand am Ende des Schmalkaldischen Krieges stehen geblieben. Sie wussten nichts von des Kurfürsten Moritz und Melanchthons Absichten. Moritz war für sie immer noch ein Verräter, der auf Seiten des Kaisers gekämpft hatte. Mit der Bezeichnung der Leipziger Ordnung als „Leipziger Interim" und vielem anderen wollten sie dieses Wissen allgemein begreiflich machen. Diese Grundhaltungen bestimmten nach dem ergebnislosen Gespräch in Pegau die nächsten Monate.

Moritz hat am 22. November zum Landtag für 21. Dezember 1548 nach Leipzig eingeladen.[291] Auf dem Landtage erschienen die verschiedenen Gruppen: Städte, Stände, Grafen, Bischöfe und die Theologen unter der Führung Melanchthons. Zur Eröffnung kam man im Rathaus am Markt zusammen. Es war noch der Vorgängerbau des heutigen Alten Rathauses. Das Mittagessen wurde in der Pleißenburg gereicht.[292]

Ab 21. Dezember legte Moritz die Artikel vor, was die albertinischen Theologen befürworteten, um so eine Antwort an den Kaiser zu gewinnen.[293] Er bat in der Proposition die Landstände, die Dinge wegen der Forderung des Kaisers, mit den anderen Reichsständen gleich zu handeln, gut zu durchdenken. Die vertretenen Theologen sagten Ritterschaft und Städten zur „Leipziger Ordnung" nur, dass man sie nicht ändern müsse, man werde sie ohne Verletzung guter Gewissen halten können.[294] Im mündlichen Kommentar, d. h. einem internen Gutachten für die Städte und Stände,[295] fügten sie hinzu: Es müssten natürlich gelehrte, gottesfürchtige Personen künftig Bischöfe werden, die sich um Ordination, Examina, Visitation und andere bischöfliche Ämter

290 PKMS 5, S. 189 Nr. 144, 31.10.1548.
291 PKMS 4, S. 252, zu Nr. 210.
292 PKMS 4, S. 252 zu Nr. 210, Moritz befiehlt, dass *das Geschütz aus der großen Hof Stube zu Leipzig geschaffet* wird.
293 PKMS 4, S. 252 Nr. 210, Leipzig 21.12.1548, Moritz an die Landschaft (Proposition).
294 PKMS 4, S. 266 Nr. 224.
295 PKMS 4, S. 267 Nr. 225.

kümmerten. Mit der Konfirmation sollten die jungen Leute mit 12 bis 15 Jahren ihr Bekenntnis tun. Die Ölung solle nichts Abergläubisches, d. h. Katholisches enthalten. Messe solle nicht ohne Kommunikanten gehalten werden. Zum Fest Fronleichnam solle nur über das Abendmahl gepredigt werden, also keine Prozession erfolgen. Voran stellten die Theologen, die Artikel sollten auch von den Pfarrern und Predigern durchdacht werden als eine gute Unterweisung. Es sollte damit also kein Gesetz geschaffen werden. Pastoren und Superintendenten wüssten, dass es keine Ordnung gäbe, die alle „Casus" ausdrücke. Die Theologen wollten gewissermaßen eine Möglichkeit, aber kein Gesetz geben.

Die Bischöfe suchten alles wieder vom Augsburger Interim her zu interpretieren, denn dem wollten doch die Artikel gleichen. Diese klarere kaiserliche Ordnung solle man deshalb im Lande einführen,[296] weil man sich nicht ohne Affront gegen eine der Gruppen hätte einigen können.

Einen vorsichtigen Beschluss mit Städten und Ständen gegen das Interim konnte man nicht fassen, einen Beschluss für die Leipziger Ordnung auch nicht, die geheim geäußerten Vorbehalte gegen die Leipziger Ordnung und die Forderungen der Stände ließen sich nicht veröffentlichen, und den Bischöfen wollte keine der übrigen Gruppen zustimmen. Deshalb ließ man die Dinge in Arbeit, was die Bischöfe dann an den Kaiser berichten konnten, und blieb ohne einen Beschluss. Nur Georg von Anhalt sollte weiter an einer Agende arbeiten. Das meldeten schließlich auch die Bischöfe dem Kaiser als Zwischenergebnis.[297]

Das Verhältnis zwischen Ständen und Landesherrn war ziemlich kühl. Man wollte nicht einem Ausschuss zustimmen, der mit dem Kurfürsten zwischen den Landtagen zusammenarbeiten sollte. Nach einigem Verhandeln ist es Moritz aber geglückt, die Zustimmung zur Vorauszahlung der Tranksteuer auf vier Jahre jeweils zu „Simonis et Judae" (28. Oktober) zu erreichen. Er musste dafür auf die Bausteuer und die Zahlung von deren Rückständen verzichten. Damit begann in Sachsen eine regelmäßige Steuererhebung. Die Tranksteuer diente in der Hauptsache der Zinsleistung für die im Schmalkaldischen Krieg aufgenommenen Gelder. 1545 war der Feldzug gegen Herzog Heinrich von Braunschweig noch aus der Bausteuer gedeckt worden. Es wurde allmählich üblich, die Verteidigungskosten als eine Sache aller Untertanen anzusehen. Hinter der Umgestaltung der Staatsfinanzen ist Ernst von Miltitz zu vermuten.

Um beim Kaiser Glauben für das öffentliche Handeln von Moritz zu finden, mussten die Urteile und die Gespräche zum Augsburger Interim geheim vor sich gehen. Über die Verhandlungen auf dem Reichstag, wo Moritz gewissermaßen als Führer der evangelischen Reichsstände auftrat und betonte, dass er beim Augsburger Bekenntnis bleibe und ein allgemeines, freies und christliches Konzil wie die Wittenberger Reformatoren fordere, drang nicht viel an die Öffentlichkeit. Die „Ordnung des Leipziger Landtages" bekam ihre Bezeichnung als „Leipziger Interim" durch die Polemik der Flüchtlinge in Magdeburg.

---

296 PKMS 4, S. 269 f. Nr. 227.
297 PKMS 4, S. 275 f. Nr. 234.

Wege in die weite Welt

Auf dem Reichstag hatte Moritz erfahren, wie schwierig es war, sich als evangelischer Kurfürst von Sachsen zu behaupten. Um seine Basis zu erweitern und die Stellung Sachsens als evangelisches Land im Reich gegenüber dem Kaiser zu stärken, sollte Herzog August die dänische Prinzessin Anna heiraten. Diese Ehe sollte Sachsen mit der größten evangelischen Macht außerhalb des Reiches verbinden, die außerdem durch den Besitz des Herzogtums Schleswig Glied des Reichs war. Dänemark war mit Norwegen und Island noch ein Reich.

Ehe Moritz Ende Januar 1548 auf den Reichstag nach Augsburg zurückkehrte, hatte er mit seinem Bruder eine persönliche Abrede getroffen. Es wurde eine Änderung des „Brüderlichen Vertrages“ nötig. Als Herzog August 16 Jahre alt geworden war, hatten die Brüder 1544 den Vertrag geschlossen, der August als eigenständigen Fürsten ausstatten sollte, wenn die Pläne nicht gelangen, ihn in Magdeburg oder Merseburg zum regierenden Bischof zu machen.[298] Nach dem Schmalkaldischen Kriege, als vorauszusehen war, dass August sich als Bischof nicht werde halten können, hatte ihm Moritz den Unterhalt auf zwei Jahre zugesagt.[299] Um nun August und seiner Frau mehr Ruhe und Auskommen zu sichern, wurde ein neuer Brüderlicher Vertrag am 21. Januar 1548 geschlossen. Moritz – bis dahin noch ohne Sohn, und die Tochter Anna war nicht nachfolgeberechtigt – sicherte darin auch seinem Bruder die Nachfolge zu, wegen dessen Treue im Schmalkaldischen Krieg.[300] Am nächsten Tag ging schon ein Gesandter nach Dänemark.[301]

Moritz traf sich während der Meißner Besprechungen im Sommer zur Antwort auf das Augsburger Interim mit seinem Bruder August in Liebenwerda. Wollten sie dort Fragen zur dänischen Hochzeit erörtern?[302] Die Hochzeit musste in Torgau stattfinden, weil in Dresden der große Umbau des Schlosses begonnen hatte. Es sollte das größte Fest in der ganzen Regierungszeit von Moritz werden. Bis zum Sommer 1549 hat sich Moritz hauptsächlich in Torgau aufgehalten. Dort wohnte er mit Agnes, wenn er zu Hause war. Die wichtigsten Räte und auch der kurfürstliche Statthalter im Januar und Februar 1549 hatten ihren Sitz in Torgau.

Die vielen fürstlichen Gäste sollten durch das Hochzeitsfest auch die wirtschaftliche Macht Kursachsens erfahren. Zugleich wollte sich Moritz seinen neuen Untertanen als ihr nunmehr belehnter Kurfürst zeigen. Wegen der Gefangennahme Landgraf Philipps nahmen aber die hessischen Verwandten am Fest nicht teil. Moritz selbst hatte für sich keinerlei Hochzeitsfeier gehalten. Er betraute nun die ehemaligen ernestinischen Räte Dietrich von Starschedel und Asmus Spiegel, den Hauptmann von Wittenberg, mit der Planung der gesamten Hochzeit. Ein großer Teil des Adels wird zu Diensten nach Torgau gebeten worden sein, denn allein bei der Heimholung der Prinzessin Anna ritten ihr 58 Dreiergruppen des vornehmen Hofgesindes entgegen. August zog zwischen Moritz

298 PKMS 2, S. 63–66 Nr. 596, 6.5.1544.
299 PKMS 3, S. 523 f. Nr. 744, 8.8.1547; 707 Nr. 973.
300 PKMS 3, S. 707–709, Nr. 973, 21.1.1548. Brüderlicher Vertrag.
301 PKMS 3, S. 709 Nr. 974.
302 PKMS 4, S. 84 f. Nr. 36, Liebenwerda 6.7.1548.

und dem Kurfürsten von Brandenburg aus Torgau heraus zu seiner Braut. Sie fuhr mit ihrer Mutter und dem engsten Hofstaat in sechs goldenen Kutschen in Torgau ein. Insgesamt bildeten die einziehenden Dänen mit 652 Pferden und die Begrüßenden einen Zug von fast 2000 Pferden. Wer es aus Torgau ermöglichen konnte, wird am Straßenrand gestanden und gestaunt haben.

Die Hochzeit dauerte sechs Tage, in denen ganz Torgau allein dieser Feier dienen musste.[303] Wo haben nur die vielen Pferde gestanden? Vor dem großen Hochzeitsmahl am ersten Tag wurde ein kleines Turnier geritten. Das Mahl von fünf Gängen war als *ein schönes Schauessen* gestaltet, wie Moritz befohlen hatte. Nach der Mahlzeit wurde nach neuer Sitte Wasser zum Händewaschen gereicht. Ein Fackeltanz leitete die Brautleute zum öffentlichen Beilager. In Gegenwart eines Notars führten die Kurfürsten Moritz und Joachim den Bräutigam, aber ihre Mutter und die Herzöge Hans von Holstein und Franz von Lüneburg die Braut zum Prunkbett unter großem Himmel. Als das Paar sich niedergelegt hatte, wurde eine kostbare Decke über sie gebreitet. Mit dieser Rechtszeremonie, dass man unter einer Decke gesteckt hatte, galt die Ehe als vor Zeugen geschlossen. An die 50 Leute reichten nun Wein und Konfekt für Braut und Bräutigam und Gäste.

Am nächsten Tag saß man zuerst bei einem zweiten Hochzeitsmahl von sechs Gängen und zog dann zur feierlichen Einsegnung in einem prachtvollen Zug zur Kirche, wohl der Stadtkirche St. Marien, denn die Schlosskapelle hätte die Gäste nicht gefasst. Die am Vortage rechtlich vollzogene Ehe wurde nun in der Kirche gesegnet. Die Fürsten Johann von Holstein und Johann von Küstrin und zwölf Grafen leiteten August und die beiden Kurfürsten Moritz und Joachim die Braut zum Altar. Damit wurde ausgedrückt, dass Braut und Bräutigam in die jeweils andere Familie aufgenommen waren. Fürst Georg von Anhalt, der Bischofskoadjutor von Merseburg, hielt die Predigt. Die Musiker seiner Stadt Breslau hatte König Ferdinand geschickt, die nach der Predigt sechsstimmig bliesen. Vielleicht hat schon die neue Hofkantorei die Gesänge figuriert, zwischen denen geblasen wurde. Moritz hatte am 22. September seine Kantoreiordnung erlassen.[304]

Nach der Kirche wurde im Tanzsaal der Braut die Morgengabe überreicht. August gab nach seiner Zusage 6 000 Gulden und die Verpflichtung zu 6 000 Gulden jährlicher Einnahme durch Überschreibung eines Amtes, eine Edelsteinkette mit Kreuz kam von Moritz, ein Kleinod von August und Schmuck und Geschenke von anderen. Anna brachte als Hochzeitsgeld 30 000 Gulden mit neben umfangreicher Kleidung, Schmuck und Silbergeschirr.[305] Der Hochzeitsanzug von August in goldgesticktem Stoff ist heute noch in Dresden zu finden.

Nach diesem letzten Rechtsakt begann das Feiern mit Turnieren und Saalmummereien (Vorführungen in Verkleidung). Dabei belustigten z. B. einige Fürsten, die als Husaren verkleidet tanzten. Das war üblich, in Brüssel musste der Herzog von Savoyen mit einem Hofnarren einen „Postierer“ (Berittener Eilboten für Staatspost) spielen. Für die

303 Jutta Bäumel: Die Festlichkeiten zur Hochzeit Herzog Augusts von Sachsen mit Anna von Dänemark 1548. In: Dresdner Hefte 1990, Heft 1, S. 19–28.

304 PKMS 4, S. 149 f. Nr. 106, Ordnung der kfl. Hofkantorei.

305 PKMS 3, S. 751–753 Nr. 1023, Kolding 7.3.1548, Ehestiftung zwischen August und Anna.

Hofjagd (Ausschnitt), im Hintergrund das Torgauer Schloss Hartenfels, 1540 von Lucas Cranach d. J.

großen Schaukämpfe war auf den Elbwiesen eine Burg errichtet, die von vier Husarenrotten, rot, gelb, grün und blau gekleidet, verteidigt wurde. Moritz und August befehligten zwei dieser Rotten. Nach tapferem Kampf gegen eine Übermacht mussten sie unterliegen. Der zweite Kampf stellte am Abend die Eroberung einer türkischen Festung in der Elbe dar, die erstürmt wurde und schließlich verbrannte. Der Zeugmeister Caspar Vogt hatte seine ganze Feuerwerkskunst aufgewandt. Er war Architekt, Baumeister und Geschützmeister zugleich. Er hatte Moritz nach Flandern und vielleicht auch nach Augsburg 1548 begleitet. Die Feuerwerksmaschinen wurden von einem Wasserrad angetrieben. Es sollte ein gutes Bild vom Türkenkampf an König Ferdinand berichtet werden können. Außerdem war der ungarische Feldzug von 1542 durch die Todesgefahr tief in die Seele des Kurfürsten eingebrannt. Er hatte diese ungarischen Ereignisse sogar von einem niederländischen Teppichweber festhalten lassen. Diese Teppiche gibt es allerdings nicht mehr.[306]

306 Jutta Bäumel, a. a. O, S. 27.

Den Schmalkaldischen Krieg von 1547 wollte man nicht zeigen. Diese Ereignisse waren noch zu neu und in ihrer Deutung nur für den Kaiser klar. Die Wunde war zu tief. Die während des Tedeums des altgläubigen Domkapitels für den Sieg von Mühlberg abgebrannten Turmspitzen des Meißner Domes wurden bis ins 20. Jahrhundert nicht wieder aufgebaut. Karl V. ließ sich Mühlberg im nächsten Jahr in den Niederlanden beim Huldigungszug für seinen Sohn darstellen.[307] Die Darstellung der Husaren, die Moritz vor Pest das Leben gerettet hatten, und die geglückte Eroberung einer Festung wiesen auf die Teilnahme des Kurfürsten am Feldzug 1542 hin. Doch hier im Spiel kommandierte Moritz einen Zug Husaren und musste sich nicht von ihnen retten lassen, und nach seinem Plan wurde die Festung gestürmt. Moritz machte sich vielleicht im dargebotenen Spiel innerlich von seinen beiden Niederlagen vor Pest frei.[308]

Im Herbst 1548 zeigte sich Kursachsen als europäische Macht zwischen Dänemark und Österreich-Ungarn noch im Spiel. Von Polen als realem Helfer wurde zwischen Markgraf Johann und Moritz auf der Hochzeit konkret geredet. Man wollte um die Hilfe des Woiwoden von Posen, Graf Andreas I. Gorka, nachsuchen. Moritz machte seine ersten Schritte im Reich zur unabhängigen eigenständigen Politik. Ab Sommer 1549 bestanden zu Hessen wieder gute Kontakte.

Als Moritz sich Anfang Januar 1549 mit dem Leipziger Landtag wenigstens vorläufig von der Last der Antwort zum Interim an den Kaiser durch die Antwort der Bischöfe frei gemacht hatte, musste er für sein zweites Problem mit dem Kaiser eine Lösung suchen. Bisher war Karl V. nicht zur Freilassung Landgraf Philipps zu bewegen gewesen. Deshalb erhielt Moritz am 11. Dezember in Moritzburg als äußerstes Mittel von den jungen Landgrafen die Aufforderung, sich bis zum 31. Mai 1549 in ihre Gefangenschaft zu begeben, um die Entlassung ihres Vaters zu erreichen.[309] Moritz wurde auch über seine Gemahlin und über den sächsischen Landtag und direkt von Landgräfin Christine aus Hessen gedrängt,[310] sich um die Entlassung des Landgrafen Philipp aus der Gefangenschaft zu bemühen.[311]

Kaiser Karl V. hatte die Gefangenschaft des Hessen zunächst als seine ganz private Entscheidung darstellen wollen. Durch die Bitte der hessischen Gesandten vor dem Reichstag 1548 um Fürbitte für Landgraf Philipp war aber öffentlich geworden, dass Philipp freies Geleit nach Halle, die Versicherung des Geleites von den Kurfürsten Moritz und Joachim und die Versicherung der Religion zugesagt worden war.[312] Durch die Veröffentlichung dieser Tatbestände, die ihn belasteten, war der Kaiser sehr verärgert. Das wurde von Kursachsen den Hessen als Fehler zugeschoben. Karl V. reagierte auf die persönliche Fürbitte der Kurfürsten Joachim und Moritz entsprechend ärgerlich ablehnend.

---

307 PKMS 4, S. 371 Nr. 320, Franz Kram an Georg Komerstadt. Am 1.4. wurde die Niederlage Johann Friedrichs bei Mühlberg durch die grüne und die weiße Partei mit je 100 schweren, ungefähr 300 leichten Reitern und 400 Knechten dargestellt, aber mit sehr unähnlichem Verlauf.

308 Vgl. oben Abschn. „Moritz, der Kaiser und das Reich“.

309 PKMS 4, S. 235, Nr. 188, Ziegenhain 3.12.1548.

310 PKMS 4, S. 247 f. Nr. 202, Kassel 21.12.1548.

311 PKMS 4, S. 242 f. Nr. 198, Kf. Moritz und Kf. Joachim an die jungen Landgrafen zu Hessen.

312 Simon Ißeib: Aufsätze und Beiträge 1, S. 220.

In den folgenden Jahren verwies der Kaiser immer darauf, dass durch Philipp die Kapitulation von Halle noch nicht erfüllt wäre. Die Hessen sahen das anders und forderten – immer wieder im Termin verschoben – die Kurfürsten zur Einstellung in Kassel auf. Im Januar 1549 wollten Hessen und Moritz dem Prinzen Philipp, dem Sohn Karls V., entgegenreisen und um dessen Hilfe für die Entlassung des Landgrafen Philipp bitten. Moritz hatte seine Reise zur Begrüßung des Prinzen schon vor dem Leipziger Landtag beschlossen. Der Landgräfin Christine ließ er dann andeuten, dass er um den 25. Januar in Füssen in Oberbayern sein werde.[313] Am 19. Januar kam Moritz in Landsberg am Lech an und eilte weiter.[314] Mit der Tagespost wollte man die Alpen in drei Tagen überqueren, um bei der Ankunft Prinz Philipps am 24. Januar in Trient zu sein.

Vom Prinzen und von dem Trienter Kardinal Christoph Madruzzo erhielt Moritz die gute Zusicherung, sie würden sich beim Kaiser für die Entlassung des Landgrafen einsetzen.[315] Noch einen Monat später, als er auf der Rückreise aus Italien in Augburg eintraf, traute Moritz der festen Zusage des Prinzen und des Kardinals, man werde beim Kaiser die Entlassung erreichen.

Mit Kardinal Madruzzo, dem Bischof von Trient, hatte Moritz seit dem Augsburger Reichstag Kontakt gehalten. Er hoffte über ihn einen päpstlichen Dispens für die Verwendung der erledigten Klöster zu andern geistlichen oder sozialen Aufgaben zu erhalten.[316] Wie weit der Kardinal wirklich etwas für Moritz unternommen hat, ist schwer festzustellen. Wahrscheinlich hat er für die Entlassung des Landgrafen, die anderweitige Verwendung der geistlichen Güter und um das Bistum Merseburg für Herzog August zu sichern, immer wieder mehr angekündigt, als er erreichen konnte.[317]

Viel wichtiger wurde für Moritz seine Reise von Trient aus nach Italien hinein. Es gibt leider keine Briefe von Moritz aus Italien, da er wohl inkognito reiste. Er hat persönlich Anfang Februar zum Hof von Ferrara Kontakt aufgenommen. Ein regelmäßiger Briefwechsel wurde nun immer aufrecht erhalten.[318] Moritz gewann damit Bekanntschaft mit einem Geschlecht der Gegner Karls V. in Italien. Er wollte sogar Ludwig, den Sohn des Landgrafen Philipp, dorthin zum Lernen der Sprache vermitteln.[319] In den folgenden Jahren ist meist ein Beauftragter des Kurfürsten in Ferrara gewesen, *um die Sprache* zu lernen.[320] Moritz schickte 1551 seinen Geheimsekretär Damian von Sibottendorf im Juni nach Ferrara, um eine eventuell geplante Ehe des Markgrafen Albrecht mit Herkules' ältester Tochter Lukrezia zu besprechen.[321]

Aus Brescia warb Moritz die Gebrüder Gabriel und Benedikt Tola als Musiker an, denen als Malern auch die Gestaltung der Außenfassade des Dresdner Schlosses in

313 PKMS 4, S. 248 zu Nr. 202, 9.1.1549.

314 PKMS 4, S. 296 Nr. 253, Landsberg 19.1.1549, Christoph von Karlowitz an Georg Komerstadt und Ludwig Fachs.

315 PKMS 4, S. 333 Nr. 288, Augsburg 25.2.1549.

316 PKMS 3, S. 635 f. Nr. 884, Augsburg 11.11.1547, Moritz an Madruzzo.

317 PKMS 4, S. 373 Nr. 323, 4.4.1549.

318 PKMS 6, S. 416–418 Nr. 271, Augsburg 15.8.1552, Kf. Moritz an Hz. Herkules von Ferrara, in Anm. 1 ist der in Modena liegende Teil der Korrespondenz bis zum 1.5.1552 verzeichnet.

319 PKMS 4, S. 333 Nr. 288, 10. Punkt, Augsburg 25.2.1549, Mündliche Antwort von Kf. Moritz an Kaspar Badenhausen.

320 PKMS 5, S. 594 Nr. 319, 20.1.1552

321 PKMS 5, S. 301 f. Nr. 154, 5.8.1551, Kf. Moritz an Hz. Herkules von Ferrara.

Sgraffito übergeben wurde. Durch die einheitliche Putzgestaltung wurden alle verschiedenen Teile des Schlosses zur geschlossenen Einheit. Sie arbeiteten daran von 1550 bis 1552. Dabei wurden in dieser nördlich der Alpen noch unbekannten Technik zwei Putzschichten übereinander gelegt. Der Grundputz war durch Holzkohlenmehl zum dunklen Schwarzgrau gefärbt und trug als zweite Schicht einen weißen Deckputz, aus dem am gleichen Tag die Bilder und Ornamente ausgekratzt wurden, ehe der gesamte Putz abtrocknete.

So setzten die Tolas mit Dresdner Maurern um, was Moritz als neue Gestaltung in Italien in sich aufgenommen hatte. Sie waren zugleich und zuerst Musiker und Mitglieder der kursächsischen Hofkapelle. Heute wird das wiederaufgebaute Schloss im Großen Schlosshof im originalen Stil wieder gestaltet.

Auf der Italienreise hat Moritz in Trient Cerbioni Besozzi mit noch fünf weiteren Musikern als leitenden Mann für die kursächsische Hofkapelle in Dresden verpflichtet. Schon mitten im Schmalkaldischen Kriege hatte Christoph von Karlowitz zwei Trompeter angeworben, die „welsch" blasen konnten. Für 14 bis 15 Gulden im Monat und die Verköstigung würden sie ihren Dienst leisten, meinte Karlowitz.[322] Aus Besozzis Erinnerungen wissen wir einige der Stationen, die Moritz besuchte. So war er sicher in Venedig. Franz Kram, der kurfürstliche Gesandte am kaiserlichen Hof, hörte in Antwerpen *ex Italia grandia* große Dinge, die Moritz in Mailand und in Venedig geschehen seien. Der venezianische Doge schrieb seinem Gesandten beim Kaiser, er sei dankbar für Moritz' Aufenthalt in Venedig.[323] Kram widerspach am kaiserlichen Hof eifrig, dass Moritz neue Bündnisse eingegangen sei. Moritz war damit als deutscher Landesfürst in die europäischen „Zeitungen" vorgedrungen, d. h. in die Sammlungen von wichtigen Neuigkeiten aus Europa, die man befreundeten Briefempfängern beizulegen pflegte. Kram war bemüht, immer solche Neuigkeiten nach Dresden zu schreiben.

Dass Moritz Mailand aufsuchte, kann man aus der Gestaltung der Pleißenburg in Leipzig schließen. Ihr weiter Hof und anderes haben ihr Vorbild in der Mailänder Zitadelle. Erfahrungen aus Italien oder den Niederlanden 1543 spiegeln sich im Neubau, der nach dem schweren Beschuss von 1547 nötig war und Hieronymus Lotter übertragen wurde. Die heute noch an der Südostecke der Leipziger Innenstadt zum Teil vorhandene und als bekannter Studentenclub benutzte „Moritz-Bastei" wurde von Lotter 1551/53 errichtet.

Auf den Aufenthalt in Italien scheint auch zurückzugehen, dass Moritz über den Kardinal Madruzzo neapolitanische Stuten nach Kursachsen überführen ließ. Mit ihrem Araberblut sollten wohl Kaltblutpferde für den Hof mehr Eleganz erhalten. Es wurde damit das kurfürstliche Gestüt in Graditz bei Torgau begonnen.[324] Pferdewärter, denen ihr katholischer Glaube garantiert wurde, kamen mit ihnen aus Italien. Das Gestüt ist in seiner Fortführung, nach 1815 nach Moritzburg verlegt, heute wieder sächsisches Staatsgestüt.

Der gänzliche Umbau seines Schlosses in Dresden zeigt, wie weit Moritz über den Rand seiner früheren Erfahrungswelt zwischen Freiberg, Halle, Dresden und Torgau

322 PKMS 3, S. 255 Nr. 348, Ulm 20.2.1547, Christoph von Karlowitz an Hz. Moritz.
323 PKMS 4, S. 343 Nr. 295, Antwerpen 8.3.1549, Franz Kram an Georg Komerstadt.
324 PKMS 4, S. 766 Nr. 669; S. 866 Nr. 755; S. 880 Nr. 764; S. 894 Nr. 775.

Das Dresdner Schloss von der Elbseite, Stich von Heinrich Cleef, 1550

hinaus schaute. Obwohl er gerade das in zwei Flügeln völlig neue Schloss in Torgau mit der von Luther geweihten Schlosskirche übernommen hatte, plante er in Dresden den beeindruckenden, völligen Umbau des alten Schlosses, das ihm von den Jahren seiner Jugend her mit seinen mittelalterlichen Mühseligkeiten vertraut war.

Moritz wollte nicht nur Bestehendes erweitern, sondern wie im Staat auch in seiner Residenzstadt Dresden das Vorhandene gestalten. Aus der mittelalterlichen Burg wurde das Residenzschloss der Renaissance.[325] Moritz ließ 1547 nach dem Ende des Krieges den grundlegenden Umbau beginnen. Der Westflügel mit der gotischen Kapelle des alten Schlosses wurde niedergerissen, damit ein Neubeginn ohne Umkehr angekündigt. Und im Neubau des Nordflügels westlich des großen Hausmannsturmes wurde dann eine Kapelle, als Abbild der von Luther geweihten Torgauer Schlosskirche, errichtet.

Schon 1545 hatte Caspar Vogt mit der Erneuerung der Verteidigungsbauten der Stadt Dresden begonnen. Es waren Erdwälle, die auf beiden Seiten von Mauern gehalten wurden.[326] Erstmals wurde das Dorf Altendresden auf der rechten Seite der Elbe mit in die Stadt und den Festungsbau einbezogen. Allerdings wurde es zu einem Bollwerk zur Sicherung der steinernen Brücke ausgestaltet. Wer dabei seine Hofstatt zugunsten der Mauern aufgeben musste, wurde auf der anderen Seite in einem vergrößertem Grundstück wieder angesiedelt und erhielt Hilfe von Fürst und Stadt. Am 18. August 1550 vereinigte Moritz die beiden bisherigen Städte Alten- und Neuendresden zu einer

325 PKMS 4, S. 370 zu Nr. 319.
326 Eva Papke: Der Ausbau der Festung Dresden unter Kurfürst Moritz. In: Dresdner Hefte 52, 4/1997, S. 45 f.

Stadt. Die bisherigen Dörfer Fischersdorf und Poppitz und das Gut Leubnitz des Zellaer Klosters wurden der Stadt gegen Pacht übergeben. Das Stadtdorf (Neudorf) auf der Nordseite sollte ebenfalls zur Stadt gehören.[327]

Caspar Vogt, der auch den Schlossbau leitete, hatte 1543 Moritz in die Niederlande begleitet, um neue Bauten zu besichtigen.[328] Vielleicht ist Moritz damals im Herbst in Flandern die neue Baukunst an Schlössern und Festungen wichtiger gewesen als das militärische Handeln des Kaisers. Im September des Jahres 1548 begann der Umbau von Ost- und Nordflügel des mittelalterlichen Dresdner Vierseitenbaues.[329] Der Plan für den Westflügel wurde Anfang 1549 nochmals großzügig geändert. Der heute noch das Stadtbild beherrschende Hausmannsturm an der Nordwestecke der mittelalterlichen Burg rückte durch den Neubau ab 1549 in die Mitte des Nordflügels.

Die Fassadengestaltung der Tolas in Sgraffito gab allen Teilen einen einheitlichen, modernen Glanz.[330] Ehe Moritz aus Italien zurückkam, war aber die große Planung zur ungefähren Verdoppelung der Größe des Schlosses Richtung Westen schon fertig.[331] 1552 wurde der Bau außen abgeschlossen. Wegen des Schlossbaus hat sich Moritz in den Jahren nach 1547 mit seinem Hof oft in Torgau aufgehalten, behielt aber Dresden als seinen Lebensmittelpunkt. Dazu gehörte die neue Schlosskapelle in Dresden nach Art der Torgauer Kapelle. Deren Eingang wurde nicht nur als Renaissanceportal, das wie in Torgau in die Leiden Christi einführte, sondern als Triumphbogen gestaltet, allerdings erst 1555/56. Die Leitung des Baues lag immer bei Caspar Vogt von Wierandt. So wird der lebendige Wechsel der Innenseite des Nordflügels vom Treppenturm zum Kapellenportal, zum Altan mit seinen Bildern und wieder zur Höhe des Treppenturms grundsätzliche Planung gewesen sein, die unter Kurfürst August dann beendet wurde.

Unter dem Traufsims zog sich über alle vier Seiten des Hofes die große Inschrift: MAURITIUS DEI GRATIA DUX SAXONIAE SACRI ROMANI IMPRII ARCHIMARSCHALCUS ET ELECTOR LANDGRAVIUS TURINGIAE MARCHIO MISNIAE BURGGRAVIUS MAGDEBURGENSIS MDLI (Moritz aus Gottes Gnade Herzog von Sachsen des heiligen römischen Reiches Erzmarschall und Kurfürst Landgraf von Thüringen Markgraf von Meißen Burggraf von Magdeburg 1551).

Moritz ließ auf der gesamten Fassade des Schlosses seine persönliche Haltung im christlichen Glauben und das Fundament darstellen, das dieser Glaube seinem politischen Handeln gab. Am klarsten sind die Aussagen am Altan auf der Rückseite des Hausmannsturmes zum Schlosshof. Dort war der Sitz des Fürsten bei Turnieren oder anderen Schaustellungen im Hof. Die Rückseite des Altans wurde farbig al Secco gemalt, während sonst sämtliche Außenwände des Schlosses in schwarz-weiß-grauem Sgraffito gestaltet waren. In den Stockwerken wurden dargestellt: im ersten „Die Bekehrung des Paulus"; im zweiten „Der Besuch der heiligen drei Könige beim Christkind"; im dritten „Der Besuch der Königin von Saba bei Salomo". Die Farbe rechts oberhalb des Kapellenportals musste das Auge jedes Besuchers auf sich ziehen. Mit dem

327 PKMS 4, S. 630 zu Nr. 551.

328 Eva Papke: Der Ausbau der Festung Dresden unter Kurfürst Moritz. In: Ebd., S. 45.

329 Norbert Oelsner: Das Dresdner Residenzschloss unter Moritz von Sachsen (1541–1553). In: Dresdner Hefte 52, 4/1997, S. 27–35.

330 Ulrike Heckner: Die Fassadendekoration des Dresdner Schlosses. In: Ebd. S. 36 f.

331 PKMS 4, S. 370 zu Nr. 319, Riß von Neuen Dresden; Bericht über den Schlossbau.

Aus der mittelalterlichen Dresdner Burganlage entstand unter Kurfürst Moritz 1548–53 das Renaissanceschloss mit dem erweiterten Schlosshof und dem die Hof- und Stadtansicht dominierenden Hausmannsturm über der Mitte des Nordflügels, in dem sich auch die Hofkapelle befand – alle Außenwände mit Sgraffiti bedeckt, der viergeschossige Altan als Fürstensitz mit bunten Wandmalereien ausgeschmückt. Ausschnitt des Ölgemäldes eines unbekannten Künstlers zur Zeit Johann Georgs II. (1656–80)

Bildprogramm wollte Moritz sagen: Ich bekenne mich zur Rechtfertigung des Sünders und zum Auftrag Christi.[332] Ich verehre Christus als den Herren aller Herrscher. Ich will so weise und gerecht wie Salomo herrschen, dass ich anderen Vorbild bin. Die bauplastische Gestaltung der Brüstung des Altans mit Bildern aus dem Buche Josua sollte Moritz wohl als Führer der zweiten Generation der Reformation darstellen, so wie Josua das Volk Israel nach Moses bei der Landnahme geleitet hatte.[333]

Weil nach Abbruch des Westflügels 1547 die freie Südseite des Hausmannsturms gesichert werden musste, wird man den Altan bald in Angriff genommen haben. So wird dessen Südseite zum vergrößerten Hof noch 1547 konzipiert worden sein. Deshalb könnte die Gestaltung des Altans schon 1548/49 als bewusstes Bekenntnis in der Zeit des Interims vor der Sgraffitogestaltung erfolgt sein. Ihr öffentlicher Bekenntnisgehalt stimmte dann mit der albertinischen Haltung auf dem Reichstag 1550/51 überein.

1551 lieferte Lucas Cranach d. J. eine Folge von drei großen Gemälden zu Herkules für die Turm- oder Riesenstube östlich neben dem Hausmannsturm. Im Bild „Der erwachte Herkules vertreibt die Pygmäen" zeigt Herkules deutlich Züge des Kurfürsten Moritz. Im Jahr vor der Fürstenerhebung gegen Karl V. scheinen sich darin Wittenberger Hoffnungen auszudrücken.[334] Das Thema wird Moritz wohl von seinem Besuch bei Herzog Herkules d'Este von Ferrara im Februar 1549 mitgebracht haben.

Moritz hat die mittelalterliche Burganlage völlig umbauen lassen, ließ aber den Bauteil Georgs, das Georgentor, bestehen. Er zeigte, dass mit ihm eine neue Zeit begann, die anstelle der mittelalterlichen Kapelle eine evangelische Schlosskirche brauchte, nach dem von Luther geweihten Vorbild in Torgau. Er wollte als der großzügige evangelische Erneuerer von Staat und Schloss sichtbar werden. Zugleich brachte Moritz aus eigener Erfahrung italienische Kultur in die Musik der Hofkapelle und in die Baukunst am Schloss. Das macht Seiten seiner Person sichtbar, die zu wenig genannt werden.

Erste Entscheidungen gegen den Kaiser

Moritz kam erfüllt von Baukunst und Musik Italiens, nachdem er noch in Augsburg eine Pause gemacht hatte, nach Dresden zurück. Er nutzte nun sein Erleben in seinem Staat, wie eben geschildert wurde. Könnte er eine ähnliche, unabhängige Stellung im Reich gewinnen wie die d'Este in Italien? Dafür musste Moritz immer neue Schritte machen. Er musste den Bestand des neuen Kurstaates unabhängig vom Kaiser sichern, da er sich auf dessen Zusagen nicht mehr verlassen konnte. Die Religionszusage von 1546 war nun auch gegen das Interim zu halten. Beides war mit dem Landtag in Leipzig nur

332 Es kann sein, dass Johannes Weiß, der Moritz wieder beim Kriegszug 1552 als Prediger dienen will, deswegen Paulus als gutes Vorbild für alle Christen anführt. PKMS 5, S. 865 Nr. 523, Dresden 25.4.1552, Johannes Weiß an Kf. August.

333 Johannes Herrmann: Moritz von Sachsen, evangelischer Christ und Judas zugleich. In: Archiv für Reformationsgeschichte, Jg. 92, 2001, S. 87–101 Die persönliche Frömmigkeit.

334 Karin Kolb: Die Rezeption Dürers durch Lukas Cranach den Jüngeren am Beispiel des erwachten Herkules. In: Dresdner Kunstblätter 4, 2002, 46. Jahrgang; Harald Marx: Dresden – eine Cranach-Stadt? In: Kurfürst Moritz und die Renaissance, Dresdner Hefte 52, 4/1997, S. 66.

auf einen vorläufigen Weg gebracht, indem die sächsischen Bischöfe Moritz und seinen Ständen Bemühen um die kaiserliche Ordnung bescheinigten.[335] In der Religionsfrage trat ab Januar der Einfluss der Räte zurück, und Georg von Anhalt bestimmte mit der weiteren Ausarbeitung seiner Agende den Verlauf.

Während Moritz in Italien unterwegs war, hatten die Räte in Dresden eine Gesandtschaft zu König Ferdinand in Prag geplant und nach dem 13.2.1549 losgeschickt.[336] Sie ließen dem König über den Leipziger Landtag und den Brief, den die Bischöfe dazu an den Kaiser geschrieben hatten, berichten. Dem König sollte auch, wenn er fragte, eine Abschrift des künftigen Beschlusses zu den Zeremonien, d. h. der späteren Georgsagende, geschickt werden. Das sollte sagen, alles wäre auf gutem Wege. Ferdinand nahm den Brief der Bischöfe an den Kaiser gern entgegen und war mit dem Verbot der Schmähschriften zufrieden. Der Gesandte Heinrich von Gersdorf übergab inoffiziell auch die „Ordnung des Leipziger Landtages“.[337]

Nach Rückkehr aus Italien am 12. März ging die Zeit, in der man dem Kaiser eine nachgebende Gesamtantwort zum Interim senden konnte, immer mehr zu Ende. Mit der befohlenen Ausarbeitung der Agende hatte Kursachsen die Entscheidung über die Art der Interimsannahme auf die praktisch kirchliche Ebene verlegt.

Moritz nahm zu Melanchthon als wichtigstem Berater in Fragen der evangelischen Religion festere Beziehungen auf. Die ruhige und friedfertige Art Melanchthons stimmte mit der Absicht von Moritz überein, Kompromisse zu finden. Während der Abwesenheit in Italien hatten anstelle des Kurfürsten die Räte Komerstadt und Fachs auf die Fertigstellung der Agende gedrängt, die auf dem Leipziger Landtag in Aussicht genommen worden war.[338] Hauptautor der Agende war Georg von Anhalt, der evangelische Bischof von Merseburg.[339] Die Agende wollte die bestehenden Bräuche schildern. Georg von Anhalt hat dabei eine hochkirchliche Haltung nicht als Programm gefordert, sondern hat beschrieben, was er in seinem Bereich lebte. Zum Fronleichnamfest 1550 predigte er z. B. im Merseburger Dom über das Abendmahl. Der erhaltene Text ist ein mutiges, evangelisches Bekenntnis.[340] Melanchthon hat nach ihrer Niederschrift die Georgsagende revidiert.

Am 10. April legte Fachs in Torgau die Georgsagende dem versammelten Ausschuss der kursächsischen Landstände zur Annahme vor. Zu gleicher Zeit verhandelten diese Landschaftsvertreter über eine Herabsetzung des Silbergehalts sächsischer Münzen.[341] Fachs wollte eine ungeprüfte Annahme der Agende von den Vertretern erreichen. Diese leisteten aber Widerstand, da sie in so kurzer Zeit ein dreihundert Seiten starkes Werk nicht prüfen könnten, sollte man die Prüfung den Theologen anvertrauen.[342]

---

335 PKMS 4, S. 281 Nr. 239, Leipzig 1.1.1549; PKMS 4, S. 275 f. Nr. 234, Leipzig nach 20.12.1548, nicht abgesandtes, für Moritz entgegenkommenderes Schreiben der Bischöfe.

336 PKMS 4, S. 316 f. Nr. 272, Meißen 13.2.1549.

337 PKMS 4, S. 329 Nr. 286, Prag Ende Febr. 1549, Mündliche Antwort von Kg. Ferdinand an die kfl. Räte.

338 PKMS 4, S. 308 f. Nr. 263, Kalkreuth 31.1.1549, Georg Komerstadt an Ludwig Fachs.

339 PKMS 4, S. 312 Nr. 267, Merseburg 6.2.1549, Georg von Anhalt an Ludwig Fachs.

340 Franz Lau: Georg III. von Anhalt, erster evangelischer Bischof. Wissenschaftliche Zeitschrift der Karl-Marx-Universität Leipzig, 1953/54, Heft 2/3, S. 148.

341 PKMS 4, S. 379–381 Nr. 330, Torgau 10.4.1549, Kfl. Räte an Kf. Moritz.

342 Emil Friedberg: Agenda wie es in des Churfürsten zu Sachsen Landen in den Kirchen gehalten wird. Halle 1869.

Moritz ließ deshalb einige der Ständevertreter vor sich laden und durch Dr. Fachs die Widerstrebenden hart ermahnen und drängen.[343] Moritz selbst war in dieser Situation heftig zornig, weil ein letzter Weg zur aufschiebenden Behandlung mit kaiserlicher Zustimmung verbaut wurde.[344] Nach der Zornesrede schworen sich einige von den Ständevertretern, unter solchen Bedingungen nicht wieder zu erscheinen. Die Vorladung war nach Meinung von Melchior von Ossa eine Intrige von Fachs gewesen. Fachs hatte um diese Zeit das Kanzleramt schon aufgegeben, das ihm Moritz wegen der Sachkenntnis zum Interim vom Reichstag 1548 anvertraut hatte. Fachs und auch Christoph von Karlowitz hatten unbedingt Landstände und Theologen zu einer klar entgegenkommenden Antwort an den Kaiser führen wollen.

Fachs war vielleicht noch als Kanzler in Torgau tätig, während Mordeisen schon in Dresden in dieser Stellung arbeitete. Der Zeitpunkt der Arbeitsübernahme als neuer Kanzler durch Ulrich Mordeisen ist nicht deutlich. Die kurfürstliche Kanzlei mit ihrem Archiv war in Dresden geblieben, aber Moritz handelte oft von Torgau aus. Die Änderung des Kanzleramtes deutete sich vorher an. Komerstadt schrieb an Fachs, dass dessen Meinung zu einigen Vorgängen unnötig sei, sie wären ohnehin schon abgeschickt.[345]

Moritz saß mit der vollendeten Agende Georgs schließlich zwischen allen Stühlen.[346] Die Landstände hatten alles den Theologen zugeschoben.[347] Die Anhänger des früheren Kurfürsten und seiner Theologen, wie der alte Superintendent von Torgau Gabriel Didymus, lehnten sie als einen Weg zum Papismus ab.[348] Didymus musste zwangsweise in den Ruhestand gehen, weil er nicht in eine Dozentur in Wittenberg wechseln wollte. Der Diakon Michael Schultheiß musste Torgau verlassen; sein als Musiker bekannter Sohn nannte sich Michael Prätorius.

Bischof Julius von Naumburg, der Mitverfasser des Augsburger Interims, sah die Georgsagende als Abweichung von rechter katholischer Lehre.[349] Er riet davon ab, die Kirchenordnung, d. h. die Ordnung des Leipziger Landtages, und die Agende zu verbreiten.[350] Er hatte mancherlei Ausstellung am Text und monierte, dass die Firmung als Sakrament fehle. Böse Randbemerkungen von Ludwig Fachs zu den bischöflichen Einwänden zeigen die hochgespannte Stimmung, in der Moritz Ausgleich suchte. Fachs schrieb z. B. am Rand, die Bischöfe wären zu faul, die Jugend zu examinieren, was zur Konfirmation, aber nicht zur Firmung gehörte.[351] König Ferdinand drängte zu Schritten für die kaiserliche Ordnung, dem Augsburger Interim.

Moritz unternahm das einzig Mögliche und unterließ alle weiteren Schritte für die Agende. Er lud die Superintendenten und einige Theologen unter Georg von Anhalt

343 Hecker: Ossa, S. 136.

344 Vgl. PKMS 5, S. 416 zu Nr. 210, 19.10.1551 Hz. Johann Albrecht an Hz. Albrecht, sagt Johann Albrecht zur Auseinandersetzung am 3.10.1551 in Lochau, dass Moritz und Mgf. Johann beide sehr heftiges Gemüt hätten. D. h., sie waren jähzornig.

345 PKMS 4, S. 309 Nr. 263. Kalkreuth 31.1.1549, Komerstadt an Fachs.

346 PKMS 4, S. 377 zu Nr. 327. Vor dem 9. April.

347 PKMS 4, S. 377 f. Nr. 327, 10.4.1549, Bedenken der Ständevertreter an Kf. Moritz.

348 PKMS 4, S. 381 Nr. 331, Torgau 11.4.1549, Gabriel Didymus, Pfarrer zu Torgau, an Fs. Georg von Anhalt.

349 PKMS 4, S. 386–388 Nr. 337, April vor 16., Bedenken von Bf. Julius Pflug zur Georgsagende.

350 PKMS 4, S. 376 f. Nr. 326, Zeitz 8.4.1549, Bf. Julius an Kf. Moritz.

351 PKMS 4, S. 386–388 Nr. 337, vor 16.4.1549, Bedenken zur Georgsagende.

nach Grimma. Zwei Räte sollten mit ihnen über Wünsche zu den Artikeln der Agende sprechen und Verbesserungen vorbringen lassen, doch müsste alles zur Einmütigkeit geführt werden. Notfalls sollte man an den Kurfürsten verweisen. Jeder der Geladenen müsste die Agende dann in seinem Bereich einführen. Trotz der Schmähschriften sollten sie Gottes Ehre und Frieden fördern, was auch der Kurfürst wolle. Ein Druck der beschlossenen Agende sollte unbedingt abgelehnt werden,[352] um die Agende nicht in die Verfügung der Magdeburger Theologen und ihrer harten Polemik geraten zu lassen.

Die Theologen forderten aber in Grimma, dass die Agende nicht ihnen, sondern der weltlichen Obrigkeit, Amtleuten und Stadträten, zur Einführung zugeschickt werde. Diese müssten die Einhaltung der vielen Feiertage der Agende überwachen. Man sollte sie so einführen, wie es nach der Zahl der Pfarrer möglich wäre. Aus den Artikeln der Leipziger Ordnung und der Agende wäre damit eine Art hochkirchliche Liturgiereform geworden, die in Verantwortung der örtlichen Obrigkeit stand.[353]

Anders als erwartet, kam Moritz am 1. Mai 1549 selbst nach Grimma und redete sehr freundlich mit den Versammelten. Er erklärte, an den evangelischen Hauptartikeln unbedingt festhalten zu wollen. Nach der harten Anrede in Torgau meinte Bugenhagen dazu, Moritz habe wohl inzwischen Schmähschriften der Magdeburger Theologen gelesen, und wäre deshalb freundlich. Er meinte also, Moritz informiere sich persönlich über die Meinung seiner Untertanen und deren Lektüre.

Moritz nahm in Stiefeln und Sporen persönlich die Agende von den Theologen in Empfang. Er legte sie ins Archiv, wo sie bis in unsere Gegenwart blieb. Moritz wollte lieber warten, als in allgemeinen Streit zu geraten. Er suchte mit der Grimmaer Verhandlung keine neue Kirchenordnung, sondern nur einen beruhigenden Ausgleich zu erreichen, der ihm den Rücken für seine Gespräche mit König Ferdinand in Prag freihalten sollte. Bei der Verhandlung über den Ausgleich für die drei Grafschaften im Muldental brauchte er einen freundlich gestimmten König.[354]

Auf der anderen Seite hatte Julius Pflug schon lange gegen eine Veröffentlichung der Agende gesprochen und sehr deutlich auf Erfüllung des Interims gedrängt.[355] Dahinter stand, dass sich die Bischöfe und auch die habsburgtreuen sächsischen Räte nicht von den Änderungen der albertinischen Politik ausbremsen lassen wollten. Durch die Tranksteuerbewilligung auf dem Landtage in Leipzig Ende 1548 hatte Moritz aber finanzielle Bewegungsfreiheit und größere Handlungsfreiheit gewonnen. Er war von Geldbewilligungen durch Stände und Kaufleute unabhängiger. Ehe Moritz Ende Mai 1549 nach Prag ritt, hatte er also in Torgau und Grimma nach Anfragen Ferdinands Schritte zur Durchführung des Interims ohne Erfolg versucht, um einen beim König vorzeigbaren Erfolg zu erreichen.

Nach dem langen Besuch bei König Ferdinand in Prag wusste Moritz, dass etwas an Änderung in Sachsen sichtbar werden musste. Der neue Kanzler Mordeisen nutzte seine Beziehungen zu Melanchthon. Dieser riet zu einer reduzierten Einführung von

352 PKMS 4, S. 401 f. Nr. 356, 26.4.1549 Kfl. Instruktion für die Unterhandlung mit den Theologen in Grimma.

353 PKMS 4, S. 404 Nr. 360. Grimma 1.5.1549, Bericht über die Antwort der kfl. Theologen zur Vorlage der Georgsagende.

354 PKMS 4, S. 392 f. Nr. 346, Torgau 22.4.1549, Kf. Moritz an Kg. Ferdinand.

355 PKMS 4, S. 376 Nr. 326, Zeitz 8.4.1549. Bf. Julius an Kf. Moritz.

Artikeln aus der „Ordnung des Leipziger Landtages".[356] Moritz ließ auf die Landtagsverhandlung zurückgreifen. Es wurden Artikel zusammengestellt, die mit kurfürstlichem Mandat an alle ergehen sollten. Doch wurde dieser Schritt, veranlasst durch das kaiserliche Interim, erst getan, als der Besuch des Königs zur Jagd in den Erzgebirgswäldern im August in Aussicht stand. Moritz meinte wohl, er müsse bei dessen Besuch etwas vorweisen.[357] Das Mandat zum Auszug aus der Leipziger Ordnung trug das Datum des 4. Juli 1549,[358] es wurde aber erst nach Abreise des Königs von der Jagd im September 1549 im Druck verschickt.[359] So war wieder Zeit gewonnen.

Der Auszug versuchte an den Stiften und Stadtkirchen – wo eine Schülerkurrende bestand, die in Latein die Antworten der Gemeinde singen konnte – die Wiederaufnahme der lateinischen Gottesdienstsprache, dabei sollten nur eine zweite Lesung von Epistel und Evangelium und das Vaterunser in Deutsch sein. Überall sollte der Pfarrer zu Predigt und Abendmahl die alten Kirchengewänder benutzen. Das war aber schon bei den ersten Visitationen auch von Luther gefordert worden. Die Liste der Festtage – nach der „Ordnung des Leipziger Landtages", einschließlich Fronleichnam mit einer Predigt über das Abendmahl – stand auch im Auszug.

Am 16. Dezember 1549 suchte Moritz in Leipzig nochmals durch die beauftragten Superintendenten Pfeffinger und Gräser, von Leipzig und Dresden, eine Einführung des Auszuges der Ordnung des Leipziger Landtages bedenken zu lassen. Die anwesenden Superintendenten zogen sich aber darauf zurück, dass der Auszug vom 4. Juli allein zu unklar wäre, man müsse die Georgsagende drucken, um aus ihr die entstehenden Fragen beantworten zu können.[360] In Freiberg hatten sich vorher die Pfarrer des Kirchenbezirkes Freiberg bis auf einen geweigert, den vom Superintendenten verlesenen Auszug anzunehmen.[361] Schließlich war der Auszug an die Pfarrer verteilt und alles in ihr Belieben gestellt worden. Hinter diesem vorzeigbaren Schein wäre der Glaubensstand in Sachsen nach außen gegenüber dem Kaiser gesichert gewesen. Nach innen aber waren die Artikel aus der Leipziger Ordnung nur auf dem Papier des Mandats vorzuweisen. Moritz wollte keinen Weg zur katholischen Kirche zurückgehen.

So blieb schließlich im albertinischen Kursachsen außer einem Befehl an die Pfarrer, den Chorrock im Gottesdienst zu tragen, nichts vom Eingehen auf das Augsburger Interim übrig. Superintendent Jakob Klappe in Großenhain verfocht danach noch die Meinung, wenn das befohlene Tragen des Chorrocks ein Adiaphoron wäre, das man so oder anders gestalten könne, dann müsse es auch in sein Ermessen gestellt sein, ob er den Chorrock trage oder nicht.[362] Im Ganzen wurde nichts von Moritz getan, um das Interim mit Zwangsmitteln zur Geltung zu bringen. Melanchthon konnte ehrlichen Herzens immer wieder an Briefpartner schreiben, dass die Kirche in Kursachsen unverändert wäre und nach dem Bekenntnis zu Jesus Christus lebe.

---

356 PKMS 4, S. 447 Nr. 394, Mai/Juni 1549, Gutachten Melanchthons an Kanzler Ulrich Mordeisen.
357 PKMS 4, S. 452 f. zu Nr. 397, Anfang Juli, Antwort Melanchthons zu den Artikeln des Auszuges, egh.
358 PKMS 4, ebd. In Leipzig wurde das Mandat erst am 27.9. präsentiert.
359 PKMS 4, S. 450 Nr. 397, 4.7.1549, Auszug aus dem Beschluss des jüngst zu Leipzig gehaltenen Landtages.
360 PKMS 4, S. 547 Nr. 471, 18.12.1549, die Superintendenten an Kf. Moritz.
361 PKMS 4, S. 547 zu Nr. 471, 29.11.1549, Bericht aus Freiberg.
362 PKMS 4, S. 553 Nr. 480, Großenhain 5.1.1550.

Moritz hatte dann um die Jahreswende zu 1550 kein Interesse mehr, beim Kaiser um Sympathie durch Interimsvollzug zu werben. Karl V. war mit den Plänen für die eigene Nachfolge stark beschäftigt. Ihm war nun die Durchführung der Acht gegen Magdeburg durch Moritz wichtiger. Moritz meinte wohl auch, dass die persönliche Befreiung des Landgrafen Philipp, die ihn aus einer großen Abhängigkeit vom Kaiser lösen würde, durch ein Kommandounternehmen nahe bevorstand.

Insgesamt lebte die Ordnung des Leipziger Landtages viel stärker in den empörten Gegenschriften der Magdeburger Theologen und der davon genährten Abneigung vieler Untertanen des Kurfürsten Moritz als in dessen politischem Wollen und Tun. Matthias Flacius Illyricus hatte aus persönlicher Gewissensnot Wittenberg und sein Auskommen als Professor für Hebräisch Ostern 1549 verlassen, doch in Magdeburg keine Stelle wie Nikolaus Gallus und keine fürstliche Dotation wie Nikolaus von Amsdorf. Er musste sich und seine wachsende Familie vom Schreiben ernähren. Die schwungvollen Streitschriften aus seiner Feder brachten einigen Lebensunterhalt. Er ist in Magdeburg der Hauptautor für Streitschriften, die bei seinen Gegnern Schmähschriften hießen und unter kaiserlichem Verbot standen[363] und sich gerade deshalb gut verkauften. Auf ihn geht die Bezeichnung der „Ordnung des Leipziger Landtages" als „Leipziger Interim" zurück. Aus dem Umkreis dieser Magdeburger Theologen und der Ernestiner ging auch die indirekte Bezeichnung Moritz' als „Judas" hervor.

Sicherung der Position

Nach seiner Rückkehr aus Italien musste der Kurfürst den 1546 festgelegten Ausgleich für die drei Grafschaften an der Mulde (Eilenburg, Leisnig und Colditz) stellen, weil sie wie das Vogtland als böhmische Lehen galten. Der Ausgleich mit König Ferdinand wurde im Grundsätzlichen erreicht, nachdem Moritz vom 26. Mai bis zum 8. Juni 1549 König Ferdinand in Prag besucht hatte. Wie schon im Prager Vertrag von 1546 festgelegt, wurden östlich der Neiße Sagan, Priebus und Naumburg am Bober und im Erzgebirge die Hälfte des Amtes Schwarzenberg an Böhmen überlassen. Böhmen verzichtete dafür auf alle seine Rechte an den früheren Reichsgrafschaften Eilenburg, Leisnig und Colditz im Muldental. Mit dem südöstlichen Teil des Amtes Schwarzenberg wurden auch die Bergwerksorte Platten (Horni Blatna) und Gottesgab (Bozi Dar) am Fichtelberg abgetreten. Das Jagdrecht blieb für das ganze Amt bei Sachsen.[364] Mit dieser Grenzveränderung ist der Verlauf zwischen Sachsen und Böhmen, heute Tschechien, festgelegt worden, wie er bis in die Gegenwart geblieben ist. Am 8. Juni wurde von König Ferdinand und Moritz der Vertrag für den Gebietstausch unterzeichnet.[365]

Für die Verhandlung hatte Moritz seine angesehensten Räte nach Prag mitgebracht: Sebastian von Wallwitz, Simon Pistoris, Wolf Koller, Georg Komerstadt, Christoph von Karlowitz und Ludwig Fachs. Die Festlegung des genauen Grenzverlaufes im Amt

363 PKMS 4, S. 290 Nr. 246, 10.1.1549, Kfl. Mandat gegen Schmähschriften.
364 PKMS 4, S. 418–431 Nr. 377, Verhandlungsprotokoll der Räte 26.5.–8.6.1549.
365 PKMS 4, S. 435 f. Nr. 383, Prag 8.6.1549.

Schwarzenberg sollte noch zwei Jahre in Anspruch nehmen. Es war nicht klar, ob die Teilung nach Größe oder nach Wert geschehen sollte.[366] Markscheider und Mathematiker wurden zugezogen und dazu Mappen der Vermessungen angelegt.[367] Im Sommer 1551 war die Einigung erreicht.

Nach dem Abschluss im Juni 1549 in Prag hat König Ferdinand Moritz im Sommer vor dem 15. August 14 Tage lang zur Jagd im Erzgebirge besucht.[368] Ferdinand war sogar vom päpstlichen Nuntius Santa Croce begleitet. In Zschopau fand zu Ehren des Gastes ein Turnier statt, bei dem Moritz mit dem König das erste Rennen ritt. Über die bestimmt auch politischen Gespräche vor und nach der Jagd in diesen Wochen wissen wir leider nichts. Wenn auch das Verhältnis zwischen beiden nicht so eng geblieben ist wie in diesem Sommer, bestand immer ein grundsätzlich friedliches Vertrauen. Hier wuchs die Möglichkeit für Moritz heran, zwischen König Ferdinand und dessen kaiserlichem Bruder für die spätere Fürstenerhebung von 1552 einen Unterschied zu begründen, der Ferdinand zum fast neutralen Vermittler werden ließ. Das persönliche Gespräch, Moritz' Stärke, hat Moritz und Ferdinand einander näher gebracht.[369]

Der König hatte, wie Moritz seinem Bruder berichtete, *nicht wenig lust gehapt.* Er hatte sich sehr wohl gefühlt.[370] Wahrscheinlich erfuhr Moritz in diesen Tagen etwas von dem wachsenden Abstand zwischen den beiden Habsburger Brüdern. Während sein Abstand zum Kaiser immer größer wurde, sicherte sich Moritz durch die zweimalige lange Gemeinschaft mit dem König im Jahr 1549 dessen Sympathie.

Anfang 1548 hatte Landgräfin Christine durch den Fußfall, den sie mit ihrer Tochter Anna und deren Mann vor dem Kaiser machen wollte, versucht, ihren Gemahl frei zu bekommen. Das war im Gegensatz zum diplomatischen Handeln der Kursachsen geschehen. Christine wollte auch Agnes mit Moritz in Augsburg vor dem Kaiser knien sehen.[371] Mit einer Gesandtschaft, deren Instruktion von elf Persönlichkeiten Hessens gesiegelt war, wurden sie zur persönlichen Fürbitte aufgefordert, aber Moritz wollte seine Belehnung als Kurfürst durch den Kaiser nicht gefährden und nahm nicht teil. Der Versuch blieb ohne Erfolg.

Im Sommer 1549 haben die hessischen Räte wieder direkten Kontakt zu Kurfürst Moritz aufgenommen. War das erst nach dem Tode der Landgräfin möglich? Moritz stand von nun an immer in engeren Verbindungen zu Hessen. Es geschah auf der völlig verdeckten, geheimen, aber wichtigsten Ebene der Verhandlung durch Wilhelm von Schachten und Simon Bing. Mit ihnen verhandelte Moritz weitgehend allein. Auf dieser Ebene wollte man unbedingt eine Befreiung des Landgrafen erreichen und bald auch vom Drängen des Kaisers zu einer habsburgischen Monarchie im Reich freikommen.

Im Anschluss an die Jagd mit dem König im August 1549 blieb Moritz ohne Begleitung von Räten im Gebirge. Das war eine gute Gelegenheit zum unbeachteten Gespräch außerhalb von Hof und Kanzlei. Vor dem 23. August sind die hessischen Abgesandten Wilhelm von Schachten und Simon Bing zu Moritz ins Erzgebirge gekommen.

366 PKMS 4, S. 620 f. Nr. 542, 12.5.1550.
367 PKMS 4, S. 896–898 Nr. 777, 14.12.1550.
368 PKMS 4, S. 481 Nr. 417, Marienberg 15.8.1549.
369 PKMS 4, S. 418–431 Nr. 377, Prag 26.5.–8.6.1549.
370 PKMS 4, S. 481 Nr. 417, Marienberg 15.8.1549.
371 PKMS 3, S. 672 Nr. 935, Kassel 26.12.1548, Hessische Instruktion für die Gesandten an Kf. Moritz.

Sie kamen als Hofmeister und Kammersekretär aus der vertrauten, direkten Umgebung des jungen Landgrafen Wilhelm. Sie reisten aber nicht – wie offiziell vorher geplant – von Annaberg weiter zu Kurfürst Joachim von Brandenburg, sondern wurden vorzeitig nach Hessen zurückbefohlen.[372]

Die Pläne in diesen Tagen gingen sehr weit. Besprochen und geplant wurden: 1. die persönliche Befreiung des Landgrafen, welche Moritz bezahlen und die Hessen organisieren sollten;[373] 2. der Abschluss eines Bündnisses mit König Heinrich II. von Frankreich durch Hessen und Sachsen; 3. direkte Kontakte sollten zwischen Moritz und König Heinrich II. begründet werden. Zunächst suchte man für Landgraf Philipp eine Zuflucht in Frankreich zu erreichen, falls er aus seinem Gefängnis fliehen konnte. Dazu sollten sich Hessen auf den Weg machen.[374] Moritz hat auch Geld dafür über verdeckte Zahlungen nach Hessen gegeben.[375] Die Hessen informierten Landgraf Philipp darüber nicht, und Moritz nicht die Mehrzahl seiner Räte. Auf diesem Weg der Kommandoaktion hoffte Moritz bald vom Drängen der Habsburger freizukommen.

Trotzdem lief offiziell die Forderung der Hessen an die Kurfürsten Moritz und Joachim weiter, sich gemäß ihrer Verpflichtung von 1547 in Hessen einzustellen. Die beiden Kurfürsten sollten dem Kaiser ein Ultimatum bis zum 31. Oktober 1549 stellen. Wenn Philipp nicht bis dahin entlassen wäre, müssten sie sich bei seinen Söhnen in Gewahrsam begeben. Nach dem Abschied *uffm gebirg* sollte Heinrich von Schachten, Wilhelms Bruder, zum französischen König geschickt werden, um dort Quartier für Landgraf Philipp zu machen, der von Mecheln gebracht werden sollte. Klaus Berner, dem bewährten Truppenführer des Herzogs von Preußen, sollten für die Befreiung des Landgrafen 5000 Gulden zur Verfügung gestellt werden. Die erste Summe aus Sachsen von 1000 Gulden war schon im November 1549 in Hessen eingetroffen. Doch Klaus Berner forderte mehr für die Ausführung. Erst am 7. Mai 1550 meldeten Schachten und Bing, dass 600 Gulden für das Kommandounternehmen zur Befreiung des Landgrafen Philipp bestimmt bei ihnen eingetroffen sind.[376] Es war schwer, für das lebensgefährliche Unternehmen, den hohen Gefangenen des Kaisers im Handstreich zu befreien, geeignete Männer zu finden. Der Versuch mit Klaus Berner für bis zu 2000 Gulden schlug zunächst fehl.[377]

Zur gleichen Zeit forderten die Hessen Moritz auf, Heinrich von Gleisenthal, den Schwiegersohn des Ernst von Miltitz, nach Hessen zu schicken.[378] Denn zwei Abgesandte Georgs von Reckerodt aus Frankreich hatten gefragt, wo die Verhandlung in Frankreich blieb. Über Kassel machte Heinrich von Gleisenthal, Amtmann zu Gräfenhainichen und Schwiegersohn von Ernst von Miltitz, seine erste Reise für den Kurfürsten zu Heinrich II. Damit verhandelte Moritz mit Frankreich eigenständig. Seit dem

372 PKMS 4, S. 489 f. zu Nr. 423; PKMS 4, S. 490 zu Nr. 424, Torgau vor 23.8.1549.
373 PKMS 4, S. 489 zu Nr. 423, Annaberg 25.8.1549, Kf. Moritz an Lg. Wilhelm.
374 PKMS 4, S. 487–489 Nr. 423, Annaberg 25.8.1549, Antwort des Kf. Moritz auf die Werbung der jungen Landgrafen durch Wilhelm von Schachten und Simon Bing.
375 PKMS 4, S. 432 f. Nr. 464, 30.11.1549.
376 PKMS 4, S. 614 zu Nr. 534, 7.5.1550, Schachten und Bing an Moritz.
377 PKMS 4, S. 533 zu Nr. 464, 19.12.1549 Niederschrift Bings; 4.1.1550 Klaus Berner an Schachten und Bing.
378 PKMS 4, S. 615 zu Nr. 534.

Übereinkommen im August 1549 *uffm gebirg* war er dazu ausersehen, denn man wollte dem Kaiser etwas entgegensetzen. Auch den Kontakt von Moritz zu König Heinrich II. von Frankreich sollte Schachten vorbereiten. Erst fast ein dreiviertel Jahr später konnte Schachten dem Kurfürsten von seinen Erfolgen berichten.[379] Berner hatte vielleicht im Winter nur die Lage in Mecheln erkundet. Den Auftrag selbst führte schließlich Hans Rommel aus; er war bis ins Kleinste bedacht. Rommel sollte die besten Pferde bekommen:[380] den Eisenberg, Bings Falben, den Schwarzen, Landgraf Philipps Rotschimmel und andere.

Seit Oktober 1550 und wohl länger wartete Philipp auf seine Befreiung. Moritz hatte Landgraf Wilhelm geraten, er solle nicht zu lange mit der Armbrust zielen, denn die Bäume würden täglich dürrer. Wo sollte man sich dann im kahlen Wald verbergen.[381] Zu gleicher Zeit meinte Philipp im Geheimschreiben an seine Söhne, sie sollten sich beeilen. Es wäre ganz sicher. *Sie* (seine Wächter) *mercken ane zweiuel nichts, schlaffen bis vmb 9. uhr seindt gantz enttzundt Jn der Buelschaft vnnd liebe, Halten kein tag wache wedder auff pfortten, Doren, noch hauß wissen gewislich noch nichts darumb.*[382]

Aber durch die Aufgeregtheit des Landgrafen lief am 22. Dezember 1550 alles schief. Zuerst hatte Philipp seine Diener vor der „Abreise" ausgezahlt und sich damit verdächtig gemacht. Er wurde auch in der entscheidenden Stunde zu nervös und schickte wohl seinen Pagen zu oft ans Gartentor, dessen Schlüssel er hatte nachmachen lassen. Der Page wurde diesbezüglich gefragt und verwickelte sich gegenüber den Wachen in Widersprüche. Eine Wache lief dem Pagen schließlich nach und entdeckte vier wartende Reiter mit Feuerbüchsen am Tor. Diese sollten Philipp außer Landes bringen, wohl zu Schiff nach Frankreich. In Bremen hatte man dazu ein Schiff angeworben. Von diesen Reitern wurden nun zwei erschossen und an den Füßen aufgehängt; zwei flohen verwundet. Am 1. Januar 1551 schrieb Rommel den Misserfolg aus Paderborn an die jungen Landgrafen.[383] Der Landgraf wurde fortan viel enger und strenger nur in einem Raum gehalten.

Um die Position Kursachsens zu sichern, musste Moritz auch die Unzufriedenheit seines Bruders Herzog August bedenken. Das Verhältnis zu ihm war trotz dessen glanzvoller Hochzeit immer noch angespannt. Der Bedarf des Herzogs lag stets über seinen Einnahmen, und er erstrebte ein großes, ihm gehöriges Jagdgebiet. Die unglückliche Finanzverwaltung Herzog Augusts wie in den ersten zwei Jahren ab 1544 als verwaltender Bischof in Merseburg bis zu dessen Rückkehr in die Versorgung durch den Dresdener Hof 1545 schien nun weiterzugehen. Ernst von Miltitz, bis 1544 Hofmeister von August, war 1544 in Dresden geblieben. Als verheirateter Fürst hatte August die Ämter Weißenfels, Freyburg, Sachsenburg, Weißensee und Sangerhausen erhalten. Diese selbstständige Hofhaltung in Weißenfels wurde von August fast als ein eigenständiges Fürstentum be-

379 PKMS 4, S. 613–615 Nr. 534, Dresden 18.4.1550 Niederschrift des mündlichen Berichtes von Heinrich von Schachten in Dresden.

380 PKMS 4, S. 863 zu Nr. 753, Schachten und Bing an Lg. Wilhelm.

381 PKMS 4, S. 761 f. zu Nr. 666, 20.10.1550, Moritz an Lg. Wilhelm.

382 PKMS 4, S. 763 Nr. 667, Auszüge aus den Anweisungen Lg. Philipps an seine Söhne.

383 PKMS 4, S. 942–944 Nr. 809. Augsburg 11.1.1551, Franz Kram an Kf. Moritz; PKMS 4, S. 943 f. zu Nr.809, 21.1.1551 Lg. Wilhelm an Kf.in Agnes.

griffen.[384] Er suchte seine finanziellen Schwierigkeiten nicht durch eigene Zurückhaltung zu beheben, sondern durch Erweiterung der Einnahmequellen.

August hatte sich die Konstruktion zurechtlegen lassen, weil Herzog Heinrich allein geerbt hätte, wäre die großväterliche Ordnung des Erstgeburtsrechtes für Regierung und Besitz hinfällig, vielmehr gelte nun das von Moritz nicht anerkannte Testament Herzog Heinrichs, das Herzogin Katharina ihrem kranken Mann 1541 abgewonnen hatte. Alle vorangehenden brüderlichen Verträge bis 1549 aber wäre er als nicht informierter Unmündiger eingegangen. Er hätte beim Tode des Vaters nichts von dessen Testament, das Katharina erreicht hatte, gewusst. Auf dem Deckblatt dieses grundstürzenden Planes steht aber: *Diesen Handel nicht forgenommen.*[385] Das Ausmaß der Pläne und der Spannungen zwischen beiden Brüdern wurde sichtbar. August wollte auf jeden Fall ein großes Jagdgebiet und kein Schloss ohne Jagd. Nach der Teilung des Amtes Schwarzenberg zwischen Sachsen und Böhmen erhielt er das Amt Wolkenstein.

Am 5. März 1550 wurde durch einen neuen brüderlichen Vertrag die Lebensbasis für den Bruder und seine Frau endgültig geordnet. Die Großväterliche Ordnung und die bisherigen brüderlichen Verträge blieben in Geltung, damit auch die Nachfolge des Erstgeborenen im albertinischen Sachsen. Eine immer weitergreifende Kleinstaaterei wie unter den ernestinischen Herzögen in Thüringen wurde so unmöglich. Der Kurfürst zeigte sich aber großzügig,[386] zum Amt Wolkenstein mit Jagd und allen Einnahmen, doch ohne die Bergwerke, wurden noch zehn ehemalige Klöster an August überwiesen.[387] Außerdem erhielt der Bruder 8500 Gulden aus der kurfürstlichen Kammer. Ihm wurden 25 000 Gulden von Moritz und 25 000 Gulden einer Schuld Kurfürst Joachims zugeschrieben, von denen zunächst Zinsen gezahlt wurden, d. h. bei den üblichen fünf Prozent nochmals jährlich 2500 Gulden pro Jahr. Gegen diese direkten Einnahmen haben die Räte des Herzogs dann die anderen unsicheren Ansprüche aufgegeben.

Es scheint nun keine Mühen mehr zwischen Moritz und seinem Bruder gegeben zu haben. August ist künftig in die politischen Pläne von Moritz eingeweiht. An der entscheidenden Zusammenkunft mit dem französischen Gesandten in Lochau im Herbst 1551 nahm August teil. Moritz hatte mit dem brüderlichen Vertrag Klarheit und Ruhe in der Hauspolitik erreicht.

Im 16. Jahrhundert hat sich erst allmählich durchgesetzt, zwischen dem persönlichen Einkommen des Fürsten und dem Staatseinkommen zu unterscheiden. Es bestand für beides die gleiche Silberkammer, die vom Kämmerer des Fürsten verwaltet wurde. Ernst von Miltitz hatte wohl seit 1544 dieses Amt. Seit Anfang seiner Regierung hat sich Moritz bemüht, gegenüber seinen Ständen finanziell unabhängiger zu sein. Während sein Vater den Ständen die Verwaltung der sequestrierten Klöster überlassen hatte, nahm Moritz sie schon am 18. November 1541 auf seinem ersten Ausschusstag der Landstände in die eignen Hände.

---

384 Die Inschrift des Portals heute im Fürstensaal der Neuenburg (Freyburg, Unstrut) ist von dieser Haltung bestimmt.

385 PKMS 4, S. 586 zu Nr. 510, Weißenfels 21.1.1550, Instruktion von Hz. August für seine Räte zur Beratung in Lützen.

386 PKMS 4, S. 586–588 Nr. 510.

387 PKMS 4, S. 622–624 Nr. 545, Dresden 19.5.1550, Überweisung der Einwohner vom Amt Wolkenstein.

Herzog August von Sachsen, Moritz' Bruder und Nachfolger im Kurfürstentum (1553–86), Gemälde von Hans Krell († 1565)

Der Verkauf von Klöstern war keine persönliche Bereicherung des Fürsten. Die Klöster hatten ihre geistliche Aufgabe als Platz eines Lebens, das durch seine Werke vor Gott gerecht wird, mit der Verkündigung der Gerechtigkeit vor Gott aus Glauben verloren. Deshalb waren sie von den Mönchen und Nonnen vielfach verlassen worden und mussten in Verwaltung genommen werden. Teils wurden die Klöster verpachtet, teils zugunsten des Staates verkauft oder sie waren für andere geistliche und barmherzige Zwecke bestimmt. Die höchste Summe von 83 342 Gulden zahlte 1543 die Stadt Leipzig für die Klöster in ihren Mauern, obwohl Moritz sich das Dominikanerkloster vorbehielt und mit den meisten von dessen Liegenschaften im gleichen Jahr die Universität Leipzig ausstattete. Die Klosterkirche wurde Universitätskirche und Aula zugleich.

Seit dem Schmalkaldischen Krieg hat sich Moritz um eine Steuerleistung bemüht, die einigermaßen gleichmäßig zu erwarten war. Er beantragte zunächst, dass ihm 1548 die Große Tranksteuer auf zwei Jahre bewilligt wurde.[388] Er erreichte die Zustimmung der Stände auf dem Landtag für vier Jahre. Ursprünglich sollte die Tranksteuer der Zahlung von Schulden und Zinsen des Staates dienen.[389] Moritz wollte, dass die große Tranksteuer in drei Terminen jährlich vorausgezahlt wurde. Seine Räte wollten, dass die Kerbhölzer, welche die Zahl der Gebräue in einer Braupfanne angaben, von jeder Schänke und jeder Braustätte vierteljährlich durch Schosser und Richter kontrolliert würden. Diese sollten dafür einen Pfennig Gebühr pro Fass erhalten.[390]

Vor Beginn des Feldzuges der Fürstenerhebung 1552 verlangte Moritz dann, dass die Steuer pünktlich monatlich an die Einnehmer in Dresden und Leipzig gezahlt wurde.[391] Hier verfestigte sich eine erste indirekte Steuer in Sachsen. Das Steuergenehmigungsrecht lag bei den Landständen. Diese ließen nur von Fall zu Fall einzelne Steuern gegen einen Revers zu.[392] Dass diese Steuer nur einmalig für bestimmte Zeit erhoben werde, war umgangen, aber nicht aufgehoben. Moritz durfte nach dem Revers der Landschaft keine Steuer *ohne ihre freye gutwillige Bewilligung* auferlegen.[393]

Zugleich mit den außen- und innenpolitischen Bemühungen hatte sich Moritz in seinem Land auf eine Auseinandersetzung vorbereitet. In Norddeutschland sammelten sich immer wieder Truppen. Wie Magdeburg hatte sich auch Bremen nie dem Kaiser ergeben. In Leipzig wurde die Pleißenburg repariert, die durch die Belagerung im Januar 1547 schwer gelitten hatte, im Südosten der Stadt die Moritzbastei an der Stelle des zerschossenen Henkersturmes gebaut. Caspar Vogt kümmerte sich um die Durchführung, für die der Ratsbaumeister Hieronymus Lotter wohl der Hauptauftragnehmer war.[394] Noch im Winter 1550/51 drängte Moritz seinen Bruder um Hilfe für den Ausbau der Gräben von Leipzig.[395] In Dresden lief der Mauerbau schon viel länger.

388 PKMS 4, S. 263 Nr. 218, Leipzig nach 22.12.1548, Bewilligung der Tranksteuer auf zwei Jahre.
389 PKMS 3, S. 476 Nr. 683, Bedenken des Kf. Moritz an Ritterschaft und Städte, 3. Schrift des Kf. auf dem Landtag.
390 PKMS 3, S. 480 zu Nr. 687, Dresden 18.10.1548, Ernst von Miltitz und Georg Komerstadt an Kf. Moritz.
391 PKMS 5, S. 693 Nr. 385, Torgau 8.3.1552, Landtagsabschied von Torgau.
392 PKMS 4, S. 277 Nr. 236, Leipzig 1.1.1549.
393 Vgl. PKMS 4, S. 805 Nr. 704, Ritterschaft und Städte an Kf. Moritz auf dem Landtag in Torgau, 10.11.1550.
394 PKMS 4, S. 370 Nr. 319, 1.4.1549.
395 PKMS 4, S. 935 zu Nr. 805, Feldlager vor Verden 3.1.1551, Kf. Moritz an Hz. August.

Neben den Baumaßnahmen bemühte Moritz sich um die Verteidigungsfähigkeit seiner Städte. In einem Mandat am 28. Mai 1550 an die Amtleute und Städte legte er für diese einzeln fest, wie viel Landsknechte sie im Falle der Gefahr besolden sollten. Von Freiberg und Zwickau verlangte Moritz auf diese Weise 24 000 Gulden Kriegssteuer für 400 Knechte zu 5 Gulden monatlich, auf ein Jahr. Die Kosten sollten zu den Tagen Galli 1550 (16. Oktober) und Lichtmeß 1551 (2. Februar) dafür aufgebracht sein. Dafür sollte als Ausgleich die Zahlung der Tranksteuer auf ein Jahr erlassen werden.[396] Schon im März 1550 war Georg Komerstadt durch Sachsen gereist und hatte in den großen Städten wie Freiberg, Zwickau, Chemnitz, Marienberg besprochen, wie viele Knechte sie jeweils unterhalten könnten.[397]

Magdeburg – Verhandlung und Krieg zugleich

Der Kaiser hatte Moritz 1546 die Burggrafschaft von Magdeburg zugesagt. Dagegen beanspruchte Kurfürst Johann Friedrich wohl die Burggrafschaft seit 1534 in Halle und konnte im Schmalkaldischen Krieg kurze Zeit auch Burggraf von Magdeburg werden. Nach dem Krieg versuchte Moritz, die Reichsacht gegen Magdeburg, die der Kaiser 1547 verhängt hatte, durch Abwarten und durch Eingrenzen der Stadt mit einem Embargo allmählich auszutrocknen. Denn Magdeburg hatte gegenüber dem Kaiser oder seinen Beauftragten am Ende des Krieges, in dem es auf Seiten der Schmalkaldener stand, nicht kapituliert. Weil die Stadt so dem kaiserlichen Einfluss entzogen war, flohen Menschen, die von der kaiserlichen Interimspolitik bedroht waren, in die Stadt. Von dort aus verteidigten sie ihre persönlichen Überzeugungen.

Moritz selbst wollte Magdeburg nicht belagern. Er unternahm Kriegszüge aus eigenem Antrieb mit dem Ziel, Ausgleich zu fördern. Eine Erhebung der Fürsten im Reich ist bestimmt seit 1549/50 das politische Ziel des Kurfürsten gewesen. Sie sollte das Gleichgewicht der Stände des Reiches mit Karl V., der bewusst monarchisch regierte, herbeiführen, denn Moritz fühlte sich und andere seit 1546 als Werkzeuge des Kaisers missbraucht. Ehe dieses Ziel reifen konnte, wurde er aber mit Hilfe von Herzog Heinrich durch den Kaiser zum direkten Vorgehen gegen Magdeburg gedrängt.

Das vom Kaiser, von König Ferdinand und von Herzog Heinrich von Braunschweig immer wieder geforderte Vorgehen gegen Magdeburg hatte Moritz zuletzt auf dem vom König auf kaiserlichen Befehl für den 15. August 1549 angesetzten Tag in Jüterbog umgangen.[398] Die Belagerung entstand schließlich aus einem Knäuel unterschiedlichster Interessen. Zuerst suchte die Stadt Magdeburg ganz bewusst die Selbstständigkeit gegenüber dem Erzbischof. Schon seit Jahrzehnten regierten deshalb der Erzbischof Kardinal Albrecht und sein Nachfolger die beiden Bistümer Magdeburg und Halberstadt von der Moritzburg aus, ihrer Residenz in Halle. Magdeburg hatte den katholischen

396 PKMS 4, S. 630 f. zu Nr. 551, gestr. Dresden 21.4.1550, Langensalza 28.5.1550, Moritz an die Amtleute.
397 PKMS 4, S. 592–594 Nr. 517, Freiberg 15.3.1550, Georg Komerstadt an Kf. Moritz.
398 Z. B. PKMS 4, S. 474–478 Nr. 415, 15.8.1549, Instruktion für den Tag in Jüterbog wegen Magdeburg.

Klerus nach der Reformation 1524 aus der Stadt vertrieben und suchte nun zu Hansestädten wie Goslar, Lüneburg und Braunschweig engere Beziehungen in einem Städtebund. Den Magdeburgern wurde vorgeworfen, sie wollten *wie die Schweitzer* die Fürsten, Herren und den Adel vertreiben.[399] Magdeburg strebte sicher die Stellung einer Freien Reichsstadt an. Viele Magdeburger fühlten sich nach 1547 als die letzten Getreuen des Schmalkaldischen Bundes, die das Evangelium verteidigten.

Kurfürst Joachim von Brandenburg hatte wie Kurfürst Moritz Pläne, das Erzbistum und die Stadt seiner Vorherrschaft einzuordnen. Herzog Heinrich von Braunschweig wollte den selbstbewussten Rest des letzten Krieges überwinden: Die betont eigenständige, evangelische Stadt Magdeburg war für ihn eine Gefahr. Er wollte als der letzte wesentliche weltliche, altgläubige Fürst in Norddeutschland Magdeburg niederwerfen und monarchisch über alles in seinem Machtbereich herrschen, wie auch über die Reichsstadt Goslar und die Handelsstadt Braunschweig.

Konservative und dem Kaiser ergebene Kräfte im albertinischen Kursachsen suchten für Magdeburg einen Weg durch Ergebenheit gegenüber dem Kaiser. Christoph von Karlowitz wollte weitergreifende Lösungen gegen Magdeburg, denn von dort würden die Untertanen unruhig gemacht, würden die Theologen, Kurfürst Moritz und die Räte geschmäht. Man müsse es erobern, sonst verliere man das Vertrauen der Nachbarn und das von König und Kaiser; die Straßen und der Handel würden unsicher.[400] Moritz aber wollte nur soweit gegen Magdeburg vorgehen, als dem Kaiser gegenüber unbedingt nötig war. Er wollte nach 1547 keine Reichsacht durch Krieg gegen Magdeburg vollstrecken. Auch 1549 wollte er ein aktives Embargo gegen Magdeburg nur beginnen, wenn dessen Fortsetzung auf Dauer durch die Stände des Ober- und Niedersächsischen Reichskreises finanziell gesichert wäre. Das jedoch sollte aufgeschoben werden, bis diese Stände zu einem Kreistag, wie von König Ferdinand geplant, geladen wären. In diesem Sinne antwortete Moritz den Gesandten vom Kaiser und König,[401] denn er wollte keinen offenen Konflikt mit Magdeburg.

Markgraf Johann suchte dagegen die Basis des Königsberger Bundes gegen die Pfaffen des Magdeburger Stiftes, denen man nicht trauen könne, zu erweitern. Der Anfang 1550 in Königsberg gegründete Bund sollte eine Fortsetzung des alten Schmalkaldischen Bundes werden und durch Zusammenschluss den Bestand der evangelischen Reichsstände sichern. Johann wollte auch mit den jungen Ernestinern, aber ohne deren Vater zusammenarbeiten. Sie sollten seine Pläne nicht an den Vater schreiben.[402]

Der von Herzog Heinrich am Schwelen gehaltene Konflikt mit Braunschweig eskalierte gerade 1550 wieder einmal durch Truppenanwerbungen.[403] Heinrich versuchte dabei, Moritz mit Hilfe der Reichsordnung des Landfriedens auf seine Seite zu ziehen.[404] Dieser bemühte sich aber schließlich erfolgreich um Friedensvermittlung zwischen dem Herzog und der Stadt Braunschweig. Sogar der Kaiser drängte Herzog Heinrich dazu.

---

399 PKMS 4, S. 245 Nr. 200, 21.12.1548, Protokoll der Verhandlung der Kurfürsten, Fürsten, Grafen und Herren wegen der Exekution gegen Magdeburg.

400 PKMS 4, S. 490 zu Nr. 424, Torgau vor 23.8.1549, Karlowitz an Stramburger.

401 PKMS 4, S. 448 f. Nr. 395, 2.7.1549.

402 PKMS 5, S. 127 zu Nr. 52, 27.3.1551, Mgf. Johann an Kf. Moritz.

403 PKMS 4, S. 627–629 Nr. 549, Wolfenbüttel 24.5.1550, Hz. Heinrich an Kf. Moritz.

404 PKMS 4, S. 666–669 Nr. 584, Lager bei Braunschweig 18.7.1550, Hz. Heinrich an Kf. Moritz.

In die Ruhe des Abwartens vieler Strebungen mit- und gegeneinander traf der Ausgleich, den Moritz durch seine Beauftragten zwischen der Stadt Braunschweig und Herzog Heinrich von Braunschweig vermittelte.[405] Schon als der Konflikt zwischen der Stadt und Herzog Heinrich in Richtung Aussöhnung lief, hatte Moritz Anfang August 1550 alle Pläne zu kriegerischem Handeln abgesagt.[406] Der Vertrag zwischen Herzog Heinrich und der Stadt Braunschweig samt einigen Junkern wurde am 11. September 1550 geschlossen.[407] Sein eines Original mit 17 Siegeln liegt im Dresdner Archiv.

Dieser Vertrag machte Heinrichs durch Herzog Georg von Mecklenburg geführte Truppen in Niedersachsen überflüssig.[408] Deshalb schlug Heinrich seinem arbeitslosen, jungen Truppenführer vor, die Reichsacht gegen Magdeburg zu vollstrecken. Sechs Wochen später schrieb Heinrich an Moritz, dass der Krieg, den Moritz und Kurfürst Joachim jetzt gegen Magdeburg führen müssten, eine Strafe Gottes dafür sei, dass sie Heinrich bei seiner Verteidigung gegen die Stadt Braunschweig nicht halfen.[409] Hieß da Gott nicht Herzog Heinrich, der den Ausgleich nicht gewollt hatte?

Der kaiserliche Kriegsrat Lazarus von Schwendi hatte schon 1549 erklärt, dass der Kaiser eine Unterwerfung Magdeburgs mit Gewalt nur selbst oder durch Moritz erreichen könne. Auf der anderen Seite meinte Schwendi zu wissen, dass Moritz geheim mit Magdeburg verhandle.[410] Die Stadt hatte ihre Befestigungen gut ausgebaut. Man hatte Türme mit Erde gefüllt, um oben Kanonen sicher aufstellen zu können. Es hieß sogar, dass man in Ketten aufgehängte Kanonen besaß, die rückstoßarm waren und besonders gut auf Belagerer herabschießen konnten.

Herzog Georg von Mecklenburg folgte dem Vorschlag Heinrichs und zog mit rund 3000 Mann, dazu 1500 Hakenschützen und 200 Reitern, ins Bistum Halberstadt. Das von Moritz angestrebte Gleichgewicht wurde durch Herzog Georg gestört. Die Magdeburger Bürger, von reichsstädtischem Eifer beflügelt, doch ohne militärische Erfahrung, wollten ihre ehemals bischöflichen Außengebiete schützen. Sie zogen gut gerüstet mit Wagenburg und Kanonen gegen Georg. Sogar an Fässer voll Stricke, um die Gefangenen zu binden, war gedacht. Sie wurden aber bei Hillersleben (nahe Haldensleben) am 22. September 1550 vernichtend geschlagen.[411] Man sprach von 3000 Toten.

Herzog Georg von Mecklenburg eroberte nun die drei Ämter Wanzleben, Dreileben und Wolmirstedt vor den Toren Magdeburgs. Vielleicht wollte er mit diesem Gebiet des Bistums eine persönliche Herrschaft begründen, weil er in Mecklenburg neben seinen Brüdern nicht viel zu erwarten hatte. Diese Ämter haben jedenfalls seine Verwandten nach seinem Tode als persönliches Erbe beansprucht. Schon auf dem Reichstag 1551 hatte Kursachsen sich bemüht, eine Übereignung der Ämter an Georg von Mecklenburg zu verhindern.[412]

---

405 PKMS 4, S. 590 f. zu Nr. 515, März bis Mai 1550; PKMS 4, S. 628 zu Nr. 549, S. 628 f. Mai – Juni; S. 666–669 Nr. 584, 18. 7. 1550.

406 PKMS 4, S. 686 f. Nr. 602, Schwarzenberg 9.8.1550, Hz. August an Mgf. Albrecht.

407 PKMS 4, S. 715–719 Nr. 627.

408 PKMS 4, S. 715–719 Nr. 627, 11.9.1550, Vertrag zwischen Hz. Heinrich und der Stadt Braunschweig.

409 PKMS 4, S. 818 Nr. 716, Augsburg 1.11.1550.

410 PKMS 4, S. 448 zu Nr. 395, Lazarus von Schwendi an Ks. Karl V.

411 PKMS 4, S. 731 f. Nr. 640, 22.9.1550; PKMS 4, S. 734 zu Nr. 642, 29.9.1550, Johann zu Heideck an Kanzler Johann Lucka; PKMS 4, S. 736–738 Nr. 643, Gommern 25.9.1550; PKMS 4, S. 739 Nr. 645.

412 PKMS 5, S. 58 Nr. 7, 1. Zettel, Augsburg 12.1.1551, Christoph von Karlowitz an Kf. Moritz.

Im August 1549 hatten die vom Kaiser zusammengerufenen Stände des Ober- und Niedersächsischen Reichskreises beschlossen, nochmals mit Magdeburg zu verhandeln und eine eventuelle Exekution der Reichsacht dem Kaiser zuzuschieben.[413] Die Söldnerherrschaft Herzog Georgs vor Magdeburg zerstörte das von Moritz in Braunschweig erreichte Gleichgewicht und bedrohte auch Moritz mit seinen Landen. Er sah die Gefahr, dass die Stadt Magdeburg oder sogar der Kaiser die unbezahlten Söldner Herzog Georgs in ihren Dienst nehmen könnten. Vom Kaiser befürchtete man immer noch eine gewaltsame Durchsetzung des Interims.

Aus diesen ihm aufgeladenen Schwierigkeiten rettete sich Moritz, indem er zu dem Söldnerhaufen vor Magdeburg reiste. Moritz wurde sich mit Herzog Georg, der kein Geld für die Söldner besaß, sehr schnell einig und ließ sich persönlich und nicht dem Reich von den Truppen als Führer vor Magdeburg schwören.[414] Er nahm die Söldner in seinen eigenen Dienst, wollte sie sich aber vom Kapitel des Erzbistums und vom Reich bezahlen lassen.[415]

Moritz beabsichtigte durch die ihm zugefallene Macht zuerst die Stadt und Festung Magdeburg zu einer gütlichen Einigung zu drängen.[416] Er handelte in alldem nur scheinbar im Sinne des Kaisers.[417] Denn ehe er die Truppen von Herzog Georg von Mecklenburg unter sein Kommando brachte, war von ihm Heinrich von Gleisenthal, der Schwiegersohn seines Finanzministers Ernst von Miltitz, zu König Heinrich II. von Frankreich geschickt worden, um mit diesem einen Bund gegen den Kaiser zu begründen.[418] Moritz wollte mit Heinrich II. verhindern, dass Karl V. aus dem deutschen Reich eine gegen Frankreich schlagkräftigere Monarchie machte. Bestimmt seit dem 12. November 1550 wusste Moritz, dass Gleisenthal aus Frankreich zurück war.

Zugleich strengte Moritz sich auf allen ihm zur Verfügung stehenden Kanälen an, zu einigermaßen günstigen Bedingungen eine Kapitulation für die Stadt zu vermitteln. Er wollte die Kapitulation für sich als Leiter der Belagerung erreichen, ehe der kaiserliche Kommissar Lazarus von Schwendi vor Magdeburg eintraf und eine wirkliche Belagerung beginnen musste. Schwendi war am 18. Oktober aus Augsburg abgereist.

Um die Verhandlung mit Magdeburg haben sich zusammen mit Moritz besonders Kurfürst Joachim und Herzog August bemüht. Auch Markgraf Albrecht fand sich als Brandenburger ein. Hoffte er, Truppen zu stellen und zu führen? Oder gedachte er eine angebliche Erbschaft, noch von Kardinal Albrechts Tod 1545 her, von den Magdeburgern in Höhe von 100 000 Gulden für sich einzutreiben? Albrechts Phantasie in Geldansprüchen war groß.

Merseburgs Bischof Georg von Anhalt[419] und die Räte des Kurfürsten Moritz hatten keinen Erfolg bei der Vermittlung,[420] auf die Moritz in Fermersleben vor der Stadt war-

413 PKMS 4, S. 498–500 Nr. 431, Jüterbog 31.8.1549, Abschied.
414 PKMS 4, S. 736–738 Nr. 643, 25.9.1550.
415 PKMS 4, S. 767 Nr. 670, PS. zu Barby, 11.10.1550, Moritz an Kf.in Agnes.
416 PKMS 4, S. 767 Nr. 671, Lager vor Magdeburg 11.10.1550, Bericht vom Beginn der Belagerung.
417 PKMS 4, S. 835 Nr. 733, 12.11.1550.
418 PKMS 4, S. 687 f. Nr. 604, Zschopau 14.8.1550, Memorial von Kf. Moritz für Heinrich von Gleisenthal.
419 PKMS 4, S. 748–750 Nr. 655, Magdeburg 3.10.1550, Stadt Magdeburg an die Gesandten Georgs von Anhalt; PKMS 4, S. 761 Nr. 665, Stadt Magdeburg an Fs. Georg von Anhalt.
420 PKMS 4, S. 767 Nr. 671, 11.10.1550.

Grabmal von Johann Herr zu Heideck in der Bergkirche Eilenburg

tete. Weil Moritz in politischen Kategorien helfen wollte, Nikolaus von Amsdorf aber, der bestimmende Kopf in der Stadt, in theologischen Doktrinen dachte, war keine Verständigung möglich. Im Oktober 1550 versuchte auch Johann Scheyring, der Kanzler Herzog Heinrichs von Mecklenburg, zusammen mit dem Kanzler von Lüneburg intensiv, zwischen Moritz und Magdeburg zu vermitteln.[421] Fürst Wolfgang von Anhalt, auch der frühere schmalkaldische Söldnerführer Johann Herr zu Heideck reisten zu gleichen Versuchen in die Stadt. Herzog August schlug aus dem gleichen Umfeld Graf Christoph von Oldenburg und Klaus Berner als Unterhändler vor.[422]

Im Schmalkaldischen Krieg hatte Heideck erst im Auftrag des Herzogs Ulrich von Württemberg gekämpft und dann zusammen mit dem ernestinischen Truppenführer Thumbshirn den Herzog Erich von Braunschweig bei Drakenburg besiegt. Nach der Schlacht von Mühlberg war er vom Kaiser in die Acht erklärt worden. Heideck kehrte aber aus der Schweiz, wohin er ausgewichen war, zurück und warb in den norddeutschen Hansestädten Knechte zum Entsatz für Magdeburg,[423] finanziert durch Markgraf Johann. Mit Heideck eng verbunden waren immer die Brüder Gabriel und Christoph Arnold, die ihre Lebensstellungen als Rentmeister und Kanzler in Pfalz Neuburg bei Pfalzgraf Ottheinrich mit dessen Vertreibung aus seinem Fürstentum im Schmalkaldischen Krieg verloren hatten. Sie stammten aus dem Herzogtum Bayern. Von dort war Gabriel ins benachbarte Neuburg gekommen und seit 1522 Rat und seit 1523 Rentmeister gewesen. Christoph war wohl aus früherem Kriegsdienst einarmig und deshalb eng mit Johann zu Heideck verbunden, dessen Kanzler er genannt wurde. Gabriel Arnold scheint sich in Basel aufgehalten zu haben. Unter den Bündnisverhandlungen mit Frankreich wird ein Bedenken von beiden Arnolds zum Kriegszug gegen Karl V. in Dresden abgeheftet, das inhaltlich einem handschriftlichen Buch ähnlich ist über „Das Recht zum Widerstand der unteren Obrigkeit gegen die obere Obrigkeit“, das im Herbst 1550 an Moritz gesandt wurde und von Christoph Conradt, d. h. wahrscheinlich von Christoph Arnold, verfasst war.[424]

Demnach hat im Herbst 1550 eine wichtige Gruppe der ehemals schmalkaldischen Truppenführer den Versuch von Moritz zur Einigung mit Magdeburg bejaht. Herzog August mit Herzogin Anna sagten Berner sogar die Teilnahme an dessen Hochzeit am 16. Juli 1551 zu.[425] Dort konnte dann vieles für die Fürstenerhebung 1552 besprochen werden.

Moritz traf sich mit Johann Herr zu Heideck am 26. Oktober 1550 vor der Stadt Magdeburg [426], während er im Oktober den Kompromiss mit Magdeburg suchte. Danach wussten beide, dass innerevangelische Konflikte vermieden werden mussten. Moritz ließ später auch über Bing und Wilhelm von Schachten Heideck sagen, dass man ihm glauben und vertrauen müsse. Wäre das nicht, müsse er sehen, wo er bliebe, *und solt er*

---

421 PKMS 4, S. 775–777 Nr. 680, 18.10.1550.

422 PKMS 4, S. 792 f. Nr. 693, 26.10.1550, Memorial zur Verhandlung mit der Alten Stadt Magdeburg, PKMS 4, S. 795 Nr. 696, 28.10.1550.

423 Zedlers Universallexikon Bd. 12. Leipzig/Halle 1735, Sp. 1127.

424 Obrigkeit, Letztes Bl. b, Notiz. Siehe Anm. 430.

425 PKMS 5, S. 199 zu Nr. 91, 27.5.1551, Klaus Berner an Fs. Wolfgang von Anhalt.

426 PKMS 4, S. 780 zu Nr. 681, 27.10.1550, Johann zu Heideck an Hz. Johann Albrecht von Mecklenburg: *ein hohe person* (Moritz) *aus der feinde lager angestern* ihn mit Wissen des Magdeburger Rates getroffen hat.

drum in ander leut, wilchs er sonst ungern thet, gar (ganz) kriechen; dan er wolt sich also nit fressen lassen.[427] Das hieß, er wolle lieber anderen, d. h. wohl dem Kaiser, in den Hintern kriechen als untergehen. Sah Moritz im Königsberger Bund, dem Heideck im Dezember noch diente, eine so große Gefahr, oder war diese Äußerung für Markgraf Johann und seinen Bund bestimmt, damit sie ihre Scheu vor Moritz überwanden? Johann hatte von Heideck und anderen Truppen gegen die Belagerung Magdeburgs in Niedersachsen sammeln lassen. Das bewies die große Ablehnung dort gegen Moritz. Dieser löste den Konflikt nach einiger Drohung durch Verhandlungen, wenn er es auch dem Kaiser gegenüber kriegerischer darstellte als es war.[428] Die Geschütze mussten die Kapitulierenden bei ihrem Abzug in Verden zurücklassen.

Obwohl Heideck mit Heinrich von Schachten der Vermittler vor Verden war, trat er offiziell nicht auf, [429] Heideck unterzeichnete die Kapitulation des Kriegsvolkes nicht mit, aber sein Kanzler Christoph Arnold erhielt durch Moritz nach Abschluss der Kapitulation 600 Taler.[430] Auch Moritz war in Verden zunächst nicht direkt beteiligt, sondern ließ Markgraf Albrecht mit dem Verdener Haufen verhandeln.[431] Die Hauptsachen waren von Moritz mit Christoph Arnold ausgehandelt worden. Graf Volrad meinte danach brieflich an Heideck, dass Moritz für die Sache Magdeburgs gewonnen sei, weil er durch Heinrich von Schachten und Christoph Arnold dazu bewegt worden wäre.[432] Heideck hatte schon vorher Johann Albrecht von Mecklenburg mitgeteilt, dass Moritz dem Werk nicht abgeneigt sei. Moritz riet, Magdeburg sollte sich bald ergeben, ehe der Kaiser die für Magdeburg gesammelten Truppen anwerben könnte. Bei diesem Treffen wurde wohl ein tieferes Verstehen zwischen beiden gefunden. Dadurch konnte Moritz Anfang Januar 1551 mit den Truppen bei Verden, die zum Entsatz der Magdeburger von Heideck gesammelt worden waren, einen Vertrag schließen.[433]

Mit Johann Herr zu Heideck traten danach viele Söldner in den Dienst von Moritz. Heideck selbst ernannte der Kurfürst ab 24. Februar 1551 zum Oberhauptmann des Leipziger Kreises, als Nachfolger von Erasmus von Könneritz, der wegen der Weigerung der Ritterschaft des Leipziger Kreises im Dezember 1550, die Belagerung Magdeburgs als Landesverteidigung anzusehen, abgesetzt worden war. Heidecks Kanzler Christoph Arnold wurde Amtmann in Eilenburg. Mit dem Datum 24. Februar könnte Moritz auf seine Belehnung 1548 und damit auf den Geburtstag Kaiser Karls V. Bezug genommen haben. Indem Moritz diese beiden Männer in seinen Staatsdienst aufnahm, obwohl sie seit dem Kriege 1546/47 noch in Reichsacht waren, machte er einen wichtigen Schritt zur Vorbereitung des Fürstenkrieges. Heideck wurde hervorgehobener Berater für militärische Fragen.

---

427 PKMS 4, S. 921 Nr. 794, 23.12.1550, Instruktion von Wilhelm von Schachten und Simon Bing für Heinrich von Schachten an Johann zu Heideck.

428 PKMS 4, S. 960 f. Nr. 820, vor Verden 8.1.1551, Kf. Moritz an Ks. Karl V.; Feldlager vor Verden 7.1.1551 Kf. Moritz an Ks. Karl V.

429 PKMS 4, S. 920 f. Nr. 794, 23.12.1550, Instruktion von Wilhelm von Schachten und Simon Bing für Heinrich von Schachten an Johann zu Heideck.

430 PKMS 4, S. 960 zu Nr. 819, nach 7.1.1551 Werbung an den Ebf. von Bremen: Christoph Arnold soll 500 Taler vom Alten Land und 100 von Verden, Stade und dem Kapitel behalten.

431 PKMS 4, S. 952–955 Nr. 814, Verden 5.1.15551.

432 PKMS 4, S. 927 zu Nr. 797, 31.12.1550, Gf. Volrad von Mansfeld an Johann zu Heideck.

433 PKMS 4, S. 959 f. Nr. 819, 7.1.1551.

Magdeburg fühlte sich trotzdem in seiner isolierten Stellung als eine Spitze aller Deutschen und meinte, allein den Glauben und die Freiheit im Reich zu verteidigen. Die Prediger bemühten sich mit allem Vermögen, eine friedliche Übergabe zu verhindern,[434] obwohl der Brandenburger Rat Adam Trott schon im Februar 1551 verärgert fragte, welchen Gewinn denn die beiden Kurfürsten aus dem Handel mit Magdeburg hätten, da die Magdeburger in den Verhandlungen Befestigungen, Stadt, Lehen und Privilegien behalten sollten. Die Kurfürsten hätten Unkosten, Schimpf und als Herren nur den Eid der Magdeburger.[435]

Die in Magdeburg bestimmende Widerstandspartei argumentierte in einer ideologischen Logik, dass man mit einer Kapitulation vor Moritz auch vor dem Reich kapituliere. Durch die Kapitulation vor dem Reich erkenne Magdeburg die Beschlüsse des Reiches an. Der Reichstag aber habe beschlossen, das Trienter Konzil anzuerkennen, das seit Mai 1551 wieder tagte. Durch Kapitulation vor Moritz ordne man sich letzten Endes wie die anderen Reichsstände dem Trienter Konzil unter. Das Konzil aber wolle alle wieder dem Papst unterordnen. Also wäre Kapitulation ein Abfall von Gottes Wort. Damit wurde eine Argumentationskette wie gegenüber dem Interim wiederholt. Mit gleicher „Logik" machte man Kurfürst Moritz zum Judas, weil er der Urheber dieser erwarteten Ereignisabfolge wäre. Die Magdeburger wollten vor den Städten und Ländern, die das reine Wort Gottes leben, kein Ärgernis geben.

Die Ablehnungsgruppe in Magdeburg scheint unter dem Einfluss Nikolaus von Amsdorfs gestanden zu haben. Noch nachdem die Stadt *mit herzog Moritzen sich vertragen dergestalt das sie bei irer religion wie sie bisher gehalden bleiben vnd ire freiheit sampt der festung behalten sollen*, wie er zugeben musste, meinte Amsdorf, die Magdeburger hätten mehrfach durch Gottes Gnade ihre Feinde in ihrer Hand gehabt. Dem seien sie nicht gefolgt, sie müssten wissen, ob aus Unwissenheit oder aus Verrat.[436]

Luther sah den Gehorsam gegen die Obrigkeit in der göttlichen Einsetzung der Obrigkeit begründet.[437] Die Magdeburger Theologen sahen in ihren Schriften dagegen den Gehorsam gegenüber der Obrigkeit in deren Funktion begründet. Nur solange die Obrigkeit ihrem Amte gemäß handle, wäre man Gehorsam schuldig. Wenn der Kaiser die heilbringende Lehre des Evangeliums und die von Christus eingesetzte Verwaltung von Taufe und Abendmahl nicht fördere, sondern das reine Wort Gottes verfolge[438], dann müsse man ihn für einen Feind Gottes und des Reiches halten.[439] Gegen diesen Feind habe die Obrigkeit Recht und Pflicht zum Widerstand. Dieses Widerstandsrecht verlagerten die Magdeburger auf die untere Obrigkeit und damit auch auf ihre Stadt.[440] Wenn dann die mit dem Amt Beauftragten versagten oder dieses zur Verstörung der

434 PKMS 5, S. 83 Nr. 26, 11.2.1551.

435 PKMS 5, S. 84 Nr. 28, 12.2.1551, Adam Trott an Mgf. Johann.

436 PKMS 5, S. 471 f. Nr. 346, Magdeburg 11.11.1551. Nikolaus von Amsdorf an Hz. Johann Friedrich.

437 Franz Lau: Luthers Lehre von den beiden Reichen. Berlin 1952, S. 41.

438 HStA Dresden: Loc. 10039: Christopher Cunradt: Vom ampt der Obrickait gegen den underthanen und der underthanen gegen der Obrickait wie fernne mhan derselbigen zugehorsamen schuldig seye Bedencken verdeutscht 1550, Bl. 213a. (zitiert: Obrigkeit).

439 Obrigkeit, Bl. 231a.

440 Obrigkeit, Bl. 133ab.; Matthias Flacius Illyricus: Ein Christliche vermanung zur Bestendigkeit, inn der waren reinen Religion Jhesu Christi ... Geschrieben an die Meißnische Kirche ... 1550. Bl. Aiiii fordert Herzog August zum Schutze des Evangeliums auf, obwohl er kein eigenständiger Reichsstand war.

Kirche gebrauchten, könnte man die Kirche, *wenn man keine Diener haben kan in nötigen stücken selbst durch ein jedes gliedt pflegen. Sonst sol sich niemandt des Kirchenamtes unterstehen* ohne Berufung.[441] Flacius sah das nicht als Regelung für seltene Notfälle, denn er forderte, dass die Schafe ihren Hirten unterstützen sollten, der gegen den Wolf kämpft, dass sie aber dem bösen Hirten den Eingang in die Kirche verwehren oder ihn mit Dreck aus der Kirche werfen sollten.[442]

Damit war die Obrigkeit nicht mehr als eine selbstständige Ordnung Gottes gesehen, durch die Gott verborgen handelte, sondern nur noch als durch ihren Dienst für das Evangelium ermächtigt. Die Obrigkeit war zum Schutz der Kirche von Gott verordnet. Wenn es nötig war, konnte ein Christ sie zum Schutz gegen die Tyrannei der oberen Obrigkeit gebrauchen, so wie er eine Arznei gegen eine Krankheit gebrauchte.[443] Der Spruch vom „Reich Christi, das nicht von dieser Welt ist“, kann dagegen nicht angeführt werden, denn das Evangelium hebt die Notwehr nicht auf.[444]

Noch 1547 hatte Justus Menius in „Von der Notwehr …“ nur gesagt, dass Widerstand um nötiger Dinge willen christlich sei zur *rettung eigner Personen, Kirchen, Priester, frauen, jungfrauen und kinder*[445]. Die Magdeburger Theologen mit Amsdorf hatten viel weiter gefolgert und meinten, nur eine Obrigkeit, die das Evangelium schützte, wäre eine richtige Obrigkeit. Das müsste auch eine untere Obrigkeit wie die Stadt Magdeburg auf sich nehmen, wenn die jeweils höhere Obrigkeit das nicht mache. Außerdem gäbe es im Falle des Bekenntnisses keine Nebensachen des christlichen Glaubens, sondern in diesem Fall wären wichtige und auch nebensächliche Fragen des christlichen Glaubens und Lebens alles Hauptsachen.

Moritz war dagegen bestrebt, von Melanchthon belehrt, die Politik des Staates als eigenständiges Handeln zu sehen.[446] Das theologische Denken Amsdorfs war gewissermaßen unfähig, das politische Denken des Kurfürsten zu begreifen. Moritz wollte die evangelischen Länder und auch Magdeburg, wenn es sich in seine Hand stellte, vor dem Zugriff des Kaisers bewahren,[447] indem er ihnen politisch Raum schaffte, damit sie im evangelischen Glauben leben könnten.

Am 28. Oktober 1550 kam die lange verzögerte Antwort der Stadt ins Lager vor der Stadt. Die Kurfürsten Moritz und Joachim waren über die schulmeisterliche Art der Magdeburger empört, die sich mit ihnen auf gleiche Stufe stellten, den Schutz der Kurfürsten und noch einige tausend Gulden wünschten und eine Art Bündnis mit ihnen eingehen wollten, um Leib und Leben für das Evangelium einzusetzen.[448] Die gestellte Bedingung des Fußfalls aber vor dem Kaiser, der Zahlung von 100 000 fl., der Ablieferung von 16 Büchsen an den Kaiser und der Aufnahme einer Besatzung von höchstens 1500 Mann, wollten sie keinesfalls eingehen.

---

441 Bekenntnis Unterricht, Bl. Gib.

442 Matthias Flacius Illyricus: Ein Christliche vermanung zur bestendigkeit, inn der waren reinen Religion Jhesu Christi … Geschrieben an die Meißnissche Kirche … 1550, Bl. Eiib–Eiiia.

443 Bekenntnis Unterricht, Bl. Mia–Miiia.

444 Obrigkeit, Bl. 127b.

445 Notwehr, Bl. Ciiib; ebenso Bl. Aiiiia; Bl. Ciib.

446 PKMS 3, S. 99 Nr. 54, Wittenberg 31.7.1548, Melanchthon an Mgf. Johann.

447 PKMS 4, S. 777–781 Nr. 681, 18.10.1550.

448 PKMS 4, S. 810 Nr. 709, 28.10.1550.

Den angekommenen kaiserlichen Kommissar Schwendi empfing Moritz zunächst nicht, um Zeit für die Magdeburger zu gewinnen, ohne kaiserlichen Einfluss einen Kapitulationsvertrag mit ihm abzuschließen. Diesen fast verzweifelten Versuchen, eine Kapitulation vor Moritz herbeizuführen, lief der Beginn des Landtages in Torgau parallel.[449]

Moritz ritt am 1. November vom Feldlager ohne Erfolg bei der Stadt Magdeburg nach Torgau ab. Das war fast eine Woche später als geplant, denn für den 28. Oktober war der Landtag nach Torgau einberufen. Moritz traf erst am 3. November in Torgau ein.[450] Auf die Bitte von Moritz konnte August zunächst nur die Münzverhandlungen beginnen.[451] Obwohl er nur die Bitte der Stiftsstände vorbringen ließ, Magdeburg zum Gehorsam zu bringen, wollten die Stände des Kurfürstentums Sachsen keinen Krieg gegen Magdeburg. Moritz sollte sich um friedliche Mittel bemühen. Auf Drängen des Landtages lud er nochmals Ständevertreter zum Gespräch für den 20. November 1550 nach Bitterfeld. Die wenigen Gekommenen wollten aber nicht für die ganze Landschaft entscheiden.[452]

Inzwischen waren Blockhäuser an den wichtigen Zufahrtsstraßen nahe Magdeburg errichtet worden, und die Belagerung der Stadt begann. Im Oktober hatte Moritz dem Kriegsvolk noch allen Kampf mit den Magdeburgern untersagt. Nun ließ er am 28. November 1550 in der Nacht an der Neustadt stürmen.[453] Sollte damit die ganze Stadt schon fallen? Nur die Neustadt Magdeburgs wurde erobert.

Während der Oktoberverhandlungen müssen die Magdeburger von Heideck gewusst haben, dass Moritz nicht mit dem Kaiser eins war und einen neuen Weg ging, trotzdem drängten ihn die Magdeburger aus der begrenzten Kenntnis der immer mehr eingeschlossenen Stadt weiter in die Rolle „des Verräters". Durch die Verweigerung eines Kompromisses durch Verhandlung zwangen sie Moritz in eine offene Gegnerschaft zur Stadt. Er sollte das Bild erfüllen, das sich Amsdorf und sein Kreis seit dem Sommer 1546 von ihm gemacht hatten. Moritz aber brauchte wegen des hinhaltenden Widerstandes der Magdeburger das Geld des Reichsvorrates und musste sich an Kaiser und Reichstag halten. Dass er schon auf die Finanzierung der kommenden Fürstenerhebung durch kaiserliches Geld zielte oder eine finanzielle Entmachtung des Kaisers, ist eher unwahrscheinlich. Der Reichstag beschloss durch die eifrigen Bemühungen Christophs von Karlowitz das Geld für den Sold der Belagerer aus dem Reichsvorrat, den Karl V. 1548 neu eingeführt hatte.

Die Magdeburger lebten durch die lange schonende Zurückhaltung der Nachbarn Moritz und Joachim über ihre Rolle als geächtete Stadt in einer Art ideologischen Illusion. Sie führten alles auf ihre geistliche und politische Kraft zurück. Tatsächlich waren sie eine Last für die entstehende antikaiserliche Koalition von Moritz, Hessen, den früheren schmalkaldischen Truppenführern und für Frankreich, das gerade verbindlichen Verhandlungen zugestimmt hatte, und bald auch für Markgraf Johann. Moritz konnte

449 PKMS 4, S. 795 Nr. 696, Feldlager vor Magdeburg 28.10.1550, Kf. Moritz an Hz. August.

450 PKMS 4, S. 800 Nr. 699, 3.11.1550, Dritte Proposition von Kf. Moritz zu Magdeburg.

451 PKMS 4, S. 796 f. Nr. 697, Torgau 28.10.1550, Erste Proposition an die Stände; PKMS 4, S. 797–800 Nr. 698, 28. 10. Proposition an den Münzausschuss.

452 PKMS 4, S. 849 f. Nr. 744, 20.11.1550; PKMS 4, S. 854 f. Nr. 747, Bitterfeld 21.11.1550, Fachs an Kf. Moritz.

453 PKMS 4, S. 876–878, Nr. 762, 3.12.1550.

Erhaltener Schlossturm in Zörbig, 1542–53 Amtssitz Christophs von Karlowitz und Ende 1550 Sammelort der Ritterschaft des Leipziger Kreises, die sich einem Vorgehen gegen das evangelische Magdeburg jedoch entzog

allerdings die Magdeburger über seine hochgeheimen Absichten und Verhandlungen nicht öffentlich unterrichten. Er versicherte ihnen nur bald in den Verhandlungen mündlich und geheim, dass ihr Religionsstand nicht verändert werden solle. Schriftlich hat Moritz das den Magdeburgern aber erst nach ihrer Kapitulation am 31. Dezember 1551 zugesichert.[454]

Durch diese Haltung der beiden Seiten wurde aus der militärischen, aber lockeren kampflosen Einschließung Magdeburgs ein echter Kampf, dessen Bezahlung vom versammelten Reichstag in Augsburg beschlossen wurde. Christoph von Karlowitz bemühte sich eifrig darum. Moritz musste aber mit dem Geld von monatlich 60 000 Gulden und einer einmaligen Nachzahlung von 100 000 Gulden den kaiserlichen Befehlshaber Lazarus von Schwendi vor Magdeburg als aufsichtsführenden Kriegskommissar in Kauf nehmen. Am Ende hatte Moritz aus den eigenen Mitteln für die Belagerung zunächst über 400 000 Gulden zugezahlt.

Die zweite ernste Auseinandersetzung mit den Magdeburgern begann am 17. Dezember 1550. Moritz zog mit sieben Fähnlein Knechten in Richtung Verden, um sich

454 PKMS 5, S. 554–556 Nr. 299, Geheimvertrag von Kf. Moritz mit der Alten Stadt Magdeburg.

mit den Entsatztruppen unter Johann zu Heideck – wie wohl mit diesem besprochen, was oben gesagt wurde – zu vergleichen,[455] die Markgraf Johann von Brandenburg für Magdeburg gegen Moritz sammeln ließ. Auf die so ausgedünnten Belagerer machten die Magdeburger am 18. Dezember nachts gegen Morgen einen großen Ausfall in dem Abschnitt, den der Magdeburger Stiftsadel bewachte. Sie erbeuteten dabei eine reichliche Anzahl Pferde und machten Gefangene.[456] Zudem geriet Herzog Georg von Mecklenburg am 20. Dezember beim Scharmützel nach einem Sturz vom Pferd in Magdeburger Hände.[457] Nach diesen Erfolgen wurden alle Glocken in Magdeburg geläutet.

Der Sieg der Magdeburger wurde durch die Haltung der Ritterschaft des Leipziger Kreises unterstützt. Sie verweigerte Moritz den Dienst gegen Magdeburg.[458] Sie zogen sich darauf zurück, dass der Landtag kein aktives Vorgehen gegen Magdeburg beschlossen habe. Auch untertänige Bauern als nötige Schanzgräber wurden Moritz vor Magdeburg zum Teil vom Adel verweigert. Dahinter stand die Meinung, dass man nicht gegen die Glaubensbrüder in Magdeburg kämpfen dürfe. Das war ein Erfolg der Magdeburger Streitschriftenflut von Flacius, Amsdorf und anderen. Da die Belagerung keine Landesverteidigung wäre, zogen die Adligen vom Sammelort Zörbig wieder nach Hause. Moritz verweigerte die Annahme des Ablehnungsschreibens der Ritterschaft. Als keine Antwort von Moritz kam, machten auch die kehrt, welche die Entscheidung des Kurfürsten hatten abwarten wollen.[459] Wolf Koller meinte, die Verweigerung sei auf den Einfluss der neuen, vorher ernestinischen Untertanen des Kurfürsten zurückzuführen. Das ist bei Adel, der die Magdeburger Drucke lesen konnte und noch bewusst ernestinisch dachte, sehr gut möglich.[460]

Der Hauptmann des Leipziger Kreises Erasmus Könneritz rückte mit einem kleineren Teil der Reiter nur noch bis nach Zerbst vor. Der kaiserliche Befehlshaber vor Magdeburg Lazarus von Schwendi schrieb ihm jedoch, dass er keine Reiter in der Neustadt brauche, wohin Moritz sie befohlen hatte. Schon vorher hatten sich viele mit allerlei Gründen entschuldigt.[461] Moritz setzte Könneritz als Oberhauptmann ab. Der Ritterschaft hat der Kurfürst im Frühjahr deswegen nur Vorhaltungen gemacht und Gehorsam gefordert. Er habe doch die Ritterschaft wegen der Gefahr durch die Sammlung von Kriegsvolk bei Verden gebraucht.[462]

Eine sehr weit wirkende Entscheidung Moritz' war, Markgraf Albrecht Alkibiades zu seinem Stellvertreter für die Belagerung Magdeburgs zu ernennen. Er sah ihn wohl als geeigneten Truppenführer an, den er auch unterstützen wollte.[463] Den Kaiser freute das wegen der hohen Soldkosten für Albrecht nicht.

---

455 PKMS 4, S. 903–907 Nr. 783, Teilbericht über den Zug des Kf. Moritz.
456 PKMS 4, S. 911 f. Nr. 787, 19.12.1550.
457 PKMS 4, S. 923 Nr. 796, 26.12.1550.
458 PKMS 4, S. 930 f. Nr. 802, Zörbig 28.12.1550.
459 PKMS 4, S. 945–908 Nr. 811.
460 PKMS 4, S. 947 zu Nr. 811, 10.1.1551, Wolf Koller an Damian von Sibottendorf.
461 PKMS 4, S. 930 f. zu Nr. 802.
462 PKMS 5, S. 141–144 Nr. 59, Leipzig 7.4.1551, Kf. Moritz an die Vertreter von Grafen, Herren und Ritterschaft des Kurfürstentums Sachsen.
463 Vgl. unten Abschn. „Ferdinand verhandelt in Linz".

Festgewand von Kurfürst Moritz (Abegg-Stiftung, Riggisberg, Staatliche Kunstsammlungen Dresden, Rüstkammer)

Moritz wollte im Grunde keinen Krieg gegen Magdeburg, sondern nur einen potenziellen Gegner in der Nachbarschaft des albertinischen Sachsen neutralisieren. Eine Verhandlungslösung, mit der sich Magdeburg ihm ergeben und ihm die Verhandlungen mit dem Kaiser überlassen hätte, wäre Moritz lieber gewesen. Er beabsichtigte nicht, Magdeburg zu einer dem Kaiser untergebenen, dem Interim unterworfenen Stadt zu machen, sondern wollte sie als evangelische Kraft erhalten.

Moritz ist gegenüber den Menschen im Umkreis der Magdeburger Propaganda bemerkenswert zurückhaltend geblieben. Nikolaus von Amsdorf, der noch im November 1551 die Kapitulation der Magdeburger vor Kurfürst Moritz enttäuscht ablehnte, und auch Matthias Flacius wurden nach der Kapitulation nicht wie die amtierenden Magdeburger Pfarrer vorgeladen. Flacius sammelte ab 1552 von Magdeburg aus das Material für die „Magdeburger Zenturien", die beim 1. Jahrhundert nach Christus begannen. Sie wurden die erste große evangelische Kirchengeschichte. Amsdorf und Flacius blieben in Magdeburg und wurden nicht beachtet, damit auch nicht zu Märtyrern gemacht. Moritz ließ die Flugschriften, die ihn zum „Judas von Meißen" gemacht hatten, auf sich beruhen.[464] Er suchte eine Regelung zu seinen Gunsten, keine direkte Strafe. Allerdings wurde der Superintendent von Chemnitz Wolfgang Fueß am 8. April 1551 wegen seiner Kanzelpolemik gegen die Belagerung Magdeburgs abgesetzt und verstarb im nächsten Monat.

Moritz sucht Verbündete

Neben der Belagerung Magdeburgs waren für Kurfürst Moritz die beiden Hauptfragen seit dem Schmalkaldischen Krieg und dem Augsburger Reichstag 1547/48 ungeklärt: Wie sollte Landgraf Philipp freikommen, und wie würde die sächsische Religionsfrage mit oder gegen den Kaiser geklärt werden?

Schon im Frühjahr und Sommer 1550 war Moritz durch die Sammlung von Truppen in Norddeutschland beunruhigt gewesen. Durch ein Zusammentreffen mit Markgraf Albrecht konnte er erfahren, dass dieser das Heer für den englischen König anzuwerben suchte, um gegen Frankreich zu kämpfen. Der Friedensschluss beider Könige machte diese Absichten überflüssig. Ehe Albrecht das endgültig erfahren hatte, sagte er Moritz zu, sich mit diesen Truppen von keinem anderen gebrauchen zu lassen. Wahrscheinlich bestand auch eine Absicht, im Namen Markgraf Albrechts Reiter für Moritz anwerben zu lassen.[465] Dieser Plan wurde wohl durch den Vertrag zwischen Herzog Heinrich und der Stadt Braunschweig August 1550 überflüssig.

Nach seiner Heimkehr schickte Albrecht dem Kurfürsten große Pläne, mit Frankreich an der Seite von Moritz und seinen Verbündeten gegen den Kaiser zu ziehen.[466] Markgraf Albrecht hatte am 14. Juni 1550 von Markgraf Johann eine Absage erhalten, in den Königsberger Fürstenbund aufgenommen zu werden, weil dieser zu ihm in seiner Stellung zwischen den Parteien ohne Glaubensbindung kein Vertrauen hatte. Der Königsberger Bund wollte nur Konfessionsverwandte verteidigen.

Erst im Spätherbst bot Moritz Markgraf Albrecht den Stellvertreterposten vor Magdeburg an und machte von dem Angebot Albrechts aus dem Frühjahr Gebrauch. Dieser Dienst wurde vom Reich bezahlt und stand unter kaiserlicher Aufsicht. Es scheint nicht, dass Moritz eine Waffenbrüderschaft mit Albrecht erstrebt hat, er wollte ihn eher durch eine Aufgabe binden. Erst als die Verhandlung in Lochau zu scheitern drohte, hat ihn Moritz mit seinen Bundesverwandten als fürstlichen Boten nach Frankreich für den Fürstenbund gegen den Kaiser gesucht.

In den letzten Monaten des Jahres 1550 waren mehrere Pläne, die Moritz allein oder mit anderen ausführen wollte, ohne Erfolg geblieben. Zuerst scheiterte im Herbst 1550

464 PKMS 5, S. 478–481 Nr. 250, 13.11.1551, Ansprache der kfl. Räte an die Prediger der Alten Stadt Magdeburg.

465 PKMS 4, S. 644 zu Nr. 562, Zeitz 14.7.1550, Berufung von Reitern und Knechten für Albrecht. Entw. Damian von Sibottendorf (!), Moritz' Geheimschreiber.

466 PKMS 4, S. 602–604 Nr. 523, Plassenburg 27.3.1550, Mgf. Albrecht an Kf. Moritz.

die Kapitulation Magdeburgs und damit die schnelle Lösung der Magdeburger Reichsacht. Am 22. Dezember 1550 hatte dann Nervosität Landgraf Philipps dessen Befreiung misslingen lassen. Der durch die Verspätung des Kurfürsten verärgerte Landtag in Torgau hatte ein direktes Vorgehen gegen Magdeburg verweigert, und die für die Einschließung Magdeburgs aufgerufene Leipziger Kreisritterschaft hatte am 28. Dezember 1550 an der Landesgrenze kehrtgemacht.

Um die Jahreswende 1550 zu 1551 unternahm Moritz einen neuen Anlauf. Er nahm nun seine Probleme, soweit das nötig war, als Reichsprobleme in Angriff. Dafür schritt er zum Ausbau eines Netzes von Verbündeten.

Moritz ließ den Standpunkt Kursachsens zum Konzil in die Reichstagsprotokolle eintragen und legte ihn damit im Reiche rechtlich fest[467] und trat öffentlich als Führer der deutschen Protestanten auf. Für sich selbst hatte er mit diesem Verwaltungsvorgang für sein Land in der wichtigen Glaubensfrage nicht viel erreicht. Die Sachsen wollten aber damit sicherstellen, dass das Konzil nicht mit dem Interim gesalzen würde. Sie wollten auf dem Konzil völlig neu beginnen, ohne jede Rücksicht auf das Augsburger Interim. Kaum der Kaiser und bestimmt nicht Papst und Kurie hatten in der Bulle zur Wiedereröffnung des Konzils die Forderung der Neuverhandlung aller Artikel wirksam zur Kenntnis genommen.[468] Das bisherige Konzil wurde unverändert unter dem neuen Papst Julius III. ab 1. Mai 1551 in Trient fortgesetzt.

Für die Fragen des Glaubens und der Ehre konnte Moritz die Lösungen nicht allein, sondern nur mit anderen gegen den Kaiser finden. Eingeschlossen in die katholische Welt seines Hofes und seiner Aufenthaltsorte, hatte Karl V. kein Verständnis für evangelische Gedanken der Deutschen. Er wollte sich als siegreicher Monarch nicht von der Haft für seine beiden gefährlichsten evangelischen Gegner durch deutsche Begriffe von fürstlicher Gefangenschaft abbringen lassen. Moritz musste also genügend Macht zusammenbringen, um dem Kaiser glaubwürdig drohen und ihn zum Verhandeln über die Grundfragen – Interim und Entlassung des Landgrafen Philipp – zwingen zu können. Er wollte nicht über den Kaiser siegen, sondern mit ihm auf gleiche Augenhöhe kommen.

Allein als nur ein Kurfürst besaß Moritz keine ausreichende Macht. Er musste Verbündete finden, dazu konnte die Belagerung von Magdeburg helfen. Moritz war sich mit den Hessen und wohl seit Herbst 1550 mit Johann zu Heideck einig, dass man die evangelischen Grundsätze nur durch eine eigene Macht werde schützen können. Heideck erkannte wohl bei Moritz einen größeren Weitblick als bei Markgraf Johann.

Heideck stand in Briefkontakt zu den deutschen Truppenführern in Frankreich, die nach dem Schmalkaldischen Krieg dort Dienst genommen hatten. Für Moritz hatte sich Heinrich von Schachten persönlich mit Johann zu Heideck für die Kapitulation der bei Verden versammelten Entsatztruppen für Magdeburg eingesetzt.[469]

Bestrebungen gegen Kaiser Karl V. bestanden im Jahr 1550 an verschiedenen Stellen des Reiches. Magdeburg blieb eine nicht mit Kaiser und Reich versöhnte Stadt. Hessen hatte regelmäßige Kontakte zu Frankreich. Erste Kontakte zu einem Bund zwischen

467 PKMS 5, S. 55 zu Nr. 4, Augsburg 8.1.1551, Lorentz Ulmann an Georg Komerstadt; PKMS 5, S. 54 f., 8.1.1551, Erklärung der kfl. Sächsischen Räte vor dem Reichstag zum Konzil.

468 PKMS 5. S. 53 Nr. 4, Augsburg 10.1.1551, Franz Kram an Kf. Moritz.

469 PKMS 4, S. 921 zu Nr. 794, 18.12.1550, Klaus Berner an Wilhelm von Schachten.

Markgraf Johann und Moritz waren 1548 trotz ähnlicher, ablehnender Haltung zum Interim nicht entwickelt worden. Johann besaß über die ehemaligen schmalkaldischen Truppenführer in Frankreich Zugang bei König Heinrich II. Seit Sommer 1549 hatten sich aber die Hessen mit Moritz zusammengefunden, um den Landgrafen zu befreien.[470] Über Hessen hatte Moritz 1550 die Beziehungen nach Frankreich aufgebaut.[471] Seit Frühjahr 1550 vertrat Markgraf Johann den Königsberger Verteidigungsbund der norddeutschen Fürsten.

Für den Königsberger Bund war Kriegsvolk vor Verden durch Markgraf Johann gesammelt worden. Johann zu Heideck war neben Graf Volrad von Mansfeld Truppenführer des Kriegsvolkes bei Verden. Markgraf Johann wollte selbst nicht zuviel investieren. Er hatte sich bei den zögernden Seestädten, in Dänemark und England um Finanzhilfen bemüht. Nur England sagte ihm 30 000 Gulden zu. König Heinrich von Frankreich war nicht zu direkten Zahlungen zu bewegen.[472] Die Bedrohung Herzog Heinrichs von Braunschweig, der Herzog Georg von Mecklenburg gegen Magdeburg schickte, hatte Moritz für sich gelöst.

Es ist schwierig, die eigentlichen Pläne der sechs und mehr am Schicksal Magdeburgs Beteiligten festzustellen. An einer Kapitulation Magdeburgs war dem Kapitel und Kurfürst Joachim von Brandenburg gelegen, dessen Sohn seit 1545 Erzbischof von Magdeburg war, um die erzbischöfliche Macht im Stift wieder ganz durchzusetzen. Markgraf Johann wollte seinen Königberger Bund stärken. Heideck brauchte für seine weitgreifenderen Pläne eine Basis, ging aber vorsichtig zu Werk.[473] Auch gegen Kurfürst Moritz hatte er anfangs Misstrauen. Indem Heideck vor Verden mit Moritz 1550 übereingekommen war, hatte Markgraf Johann die im Stift Bremen/Verden zusammenlaufenden Truppen und damit seine Machtbasis verloren. Er war gezwungen, mit Moritz zu verhandeln. Das hatte für Heideck, der die meisten Fäden am Jahresende 1550 in der Hand hatte, nur Sinn, wenn er den Entsatz für Magdeburg auf ein Bündnis gegen den Kaiser lenken konnte, so wie Moritz, Heideck und die Hessen bestimmt schon vor der Truppenauflösung vor Verden geplant hatten.

Moritz hatte vorher auch die große Linie nicht vergessen. Heinrich von Gleisenthal war nach dem 14. August zum zweiten Mal für Moritz über Hessen nach Frankreich geritten.[474] Am 7. November konnte Moritz an seine hessischen Verhandlungspartner Schachten und Bing die Rückkehr melden, aber zugleich auch ein Missverständnis, das im persönlichen Gespräch geklärt werden musste.[475] Im Dezember haben Schachten und Bing den positiven Kontakt zwischen Moritz und Heideck gefördert.[476]

---

470 PKMS 4, S. 532 f. Nr. 464, Wanfried 30.11.1549, Quittung Valentin Tholdes über 1000 Taler von Kf. Moritz.

471 PKMS 4, S. 733–736 Nr. 642, Weidenhain 24.9.1550, Kf. Moritz an Wilhelm von Schachten und Simon Bing.

472 PKMS 4, S. 925 zu Nr. 797, Blois 14.12.1550, Instruktion des Rheingf. Johann Philipp an Mgf. Johann und Hz. Johann Albrecht.

473 PKMS 4, S. 923–927 Nr. 797, Küstrin 26.12.1550, Mgf. Johann an Hz. Albrecht von Preußen. Dazu Briefe zu Plänen des Königsberger Bundes.

474 PKMS 4, S. 687 f. Nr. 604, Zschopau 14.8.1550, Memorial von Kf. Moritz für Heinrich von Gleisenthal an Kg. Heinrich II.

475 PKMS 4, S. 762 zu Nr. 666, Moritz an Schachten und Bing.

476 PKMS 4, S. 920 f. Nr. 794, 23.12.1550, Instruktion von Schachten und Bing an Heideck.

Die Stationen des Weges waren dann: 1. das Übereinkommen mit Markgraf Johann; 2. die Verhandlung mit den Ernestinern unter Beteiligung des Königsberger Bundes (Naumburg ab 15. Mai); 3. die Festlegung des Bundes zwischen Moritz, den Hessen, und dem Königsberger Bund trotz des Widerstandes der Ernestiner (in Torgau) oder möglichst auch mit ihnen. Am Ende sollte der Bund der deutschen Verbündeten mit Frankreich stehen (in Lochau).

Ehe Moritz die wirkliche Belagerung der Stadt Magdeburg im November 1550 begann, hatte er einen Weg für sein politisches Handeln vor Augen. Zum Jahresende hat er das deutlich gesagt.[477] Dieser Weg lief gegenüber dem Kaiser verdeckt, aber offen für alle potenziellen, evangelischen Verbündeten auf ein Bündnis mit Frankreich zu. Mit dem Zug nach Verden hatte Moritz die ihn etwas verachtenden Zweifler überwunden. Es war bezeichnend, dass Markgraf Johann den Zug des Kurfürsten von Magdeburg nach Verden für unglaublich und gegen alle Vernunft hielt,[478] da Moritz sein Land entblöße.

Wie der Kaiser gewünscht hatte, wurde zunächst öffentlich das Kriegsvolk bei Verden aufgelöst. Zehn Kanonen mussten in Verden stehen bleiben. Moritz übernahm die Hauptleute nicht, er bildete aber aus den Knechten vier oder fünf neue Knechtsfähnlein [479], die er den sieben Fähnlein und 400 Reitern hinzufügte, mit denen er durch den Winter von Magdeburg nach Verden gezogen war.

Der kaiserliche Kriegskommissar Schwendi fragte Moritz im Lager vor Magdeburg sehr eindringlich, doch Moritz offenbarte nicht, wer die Truppen bei Verden gesammelt hatte.[480] Moritz selbst war von Verden über Wolfenbüttel[481] nach Magdeburg gezogen.[482] Die von ihm nach Verden geführten Truppen marschierten direkt und standen am 18. Januar wieder vor der Stadt. Moritz meldete den Erfolg von Verden dem Kaiser und stimmte im gleichen Brief zu, Leiter der Magdeburger Belagerung zu werden.[483] Der Kaiser dankte ihm *wegen seines Podagra* erst einen Monat später und sehr kühl für diese Nachrichten. Er war mit der Ernennung Markgraf Albrechts zum Stellvertreter des Kurfürsten wegen zu hoher Kosten nicht einverstanden.[484] Oder hatte er etwas vom Wechsel der politischen Wetterlage im Norden erfahren?

Das Übereinkommen von Verden stellte Moritz eine große Truppenzahl zur Verfügung. Lübeck, Lüneburg, Hamburg, auch Hannover und besonders Markgraf Johann erkannten die antikaiserliche Haltung von Moritz an. Sie setzten sich bei ihm für eine Verhandlung mit Magdeburg ein, die Moritz beim Kaiser vermitteln sollte.[485] Schon als er auf dem Wege nach Verden war, schrieben die Herzöge von Mecklenburg in diesem Sinne zugunsten von Magdeburg an Moritz. Seit Januar 1551 ist Moritz nicht mehr im Angriff gegen Magdeburg vorgegangen. Die Stadt wurde aber immer enger durch zwei

477 PKMS 4, S. 950 f. Nr. 813, Wilhelm von Schachten oder Simon Bing an Georg von Reckerodt.
478 PKMS 4, S. 924 zu Nr. 797, 10.12.1550, Mgf. Johann an Hz. Johann Albrecht von Mecklenburg.
479 PKMS 5, S. 82 f. Nr. 26, Dresden 1.2.1551, Valerius Krakau an Christoph von Karlowitz.
480 PKMS 5, S. 56 Nr. 5, Lager vor Magdeburg 11.1.1551. Lazarus von Schwendi an Kf. Moritz.
481 PKMS 5, S. 59 zu Nr. 7, Ein Brief an Moritz wird ihm dort am 19.1.1551 präsentiert.
482 PKMS 5, S. 63 zu Nr. 10, 22.1.1551, Zeitung.
483 PKMS 5, S. 62 f. Nr. 10, Neustadt Leine 14.1.1551.
484 PKMS 5, S. 94 f. Nr. 35, Augsburg 25.2.1551.
485 PKMS 5, S. 61 zu Nr. 9, 16.1.1551, Rat der Stadt Hannover an Kf. Moritz und Mgf. Albrecht.

Truppenlager und neue Blockhäuser dazwischen eingeschlossen.[486] Die drei Elbarme waren durch Blockhäuser, an beiden Ufern einander gegenüber, und durch verankerte Schiffe gesperrt. Die Gelder für den Sold der Belagerer waren vom Reichstag aus dem Reichsvorrat, den Karl V. 1548 neu eingeführt hatte, beschlossen worden.

Doch der Reichsvorrat wurde von den Reichsständen nur zögernd und ungern gezahlt. Transport und Überweisung der Gelder nach Leipzig und weiter nach dem Feldlager vor Magdeburg waren schwierig. Das Magdeburger Domkapitel brachte seinen Anteil an den Belagerungskosten nur langsam auf. Ernst von Miltitz und Andreas Hempel hatten für Moritz mit der Kreditbeschaffung und der Auszahlung an die Hauptleute vor der Stadt vielerlei Mühe.[487] Es kam zu Meutereien.[488] Als die Knechte die Wohnung des kaiserlichen Kriegsrates Schwendi stürmten und übel plünderten, konnte dieser sich nur retten, indem er sich mit Hilfe seiner „Kete", seiner Geliebten, verkroch. Profos und Stockknechte waren dabei erschlagen worden.

Nach seiner Rückkehr aus Verden hat sich Moritz gleichzeitig um eine theologische Grundlage eines künftigen Bundes durch seine Theologen und dann um persönlichen Kontakt zu Markgraf Johann bemüht. An die Theologen ging Mitte Februar 1551 der Auftrag, ein Bekenntnis zu bedenken. Daraus wurde die „Confessio Saxonica" (Sächsisches Bekenntnis) – eine kursächsische Wiederaufnahme des Augsburger Bekenntnisses von 1530. Das Bekenntnis wurde jedoch nicht von den Fürsten, sondern von den Theologen unterschrieben.[489] Moritz suchte die gegenseitige verpflichtende Verbindung von Fürsten und Theologen zu vermeiden. Allerdings haben die Theologen eines Fürstentums jeweils zusammen diese Konfession unterschrieben. Markgraf Johann, Markgraf Georg Friedrich von Brandenburg-Ansbach, die Grafen von Mansfeld, Herzog Philipp von Pommern und Straßburg schickten Theologen zur Unterschrift.

Heideck hatte für Moritz den Kontakt zu Markgraf Johann vermittelt. Als dieser direkt nach Fastnacht, zu der er auch eingeladen war, mit Moritz ab 19. Februar 1551 in Dresden verhandelte, trat Johann als der Gewährende auf. Er hatte eine Schrift verfasst, die Moritz anerkennen sollte. Er verstand Moritz nicht als eigenständigen Politiker, sondern nur als Erweiterung des Königsberger Bundes. Johann wollte wieder mit einer Art von Schmalkaldischem Bund zur Verteidigung beginnen. In dem von beiden in Dresden unterzeichneten Text für einen Verteidigungsbund verpflichtete sich Moritz zuerst auf die Bewahrung und Vertretung des ungeänderten Augsburger Bekenntnisses von 1530.[490] Beide haben den Bund unterzeichnet. An diesem Text hat Johann auch in den weiteren Bundesverhandlungen in Torgau und Lochau festhalten wollen.

Johann verpflichtete sich im Religions- und sonstigen Verteidigungsfall, dem Kurfürsten mit 2400 bis 2500 Reitern auf drei Monate und eigene Kosten beizustehen. Umgekehrt sollte Moritz ihm mit 1000 Reitern und 4000 Landsknechten helfen. Moritz

486 PKMS 5, S. 189 f. zu Nr. 86, Zeitung nach 13. Mai.

487 Vgl. die Abrechnung des Monats Mai auf einem Quittungszettel Andreas Hempels über 53 592 Taler 6 Groschen, PKMS 5, S. 312 Nr. 162, 13.8.1551, Beilage zu Lazarus von Schwendi an Kf. Moritz.

488 Vgl. z. B. PKMS 5, S. 183 f. Nr. 84; 185–188 Nr. 85; 188 f. Nr. 86.

489 Günther Wartenberg: Die „Confessio Saxonica" als Bekenntnis evangelischer Reichsstände, In: Recht und Reich im Zeitalter der Reformation, Festschrift für Horst Rabe, hrsg. von Christine Roll. Frankfurt a. M. 1996, S. 225–294.

490 PKMS 5, S. 88–90 Nr. 31, Dresden 20.2.1551, Obligation des Kf. Moritz gegenüber Mgf. Johann.

sollte dem Kaiser den Dienst vor Magdeburg zum nächsten Termin am 1. April aufkündigen. Beide wollten die Magdeburger bei ihrer vom Markgrafen vorgeschlagenen Kapitulation gegenüber dem Kaiser in weltlichen Dingen unterstützen. Sie suchten auch Markgraf Albrecht, andere Fürsten und die Söhne Herzog Johann Friedrichs zusammen mit Herzog Johann Ernst von Coburg einzubeziehen.

Markgraf Johann verpflichtete sich gegenüber Moritz, dass dieser nur unter der Bedingung unterschrieben habe, dass die jungen ernestinischen Herzöge von Weimar sich an der festgelegten Hilfe zur Errettung der Freiheit des Vaterlandes und ihres Vaters beteiligten und ihre Streitigkeiten mit Moritz gütlich zum Ausgleich kommen ließen. Für Moritz bemühte sich Herzog August um Ausgleich in Weimar.[491] Sonst sollte seine Bewilligung nicht in Kraft treten. Wenn die Hessen hinzukämen, sollten diese sich mit 600 Reitern und 1000 Knechten außer denen von Moritz und den Jungen Herren beteiligen.[492] Weil sich Markgraf Johann als der Gewährende fühlte, hat er noch von Dresden aus neue Verbindung nach Frankreich gesucht.[493] Beim Königsberger Bund waren die Vertragschließenden drei Fürsten schon eine festere Gestalt eines Bundes eingegangen, aber nur in mündlicher Form. Moritz hatte nach den Truppenführern durch seine Unterschrift in Dresden auch den wesentlichen Kopf des Königsberger Bundes für sich gewonnen.

Während der Verhandlung der Bundesfürsten in Naumburg im Mai 1551 mit den Ernestinern über eine abschließende Liquidation wollte man auch die Magdeburger Kapitulation voranbringen,[494] was man seit März versucht hatte. Substanzielle Verhandlungen zwischen Moritz und der Stadt Magdeburg begannen aber erst am 24. Juni 1551 in Pirna.[495]

Warum haben Johann Friedrich und sein Kanzler Erasmus Minckwitz allen Angeboten der Albertiner für die Liquidation, d. h. den Ersatz der an 50 000 Gulden fehlenden Einkünfte, die Moritz ersetzen sollte, widerstanden? Wollten sie durch langen Widerstand doch die Erstattung der fehlenden Summe in Ämtern erreichen? Oder setzten sie auf den stärkeren Kaiser und wollten Moritz in dessen Messer laufen lassen, um die gesamte Herrschaft samt der Kurwürde zurückzugewinnen?[496] Moritz wollte unbedingt nur in Geld das Fehlende ersetzen. Er wollte sogar nach einem Sieg über den Kaiser den Ernestinern nichts zurückgeben.[497] Vielleicht lehnten diese wegen der schlimmen Erfahrungen des Schmalkaldischen Krieges auch Widerstand gegen den Kaiser ab. Der Gedanke von einer totalen Umkehr der Verhältnisse und Rückkehr zu kurfürstlicher Macht war wohl schon zu lange geträumt.

491 PKMS 4, S. 952 zu Nr. 813, Hz. August an Georg Komerstadt, 21.1.1551.

492 PKMS 5, S. 90 zu Nr. 31, Dresden 21.2.1551, Zusätzliche Versicherung des Mgf. Johann.

493 PKMS 5, S. 94 zu Nr. 34, Dresden 23.2.1551, Mgf. Johann an Friedrich Reifenberg zur Verhandlung mit Frankreich.

494 PKMS 5, S. 181 f. Nr. 82, vorgetragen 13.5.1551, Instruktion des Rates von Magdeburg für Sekretär Heinrich Merckel an Kf. Moritz.

495 PKMS 5, S. 238–241 Nr. 117, 24.6.1551, Eröffnungsrede der kursächsischen Gesandten an die Gesandten der Stadt Magdeburg.

496 Der lange ausgefeilte Vorschlag des Hz. Johann Friedrich, Mai 1552 an den Ks. für den Fall der Reichsacht gegen Kf. Moritz, in dem Moritz' Herrschaft auf ein Kleinfürstentum zurückgedrückt wird, deutet in diese Richtung. Johann Friedrich wollte die Acht im Namen des Ks. vollziehen.

497 PKMS 4, S. 952 zu Nr. 813.

Außer Moritz bemühten sich die Hessen für den Fürstenbund um die Ernestiner. Eberhard von der Thann und auch Herzog Johann Friedrich der Mittlere waren für ein Zusammengehen mit Moritz. Moritz hat diesen sogar noch am 18. März 1552 in Weimar besucht.[498] Thann hatte gute Beziehungen zum hessischen Rat Johann Rau. Thann war allerdings nach 1550 nicht mehr ernestinischer Amtmann auf der Wartburg, als er laut Notiz des Sekretärs Johann Jenitz das oben genannte Buch zum Widerstand der unteren Obrigkeiten weitergab.

Markgraf Johann meinte nur, den Königsberger Bund, dessen Moderator er war, mit Moritz zu erweitern. Moritz dagegen hoffte auch, einen soliden Zugang zu den Ernestinern zu gewinnen, um die Liquidation abschließen zu können, welche die Ernestiner zufrieden stellen sollte. Das würde dann Stellung und Besitz für Moritz sichern, wie er sie durch die Belehnung 1547/48 erreicht hatte.

Im Mai 1551 in Naumburg haben zunächst beiderseitige Räte und dann die Handelsfürsten, d. h. die Fürsten des erweiterten Königsberger Bundes, mit den Ernestinern über den seit 1547 offenen Ausgleich (die Liquidation) der ernestinischen Einkünfte auf 50 000 Gulden verhandelt. Die Ernestiner meinten, aus den ihnen nach der Wittenberger Kapitulation gebliebenen Besitzungen nur 33 000 Gulden Jahreseinkünfte zu haben. Nach albertinischem Standpunkt hatten sie aber 55 000 Gulden Einkünfte. Die Berechnungen gingen sehr ins Detail, wie man die je nach Ernte und anderem mehr steigenden und fallenden Einkünfte ansetzen sollte, ob man die Besoldung der Amtleute und Schösser zu den Einkünften rechnen sollte, ob Moritz Ersatz für das Wittum Colditz der Gemahlin Herzog Johann Friedrichs geben müsste – denn das hatte er von König Ferdinand auslösen müssen – usw. Schließlich erbot sich Moritz, jährlich den jungen Ernestinern 12 000 Gulden und ihrer Mutter 3000 Gulden und für alles andere einmalig 24 000 Gulden zu zahlen.[499] Dafür sollten die Ernestiner auf alle weiteren Ansprüche verzichten.

Die mit Moritz verbündeten Fürsten trafen sich am Ende der Liquidationsverhandlungen in Naumburg, um nach der wieder aufgeschobenen Liquidation zusammen mit den jungen Ernestinern den Bund zu schließen. Die jungen ernestinischen Herzöge erbaten nach den abschließenden Vorschlägen von Moritz vier Wochen Bedenkzeit für ihre Entschlüsse. Doch am Widerstand Herzog Johann Friedrichs d. Ä. scheiterte der Ausgleich. Er wollte einen Ausgleich für die an 50 000 Gulden fehlende Summe unbedingt in Gebieten erreichen. Eine Einigung war von den vermittelnden Fürsten nicht zu erzielen, trotz der entgegenkommenden Vorschläge der albertinischen Räte und von Moritz persönlich. Moritz war deshalb als Ausweg aus einem völligen Bruch der Annäherung, die von Herzog August, Markgraf Johann, Fürst Wolfgang und hessischen und sächsischen Räten eingeleitet worden war, bereit, sich in eine Vertagung zu retten. Johann Friedrich der Mittlere war seinerseits einverstanden, seine Antwort innerhalb von vier Wochen zu schicken.

---

498 PKMS 6, S. 568 Nr. 371, 1.1.–6.12.1552, Tagezettel anno 1552 (Tagebuch von Moritz' Sekretär Damian von Sibottendorf).

499 PKMS 5, S. 195 f. Nr. 89, Naumburg 19.5.1551, Albertinisches Protokoll der Naumburger Verhandlung.

Die Fürsten zogen nach Torgau und besprachen im Anschluss an das Dresdner Übereinkommen vom Februar zwischen Moritz und Markgraf Johann einen Bundestext, den sie annahmen und den Ernestinern am 22. Mai 1551 zur Annahme vorschlugen.[500] Diese sollten beim Augsburgischen Bekenntnis bleiben, es bekennen und Hilfe zur Freiheit des Vaterlandes und der Befreiung ihres Vaters leisten. Die Bundesfürsten schlugen den Ernestinern vor, das letzte Angebot zur Liquidation des Kurfürsten Moritz anzunehmen und alle noch ungeklärten Artikel zwischen ihnen den bevollmächtigten Unterhändlern zu überlassen. Innerhalb von vier Wochen sollten sie zustimmen.

Die Fürsten fügten für sich noch einen Nachsatz zum Übereinkommen in Torgau an, dass man, wenn die Ernestiner am gemeinsamen Werk nicht teilnähmen, sie um Neutralität bitten wolle. Wenn sie Neutralität verweigerten, wolle man sie aber für Feinde halten. Im Grunde wird Moritz, in dessen Schloss Torgau man tagte, gewusst haben, dass der Bund ohne die Ernestiner entstehen musste.

Kurfürst Moritz schlug außerdem vor, dass, sollte man von Frankreich keine Hilfe erreichen oder lange warten müssen, man dem Kaiser und König gegen den Papst oder die Türken dienen könne, um deren Entgegenkommen zu erreichen. Der Dienst sollte aber nicht gegen das Bündnis geleistet werden. Es ist nicht klar, ob dieser Vorschlag gemeinsam erörtert wurde. Moritz wollte damit keine Erhebung ohne französische Hilfe. Er bot so wohl einen Ausweg aus einem Krieg, den man ohne Frankreich nicht gewinnen konnte.

Am 25. Mai 1551 schickten die Fürsten aus Torgau Friedrich von Reifenberg zum französischen König Heinrich II. und boten ein Bündnis an und wollten dafür 6000 Reiter auf zwei Jahre mit dem nötigen Geschütz unterhalten. Heinrich II. möge erklären, wie viel er ihnen zum Unterhalt eines Heeres geben könne. Es sollten aber nicht weniger als 100 000 Kronen im Monat sein. Die Krone stand um die Hälfte höher im Wert als der Gulden. Die Fürsten verlangten damit 150 000 Gulden im Monat. Der König sollte außerdem einen geheimen Ort mit einem Termin für heimliche, direkte Verhandlungen benennen.[501]

Die anderen drei Fürsten gaben Markgraf Johann zudem die Vollmacht, mit dem König von Polen und dem Starosten von Posen, ebenso mit dem Lordprotektor von England durch einen Vertrauten zu verhandeln. Auch wollte man durch Johann Albrecht von Mecklenburg an den König von Dänemark herantreten.[502] Das Werk sollte weitgreifend gegründet werden. Der Weg zu den abschließenden Verhandlungen mit Frankreich, mit oder ohne die Ernestiner, war bereitet.

Der Nachtrag von Moritz über die eventuelle Zusammenarbeit mit den Habsburgern zeigt dessen immer weitgreifendes Vorausdenken. Zugleich hat er den Kontakt nach Württemberg über den Besuch des Trienter Konzils gehalten. Melanchthon hatte in dieser Zeit die Confessio Saxonica als Bekenntnis der Zeit nach dem Interim fertiggestellt. Sie sollte dem Bund der Fürsten in Naumburg als gemeinsame Basis des Glaubens

---

500 PKMS 5, S. 198 f. Nr. 91, Torgau 22.5.1551, Erklärung von Kf. Moritz, Mgf. Johann, Hz. Johann Albrecht und Lg. Wilhelm (Torgauer Obligation).

501 PKMS 5, S. 201–203 Nr. 94, Torgau 25.5.1551, Memorial von Kf. Moritz, Lg. Wilhelm, Hz. Johann Albrecht und Mgf. Johann für Friedrich von Reifenberg an Kg. Heinrich II.

502 PKMS 5, S. 199 Nr. 92, Torgau 24.5.1551.

dienen.[503] Die Theologen der Universitäten Wittenberg und Leipzig und die albertinischen Superintendenten unterschrieben das Bekenntnis am 10. Juli in Wittenberg.[504] Markgraf Johann von Küstrin, Markgraf Georg Friedrich von Brandenburg-Ansbach und Herzog Philipp von Pommern schickten ihre Theologen zur Unterschrift, auch die Straßburger kamen.[505] Württemberg verfasste zwar eine eigene Bekenntnisschrift, doch hat man diese Schriften als inhaltlich einander entsprechend gegenseitig unterzeichnet.[506] So wollten die wichtigsten deutschen evangelischen Territorien auch gegenüber dem Trienter Konzil im gleichen Sinne bekennen.

Unmittelbar nach den Torgauer Verhandlungen liefen in Pirna die grundlegenden Verhandlungen mit Magdeburg an. Ihren Abschluss hat Moritz wohl mit Wissen der Magdeburger bis zum geplanten Bündnisabschluss in Lochau hinausgezögert.

Das geheime Handeln lief immer verdeckt von den offiziellen Handlungen. In der Zeit nach der Zusammenkunft in Torgau wurde zwischen Moritz und dem Kurfürsten von Brandenburg der Gedanke gefasst, eine große Fürbitte für Landgraf Philipp beim Kaiser zu halten.[507] An dieser suchten die Kurfürsten möglichst viele und auch ausländische Potentaten zu beteiligen. Moritz wollte damit die Gründe der Gefangenschaft des Landgrafen und die geleisteten Versuche der beiden Kurfürsten beim Kaiser bekanntmachen. Landgraf Wilhelm drängte auf die Durchführung der lange geplanten Aktion am 24. August 1551.[508]

Mit der großen Fürbitte für Philipp bei Karl V. suchte Moritz wohl auch die allgemeine Meinung im Reich und in Europa zugunsten des Landgrafen und der kommenden Taten der Bundesfürsten zu verändern. Doch durch den Aufbruch des Kaisers von Augsburg nach Innsbruck verzögerte sich die Vorsprache beim Kaiser um gut zwei Monate. Erst am 17. November konnte die Fürbitte bei ihm vorgebracht werden.[509] Karl V. verschob jedoch eine klare und gewährende Antwort auf das persönliche Kommen von Moritz.[510] Wollte er ihn, wie Moritz vermutete, als dritten und letzten der widerstrebenden Protestanten bei sich dann gefangen sehen?

503 Günther Wartenberg: Die „Confessio Saxonica“ als Bekenntnis evangelischer Reichsstände. In: Recht und Reich im Zeitalter der Reformation, Festschrift für Horst Rabe, hrsg. von Christine Roll. Frankfurt a. M. 1996, S. 275–294.

504 PKMS 5, S. 264–266 Nr. 133, 8./10.7.1551, Bericht über die Theologenkonferenz in Wittenberg.

505 Melanchthons Werke in Auswahl, hrsg. von Robert Stupperich, VI. Band, Gütersloh 1955, S. 80–167.

506 PKMS 5, S. 363 f. Nr. 131, Dresden 9.7.1551, Antwort von Kf. Moritz auf die Werbung Albrecht Arbogasts von Hewen für Hz. Christoph von Württemberg. PKMS 5, S. 329–231 Nr. 172, nach 27.8.1551, Bericht von Jakob Beurlin und Johann Isenmann über ihre Gesandtschaft wegen der Confessio Saxonica.

507 PKMS 5, S. 256–258 Nr. 127, Instruktion von Kf. Moritz und Kf. Joachim zu Verhandlungen mit den hessischen Räten Hermann von Hundelshausen und Johann Nordeck.

508 PKMS 5, S. 279 f. Nr. 141, Langensalza 19.7.1551.

509 PKMS 5, S. 496–498 Nr. 258, Innsbruck 22.11.1551, Timotheus Jung und Gf. Wilhelm von Honstein an Kf. Joachim, Bericht über die Gesandtschaft.

510 PKMS 5, S. 526 f. Nr. 274, Innsbruck 4.12.1551, Wolf Koller und Melchior von Ossa an Kf. Moritz, Bericht über die Antwort Ks. Karls V. an die Gesandtschaften.

An die Spitze des Fürstenbundes

In der Sommerhitze des August 1551 reifte für Moritz die Entscheidung zur Erhebung gegen den Kaiser. Damit sollte der neue Weg in der Politik des Reiches beginnen. Moritz hatte alle, die zu Pfingsten in Torgau einen Vertrag entworfen und den Ernestinern angeboten hatten, nach Lochau (heute Annaburg) nördlich von Torgau eingeladen. In Lochau sollte mit Frankreich abschließend verhandelt werden.

Schon seit Ende August wartete der französische Gesandte Jean des Monstiers, Seigneur de Fresse, Bischof von Bayonne, beim Amtmann Christoph Arnold in Eilenburg.[511] Er war über Hessen gekommen und reiste mit den hessischen Gesandten weiter und gab sich als Niederländer, d. h. Wallone, aus, der Nachrichten vom gefangenen Landgrafen Philipp auch im Auftrag von dessen Söhnen zu Moritz bringen sollte. König Heinrich II. von Frankreich wollte eine zweite Front gegen Kaiser Karl V. errichten. Moritz hatte nunmehr gute Hoffnung auf Gelingen, denn *wir wollen den bock recht an die hoden greifen*, d. h. ihn bewegungsunfähig machen.[512] Zu gleicher Zeit wie in Lochau sollten unter Leitung von Mordeisen die Verhandlungen im nahen Wittenberg laufen, mit denen die Kapitulation vor Moritz mit der Stadt Magdeburg endgültig ausgehandelt wurde.[513]

In seiner Küstriner Kanzlei arbeitete Markgraf Johann an der Zusammenstellung der Akten für einen Vertrag über eine Fürstenvereinigung, an deren Spitze er stehen wollte.[514] Johann hatte sich von Herzog Albrecht von Preußen und von beiden Herzögen von Mecklenburg zur Verhandlung bevollmächtigen lassen. Er wollte in Lochau die Meinungsführerschaft unter den evangelischen Ständen zurückgewinnen, die seit dem Abschluss vor Verden an Moritz gefallen war, um dann wieder auf der Basis einer starken Macht mit Karl V. zu verhandeln, wie es der Schmalkaldische Bund bis 1544 immer getan hatte. Johann erstrebte keine Offensive gegen den Kaiser. Das hatte sich auch zu Pfingsten in Torgau gezeigt. Durch eine Kasse, die schon in Friedenszeiten gefüllt und von Johann verwaltet werden sollte, wollte er eine Niederlage vermeiden, wie sie der Schmalkaldische Bund 1547 erlitten hatte.

Die Hessen sahen keine Möglichkeit zu einem Verhandlungsausgleich mit dem Kaiser ohne Gewalt mehr und standen damit in Lochau Johann im Wege. Er wollte deshalb die Hessen durch seinen reinen Verteidigungsvertrag[515] aus den Verhandlungen drängen und Moritz auf seine Seite ziehen.

Johann brachte einen fertigen Vertrag nach Lochau mit.[516] Er billigte Moritz keine eigene Verhandlungslinie zu und sah in ihm wohl den für die Religionsdinge zurückgewonnenen „Judas“, den er im Februar dem Kaiser abgewonnen hatte. Nach diesem

511 PKMS 5, S. 280–282 Nr. 142, Instruktion König Heinrichs vom 24.7.1551.

512 PKMS 5, S. 315–317 Nr. 163, Dresden 13.8.1551, Kf. Moritz an Mgf. Johann.

513 PKMS 5, S. 364–368 Nr. 190, 3.–23.9.1551, Registratur der Verhandlungen zwischen Kf. Moritz und der Alten Stadt Magdeburg.

514 PKMS 5, S. 372 f. Nr. 194, vor September 1551, Zwei Memoriale Mgf. Johanns zur Unterredung mit Kf. Moritz; PKMS 5, S. 373 zu Nr. 194, Eigenhändiges Verzeichnis der Aktenstücke, die Mgf. mit nach Lochau nahm.

515 PKMS 5, S. 376–380 Nr. 196, Grundtext des Vertrages ist von Hippolyt Hildesheim, dem Geheimschreiber Mgf. Johanns, geschrieben.

516 PKMS 5, S. 376–378 Nr. 196, 27.9.1551.

Schloss Lochau, unweit des Schweinert, wo Johann Friedrich d. Ä. 1547 nach dem Mühlberger Treffen in kaiserliche Gefangenschaft geriet. Im Vorgängerbau fanden hier 1551 die Bündnis-Verhandlungen mit Frankreich statt. Unter Kurfürst August entstand dann 1572/75 dieser Renaissancebau, zu Ehren seiner Gemahlin Annaburg genannt.

Vertrag sollte der Bund auf das Wort Gottes nach der Bibel, das ungeänderte Augsburgische Bekenntnis von 1530 und die Apologie dieses Bekenntnisses von Melanchthon gegründet sein.

Die Hessen und die ehemaligen Truppenführer des Schmalkaldischen Bundes und dann auch Herzog Johann Albrecht von Mecklenburg sahen jedoch in Moritz den begabten Führer einer neuen Allianz. Moritz selbst dachte viel weiter als vorher Kurfürst Johann Friedrich oder Landgraf Philipp. Er wollte keinen Stillstand, der auf gezeigter Militärmacht der evangelischen Konfessionsstände ruhte und jederzeit in einen neuen Konflikt fallen konnte. Moritz erstrebte vielmehr eine gegenseitige Toleranz, die der weiteren geschichtlichen Entwicklung Raum gab, die zu einer evangelischen Kirche im Reich laufen werde. Etwas anderes als den Lauf der Geschichte zu einer Kirche, die insgesamt zum Neuen Glauben an Christus gehörte, konnte sich Moritz offenbar nicht vorstellen.

Diese Linie der kursächsischen Politik ist wohl Moritz selbst in ihren Zielen und nicht nur führenden Räten wie Georg Komerstadt und Ulrich Mordeisen zuzuschreiben, denn sie bricht nach seinem Tode ab. Mordeisen schreibt am 14. Juli 1553 nach Wittenberg, dass Moritz die Früchte seiner Arbeit verloren hat. Er würde Deutschland beim Wiedergewinnen von Friede, Recht und Religion fehlen. [517] Wenn die Räte die Motoren der Entwicklung gewesen wären, hätten sie zumindest am Anfang der Regierung Kurfürst Augusts die Möglichkeit gehabt, ihre Linie fortzusetzen.

517 Vgl. MBW 8, S. 125 f. Nr. 6897, Torgau 14.8.1553, Ulrich Mordeisen an Johannes Bugenhagen und Philipp Melanchthon.

Markgraf Johann nahm mit seiner Glaubensfestlegung die Formel der von ihm verfassten Dresdner Erklärung des Kurfürsten Moritz vom 20. Februar 1551 wieder auf.[518] Allerdings nun um eine Formel gegen die albertinische kursächsische Interimspolitik erweitert: *Sie wollen auch keine Lehre, Zeremonien oder Veränderungen der christlichen Religion, die gegen die Augsburgische Konfession stehen, dem Gegenteil antichristlichen oder papistischen Haufen zu Wohlgefallen annehmen oder sich dazu drängen lassen.* Nur der Gegensatz zu Karl V. war zwischen Moritz und Johann im Grunde gemeinsam. Würde man diese unterschiedlichen Standpunkte zu einem Kompromiss führen können?

Als einziger Fürst hatte Moritz eine Streitmacht zur Verfügung, da er im Herbst 1550 den Angriff Herzog Georgs von Mecklenburg auf Magdeburg abgefangen und vor Verden eine Übereinkunft mit den für Magdeburg bestimmten Entlastungstruppen getroffen hatte. Gleichzeitig hatte Moritz den unruhigen Markgrafen Albrecht Alkibiades von Brandenburg-Kulmbach als seinen Stellvertreter vor Magdeburg an sich gebunden. Außerdem war Moritz Verhandlungspartner für den französischen König geworden. Markgraf Albrecht Alkibiades hat anders als Herzog August an den Vertragsverhandlungen in Lochau nicht teilgenommen. Niemand hatte daran gedacht, ihn als gleichberechtigten Fürsten einzubeziehen.

Die Meinungsführer Moritz und Markgraf Johann kamen als erste in Lochau an, Moritz am 24. und Johann am 25. September. Sie legten schon am 25. September einen Plan für die Abfolge der Verhandlung fest, bevor die hessischen Räte Wilhelm von Schachten und Simon Bing zusammen mit dem französischen Gesandten Jean de Fresse aus Eilenburg eintrafen.[519] Johann zu Heideck und Christoph Arnold sind vielleicht ebenfalls aus Eilenburg mit ihnen geritten. Sie vertraten die ehemaligen Schmalkaldischen Truppenführer. Moritz erfüllte Johann den Wunsch, zuerst über dessen Defensivvertrag zu verhandeln. Moritz wollte einen Kompromiss.

Die Verhandlung aller am 26. September begann mit dem neutralsten Thema. Die Versammelten – ohne den französischen Gesandten – ließen sich über die Versuche berichten, mit England und mit Dänemark in vertragliche Beziehung zu kommen. Danach legte Johann seinen Defensivvertrag vor. Die hessischen Gesandten gingen darauf nicht ein, sondern brachten ihrerseits einen Offensivvertrag samt dem dazu gehörigen Ausschreiben ein.[520] In diesem Gegensatz blieb man stecken.

Den Hessen ging es um die Befreiung ihres Landgrafen Philipp. Sie meinten, der Torgauer Text vom 22. Mai 1551 sei nur ein Vertragsangebot an die Ernestiner gewesen. Weil die Ernestiner bisher darauf nicht eingegangen wären, hätte der Text von Torgau keine Geltung mehr. Man müsste Inhalt und Verfahren des Bundes neu bestimmen. Johann wollte darauf mit dem Text auch seine Unterschrift der Torgauer Vertragsbindung zurücknehmen. Deshalb wollten die Hessen einen völlig neuen Vertrag für einen Offensivbund zusammen mit Frankreich aushandeln. Man schaffte es nur, sich über ein künftiges, gemeinsames Ausschreiben zum Beginn der Erhebung zu einigen.

---

518 Vgl. PKMS 5, S. 377 Nr. 196 mit PKMS 5, S. 88 f. Nr. 31.

519 PKMS 5, S. 397–407 Nr. 207, Lochau 25.9.–4.10.1551, Hessisches Protokoll der Verhandlungen; PKMS5, S. 407–414 Nr. 208, 25.9.–4.10.1551, Verzeichnis Mgf. Johanns von Brandenburg von der Handlung (in Lochau).

520 PKMS 5, S. 394–396 Nr. 91.

Obwohl Moritz keinen eigenen Vorschlag zur Verhandlung einbrachte, stand der Grundwiderspruch zwischen Moritz und Johann hinter allem Verhandeln. Durch Vermittlung des Truppenführers Friedrich von Reifenberg war Johann am Abend des 27. September bereit, die Entscheidung über den Torgauer Vertrag dem französischen Gesandten zu überlassen.

Am 28. September meinten dann alle außer Johann, nun den Offensivvertrag verhandeln zu können. Als aber Jean de Fresse nur eine Beglaubigung an alle Fürsten gemeinsam vorgelegt hatte, verlangte Johann, es müsse die Offensive und die Defensive in einem Vertrag vereint und als Ziel außer der Befreiung des Landgrafen Philipp auch die von Kurfürst Johann Friedrich genannt werden. Johann wollte verhindern, dass er auf einen Defensivvertrag beschränkt und die Leitung des vorrangigen Offensivvertrages Moritz überlassen würde und wollte deshalb nun einen Gesamtvertrag, an dessen Spitze er selbst allein stehen würde.

Johann war sich mit den anderen einig, dass man vom französischen König nicht die Verteidigung eines ihm fremden Glaubens verlangen könne, was bei einem Gesamtvertrag einträte. Deshalb lehnte die Moritzgruppe (mit Hessen und Herzog August) auch eine französische Entscheidung über die Gültigkeit der Erklärungen von Dresden vom 20. Februar und von Torgau vom 22. Mai 1551 ab. Markgraf Johann fühlte sich ebenso als Gruppe, weil er noch drei Fürsten, die beiden Mecklenburger und Preußen, vertrat.

Johann ging abends allein zum französischen Gesandten, um ihn als Schiedsrichter gegen die anderen zu gewinnen. Natürlich erklärte de Fresse, dass Frankreich auch bei einem Angriff auf den ihm fremden Glauben Hilfe leisten werde. So konnte Johann am nächsten Morgen dem hessischen Gesandten Simon Bing vorwerfen, er leugne die Gültigkeit des Torgauer Vertrages, die sogar de Fresse anerkannt habe. Nach einem heftigen Streit fand Bing die Lösung. Er erklärte, die hessische Instruktion laute nur, dass sie in Lochau einen Offensivvertrag aushandeln und siegeln sollten. Sie wollten hier deshalb völlig auf ihre Mitwirkung bei der Ausarbeitung je eines gesonderten Offensiv- und eines Defensivvertrages verzichten. Sie wollten aber beides nachträglich zu Hause in Hessen durchsetzen. Damit hatte Bing den immer neuen Einsprüchen des Markgrafen den Boden entzogen.

Nun verhandelte man ohne die Hessen zuerst den Defensivvertrag. Durch den Trick, dass die Stadt Magdeburg eine eigene Stimme in diesem Bund erhielt, obwohl sie durch die Kapitulationsverhandlungen zu Moritz gehörte, dem Befehlshaber seiner Besatzung, wurde Stimmengleichheit hergestellt zwischen jeweils vier Stimmen von Moritz, Herzog August, Hessen und Magdeburg und vier Stimmen von Johann, Herzog Albrecht von Preußen und den beiden Mecklenburger Herzögen, die Johann vertrat.

Johann verlegte nun seinen Gegensatz zu den Hessen, die er verdrängen wollte, auf ein anderes Feld: Hessen wolle ja die volle Zahl der Reiter für die Defensive nicht leisten, da es erkläre, nur 300 Reiter stellen zu können. Aber Moritz zerschlug den neuen Knoten und erklärte sich bereit, insgesamt 800 Pferde stellen zu wollen, die fehlenden hessischen Pferde mit. So musste sich Johann zunächst zufrieden geben.

Am 29. September 1551 traf Herzog Johann Albrecht in Lochau ein. Er brachte für sich eine neue Verhandlungsvollmacht des alten Mecklenburger Herzogs Heinrich mit. Damit waren Johanns Mecklenburger Vollmachten ungültig. Er hatte nicht mehr vier, sondern nur noch zwei Stimmen. Er konnte die Fürsten des bisherigen Königsberger Bundes nicht mehr allein vertreten. Dadurch wurde es möglich, den Offensivvertrag nach dem Defensivvertrag auszuhandeln. Johann wirkte mit bei diesen Entscheidungen und stimmte zu. Bezeichnenderweise sagte er in seinem Bericht für Herzog Albrecht von Preußen über den Ablauf an den vier weiteren Lochauer Tagen ab 30. September nichts mehr. Für ihn war nur noch wichtig, dass er die abschließende Ausfertigung des Offensivvertrages verhindern konnte. Gott habe das selbst geschenkt *als der rechte Meister, der mittel geschickt* habe, meinte Johann. Was war vorgegangen?

Das Abendessen am 3. Oktober war abgeschlossen. Gerade wurde der Vertrag ins Reine geschrieben. Moritz sagte darüber: *Man hat ein vergleichung troffen, wiwol mit muhe vnd krachen.*[521] Der Vertrag hätte wohl noch am Abend zur Unterschrift vorgelegen. Da gab es einen folgenschweren Wortwechsel. Moritz hatte die versammelten Fürsten beiseite gebeten, um zu besprechen, ob sie den fertigen Vertrag dem Gesandten Jean de Fresse persönlich mitgeben wollten. Moritz erklärte für sich, er wolle den Vertrag de Fresse zunächst nicht mitgeben und, er hoffe, dass alles über den Vertrag unter ihnen geheim bleibe. Es wäre hoffentlich kein *Fuchsschwänzer* unter ihnen.

Hier fand Johann den Grund. Er hatte ja schon einmal ohne Wissen der anderen mit de Fresse verhandelt. Er behauptete jetzt – nach seinem eigenen Bericht an Herzog Albrecht von Preußen –, mit dem Fuchsschwänzer habe Moritz ihn als einen Verräter beschuldigt. Außerdem wollte er wissen, was Moritz über ihn am Vorabend zu Herzog Johann Albrecht gesagt habe. Moritz erzählte darauf, er habe gesagt: Johann risse ihm *viel fix fax, vnd wollten Ine meistern, das wold er keins wegs von vns haben.* Johann erwiderte: Er habe nur seine und der Seinen *notturfft* vertreten und es zum Bestem der Verhandlung gemeint. Moritz: *Ey daß dich potz* (Gott), *diß vnd Jens schende etc.* Er wolle selbst Witze machen. Wenn es nicht in seinem Hause wäre, wolle er es ohne Rücksicht kurz und gut mit ihm machen. Bei Moritz entlud sich damit der aufgestaute Ärger der letzten Tage, der bei ihm durch Johanns Verhandlungstaktik entstanden war. Immer wieder hatte man Johann Brücken bauen müssen. Darauf wich Johann aus, es gäbe keinen Grund zur Unfreundschaft, Moritz möge ihn damit verschonen. Moritz darauf, er meine es so freundlich wie Johann selbst. Die Entladung ging weiter. Moritz schloss schließlich *ebenso freuntlich, als wir* (Johann) *es meinten, so meinete er es auch wir* (Johann) *weren ein Doctor, so wolt er ein nar sein* (*Doktor Spieß* war einer der Spitz- und Decknamen Markgraf Johanns). Darauf Johann, wenn Moritz eine solche Meinung habe, dann wolle und könne er nicht mehr. Er nahm die von Moritz angebotene Hand und ging.

Dies ist ungefähr die Schilderung, die Johann selbst von dem Auftritt gab.[522] Wenn Moritz sich wieder Narr nannte, wie damals vor Budapest, muss er sehr tief getroffen gewesen sein. Er wollte sich nicht kommandieren lassen, sondern eigenständig sein.[523] Als Johann sich in der Verhandlung von den Fürsten in ihre Pläne eingeordnet sah,

521 PKMS 5, S. 415 zu Nr. 210, Lochau 6.10.1551, Kf. Moritz an Mgf. Johann.

522 PKMS 5, S. 411 f. Nr. 208. Der Bericht ging an Hz. Albrecht von Preußen, der als einziger Verbündeter bei Johann blieb.

523 Nochmals findet sich diese Selbstbezeichnung im Brief an Gemahlin Agnes, PKMS 6 Nr. 99, wahrscheinlich um den 1.6.1552, *Ich schreib aus keinem narren kopf.* Die genaue zeitliche Einordnung des kleinen Briefchens ist schwierig. Aber bis ins Privateste beschäftigte Moritz, von anderen nicht ernst genommen zu werden. Vielleicht hat ihn hier ein Brief von Agnes zu seiner Selbstverteidigung gebracht.

provozierte er den Streit, als er Moritz über das weitere Geschehen, das Umgehen mit den Unterschriftsexemplaren, bestimmen sah. Johann ließ sich, so weit er sie bekam, alle Verhandlungsexemplare geben und machte alle Änderungsstellen unkenntlich, die mit ihm ausgehandelt worden waren. Dieses Exemplar liegt heute noch in Marburg vor. [524] Bei de Fresse beschuldigte er die anderen Fürsten und deutete all ihr Entgegenkommen nun als Unehrlichkeit. Selbst de Fresse konnte spät am Abend Johann nicht von dem Entschluss abbringen, Lochau schnellstens zu verlassen.

Am 4. Oktober reiste Johann im Morgengrauen ohne Abschied ab[525] und sagte nur Untergebenen Bescheid. Er hatte sein Ziel erreicht, einen Vertrag zu verhindern, in dem er nicht die Führung hatte.[526] Weil Johann den Text, in dem seinen Forderungen meist nachgegeben worden war, bis zur Reinschrift mit ausgehandelt hatte, konnte nur der Führungsverlust Grund seines Bruchs gewesen sein. Ohne die eigene Führung wollte Johann keinen Vertrag mehr. Er blieb noch im Sommer 1552 bei seiner Meinung, dass sich Moritz nach Lochau mehrfach nicht auf sein Angebot des Defensivvertrages erklärt hätte. Moritz hätte vielmehr Johann bedroht, [527] denn er habe ihm zunächst nur 14 Tage Waffenstillstand während der Verhandlungen in Passau zugesagt.

Gesandter de Fresse reiste ohne einen Vertrag ab, den er mit den Fürsten unterzeichnet hätte.[528] Weil seine Vollmacht sich auch auf Markgraf Johann beziehen würde, könnte er den dann vorliegenden Vertrag nicht unterzeichnen. Moritz versuchte einen halben Tag lang, de Fresse doch zur Unterschrift zu bewegen. Aber dieser meinte sogar, man könnte den Streit der beiden Fürsten als abgekarteten Trick ansehen, mit dem sie sich aus der Verpflichtung zum Vertrag winden wollten.[529]

So weit uns überliefert ist, hatte der französische Bischof nicht direkt in die mühsamen Verhandlungen mit Markgraf Johann eingegriffen. Als Schwiegersohn Herzog Heinrichs von Braunschweig war Johann durch dessen Gefangenschaft in Hessen gekränkt. In Lochau waren die alten Gegensätze, vertreten durch die hessischen Räte und Markgraf Johann, wieder aufgelebt. Das hatte Sand ins Getriebe gestreut. Andererseits konnte Markgraf Johann die Führungsrolle des Kurfürsten Moritz nicht ertragen, die von den Hessen und Johann Albrecht von Mecklenburg ohne Zögern anerkannt wurde. De Fresse sah wahrscheinlich die Fürstenerhebung als gescheitert an, denn zwei wichtige Fürsten waren verloren, indem Johann und durch ihn Herzog Albrecht von Preußen vor der Unterzeichnung ausgeschieden waren. Da Karl V. über das Geschehen sicher unterrichtet wurde, ging auch er wohl vom Scheitern aus und blieb ohne irgendwelche Gefahrenvorsorge in Innsbruck.

Doch Moritz, sein Bruder August, die hessischen Räte sowie Johann Albrecht für beide mecklenburgischen Herzogtümer erreichten zusammen mit den Truppenführern Heideck und Reckerodt am 5. Oktober noch einen tragfähigen Text, der sich eng an

524 PKMS 5, S. 374–384 zu Nr. 311, Chambord 15.1.1552, Text 2 (T2).
525 Vgl. PKMS 5, S. 405 f. Nr. 207; PKMS 5, S. 411 f. Nr. 208.
526 PKMS 5, S. 215 f. Nr. 215.; PKMS 5, S. 415 f. Nr. 210.
527 PKMS 6, S. 290–291 Nr. 195, Küstrin 9.7.1552, Mgf. Johann an Hz. Albrecht von Preußen.
528 PKMS 5, S. 583 T 2, Anm. 99, hat die ausführliche Unterschriftsformel für de Fresse in Vertretung für Kg. Heinrich II.
529 PKMS 5, S. 415 zu Nr. 210, Lochau 6.10.1551, Kf. Moritz an Mgf. Johann.

den bisherigen Vertragsentwurf hielt.[530] Herzog August sollte in Dresden als unbeteiligter, neutraler Statthalter von Moritz im neutralen Meißen bleiben, das dann nicht angegriffen werden könnte.[531] König Ferdinand hat diese Stellung von Herzog August anerkannt und forderte ihn entsprechend am 2. Mai 1552 auf, sich gegen Kaiser und Reich gemäß seinem Erbieten gehorsam zu verhalten.[532] Beide Fürsten, Kurfürst Moritz und Herzog Johann Albrecht, unterzeichneten den Vertragstext, der dann über Hessen zur Unterzeichnung an Landgraf Wilhelm und nach Frankreich zur Ratifikation durch König Heinrich II. ging. Markgraf Albrecht Alkibiades, der nach der Kapitulation keine Aufgabe mehr vor Magdeburg hatte, wurde gebeten, der Bote zu sein.

Der Abschluss des Vertrages verzögerte sich durch Markgraf Johann um drei Monate. Frankreich verringerte die Hilfsgelder von 100 000 auf 70 000 Kronen. Aber die Bundesfürsten erreichten die Teilnahme Frankreichs. Vier deutsche Fürsten wagten die Erhebung gegen den Kaiser unter Moritz' Führung. Es waren neben Moritz Wilhelm von Hessen, Johann Albrecht und dessen alter und kranker Onkel Heinrich.

Weil der Rückhalt der Defensive mit dem Abritt Johanns entfallen war, musste sich Herzog August nominell aus dem Bund verabschieden, um als „neutraler" Regent für seinen *in Haft befindlichen* Bruder Sachsen von Böhmen her unangreifbar zu machen. Der sächsische Kurstaat wurde nicht in die Erhebung einbezogen – in der berechtigten Erwartung, dass König Ferdinand dann eine gegenseitige Neutralität respektieren würde. August war der neutrale Vertreter seines Bruders, weil dieser sich wegen seiner 1547 versprochenen Einstellung in Hessen, falls Landgraf Philipp festgehalten werden würde, nach Hessen begeben müsse. Moritz zog nicht als Landesfürst in den Krieg, sondern als quasi Ehrengefangener der jungen hessischen Landgrafen.

Moritz' historische Leistung war es, dass er ungeachtet seiner schmalen Machtbasis beim Plan zur Erhebung blieb. Markgraf Johann dagegen hatte seinen Einfluss im Kreis der Fürsten überschätzt. Der fertige Offensivvertrag am 3. Oktober 1551 verbriefte die Führung für Moritz, trotz aller gründlichen Vorbereitung Johanns und fast zehntägiger zähester Verhandlung. An Markgraf Johanns Stelle stand Hessen neben Moritz. Johann blieben nur die Kasse des zerfallenen Königsberger Bundes und Herzog Albrecht von Preußen, der ihm nicht völlig zustimmte. Albrecht meinte, Johann habe *sich so vngereumpt und seltzam jm handel gehalten. Er habe gegen Moritz nicht in der Hauptsache Gründe gesucht und stilschweigend aufgeseßen, Niemant gesegnet, Vor tag sich hinweg gemacht*[533].

Jahrelang hatte der zweitgeborene Brandenburger Markgraf seine Bedeutung aufgebaut und sollte sie nun verlieren, weil ein etwas jüngerer Mann schneller dachte und redete als er. Johann meinte nach seiner überstürzten Abreise, der Mecklenburger Herzog Johann Albrecht und die hessischen Räte wären dem geschickt freundlichen Verhandlungsstil des Kurfürsten erlegen, wie ihm das in Dresden selbst geschehen war. Doch Gott sei Dank! Durch seine Streitsucht am Abend des 3. Oktober habe sich Moritz ent-

530 PKMS 5, S. 574–583 Nr. 311, T 1, Vertrag von Chambord.
531 PKMS 6, S. 6 Nr. 3, 2.5.1552, Antwort Kg. Ferdinands für Hz. August an Nikolaus von Ebeleben.
532 PKMS 6, S. 6 Nr. 3, zu Linz 2.5.1552, Antwort Kg. Ferdinands an die Gesandten der kursächsischen Landstände.
533 PKMS 5, S. 423 zu Nr. 215, 10.11.1551, Hz. Albrecht an Johann zu Heideck.

larvt, Moritz sei der *Fuchsschwänzer*, der unehrliche Schmeichler. Moritz habe immer wieder in den Gesprächen im Lochauer Schloss nur scheinbar nachgegeben, um Johann letzten Endes aus der Führung des evangelischen Fürstenbundes zu verdrängen.

Johann versuchte eine gemeinsame Defensive für den Notfall zu retten.[534] Tatsächlich aber hatte er im Morgengrauen des 4. Oktober 1551 seine größere Rolle in der deutschen Geschichte verlassen, die er als zweiter neben Moritz vielleicht hätte haben können. Der Kaiser gewährte ihm dafür 1552 einen hochdotierten Dienstvertrag, der die Kasse des Markgrafen tröstete.

Moritz stellte Johanns Abreise als Davonschleichen einer Katze vom Vorratsboden dar, *wi di Katzen vff der buhne etc.*[535] Er wäre ohne gegenseitigen Reisesegen gegangen. Er als der legitime Nachfolger, wie er meinte, der evangelischen Schmalkaldener Fürsten ging ohne christlichen Brauch, obwohl er von Moritz christliches Bekennen schriftlich verlangt hatte. Moritz tat, vom Dauerkritiker befreit, wenig, um den Bruch zu kitten.

Herzog Albrecht meinte, die Partner hätten die viele Vorarbeit Johanns nicht genügend gewürdigt. Johann sah später die Schuld bei Moritz, der dem Defensionsvertrag nie deutlich genug zugestimmt habe. Wie weit der Weg Johanns zu dem sehr gut dotierten Dienstvertrag mit dem Kaiser schon in Lochau beschritten war, ist nicht zu sagen. Im Februar 1552 meinte Herzog Johann Albrecht: *Es wirt jetzo des kaisers Marschalch* (Wilhelm von Böcklin) *zu ihme kommen, der wirt jhme aures montes in Arabia fürmalen*, d. h. goldene Berge versprechen, damit er für den Kaiser eintrete.[536]

Es könnte allerdings auch sein, dass Markgraf Johann mit seiner harten Verhinderung des Vertragsabschlusses in Lochau die Rechte der Ernestiner, die ihm im Grunde näher standen als Moritz, wahrnehmen wollte.

Nach des Markgrafen Abschied von Lochau besaß Moritz mit dem Bund der evangelischen Fürsten die Initiative im Reich. Der Bund bestimmte bis zum Passauer Vertrag die politischen Handlungen in Deutschland. Die Führerschaft lag nicht mehr beim Kaiser wie in der Zeit des Augsburger Interims und des Schmalkaldischen Krieges. In der Folgezeit musste der Kaiser den politischen Absichten des Kurfürsten folgen oder sie verhindern. Er musste gegen den Fürstenbund rüsten und dem Bruder, König Ferdinand, die Verhandlung mit Moritz freigeben. Karl V. musste schließlich den Vertrag von Passau annehmen. Bis 1549 hatte der Kaiser Moritz von Sachsen zur kaiserlichen Partei lenken, zur Anerkennung der ernestinischen Mitherrschaft zwingen, zur Gefangennahme des Landgrafen Philipp benutzen und zur Durchführung des Interims drängen können.

Immer hatte Moritz auf die Absichten des Kaisers reagieren und ihnen letzten Endes folgen müssen. Seit dem Sommer 1548 verlor der Kaiser aber Schritt für Schritt die Macht über Moritz. Die große Leistung der kursächsischen Politik dabei war, dass die geplanten Wege für alle Beteiligten, auch für die Habsburger, begehbar wurden.

---

534 PKMS 5, S. 415 f. Nr. 210, Sonnewalde 4.10.1551, Mgf. Johann an Kf. Moritz. PKMS 5, S. 425 Nr. 217, Crossen 8.10.1551, Mgf. Johann an Kf. Moritz.

535 PKMS 5, S. 415 zu Nr. 210, Lochau 6.10.1551, Kf. Moritz an Mgf. Johann.

536 PKMS 5, S. 601 zu Nr. 323, Sternberg 25.2.1552, Hz. Johann Albrecht an Hz. Albrecht von Preußen.

Herzog Moritz in Rüstung mit Speer und Schwert, Wandmalerei von 1544 im ehemaligen Festsaal, dem sogenannten Mönchsboden, von Schloss Weesenstein. Heinrich II. von Bünau auf Weesenstein ließ sich nach der Herrschaftsübernahme mit den Herzögen Georg, Heinrich und Moritz darstellen.

Auf kriegerischen Wegen zum Frieden im Reich

Moritz ist nach dem Verhandeln in Lochau zunächst insgeheim, dann aber immer deutlicher in die erste Reihe der Politik im deutschen Reich getreten. Er wollte nun seine Probleme gegenüber Landgraf Philipp und seinen hessischen Schwägern und die Fragen seines Landes zum Interim gegenüber dem Kaiser endgültig lösen.

Warten auf den französischen Vertrag

Jean de Fresse hatte das Jagdschloss Lochau ohne den Vertrag verlassen, den er seinem König unterschrieben hatte überbringen sollen. Der gegenseitige Eid zum Vertrag lag nun ungenutzt in den hessischen Akten. Er hatte von Markgraf Johann, Herzog Johann Albrecht und Wilhelm von Schachten, auch für die anderen, die sie vertraten, in feierlicher Form gegenüber dem Kurfürsten geleistet werden sollen: So wahr ihnen Gott und sein heiliges Wort helfe! Ebenso sollte der französischen Gesandte de Fresse gegenüber dem Kurfürsten schwören: So wahr Gott dem König helfe! Es war deutlich, dass die Führung des Fürstenbundes bei Moritz liegen sollte,[537] weil der Eid von beiden Seiten gegenüber dem Kurfürsten geleistet werden sollte.

Das klare Zusammenspiel zwischen Wilhelm von Hessen und seinen Räten und Moritz hatte König Heinrich II. zur Absicht veranlasst, in Lochau auf dem Boden des deutschen Reiches einen Vertrag vollkommen aushandeln und unterschreiben zu lassen. Nach dem Scheitern kannte de Fresse die schweren Spannungen und die Gegensätze unter den Fürsten, die ihn nach Lochau geladen hatten. Er hatte aber auch die Entschlossenheit und souveräne Verhandlungsführung des Kurfürsten Moritz erfahren.

Vor Lochau hatte sich König Heinrich II. nicht entschließen können, dem Königsberger Bund, vertreten durch Markgraf Johann allein, Finanzhilfe klar zuzusagen. Hätte er es getan, wenn sich Moritz unter die Lenkung des Markgrafen begeben hätte? De Fresse hatte mit den Hessen im albertinischen Eilenburg auf die Verhandlung gewartet.

Am 4. Oktober ist Moritz mit den hessischen Räten und Johann Albrecht vielleicht froh gewesen, keine immer neu auftauchenden Hindernisse mehr umgehen zu müssen. Der Vertrag erhielt am 5. Oktober 1551 einige Veränderungen. Wieder eingefügt wurde gegenüber der Form, über die man am 3. Oktober in Anwesenheit des Markgrafen Johann und des französischen Gesandten einig gewesen war, der wichtige gestrichene Zusatz *als ein Vicarius des heiligen reichs (zu wilchem Titell wir sein Kone: Mt: Zukunfftig zu befordern geneigt sein)*,[538] bei der Zusage, dass König Heinrich II. die französischsprachigen Bistümer und Städte des Deutschen Reiches Cambrai, Toul, Metz und Verdun einnehmen sollte.

537 PKMS 5, S. 396 f. Nr. 206, vor 4.10.1551, Gegenseitiger Eid zum Vertrag.
538 PKMS 5, S. 581 Nr. 311 Anm. 83, Vertrag von Chambord.

Titel und Pflicht eines Reichsvikars trugen die Kurfürsten von der Pfalz und von Sachsen, ehe ein neuer Kaiser nach dem Tod des alten gewählt worden war. Moritz handelte so, als sei Karl V. nicht im Amt. Durfte er unter dieser Voraussetzung als Kurfürst von Sachsen und Vicarius des Reiches sein zeitgebundenes Amt für bestimmte Städte dem König von Frankreich in Aussicht stellen? Indem die Bundesfürsten diese Funktion Heinrich II. für die vier Bischofsstädte als künftig zusagten, war die Einnahme der Städte vorläufig rechtlicher Akt, welcher die Gebiete in der letzten Hoheit des Reiches ließ. Dieser wieder eingefügte Zusatz muss den Fürsten wichtig gewesen sein.

Weil die Ausführungsbestimmungen zum Vertrag erst am 5. Oktober festgelegt wurden und de Fresse erst am 6. Oktober von Lochau abreiste, muss er den Zusatz gewusst haben. Am Ende hat Heinrich II. ihn, der die Rechte des Königs modifizierte, auch stehen lassen. Im Herbst haben die Fürsten es Heinrich II. nochmals zugesagt.

Nach Vollendung des Vertragstextes schrieben die Fürsten am 5. Oktober ein Memorial an Markgraf Albrecht von Brandenburg im Lager vor Magdeburg. Das wies diesen nach Kassel an den hessischen Hof, um dort die von Moritz, Johann Albrecht und Wilhelm unterschriebenen Exemplare des Vertrages zu übernehmen und nach Frankreich zu befördern. Albrecht sollte vor allem bei König Heinrich II. erklären, dass die Fürstenerhebung 1552 unbedingt stattfinden werde. Für den immer geldlosen Albrecht muss seine Dotierung von 6000 Gulden ein wichtiger Reisegrund gewesen sein.[539]

Mit einigem Risiko hatten Moritz, die hessischen Räte und Herzog Johann Albrecht in Markgraf Albrecht einen Ausweg aus den Trümmern der Vertragsverhandlungen von Lochau gefunden. Gegenüber dem Vorteil als fürstlicher Bote, der arbeitslos und damit unverdächtig war, musste Albrechts fehlende Kenntnis der Sprache und der Vertragsverhandlungen geringer wiegen. Der auch mit de Fresse abgesprochene Lochauer Text wurde Albrecht fertig mitgegeben. Er sollte nicht einen Vertrag, sondern die finanziellen Durchführungsbestimmungen aushandeln.[540] Die Stellen für die Höhe der Kronensummen, deren Festsetzung man dem König überlassen musste, waren in den unterschriebenen Exemplaren offen gelassen. Die Hilfe sollte jedoch nicht weniger als 100 000 französische Kronen oder 150 000 deutsche Gulden betragen.

Albrecht musste in Kassel das Memorial seiner Gesandtschaft für Frankreich noch von Landgraf Wilhelm unterzeichnen lassen. Dabei wohl ermäßigte der Landgraf die Forderung um ein Drittel auf 70 000 Kronen monatlich. Eine Erhebung gegen den Kaiser ohne diese monatliche Hilfe aus Frankreich und einen gleichzeitigen Angriff von König Heinrich II. konnte man nicht wagen. Moritz hatte schon 400 000 Gulden bei der Belagerung Magdeburgs auslegen müssen.

Auf seiner Reise traf Albrecht in Daun Rheingraf Johann Philipp, der den außerhalb des Reiches unerfahrenen Markgrafen ein Stück durch Lothringen geleitete.[541] Heinrich II. war inzwischen auf Anraten des heimkehrenden Gesandten de Fresse auf nur 50 000 Kronen, d. h. 75 000 Gulden, zurückgegangen. Albrecht vertrat die Summe von 70 000 Kronen am französischen Hof, als wäre es der Befehl des Kurfürsten Moritz.

539 PKMS 5, S. 455 zu Nr. 236, Kassel 25.10.1551.

540 PKMS 5, S. 416 f. Nr. 212, 5.10.1551, Memorial von Kf. Moritz Hz. Johann Albrecht und Lg. Wilhelm für Mgf. Albrecht.

541 PKMS 5, S. 454 f. Nr. 236, Daun 28.10.1551, Mgf. Albrecht an Kf. Moritz.

Zur Klärung aller für sie offenen Fragen schickten die Franzosen vor Weihnachten 1551 nochmals de Fresse nach Sachsen. In Dresden sagte dann de Fresse zu, er wolle sich für 80 000 Kronen bei seinem König einsetzen. Die wichtigste Bestimmung einer dort beschlossenen Zusatzvereinbarung zum Vertrag sagte, dass durch die Bundesfürsten keiner von seiner katholischen Religion gedrängt würde[542]. Damit sollten besonders die deutschen katholischen Bischöfe vor Säkularisierung geschützt werden.

Der französische König, der seine Hilfe nach dem Ausfallen Markgraf Johanns halbieren wollte, schickte gleichzeitig mit der Reise Markgraf Albrechts den Rheingrafen Johann Philipp zu Wilhelm.[543] Moritz drängte mit höflicher, aber deutlicher Argumentation, dass die Fürsten in den ersten drei Monaten unbedingt jeweils 100 000 Kronen brauchten.[544] Vereinbart im Vertrag und gezahlt wurden schließlich 100 000 Kronen für den ersten Monat und je 70 000 Kronen für die beiden folgenden. Für diese ersten Monate liegt eine Quittung vom 20. März 1552 aus Basel über 240 000 Kronen vor.[545] Ob 70 000 Kronen monatlich weiter gezahlt wurden, ist unwahrscheinlich und nicht durch Quittungen zu belegen. Neben den verdeckten zwischenstaatlichen Verhandlungen liefen die Kontakte der Schmalkaldener Truppenführer in Frankreich mit Johann zu Heideck, der auch dadurch ein wichtiger Ratgeber für Moritz wurde.

Gleichzeitig mit Lochau hatten die Verhandlungen mit Magdeburg in Wittenberg ihr Ziel am 3. Oktober erreicht.[546] Sie ergaben als wichtigste Bestimmungen: Die Stadt ergab sich auf Gnade und Ungnade dem Kaiser durch einen Fußfall. Sie unterwarf sich dem Reichskammergericht. Die Schleifung der Befestigung sollte nach einem symbolischen Beginn auf eine Bitte der Stadt hin unterbleiben. Sie sollte dem Kaiser jederzeit öffnen und eine Besatzung aufnehmen. Sie hatte 50 000 Gulden zu zahlen, die aber als ein Teil des Reichsvorrates für die Belagerungskosten verrechnet werden sollten. Dem Kaiser waren 12 Büchsen auf Rädern zu liefern.[547] Karl V. musste diesem offiziellen Verhandlungsergebnis zustimmen.

Weil ein geheimer Sondervertrag der Magdeburger mit Moritz abgeschlossen wurde, war man in der Stadt Magdeburg zur Annahme der kaiserlichen Kapitulation bereit. Nach dem Geheimvertrag blieben die Magdeburger bei ihrer Religion, ihren Privilegien, Freiheiten und Rechten. Sie sollten dem Erzbischof, dem Domkapitel und allen Pfaffen ihre Häuser einräumen. Aber sonstige Forderungen für Abnutzung und Schäden sollten als erledigt gelten. Katholischer Gottesdienst sollte nicht wieder gehalten werden dürfen. Der Kurfürst wollte den Magdeburgern helfen, wieder zu ihren Zinsen, Berganteilen, Rechten und bewiesenen Schuldzahlungen zu kommen.[548]

---

542 PKMS 5, S. 542 f. Nr. 289, Dresden 21.12.1551, Erklärung des Lochauer Vertrages durch Kf. Moritz, Hz. Johann Albrecht und Lg. Wilhelm.

543 PKMS 5, S. 462–465 Nr. 242, Kassel 7.11.1551, Lg. Wilhelm an Kf. Moritz.

544 PKMS 5, S. 448 Nr. 252, 14.11.1551 Kf. Moritz an Kg. Heinrich II. durch Rheingf. Johann Philipp.

545 PKMS 6, zu 23. 5. 1553, Kf. Moritz an die französischen Gesandten – : Basel 24.3.1553, Quittung für die französischen Gelder von 240 000 Kronen.

546 PKMS 5, S. 389–391 Nr. 202, Wittenberg 2.10.1551, Verordnete kfl. Räte zu Wittenberg an Kf. Moritz; PKMS 5, S. 391–393 Nr. 203, 3.10.1551, Bedenken der nach Wittenberg verordneten Räte an Kf. Moritz.

547 PKMS 5, S. 469 Nr. 244, Magdeburg 9.11.1551, Verschreibung der Magdeburger auf die Kapitulation; PKMS 5, S. 465–467 Nr. 243, Bericht über die Ergebung der Alten Stadt Magdeburg.

548 PKMS 5, S. 554–556 Nr. 299, 31.12.1551, Geheimvertrag des Kf. Moritz mit der Alten Stadt Magdeburg.

Im Spätherbst 1551 liefen die Bemühungen des Kurfürsten und seiner Bundesgenossen zusammen auf ihr Ziel zu. Mit der Einnahme der Stadt gewann Moritz die wichtigste Festung nördlich seines Landes. Die Stadt musste eine dem Kurfürsten unterstehende Besatzung des Reichs aufnehmen. Vom Kurfürsten Joachim erwartete Moritz künftig wohlwollende Neutralität. Die Hansestädte an der See waren zu Hilfszahlungen bereit.[549] Mecklenburg war mit Herzog Johann Albrecht ein Glied des Bundes. Damit brauchte Moritz die unsichere Defensivhilfe des Markgrafen Johann nicht mehr.

Als erstes wurde die Kapitulation Magdeburgs am 9. November 1551 öffentlich vollzogen. Die 40 000 Menschen in der Stadt hatten nur noch von Wasser, Brot und Pferdefleisch gelebt. Am 8. November waren die Verteidigungstruppen aus der Stadt abgezogen. Diese 2000 Mann und 150 Pferde sollten fünf Meilen vor die Stadt ziehen, dort bezahlt werden und sich dann zerstreuen. Moritz bemühte sich dabei, dass die Söldner ihren Wirten die Schulden bezahlten.[550] Das Gleiche verlangte er von seinen Truppen für die Lieferungen zu ihrem Unterhalt während der Belagerung.

Am 9. November 1551 ist Moritz mit den Reitern und zehn Fähnlein in die Stadt gezogen. Die Knechte der Fähnlein stellten sich in Reihe entlang des Breiten Weges durch die ganze Stadt auf. Die acht niederländischen Fähnlein nahmen vor dem Ulrichstor Aufstellung. Fünf andere Fähnlein hatten sich schon auf dem Markt postiert. Sie umgaben die versammelte Bürgerschaft. Der Kurfürst ließ sich auf Grund der Kapitulation[551] von den versammelten Bürgern der ganzen Gemeinde den Eid[552] schwören. Er nahm ihn auf seinem Pferd entgegen. Auf Zwischenruf des Bürgermeisters Levin von Emden in die Verlesung von Dr. Mordeisen hinein, dass die Stadt sich nicht ergeben habe, sondern vertragen sei, betonte Moritz wohl in Anspielung auf den Geheimvertrag, *es ist vertragen soll auch vortragen sein und bleiben*[553]. Danach reichte Moritz mit entblößtem Haupt allen Ratsmitgliedern als Zeichen der Gnade die Hand.

Anschließend ließ Moritz Frieden bei Leibesstrafe in der ganzen Stadt unter Trompetenschall verkünden. Alles Kriegsrecht wurde außer Kraft gesetzt. Für Magdeburg war das Wichtigste, dass ein evangelisches Bekenntnis und der Erhalt der Privilegien durch Geheimvertrag zugesichert waren, deshalb betonte Levin von Emden die *Vergleichung*. Trotzdem blieb die Meinung der Pfarrer, Prädikanten und vieler Magdeburger Bürger, dass sie allein Christus bekannt hätten und bei seinem Wort geblieben wären. Moritz aber und alle anderen samt den Theologen von Wittenberg und Leipzig hätten wegen der Bewilligung des Interims Christus und sein Wort verfolgt. Deshalb wäre Magdeburg belagert worden.

Sofort nach Ende der Belagerung bemühte sich der Kaiser durch seinen Gesandten Wilhelm von Böcklin, Moritz in Frieden zu halten und einen Kontakt mit Frankreich zu verhindern.[554] Böcklin reiste durch die Hansestädte und warnte dort vor Moritz

549 PKMS 5, S. 710–712 zu Nr. 399, Ende Januar 1552, Bericht der Gesandten Johann Dutzenradt, Paul Wibbeking und Sebastian Ersam über ihre Gesandtschaft an Kf. Moritz.

550 PKMS 5, S. 467 zu Nr. 243, 8.11.1551, Befehl des Kf. an das Kriegsvolk in der Stadt Magdeburg.

551 PKMS 5, S. 469 Nr. 244, Magdeburg 9.11.1551.

552 PKMS 5, S. 470 f. Nr. 245, 9.11.1551.

553 PKMS 5. S. 469, zu Nr. 243, Nach 1553, Bericht des Schreibers und Syndikus Heinrich Merckel.

554 PKMS 5, S. 477 Nr. 249, Magdeburg 12.11.1551, Antwort des Kf. Moritz auf die Werbung Wilhelm Böcklins für Ks. Karl V.

und den unzuverlässigen Franzosen. Königin Maria bat Moritz, die niederländischen Knechte unverzüglich von Magdeburg zu ihr nach Flandern in Marsch zu setzen.[555]

Moritz nahm nur einen Teil der vor Magdeburg liegenden Truppen in seinen Dienst. Mit der Begründung, dass die Geldlieferung des Reichsvorrates zu langsam ging, wurden die Belagerungstruppen noch vor Magdeburg zusammengehalten. Moritz hatte mit Heideck und anderen den Plan, sie in die Stadt Erfurt und ihre Umgebung zu Lasten des dort herrschenden Erzbischofs von Mainz zu legen, damit sie ihre Bezahlung abwarteten. Aber Erfurt, das sich gewissermaßen als eigenständige Stadt des Reichs fühlte, rief nach dem Landfrieden die Hilfe von Kaiser, Reich und den Reichsständen gegen diese heranziehenden Truppen an, obwohl es sich nominell um unbezahlte Reichstruppen der Magdeburger Achtvollstreckung handelte.

Auch der Ernestiner Johann Friedrich d. M. fühlte sich bedroht. Moritz hatte aber befohlen, dessen Landen keinesfalls zu schaden. Moritz lenkte die hungrigen Truppen zur Reichsstadt Mühlhausen, die sich nicht wehren konnte.[556] Sie wurde mit ihrem Umland von den Söldnern leer gegessen, bis diese am 23. Januar 1552 ihren Sold erhielten und in Richtung Hessen weitergeführt wurden.[557] Weil das Geld zu spät in Mühlhausen und weiter auf dem Weg ankam und Meutereien der Söldner erfolgten, blieben schließlich nur 2000 der Knechte von Magdeburg für Hessen und den Feldzug der verbündeten Fürsten übrig.[558]

Von aller aus dem Bauernkrieg stammenden Abhängigkeit von den Fürsten Sachsens und Hessens hatte sich Mühlhausen während des Reichstages 1547/48 mit Hilfe des Kaisers freigemacht. Dafür war die Einquartierung der Magdeburger Truppen eine direkte Rache. Im Dezember 1551 verhandelte Mühlhausen mit Kurfürst Moritz[559], um ein Ende der schlimmen Besatzung zu erreichen, über einen neuen Schutzvertrag.[560] Wegen großer Unruhe in der Stadt schoben dann die Räte die Verhandlungen auf. Am 4. Februar 1552 stellte Moritz einen befristeten Schutzbrief gegen ein jährliches Schutzgeld von 600 Gulden auf nur 20 Jahre aus, wie ihn die Mühlhäuser wünschten, da sie eigentlich im Schutz des Reiches ständen.[561]

Als die persönliche Befreiung des Landgrafen Philipp gescheitert war, haben sich Moritz und die Hessen in der Öffentlichkeit auf eine große Fürbitte beim Kaiser für die Entlassung Philipps gelegt. Es gab auch kein besseres Mittel, die allgemein als Unrecht empfundene Gefangenschaft des Landgrafen Philipp in das Bewusstsein aller wesentlichen Fürsten im und um das Reich zu bringen.[562] Seit dem Frühsommer liefen die direkten

555 PKMS 5, S. 477 zu Nr. 248, 5.12.1551, Kg.in Maria an Kf. Moritz .

556 PKMS 5, S. 532 zu Nr. 281, Ende November 1551, egh. Befehl von Kf. Moritz an Hans von Dieskau und Georg Wachtmeister.

557 PKMS 5, S. 591 f. Nr. 316, Mühlhausen 17.1.1552, Johann von Seggerde und Wolf Schlegel an Kf. Moritz.

558 PKMS, 5, 609 f. Nr. 326, Magdeburg 1.2.1552, Hans von Dieskau und Georg Wachtmeister an Kf. Moritz.

559 PKMS 5, S. 588–590 Nr. 315, Mühlhausen 17.1.1551, Kfl. Räte zu Mühlhausen an Kf. Moritz. Weiter PKMS 5, S. 597 f. Nr. 321, 24.1.1552, Kf. Moritz an kfl. Räte.

560 PKMS 5, S. 534 zu Nr. 281, 27.12.1551, Gesandte von Mühlhausen an Kf. Moritz.

561 PKMS 5, S. 614–617 Nr. 331, Dresden 4.2.1552.

562 PKMS 5, S. 279 f. Nr. 141, Langensalza 19.7.1551, Erwiderung und Bericht der sächsischen und brandenburgischen Gesandten an die hessischen Gesandten.

Bemühungen. Von den wesentlichen Fürsten hat nur Herzog Heinrich von Braunschweig die Teilnahme durch Gesandtschaft oder wenigstens schriftliche Fürbitte völlig abgelehnt. König Ferdinand und König Sigismund von Polen schickten Schreiben, König Christian III. von Dänemark sogar zwei Räte. Im September trafen die Gesandtschaften allerdings langsam in Donauwörth ein, um von dort gemeinsam nach Augsburg zum Kaiser zu ziehen. Manchen wurde das Warten zu lang. Der Kaiser siedelte nach Innsbruck um und war deshalb auf Wochen nicht zu sprechen.

Am 17. November 1551 kam die Fürbitte für Landgraf Philipp unter der Leitung der kursächsischen Gesandten in Innsbruck endlich zur Ausführung[563], die neun persönlichen Gesandtschaften wurden am Nachmittag beim Kaiser vorgelassen und gehört. Sachsen und Brandenburg überreichten noch vier Fürbittbriefe, andere schrieben dem Kaiser direkt. Der Kaiser sagte eine Antwort nach Beratung zu. Schließlich lief alles darauf hinaus, dass Moritz selbst kommen und eine positive Antwort in Empfang nehmen sollte. Im Februar 1552 unternahm Moritz diese Reise nur zum Schein.

Während des Wartens hat Moritz nochmals den Kontakt zu König Ferdinand gesucht und um Gespräche gebeten. Moritz wollte nach seiner Vorgabe nicht als Kriegführender, sondern als Gefangener seiner Ehre bei den Söhnen des Landgrafen im März 1552 den Feldzug beginnen. Der Kaiser hatte damit gewissermaßen selbst Schuld, dass Moritz gegen ihn ziehen musste, weil er ihn nicht aus seiner Ehrenschuld befreit hatte.

Nachdem sie die Antwort des Kaisers auf die Fürbitte für Landgraf Philipp erhalten hatten, warteten die sächsischen Räte Wolf Koller und Leonhard Badehorn in Innsbruck auf Kurfürst Moritz, sie wurden aber weiter nach Trient geschickt,[564] um dort Quartier und Anhörung der kursächsischen Theologen unter Melanchthon vorzubereiten.[565] Damit sind nur diese beiden Räte für Kursachsen nach Trient gekommen. Weitere Vertreter und die Theologen Kursachsens sind nicht bis nach Trient gereist. Der untergeordnete Jobst Bufler war Badehorn und Koller zur Vorbereitung der Quartiere vorausgeritten.[566] Er berichtete schon von den Geschehnissen und Dekreten des Konzils und schickte die Texte. In Trient haben die kaiserlichen Räte die kurfürstlichen Gesandten unterstützt, damit diese von der Konzilsversammlung angehört wurden. Beide Räte haben die Forderungen und Bedingungen Kursachsens den versammelten Konzilsvätern am 24. Januar 1552 vortragen können.[567]

Am nächsten Tag erließ das Konzil ein Geleit, das für alle deutschen Protestanten formuliert war.[568] Doch nur mit Hilfe der kaiserlichen Räte war es schriftlich zu erhalten.[569] Auf Drängen der kaiserlichen Räte in Trient wurde auch zugesagt, dass die

563 PKMS 5, S. 496–498 Nr. 258, Innsbruck 22.11.1551, Timotheus Jung und Gf. Wilhelm von Honstein an Kf. Joachim von Brandenburg: Bericht über die Fürbitte am 17.11.1551.

564 PKMS 5, S. 569 zu Nr. 308, Dresden 1.1.1552, Kredenz für Wolf Koller und Leonhard Badehorn, Pergament.

565 PKMS 5, S. 566–570 Nr. 308, vorgetragen in Trient 10.1.1552, Kfl. Sächsische Räte an die ksl. Kommissare.

566 PKMS 5, S. 511 zu 263,Trient 1.12.1551, Jobst Bufler an Kf. Moritz.

567 PKMS 5, S. 598–600 Nr. 322, vorgetragen am 24.1.1552, Propositio oratorum Mauritii ducis Saxoniae in congregatione generali.

568 PKMS 5, S. 599 f. zu Nr. 322, Trient 25.1.1552, Salvusconductus datus Protestantibus germaniae a sancta synodo Tridentina in sessione quinta.

569 PKMS 5, S. 604–608 Nr. 325, Trient 30.1.1552, Bericht der sächsischen Räte an Kf. Moritz.

Sitzung des Konzils aufgeschoben würde, damit *die, welche sich Protestanten nennen*, ihre Anliegen persönlich vortragen könnten. Deshalb wollte man die Dekrete zu Messopfer, Priesterweihe, zum Abendmahlssakrament und zur Ehe erst nach dem 19. März verkünden. Die Forderungen der Neuverhandlung, der Reassumption, aller bereits beschlossenen Artikel und ebenso, dass der Papst das Konzil nicht leiten dürfe, hatten keine Aussicht, vorgebracht und durchgesetzt zu werden.

Die Württemberger Gesandten, die auch am 24. Januar 1552 angehört wurden, haben die Württembergische Konfession den Konzilsvätern übergeben. Mit der Confessio Saxonica geschah das anscheinend nicht. Eine ganze Anzahl, auch freundliche Patres, und besonders der führende kaiserliche Rat Graf Hugo von Montfort hätten die evangelischen Theologen und Melanchthon gern auf dem Konzil gesehen.

Als der Feldzug schon feststand, ließ Moritz im Januar 1552 noch die Theologen nach Nürnberg reisen, wo sie auf ihre Weiterreise zum Konzil in Trient warten sollten. Melanchthon war schon im Dezember spontan nach Dresden gereist und hatte dort zugestanden, dass das Konzil von den Protestanten beschickt werden sollte. Moritz bemühte sich durch seine Räte eindringlich, für die Theologen ein Geleit für den Hin- und Rückweg, wie es die Utraquisten 1439 zum Basler Konzil hatten, zu erreichen.

Mit dem Vortrag der sächsischen Räte war ihre Mitwirkung auf dem Konzil beendet. Die in Nürnberg wartenden Theologen sind wegen des Krieges dorthin nicht aufgebrochen. Von einer wirklichen kursächsischen Mitwirkung und auch Württembergs am Trienter Konzil kann man deshalb nicht reden. Die vorgetragenen Forderungen für ein Geleit, wie für die Böhmen auf dem Basler Konzil, die Neuverhandlung aller beschlossenen Dekrete gemäß der Bibel, die Unterwerfung des Papstes unter das Konzil und die Entbindung aller von den Eiden gegenüber dem Papst waren Vorbedingungen. Sie entsprachen der alten evangelischen Forderung eines freien, allgemeinen, christlichen Konzils, die Moritz seit 1547 immer wieder aufgestellt hatte. Nur das Geleit wurde von den Konzilsvätern umgehend erteilt. Mit ihren Forderungen aber hatten die Sachsen das Konzil nicht anerkannt. Das Überreichte wurde wohl unbenutzt zu den Konzilsakten gelegt.

Am 15. Januar in 1552 wurde der Vertrag von König Heinrich II. auf Schloss Chambord an der Loire in Gegenwart von Markgraf Albrecht unterzeichnet. Albrecht reiste aus Frankreich mit den vollzogenen Exemplaren über Basel nach Hessen, um die wertvollen Stücke nicht zu gefährden. Am 5. Februar 1552 wusste Moritz darüber Bescheid. Der Gesandte de Fresse wurde in drei bis vier Tagen bei Landgraf Wilhelm erwartet.

Moritz hatte Räte und seinen ganzen Tross schon bis Landshut in Bayern vorausgeschickt, um für die Öffentlichkeit zum Kaiser nach Innsbruck zu reisen, der ihm ja die Entlassung des Landgrafen zusagen wollte. An den Landgrafen schrieb er: *Ich will aber auff einer schiltkrot postieren*, um keinesfalls, ehe der unterschriebene Vertrag aus Frankreich eintraf, schon zu nahe beim Kaiser zu sein. „Postieren“ war eigentlich eine sehr schnelle Reise mit immer wieder gewechselten Pferden, die auf kürzeren Strecken mit aller Kraft laufen mussten.[570]

570 PKMS 5, S. 592 Nr. 317, Nienburg 18.1.1552, Kf. Moritz an Lg. Wilhelm.

Von dieser Scheinreise wandte sich Moritz bald auf anderem Wege und mit geringer Begleitung nach Friedewald in Hessen, wo die abschließenden Fragen zum Feldzug vom 11. bis 14. Februar 1552 mit Landgraf Wilhelm und dem Gesandten de Fresse und nun zum ersten Mal auch mit Markgraf Albrecht festgelegt wurden.[571]

In Friedewald lag Moritz der unterschriebene Vertrag mit Frankreich und den eingetragenen Summen vor. Mit dem Vertrag war die kriegerische Seite der Fürstenerhebung geklärt. Weil Kursachsen vorgeblich „neutral" am Aufstand nicht beteiligt war, hat Moritz sein Exemplar des ausgefertigten Vertrages mit den eingetragenen Geldsummen den Hessen mit nach Kassel gegeben.[572]

Ein öffentliches Ausschreiben der Fürsten des Bundes wurde in Friedewald endgültig angenommen, der Druck ab 17. März 1552 verbreitet.[573] Der französische König[574] und auch Markgraf Albrecht[575] ließen eigene öffentliche Ausschreiben ergehen. Die Bundesfürsten betonten als Kriegsgrund die Erhaltung der wahren Religion, die Entlassung des Landgrafen und Wiederherstellung der alten löblichen Freiheit im Reich gegen das Joch der *viehischen Servitut und Dienstbarkeit* durch den Kaiser. Frankreich stellte die unrechte Machtbereicherung des Kaisers, die durch Hinrichtungen verhinderten Solddienste von Deutschen für Frankreich und die Hilfe für die Freiheit der deutschen Nation heraus. Markgraf Albrecht betonte seine Hilfe für die Bundesfürsten, welche die beschwerliche *Servitut* beseitigen wollten. Er war gegen das Übergewicht der Geistlichen auf den Reichstagen und die Herrschaft der (spanischen) Ausländer.

Die Wartezeit seit der mühsamen Rettung des Vertrages mit Frankreich im Schloss zu Lochau am 5. Oktober 1551 bis zur abschließenden Unterzeichnung am 15. Januar 1552 im Loireschloss Chambord ist kein tatenloses Zuwarten, sondern intensive Vorbereitungszeit gewesen. Am 14. Februar schrieben Moritz und Wilhelm an Johann Albrecht, dass durch Gottes Gnade alle Dinge mit *der löblichen kron* von Frankreich abgeschlossen seien. Man werde zu Fastnacht, am 1. März 1552, mit aller Macht am Werke sein. Die Reiter seien dementsprechend aufgefordert und die Knechte zum Anmarsch bestellt.[576] Vom 15. bis zum 21. Februar war Moritz von Friedewald in Hessen nach Dresden unterwegs.[577] Er konnte mehrere Tage lang im schnellen Ritt im Sattel sitzen. Die letzten Vorbereitungen des Feldzuges auch auf dem Landtag und im Kontakt zum König Ferdinand mussten geschehen.

571 PKMS 5, S. 625–627 Nr. 336, Friedewald 14.2.1552, Vertraulicher Abschied von Kf. Moritz und Lg. Wilhelm.

572 PKMS 5, S. 574 Nr. 311 Anm. 1, Chambord 15.1.1552.

573 PKMS 5, S. 735–737 Nr. 416, um den 17.3.1552, Ausschreiben der Bundesfürsten Kf. Moritz, Hz. Johann Albrecht und Lg. Wilhelm.

574 PKMS 5, S. 611 f. Nr. 328, Fontainebleau 3.2.1552, Sendschreiben Kg. Heinrichs II. von Frankreich an die Kf., Fs., Stände und Städte des Reichs.

575 PKMS 5, S. 737–740, vor 17.3.1552, Ausschreiben Mgf. Albrechts.

576 PKMS 5, S. 626 zu Nr. 336, Friedewald 14.2.1552, Kf. Moritz und Lg. Wilhelm an Hz. Johann Albrecht.

577 PKMS 5, S. 627 zu Nr. 337, Friedewald 15.2.1552; PKMS 5, S. 638 zu Nr. 347, Dresden 22.2.1552.

Krieg als Mittel der Diplomatie

Einerseits wurde die Erhebung gegen den Kaiser vorbereitet, andererseits zugleich die Kapitulation Magdeburgs mit der Zustimmung und zum Teil auch zu den Bedingungen des Kaisers geschlossen. Während der Vorbereitung der Erhebung wurde die Gesandtschaft zum Kaiser geschickt, um für den Landgrafen Philipp auf Grund der großen Fürbitte vom Kaiser die Freiheit zu erreichen, obwohl der Feldzug das gleiche Ziel hat.

Kurfürst Moritz suchte keinen Kriegsruhm, als er den Feldzug gegen Karl V. begann. Er wollte die Zeit danach neu gestalten. Um darüber mit Kaiser und König und den anderen Ständen des Reiches verhandeln zu können, suchte er sichtbare Macht, die von allen Gliedern des Reiches anerkannt werden musste. Er wollte mit dem Feldzug nicht aus der Ordnung des Reiches treten, sondern diese zu ihrer eigentlichen Gestalt zurückführen. Das Reich sollte damit auch zu einer Basis für Frieden in Europa werden.

Das Geschehen um 1550 ist nicht einfach als der Kampf zweier Parteien, der evangelischen und der katholischen Religionspartei, zu verstehen. Das Reich war für viele noch eine Gemeinschaft aller ohne konfessionelle Prägung. Eine Lösung der Probleme im Reich war nur innerhalb des Reiches zu erreichen. Moritz musste die Gewichte im Reich soweit ausgleichen, dass ein für alle tragbares Zusammenleben möglich wurde. Es gibt mancherlei Hinweise auf diese Haltung von Moritz.

Gabriel Arnold konnte am 11. Oktober 1551 an Johann zu Heideck schreiben, dass kein Mensch den Kurfürsten Moritz und Heideck bereden könne, das Verderbnis an Seele, Ehre, Leib und Gut und den Untergang des Reiches zuzulassen und die *monarchie* des Kaisers zu erhalten.[578] Die Seele brauchte ihre evangelische Religion; die Ehre die Einhaltung von Zusagen, wie die gegenüber Landgraf Philipp 1547. Leib und Gut, d. h. Leben und Besitz, sollten für Fürsten und Untertanen sicher sein; das Reich sollte nicht zum Teil einer Alleinherrschaft des Kaisers in Europa verändert werden. Dahinter steht das Bild eines alle Stände gleichberechtigt umfassenden Reichs. Den Abgesandten der See- und Hansestädte, die mit ihm in ein Bündnis kommen wollen, erklärte Moritz Ende Januar 1552, er wollte *bey den Reinen godlichen wordts des heiligen euangelii vnnd Deutscher Nation libertäten nicht alleine bistendig bleiben Sundern auch daruber leib blud Land vnnd Leute lassen vnd zusichern.*[579]

In ihrem Ausschreiben sagten die Bundesfürsten im März 1552, dass sie den elenden Zustand der deutschen Nation sähen. Man wollte sie dem monarchisch handelnden Kaiser direkt unterordnen. Sie aber wollten die alte löbliche Freiheit der deutschen Nation retten.[580] Die Fürsten verstanden das Deutsche Reich nicht als Monarchie des Kaisers, sondern als Gemeinschaft der eigenständigen Reichsstände. Die Interessen dieser Gemeinschaft vertrat Moritz zugleich mit seinen eigenen.

Während der Vorbereitung der Erhebung auf Seiten der Fürsten lief eine Auseinandersetzung in Briefen. Der kaiserliche Gesandte Wilhelm von Böcklin hatte wohl vom Markgrafen Johann erfahren, dass ernsthafte Verbindungen von Moritz und den anderen zu Frankreich gesucht wurden. Deshalb hielt Böcklin in Hamburg in den Tagen

578 PKMS 5, S. 432 zu Nr. 222, 11.10.1551, Gabriel Arnold an Johann zu Heideck.
579 PKMS 5, S. 710 zu Nr. 399, 28.1.1552, 2. Antwort des Kf. Moritz an die Gesandten der Seestädte.
580 PKMS 5, S. 736 f. Nr. 416, um 17. März 1552, Ausschreiben der Bundesfürsten.

nach Weihnachten vor dem Rat der Stadt eine deutlich warnende Rede gegen eine Verbindung der Hansestädte zu Frankreich.[581] König Ferdinand schrieb einen ebenso warnenden Brief an Kurfürst Moritz, der diesen in Innsbruck beim Kaiser erreichen sollte. Weil Moritz nicht nach Innsbruck kam, hat Ferdinand den Entwurf am 3. März neu datiert nach Dresden gesandt.[582] In besorgtem Ton bat Ferdinand Moritz, sich nicht solcher Vermittler wie Johann zu Heideck und Wilhelm von Schachten zu bedienen. Mit diesen Namen weist der königliche Brief vielleicht auf die Kenntnis der Lochauer Verhandlungen. Beide waren zusammen für Hessen und für Moritz dort tätig. Moritz möge diese Warnung sehr genau bedenken. Die Adresse „Innsbruck“ beweist wohl, dass Kaiser und König fest mit dem Kommen Moritz' dorthin gerechnet hatten.

Es schwirrte im Januar 1552 am kaiserlichen Hof und dem der Königin Maria das Gerücht, dass man Moritz festhalten wolle, wenn er nach Innsbruck käme.[583] Moritz hatte für sich Recht, Innsbruck und das direkte Handeln des Kaisers zu meiden, er hatte die Gefangennahme des Landgrafen in Halle 1547 erlebt. Würde Moritz gefangen, musste die in Umrissen dem Kaiser durch Markgraf Johann über Böcklin bekannte Erhebung der Fürsten scheitern. Böcklin war durch Markgraf Johann informiert, der das Scheitern seiner Pläne in Lochau nicht verwunden hatte. Moritz konnte auch nicht hoffen, einen erträglichen Ausweg wie Wilhelm von Jülich 1543, den Ferdinand im Brief erwähnte, geboten zu bekommen. Moritz konnte nur mit den Fürsten den Erfolg durch die Erhebung suchen.

Das Handeln von Moritz richtete sich gegen Kaiser Karl V. und seine Monarchie, nicht gegen König Ferdinand. Dadurch entsteht ein ambivalentes Bild. Eine Zeitung aus Straßburg sagte am 6. April 1552 in diesem Sinn, *Hertzog moritz Landschafft, hat zue Kay mt gesandt, alls ob Innen der Krieg misfall vnnd Irem Herren hertzu kain hilf thuen wollen, sy kaufen aber Irem Herren Zoll vnd gefell fur etlich Jar ab also dz man es fur ain bedruglich stuckh halt.*[584]

Moritz entschuldigte sich am 1. März beim Kaiser für sein Fernbleiben von Innsbruck und versicherte, wenn der Kaiser den Landgrafen entlasse und das Konzil entsprechend der evangelischen Bedingungen verfüge, dann wolle er sich mit Leib und Gut für die Reputation des Kaisers einsetzen. Diese Bedingungen waren dem Kaiser unerfüllbar.[585] Karl V. antwortete darauf zwar sachentsprechend, aber ohne sich wirklich festzulegen am 8. März und mahnte den Kurfürsten Moritz nochmals zu kommen. Er oder auch Kurfürst Joachim sollten ihn in der Landgrafensache geneigt finden. Alle, die Änderung in der Religion vorgenommen hatten, sollten ungehindert zum Konzil und wieder zurück reisen können. Moritz sollte kurfürstliche Gesandte zum Konzil schicken, was ja zum Teil schon geschehen wäre. Das alles konnte das in Gang befindliche Räderwerk des Feldzuges der Bundesfürsten nicht mehr anhalten. [586]

581 PKMS 5, S. 560 f. Nr. 304, Hamburg Anfang Januar 1552. Bericht über den Aufenthalt des ksl. Gesandten Wilhelm Böcklin von Böcklinsau in Hamburg.

582 PKMS 5, S. 624 Nr. 335, Wien 12.2.1552.

583 PKMS 5, S. 602 Nr. 324, Kassel 27.1.1552 Lg. Wilhelm an Kf. Moritz; aber auch PKMS 5, S. 335 zu Nr. 344, Kundschaft, Januar 1552 ähnliche Nachrichten in Wien und Wolfenbüttel.

584 PKMS 5, S. 799 f. Nr. 462, Straßburg 6.4.1552, Zeitung.

585 PKMS 5, S. 655–657 Nr 359, Torgau 1.3.1552, Kf. Moritz an Ks. Karl V.

586 PKMS 5, S. 695 Nr. 387, Innsbruck 8.3.1552, Ks. Karl V. an Kf. Moritz.

Moritz wollte gleichzeitig mit der Kriegführung auch die Verhandlung des Friedens sicher haben. So bat er nach der Rückkehr aus Friedewald bei einem allgemeinen Abendessen den königlichen Gesandten Graf Albrecht von Schlick zu einem Gespräch am nächsten Morgen, dem 23. Februar 1552. Sie sprachen unter vier Augen zwei Stunden miteinander. Moritz verleugnete vor Schlick, ein Bündnis eingegangen zu sein und viele Leute zu Ross und zu Fuß in Bestallung zu haben, wie dem König wohl berichtet werde. Das war aus diplomatischen Gründen gelogen. Dahinter stand die Fiktion der „Neutralität" Kursachsens unter August, denn der Vertrag von Chambord lag ja in Kassel. Moritz müsste sich vielmehr zusammen mit Kurfürst Joachim wegen ihrer Verschreibung von 1547 in Hessen einstellen, wenn sie für sich Treue und Ehre retten wollten.

Moritz wäre auf seiner Reise zum Kaiser umgekehrt [587], weil der kaiserliche Gesandte Graf Wilhelm Böcklin in Dresden ganz anders geredet hätte als dann in den Seestädten Hamburg und Lübeck und Niedersachsen. Es hieße auch, der Kaiser wollte Moritz festnehmen. Moritz bat außerdem um eine Verhandlung des Königs zur Entlassung des Landgrafen Philipp durch den Kaiser. Er wollte dazu eine Antwort binnen 10–14 Tagen ab 24. Februar haben. Moritz hat die Frist auf drei Wochen verlängert, weil Schlick wegen der weiten Entfernungen darum bat. Er wollte eine Antwort über sichere Verhandlungen unbedingt vor Mitte März und dem Beginn des Feldzuges erreichen. Wir kennen das Gespräch nur aus dem Bericht Schlicks, der sagte, er wollte jetzt nicht alles aufschreiben. Sonst könnte man tiefer in die Gedankenwelt von Moritz eindringen.

Am 3. März bat Karl V. seinen Bruder Ferdinand in Wien oder Preßburg, Vermittler zu Moritz zu sein. War das eine Folge der Umkehr Moritz' im Februar oder der Bitte von Moritz an den König? Sehr spät versuchte der Kaiser die Erhebung abzuwenden.

Den ersten Schritt zum Beginn der offenen Erhebung tat Moritz mit dem Landtag in Torgau am 28. Februar 1552. Die lange Proposition des Landtages ist gewissermaßen eine Rechtfertigungsrede des kurfürstlichen Handelns zu den Themen: 1. Religion und Konzil; 2. Weg zur Erwerbung der Kurwürde; 3. Gefangennahme des Landgrafen Philipp und Einstellung bei den Kindern des Landgrafen. Dazu wurde formal der Rat der Stände erbeten. Am Schluss ist auch die Abwehr der Türken bedacht worden.[588]

Die Landstände aber wollten eine Verhandlungslösung, um die sich Moritz bei den jungen Landgrafen bemühen sollte, damit er sich nicht einstellen müsse.[589] Moritz hatte für diesen Fall schon eine besonders scharfe Einmahnung entworfen, die ihm dann aus Kassel überschickt wurde.[590] Der Zeitpunkt der Übergabe der hessischen Einmahnung war zwischen Moritz und Landgraf Wilhelm genau abgesprochen. Er stellte vor den Ständen heraus, dass er der Einstellungsforderung der jungen Hessen folgen müsse, weil der Kaiser über Jahre die Entlassung des Landgrafen verhindert hätte. Er werde in der Hand der Hessen nicht mehr Herr seiner Entschlüsse sein. Deshalb übertrug Moritz die Landesherrschaft mit Zustimmung seiner Landstände an seinen Bruder August.[591]

587 PKMS 5, S. 638–640 Nr. 348, Graupen 25.2.1552, Gf. Albrecht Schlick an Kg. Ferdinand.

588 PKM 5, S. 647–651 Nr. 355, Torgau 28.2.1552, Landtagsproposition.

589 PKMS 5, S. 683 Nr. 379, 4.3.1552, Grafen, Herren, Ritterschaft und Städte des Kf.tums Sachsen an Lg. Wilhelm.

590 PKMS 5, S. 636 f. Nr. 346, Kassel 24.2.1552, Einmahnungsbrief Lg. Wilhelms an Kf. Moritz, Anm. 1 undatierter Vorentwurf aus Dresden.

591 PKMS 5, S. 660 Nr. 362, Torgau 1.3.1552, Antrag Hz. Augusts an den Landtag.

August erklärte gegenüber König Ferdinand die Neutralität des Kurfürstentums Sachsen, das er für seinen durch Ehre und Treue gebundenen Bruder leiten müsste.[592] Das Gleiche teilten die in Torgau versammelten Landstände dem Kaiser mit.[593] Es waren mit Bischof Julius Pflug und dem Ordenskomtur Hans von Germar dem Kaiser sehr genehme, konservative Personen, denen sie die Gesandtschaft übertrugen.

Am 14. März 1552 schrieb Moritz durch die in Torgau erschienenen königlichen Gesandten, dass ein treuer Fürst des Reiches, der in eine Lage wie Moritz durch den Kaiser komme, weil dieser den Landgrafen nicht entlassen hätte, entschuldigt wäre, zu welchen Wegen es auch führte. Der König würde Moritz bei unparteiischer Beurteilung entschuldigen und seinen unbeteiligten Bruder August und die sächsische Landschaft nichts entgelten lassen.[594] Den Gesandten sagte Moritz außerdem zu, dass die Truppen *nach diesem Sommer gewendet, Zu Rettung des Kon: mt: Christlichen Königreich* gebraucht werden sollten.[595] Vor Beginn des Feldzuges legte sich Moritz damit auch auf den mit Ferdinand gemeinsamen Kampf gegen die Türken fest.

In der ersten Hälfte des März sahen die kaiserlichen Kundschafter in Norddeutschland *an allen orten kriegß leuth, hin vnd wider lauffen.* Es gäbe genug Geld dafür, denn 6 Tonnen Goldes aus Frankreich lägen in Dresden. Das Geld für ein halbes Jahr warte je zur Hälfte in Hessen und bei Moritz. Es wäre auf zwei Jahre bewilligt.[596] 18 000 Pferde sollten sich sammeln. In Hessen wären schon 6000 zu Ross und 20 000 zu Fuß versammelt. König und Kaiser haben über die Entwicklung Bescheid gewusst, wenn sie auch die einzelnen Pläne nicht kannten. Karl V. wurde durch die Fürstenerhebung nicht überrascht. Wilhelm von Böcklin, Lazarus Schwendi und andere hatten berichtet.

Der Großkanzler Heinrich Reuß von Plauen, höchster Verwaltungsmann der Krone Böhmens, war trotz verwundetem Oberschenkel und einer Verhandlung mit ihm verwandten Herren Reuß am 13. März umgehend von Prag aufgebrochen, als der König ihn eiligst schickte. Am Vormittag des 15. März kam er von Prag im Schiff in Dresden an als Antwort des Königs auf das Gespräch zwischen Moritz und Graf Schlick. Er ritt sofort über Grimma nach Leipzig weiter. Voraus hatte er Komerstadt gebeten, dafür zu sorgen, dass er Moritz noch treffen könnte.[597]

Christoph von Karlowitz kannte diese Entwicklung nicht! Er war über die Wendung der Ereignisse schwer erschüttert, denn er hatte von den Plänen des Kurfürsten keine Ahnung. Er meinte, wenn sich der Kurfürst verführen lasse, das *wurde jn warheit nit allein zw E. ch. G. selbst sonder auch des gantzen Deutschlandes, Ja der gantzen Christenheit vntergang gereichen.*[598] Moritz solle sich folgsam heraushelfen lassen. Er könne sich auf

592 PKMS 5, S. 705 f. Nr. 396, Torgau 11.3.1552. Instruktion für Nikolaus von Ebeleben an Kg. Ferdinand; PKMS 5, S. 706 zu Nr. 396,Torgau 13.3.1552, Hz. August an Kg. Ferdinand.

593 PKMS 5, S. 699 f. Nr. 391, Torgau 10.3.1552, Instruktion der sächsischen Landschaft für Bf. Julius Pflug, Hans von Germar, Heinrich von Bünau auf Weesenstein und Johann Scheffel an Ks. Karl V.

594 PKMS 5, S. 721 Nr. 406, Torgau 14.3.1552, Kf. Moritz an Kg. Ferdinand.

595 PKMS 5, S. 719 Nr. 405, Torgau 13.3.1552, Antwort des Kf. Moritz an die kgl. Gesandten Gf. Albrecht von Schlick und Otto von Neidegg.

596 PKMS 5, S. 722 f. zu Nr. 407, 5.3.1552 Wilhelm Böcklin an Kg. Ferdinand; PKMS 5, S. 723 zu Nr. 407, Magdeburg 8.3.1552, Joachim Imhof an Wilhelm Böcklin.

597 PKMS 5, S. 728 zu Nr. 411, Prag 13.3.1552, 8 Uhr, in Eile, präs. 16.3. in Leipzig, Heinrich von Plauen an Georg Komerstadt.

598 PKMS 5, S. 727 f. Nr. 411, Dresden 15.3.1553 vormittags, Christoph von Karlowitz an Kf. Moritz.

König Maximilian, den Sohn Ferdinands, verlassen. Karlowitz hatte zu ihm reiten und Moritz entschuldigen sollen,[599] deshalb führte er ihn an. Das von Karlowitz für Moritz erdachte politische Weltbild, an das er kaisertreu ihn heranführen wollte, brach bei einem Gespräch mit dem eilenden Großkanzler Heinrich von Plauen zusammen.

In den Gesprächen am Abend des 16. und Morgen des 17. März 1552 hat Moritz anscheinend Heinrich von Plauen völlig für sich gewonnen. In Anwesenheit des kurfürstlichen Kanzlers Ulrich Mordeisen wurde in Leipzig am 17. März festgelegt, dass sich König Ferdinand und Kurfürst Moritz am 4. April 1552 in Linz treffen sollten, um die gegenseitigen Fragen zu klären. Komerstadt hatte diese Begegnung gefördert.[600]

Nach dem ertragreichen Gespräch hat Moritz in Eile noch aus Leipzig an den Kaiser geschrieben und gedankt, dass er ihm im Brief vom 8. März eine zufriedenstellende Lösung der Entledigung Landgraf Philipps zusagte, doch wegen seiner Ehre müsste er sich bei den jungen Landgrafen einstellen. Als unehrenhaft gescholten zu werden, wäre ihm beschwerlicher als der Tod.[601] König Ferdinand teilte die Abmachung vom 17. März in Leipzig dem Kaiser mit.[602] Er hatte sich schon am 3. März nach dem Schreiben Graf Schlicks vom Kaiser beauftragen lassen, mit Moritz zu verhandeln.[603] Es ist nicht ganz deutlich, ob Moritz den Verhandlungsweg über König Ferdinand mit den anderen Fürsten als wichtige Seite der Planung genau besprochen hatte. Das Ziel der Briefe und Gesandtschaften beider Habsburger war, die Erhebung zu verhindern, an deren Spitze Moritz stand.

Die Truppen waren am 16. März aus Leipzig abmarschiert, vorher waren sie um die großen Städte im Lande verteilt gewesen. Dresden und Pirna hatten Besatzungen, bei Zwickau und Merseburg sammelten sich Truppen. Sebastian von Wallwitz sollte in Wittenberg und Leipzig Truppen mustern. Von Magdeburg marschierte ein großer Teil der Besatzung ab. Die schwer zu transportierenden Geschütze waren schon am 10. März bis nach Arnstadt gebracht worden. Dem kaiserlichen Gesandten Wilhelm von Böcklin wurde gemeldet, dass überall unterwegs Kriegsleute zu treffen wären. Die Flammen schlügen allmählich empor.

Ebenso haben die jungen Landgrafen in Hessen Truppen angeworben. Sie konnten auf die umfangreichen Beziehungen Landgraf Philipps zu vielen Söldnerführern zurückgreifen, die wohl regelmäßige Zuwendungen erhielten. Wilhelm von Hessen hatte außerdem den kaiserlichen Führer Reinhard von Solms aus dessen eigenem Haus entführen lassen. In einem Verhör suchte man von dem Gefangenen die kaiserlichen Pläne zu erfahren.[604] Diese bestanden aber nicht, weil der Kaiser den Fürstenbund für zu schwach hielt.

Moritz hat keinen Konflikt ohne vorher geplantes Ziel begonnen, deshalb ist das Ausschreiben der Bundesfürsten, das nach dem 17. März gedruckt ausging, nicht als ein Propagandaaufruf, sondern als Erklärung des Unrechtes anzusehen, das man ändern wollte: 1. die Verfolgung der Stände der Augsburgischen Konfession; 2. die ungerechte

599 PKMS 5, S. 728 zu Nr. 411, Mitte Febr. 1552, Kf. Moritz an Christoph von Karlowitz.
600 PKMS 5, S. 645 zu Nr. 352, Torgau 2.3.1552, Georg Komerstadt an Heinrich von Plauen.
601 PKMS 5, S. 743–745 Nr. 420, Leipzig 17.3.1552 in Eile, Kf. Moritz an Ks. Karl V.
602 PKMS 5, S. 732 zu Nr. 414, Pressburg 24.3.1552, Kg. Ferdinand an Heinrich von Plauen.
603 PKMS 5, S. 35 Einleitung, 10, Die Verhandlung in Linz.
604 PKMS 5, S. 715 f. Nr. 402, 13.3.1552, Verhör des Gf. Reinhard von Solms.

Gefangenschaft des Landgrafen Philipp; 3. die Beschränkung der Freiheiten der deutschen Nation. Die Fürsten wollten deshalb im Namen der heiligen Dreieinigkeit mit Heeresmacht die Befreiung des Landgrafen Philipp und des Herzogs Johann Friedrich suchen und das kaiserliche Joch abwerfen,[605] das hieß, man wollte sich ohne eigenes Denken und Handeln nicht lenken lassen. Eine erste Form dieses Ausschreibens brachten die Hessen schon im September 1551 mit nach Lochau.[606] Die letzte Fassung aus Friedewald wurde zunächst in 1000 Exemplaren gedruckt.

Moritz verzichtete auf sein eigenes fertiges Ausschreiben.[607] In diesem war er ausführlich auf seinen Widerspruch gegen das laufende Konzil in Trient und auf seine Last durch die Gefangennahme und das Festhalten des Landgrafen Philipp und die Ablehnung aller Fürbitten für diesen eingegangen. Am Schluss hatte Moritz gebeten, dass man seinen Bruder August und seine Landschaft diese Sachen nicht entgelten lassen sollte, da diese nach seinem Willen Kaiser, König und Reich gehorsam blieben.

Während Kurfürst Joachim zum Kaiser ziehen sollte, wollte sich Moritz in Hessen einstellen. Moritz suchte in der Öffentlichkeit des Reichs eine nach allen Seiten gesicherte Lösung seiner Probleme. Er führte Kaiser und König auf eine ohne großen Gesichtsverlust begehbare Straße. Auf diesem Weg sollten beide die Entlassung des Landgrafen, Gleichberechtigung der Evangelischen und Aufhebung des Augsburger Interims zugestehen. Erst mit der tiefgehenden Änderung der Abrede des Passauer Vorvertrages brach der Kaiser aus diesem vorausberechneten Ablauf aus.

Moritz setzte seine rechtliche Fiktion gegen die des Kaisers, der den Schmalkaldischen Krieg führte, weil er gegen das Reich ungehorsame Fürsten bestrafen müsste. Er hatte immer gegenüber Moritz betont, dass er keinen Krieg gegen den evangelischen Glauben führe. Die beiden Ungehorsamen waren aber Führer des Schmalkaldischen Bundes. Das erzwungene kaiserliche Interim lag sehr nahe beim alten Glauben, obwohl der Krieg sich nicht gegen den evangelischen Glauben gerichtet haben sollte. Mit seiner Rechtsfiktion nahm Moritz dem Kaiser die Möglichkeit, Kursachsen als Reichsstand in die Acht zu tun. Moritz leitete den Krieg als Privatperson. Damit wurde es anderen Ständen leicht möglich, gegenüber Moritz neutral zu bleiben.

Den Feldzug wollte Moritz, damit er Verhandlungspartner und nicht nur Bittsteller beim „gnädigen" Kaiser war. Vor dem Feldzug wurden die Wege zur Beilegung des Konfliktes festgelegt. Moritz hatte wohl mit seinen Räten die Fehler der Protestanten im Schmalkaldischen Krieg genau durchdacht und nun vermieden: 1. Er hatte in Lochau erreicht, dass er allein Führer des Feldzuges war, nicht zwei Fürsten wie 1546. 2. Er handelte ganz bewusst nicht gegen das Reichsrecht, sondern ließ den Kaiser außerhalb der Ordnung des Reiches erscheinen durch die Behandlung des Landgrafen und das Streben nach Monarchie. 3. Er machte keine langen, taktischen Märsche wie die Verbündeten 1546, sondern geplant kurze Schläge zur Einnahme Augsburgs, Erstürmung der Ehrenberger Klause, Besetzung Innsbrucks. 4. Er bemühte sich nicht, den universalen Kaiser zu besiegen, sondern ihn zu Verhandlung und Vertrag zu zwingen. 5. Er vermied strikt das Entstehen einer zweiten Front in Sachsen. 6. Er handelte nicht gegen Reichs-

605 PKMS 5, S. 735–737 Nr. 416, um 17.3.1552, Ausschreiben der Bundesfürsten.
606 PKMS 5, S. 394–396 Nr. 205, von Hessen vorgelegt am 27.9.1551 (PKMS 5, S. 398 Nr. 207).
607 PKMS 5, S. 733 f. Nr. 415, um 17.3.1552, Ausschreiben des Kf. Moritz, nicht ausgegangen.

stände oder Landstände und führte für seinen Teil keinen „Pfaffenkrieg", sondern ging auf die Wünsche der Stände auf dem Torgauer Landtag, ihre Neutralität, ihre Integrität, ein und ordnete sie in sein Handlungskonzept in Torgau und in den Verhandlungen in Passau ein.

Moritz gewann durch die Fürstenerhebung für sich nichts Neues, aber das im Jahre 1547 Erworbene wurde ihm ohne den Kaiser durch alle wichtigen Reichsstände bestätigt. Im Übrigen sind nur Besitzrechte, die im Schmalkaldischen Krieg zerstört waren, wiederhergestellt worden (Pfalz-Neuburg, Anhalt, Braunschweigische Junker), und die Aufhebung des Interims wurde erreicht. Für sich gewann er nur den Ruf als Retter des Protestantismus. Für Kaiser Karl V. wurde die Flucht aus Innsbruck der erste Schritt zum Machtverzicht 1555/56.

Moritz folgte den Kriegsplänen Markgraf Albrechts nicht, eroberte nicht Würzburg, wollte keinen Krieg gegen die „Pfaffen" führen. Die harte Belagerung Nürnbergs durch Albrecht brachten die Fürsten zum Ausgleich. Die Ergebnisse der Brandschatzungen Albrechts bei süddeutschen Städten auf dem Marsch nach Augsburg sind in die gemeinsame Kasse der Fürsten gelangt. Vor Frankfurt a. M. lehnte Moritz es ab, sich für die Brandschatzung Albrechts bei Worms und Hanau einzusetzen. Er wollte nichts über das gutwillig Gegebene hinaus erhalten.[608]

Von den Kriegsplänen Markgraf Albrechts her ist der Fürstenkrieg nicht zu beurteilen. Man muss sagen, dass die Bundesfürsten sein Handeln, das sie nicht verhindern konnten, nach dem Aufbruch von Ulm zur Machtdemonstration geduldet haben.

Im November 1551, wahrscheinlich bereits seit Lochau stand fest, dass die Bundesfürsten zuerst Augsburg als die Finanzbasis des Kaisers angreifen wollten.[609] Dem entsprechend wurden die Truppen gesammelt. Johann zu Heideck stand im Werratal. Die Kanonen mit der Truppe des Kurfürsten zogen von Leipzig über Arnstadt durch Thüringen nach Süden. Landgraf Wilhelm hatte seine Reiter und Knechte bei Gießen zusammengeführt. Markgraf Albrecht hatte seine Söldner in Franken vereinigt.

Moritz war am 17. März 1552 noch von Leipzig bis Weißenfels geritten. In den von Sibottendorf geführten Tagezetteln steht, dass Weimar eine Station auf dem Ritt über Erfurt nach Arnstadt war. Hat Moritz selbst mit den jungen Herzögen in Weimar informierend verhandelt oder ist nur Sibottendorf in einer Mission dort gewesen, um die Neutralität der Ernestiner zu gewinnen?[610]

Moritz ist über Arnstadt und Meiningen, Neustadt nach Mellrichstadt, Münnerstadt, Bischofsheim und weiter nach Schweinfurt gezogen. Er hat auf seinem Wege keine Kämpfe geführt. Doch selbst wenn die Söldner ihre Verpflegung bezahlen sollten, wurde die durchzogene Landschaft durch die Menge der Menschen und Pferde schwer geschädigt, denn die Truppen lebten aus dem Land. Vom Bischof von Bamberg forderte Moritz mit Beginn des Feldzuges ein Darlehen von 12 000 Gulden durch Ulrich Mordeisen.[611] Der Bischof erwartete dafür Schutz vom Kurfürsten.

608 PKMS 6, S. 358–359 Nr. 340, Feldlager vor Frankfurt 31.7.1552, Kf. Moritz an Mgf Albrecht.
609 PKMS 5, S. 484 Nr. 252, 14.11.1551, Kf. Moritz an Kg. Heinrich II.
610 PKMS 6, S. 568–573 Nr. 371, 1.1.–6.12.1552, Tageszettel Anno 1552.
611 PKMS 5, S. 779 f. zu Nr. 446, März 1552, Moritz bittet Bf. Weigand von Bamberg durch Mordeisen um ein Darlehen zur Befreiung Lg. Philipps.

In Schweinfurt kamen Moritz und Landgraf Wilhelm zusammen, um die „Einstellung“ zu vollziehen, zu der Moritz seit 1547 verpflichtet war. Zugleich bat er Wilhelm, ihm die Reise nach Linz zu erlauben. Wilhelm übergab Moritz ein genau mit ihm abgesprochenes Schreiben[612], darin gab er vorsichtig auch seine Zustimmung, dass Moritz zu Verhandlungen reisen könne. Dieses Schreiben schickte Moritz sofort in Abschrift an König Ferdinand[613] und schrieb dazu: Er wäre nach Hessen geritten, hätte Wilhelm jedoch erst in Schweinfurt angetroffen. Dass sich dieser wegen der Verzögerungen und Bedrängnis mit ausländischen christlichen Potentaten eingelassen habe, wäre Moritz *zu erforn gantz bekommerlich*. Da aber Wilhelm und seine Mitverwandten zur Verhandlung gebracht werden könnten, wollte Moritz nach Linz kommen. Bei Heinrich von Plauen entschuldigte sich Moritz, dass er wegen der besonderen Umstände erst am 11. April in Linz sein könnte. Mit seiner angeblichen Ablehnung der „Verbindung der Hessen“ mit Frankreich baute Moritz weiter an der Scheinfront der kursächsischen Neutralität. Schon gegenüber Schlick hatte Moritz im Februar damit begonnen. Seine diplomatischen Finten ermöglichten es dem König, gegenüber Sachsen scheinbar „begründet“ Frieden zu halten. Beide Seiten haben dabei wohl über die reale Lage Bescheid gewusst.

Dem Kaiser schrieb Moritz ähnlich wie dem König. Er fügte aber noch an, Karl V. möge dem jungen Landgrafen eine Unterredung mit dem Vater gewähren und diesen in die Hand König Ferdinands stellen. Er setzte noch dazu, dass er das Konzil nicht anerkennen könnte und deshalb seine Theologen aus Nürnberg zurückgerufen hätte, weil das Geleit zum Konzil nicht dem für die Böhmen von 1432 entspräche, keine Neuverhandlung der schon ohne die Protestanten beschlossenen Artikel stattfinde und es kein freies, allgemeines, christliches Konzil wäre.[614] Ehe Moritz zur Einnahme Augsburgs aufbrach, suchte er wieder den Verhandlungsfaden zu den Habsburger nicht abreißen zu lassen.

Über Rothenburg ob der Tauber, Dinkelsbühl, Nördlingen zogen die Bundesfürsten weiter. Am 31. März wurde Donauwörth eingenommen. Am 1. April standen die Truppen in Schlachtordnung vor Augsburg.[615] Es wurde eine Kapitulation mit der Stadt beschlossen, nach der die Verhältnisse wie vor dem Ende des Schmalkaldischen Krieges wieder eingeführt wurden. Das Interim sollte abgeschafft werden. Allerdings durften die kaiserlichen Truppen unter Walter von Hirnheim in Ehren abziehen. Alle Geistlichen, welche die Stadt verlassen wollten, konnten es mit ihrer Habe tun.[616] Bei dieser Übergabe der Stadt Augsburg spielte Jakob Herbrot die führende Rolle. Moritz hatte bei ihm während des Reichstages 1547/48 Quartier gehabt. Auf dem Reichstag 1550/51 hatten die kurfürstlichen Räte ihre Herberge bei ihm gefunden. Am 9. August 1552 schrieb er, wenn Moritz über Augsburg komme, stehe die Wohnung schon wie üblich bereit.[617] Es muss vom Herbst 1551 bis März 1552 verdeckte Beziehungen von Moritz zu Herbrot gegeben haben.

---

612 PKMS 5, S. 766 Nr. 434, vgl. besonders Anm. 1, Schweinfurt 24.3.1552.
613 PKMS 5, S. 767 f. Nr. 435, Schweinfurt 25.3.1552, Kf. Moritz an Kg. Ferdinand.
614 PKMS 5, S. 772 f. Nr. 441, Schweinfurt 27.3.1552, Kf. Moritz an Ks. Karl V.
615 PKMS 5, S. 794 f. Nr. 459, Augsburg 5.4.1552, Kf. Moritz an Hz. August.
616 PKMS 5, S. 793 Nr. 458, Augsburg 4.4.1552, Kapitulation zwischen Augsburg und den Bundesfürsten.
617 PKMS 6, S. 410 Nr. 265, Augsburg 9.8.1552, Jakob Herbrot an Kf. Moritz.

Moritz hatte überall freien Durchzug. Keiner hinderte den Zug der Bundesfürsten. Abgesehen von der Erstürmung der Ehrenberger Klause, der angefangenen Belagerung von Ulm und Frankfurt a. M. und dem persönlichen Krieg Markgraf Albrechts gegen die Reichsstadt Nürnberg, den die Bundesfürsten ablehnten, war der Feldzug 1552 kein Kriegszug im eigentlichen Sinn mit vielen Kämpfen und Schlachten. Die Stadt Ulm widerstand den Forderungen der Bundesfürsten und hatte damit Erfolg. Eine Übergabe Regensburgs an die Bundesfürsten, welche zwei Augsburger Parteigänger des Kurfürsten versuchten, gelang nicht.

Da Konrad von Hanstein im Auftrage des Kaisers um Frankfurt a. M. Truppen sammelte und die Verteidigung der Stadt organisierte, blieb die Stadt auf der Seite des Kaisers. Das tiefgreifendste kriegerische Ereignis der Frankfurter Belagerung war der Tod des übermütigen Herzogs Georg von Mecklenburg. Er kletterte über die Palisaden der Geschützstellung nach draußen, um gestützt auf einen Spieß seine Kanonen genau auf die Stadt auszurichten. Dort bot er ein gutes Ziel für Frankfurter Kanonen. Ihm wurde ein Bein abgeschossen, woran er am gleichen Abend starb.[618]

Mit der Ergebung Augsburgs war das größte Finanzzentrum des Reiches in der Hand der Fürsten. Damit war der Geldfluss für den Kaiser erschwert. Anton Fugger, das Oberhaupt der Familie, befand sich aber beim Kaiser und nicht in der Stadt Augsburg. Vielleicht war für Moritz die Geldbeschaffung durch andere Augsburger etwas einfacher.

Die Truppen wurden von Augsburg sehr bald weiter nach Ulm geführt. Delegationen des nun evangelischen Augsburger Rates versuchten Ulm zum Aufgeben zu bewegen. Moritz meinte dort am 13. April, man könne in Verhandlung von 100 000 Gulden auf schließlich 30 000 bis 40 000 Gulden nach Augsburger Vorbild heruntergehen.[619] Am Ende jedoch musste man abziehen und wollte zu Brandschatzungen greifen. Der Kaiser hat später einer ganzen Reihe Familien aus dem Patriarchat der Stadt, die den Widerstand gegen Moritz lenkten, als Dank den Adel verliehen.

Moritz eilte von Ulm nach Linz, und Landgraf Wilhelm zog mit den Truppen nach Süden von der missglückten Belagerung Ulms. Dagegen warf sich Markgraf Albrecht mit seinem persönlichen Regiment auf die Brandschatzung im Ulmer Landgebiet und marschierte bald nach Franken, um für sich Geld und Besitz zu erreichen.

Albrecht ist eine sehr schwierige Figur unter den Fürsten und Truppenführern um 1550. Während Moritz in seiner Kindheit und Jugend sich schließlich mit Anstrengung von seinen vielen Erziehern zur Eigenständigkeit freimachte, hatte Markgraf Albrecht wenig geregelte Erziehung genossen. Sein Vater Kasimir war 1527 sehr zeitig verstorben, und die Mutter hatte ihn fünfjährig zurückgelassen, als sie aus dem völlig verarmten Kulmbach nach München zurückging. Seine Erziehung stand unter der Aufsicht seines bewusst evangelischen Onkels Georg, doch war sie vom Vater im Tode auch König Ferdinand anvertraut worden, dazu suchte Herzog Albrecht von Preußen als Haupt der Familie der Brandenburger auf die Entwicklung des Jungen Einfluss zu nehmen. Das Land wollte evangelisch sein, aber auch mit dem Kaiser gut stehen. Albrecht

618 PKMS 6, S. 347–348 Nr. 231, Rödelheim 22.7.1552, Erbmarschall Georg von Pappenheim und Johann Ulrich Zasius an Kg. Ferdinand.

619 PKMS 5, S. 839 zu Nr. 497, Feldlager vor Ulm 14.4.1552, Anweisung von Moritz für Johann zu Heideck und Wilhelm von Schachten.

beherrschte Lesen und Schreiben und hatte ansonsten bis 1540 nur gelernt sich durchzusetzen, zu reiten und zu jagen. Ihm fehlte eine Ausbildung, wie sie Moritz am Hofe Herzog Georgs des Bärtigen erfahren konnte. Markgraf Georg – als Nachfolger von Markgraf Kasimir – hielt Albrecht von der Landesverwaltung bewusst fern.

Ab 1540 erzwang Markgraf Albrecht als erbberechtigter Sohn Kasimirs die Teilung der Markgrafschaft Brandenburg-Ansbach. Da Albrecht so immer fordern musste, sah er sich selbst und seine Pläne, die er als sein Recht wusste, als Maß für sein Leben. Einzig im täglichen Leben des Söldnerführers kannte er eine Ordnung. Vieles tat er nur um des ersten Effektes willen. Nachdem er in Heidelberg bei den Verhandlungen zum Bund im März 1553 allen Fürsten die Hand gereicht hatte, zuckte er beim Bischof von Würzburg um des Witzes willen zurück: Er habe Sorge, es könnte *eine Ehe* (ein Vertrag) daraus werden.[620] Beim Wein mit Edelleuten – die Fürsten luden ihn nicht mehr ein – meinte er, er habe es aufgegeben zu beten, vor Metz habe er einmal abends gebetet und sei am nächsten Tag fast in Gefangenschaft geraten. Das sei ihm eine Lehre.

Markgraf Albrecht hatte sich im Schmalkaldischen Krieg bewusst katholisch und kaisertreu gehalten. Dann hatte er, weil er fest glaubte, Heerführer gegen Frankreich für Eduard VI. von England zu werden, dafür in Norddeutschland Truppen gesammelt und parallel dazu sein Land endgültig evangelisch werden lassen. Als durch den Frieden Frankreichs mit England 1550 dieser Traum scheiterte, warfen sich seine Gedankenspiele, die ihn aus der Finanzkatastrophe retten sollten, auf den gerade entstandenen Norddeutschen Fürstenbund von Preußen, Mecklenburg und Markgraf Johann gegen die kaiserliche Politik. Nach Gesprächen mit Moritz, der von Albrecht dessen Pläne mit den gesammelten Truppen erfahren wollte,[621] entwickelte Albrecht auf dem Papier Gedanken über Frankreich.[622] Er suchte außerdem bei Moritz Geld, um für die gehegten Absichten mit Frankreich aufrüsten zu können.

Mit seiner weitwirkenden Entscheidung hatte Moritz Markgraf Albrecht Alkibiades zum Stellvertreter, Leutnant, vor Magdeburg ernannt, um ihn an festen Dienst zu binden. Moritz vertraute mit Recht auf Albrechts Fähigkeit, Söldner direkt zu leiten. In seiner auf sein Ich zentrierten Haltung stand er vielen der Söldner verstehend nahe. Er konnte in die Versammlung, den Ring, meuternder Söldner springen und sich seine Führung bestätigen lassen. Er verstand Truppen zu sammeln und zur Beute zu führen. Zu seinen Truppen meinte der königliche Rat Johann Ulrich Zasius, allein *wo man Rauben, stäln, Murden, Mordprennen, vnd verderben soll, Seindt sy freidig* (kühn).[623] Albrecht lebte als Truppenführer und nicht als Landesherr. Er besaß eine Kerntruppe von Reitern, die durch langen Kriegsdienst gut geübt waren. Moritz hatte sich schon vorher bemüht, Albrechts Finanzlage zu ordnen und ihm das Amt Königsberg in Franken im Sommer 1551 für 60 000 Gulden abgekauft, das Albrechts Gewinn von den Ernestinern aus dem Schmalkaldischen Krieg gewesen war. Beides hat dem Markgrafen finanziell in der Welt der politisch Handelnden zwei Jahre Überleben gewährt. Er besaß keinen

620 PKMS 6, S. 697–700 Nr. 450, Speyer 15.3.1553, Johann Ulrich Zasius an Kg. Ferdinand, Beilage 2.

621 PKMS 4, S. 599–601 Nr. 522, Bedenken Mgf. Albrechts für ein Bündnis mit Frankreich; PKMS 4, S. 602–604 Nr. 523, Plassenburg 27.3.1550, Mgf. Albrecht an Kf. Moritz.

622 PKMS 4, S. 599–601 Nr. 522; PKMS 4, S. 602–604 Nr. 523, 27.3.1550.

623 PKMS 6, S. 298–299 Nr. 199, 10.7.1552 Johann Ulrich Zasius an Kg. Ferdinand.

Albrecht Alkibiades, Markgraf von Brandenburg-Kulmbach

Blick für die finanzielle Wirklichkeit des kleinen Landes, das sein Erbe war, und konnte sich politisch nicht in diesen Grenzen begreifen. Albrecht erstrebte ein großes Herzogtum in Franken mit möglichst vielen geistlichen Gebieten von den Bistümern Bamberg und Würzburg und Teilen des Territoriums der Reichsstadt Nürnberg.

Albrecht hat, soweit es nicht um die Vergrößerung seines Landes ging, keinen Feldzug über die Werbung und Bezahlung seiner Truppen und die Summen der von Städten geforderten Brandschatzungen hinaus geplant. Seine Schriften können kein Maß für die Pläne der Bundesfürsten, noch weniger für Moritz sein. Durch seine ständig steigenden Schulden wuchsen seine Forderungen an die jeweiligen Dienstherren. Seine hohen Beteuerungen oder die tiefe Empörung in Schriftstücken sollten den Empfänger motivieren. Er konnte die geldgebenden Parteien wechseln, so wie er Finanzen für sich und seine Söldner zum Überleben brauchte. Innerhalb von drei Jahren wechselte er von England zum Königsberger Bund, zum Kaiser, zu Moritz, zu Frankreich und wieder zum Kaiser, um sich 1553 schließlich vom Umkreis der Braunschweiger Junker helfen zu lassen. Wenn Markgraf Albrecht auch das Drängen zu einer Hausmacht mit den meisten Fürsten des 16. Jahrhunderts verbindet, es fehlten ihm die Fähigkeiten des Kurfürsten Moritz zum Warten und Vorbereiten und zum notfalls nicht so guten Kompromiss und ebenso bewusste Fürsorge für sein Land und seine Untertanen.

Eine in Aussicht genommene Ehe mit einer Tochter des Herzogs von Ferrara blieb ein Plan. Markgraf Johann wollte Albrecht 1550 nicht beim Fürstenbund haben. Moritz wollte ihn 1551/52 gern als Söldnerführer an Frankreich abgeben. Heinrich II. nahm ihn aber nicht in seinen Dienst. Im Fürstenkrieg ließen die Fürsten ihn assoziiert, aber nicht als Bundesglied mitlaufen. Die Fürsten unter Moritz hatten keine Kräfte, disziplinierend gegen Albrecht vorzugehen. Nach dem Passauer Vertrag hat Moritz den Markgrafen Albrecht als Kompensation für den Vertrag, der ohne Zustimmung Frankreichs durch Moritz unterschrieben wurde, Frankreich zum Dienst überlassen. Der französische König erfüllte Albrechts finanzielle Bedingungen nicht. So konnte Albrecht mit dem Kaiser verhandeln, der ihn im November 1552 in Dienst nahm, um seine Truppen Frankreich zu entziehen und Metz schneller zu erobern.

Die positive Rolle des Markgrafen Albrecht als Überbringer des in Lochau verfassten Vertrages nach Frankreich 1551/52 ist nicht die eines Unterhändlers, sondern die eines privilegierten Boten, den man nehmen musste, nachdem durch den Rückzug Markgraf Johanns die Unterschriften unter den Vertrag mit dem französischen König nicht im Lochauer Jagdschloss möglich waren. Die wirklichen Verhandlungen führte Bischof Jean de Fresse erst im September/Oktober in Lochau und in Dresden zu Weihnachten 1551, nicht Albrecht. Er musste um Weihnachten in Frankreich warten und war nur als fürstlicher Zeuge beim Unterschreiben des Königs zugegen.

Markgraf Albrecht trieb im Landbesitz der Reichsstadt Ulm noch große Brandschatzungen ein. Er trennte sich dann vom Heer der Bundesfürsten und begann seinen eigenen Krieg in Franken, der von der kleinen Markgrafschaft Brandenburg-Kulmbach zu einem fränkischen Herzogtum führen sollte. Am liebsten hätte Albrecht schon im März 1552 Würzburg durch das Heer der Bundesfürsten für sich erobern lassen. Moritz wollte dagegen möglichst in Frieden mit den Bischöfen bleiben.[624] Albrecht gab vor, vom König von Frankreich beauftragt zu sein. Er forderte von der Stadt und den Bischöfen von Bamberg und Würzburg über eine halbe Million Gulden. Darüber erpresste er Verträge, deren umstrittene Erfüllung ihn 1553 zum Außenseiter unter den Ständen des Reiches machten. Damit verbunden war ein kaum rationaler Hass gegen die Pfaffen, d. h. die Bistümer Bamberg und Würzburg, und die Pfeffersäcke der Reichsstadt Nürnberg, die er ab 5. Mai belagerte.

Ferdinand verhandelt in Linz

Unmittelbar nach dem Einzug der Verbündeten in Augsburg wurde der alte, von den Zünften bestimmte Rat, den der Kaiser abgesetzt hatte, wieder in sein Amt gesetzt. Die evangelischen Prediger konnten zurückkommen und ihren Dienst wieder aufnehmen. Moritz und Wilhelm waren sich aber klar, dass sie den Sieg mit Maß gebrauchen mussten und das Glück nicht überfordern durften.[625]

624 PKMS 5, S. 704 Nr. 395, Torgau 11.3.1552, Kf. Moritz an Lg. Wilhelm.

625 PKMS 5, S. 810 Nr. 473, Augsburg 9.4.1552, Befehl von Kf. Moritz und Landgraf Wilhelm für Cyriakus Helckner, Lüneburger Sekretär.

Am 6. April ist Moritz in einem Tagesritt nach Fürstenfeldbruck zum neutralen Herzog Albrecht von Bayern geeilt, um ihn zu treffen und helfenden Kontakt zu finden. Moritz wollte den Weg zur Verhandlung von dieser Seite her sichern. Herzog Albrecht war Schwiegersohn König Ferdinands. Moritz ließ sich, vielleicht in Erinnerung einer gemeinsamen Schlittenfahrt von Augsburg nach München während des Reichstages 1547/48, von Markgraf Albrecht Richtung München begleiten. In Linz und Passau hat Herzog Albrecht dann in direktem Kontakt zu Moritz gestanden. Kanzler Mordeisen knüpfte den Verhandlungsfaden zu Herzog Albrecht von Bayern noch fester während des Wartens auf Moritz in Ingolstadt.[626]

In einem abschließenden Protokoll war sich Moritz mit Herzog Albrecht in allen Forderungen nach der Entlassung von Landgraf Philipp und Herzog Johann Friedrich, über deutsche Räte für die Regierung des Reiches, über Neuordnung des Kammergerichtes, über die zu vielen geistlichen Stimmen im Reichstag und über die freie Nachfolge im Reich für einen Kaiser ziemlich einig.[627] Der große Plan eines „Pfaffenkrieges", den Markgraf Albrecht im Kloster Fürstenfeld vielleicht vorgetragen hat, wird im Protokoll nicht so erwähnt. Er hat wohl kaum für das Heer der Bundesfürsten viel Wirkung erreicht.

Es scheint, als hätten Moritz und Herzog Albrecht versucht, das Drängen des Markgrafen zu kanalisieren, indem man im Protokoll sagte, dass den geistlichen Fürsten keine weltliche Herrschaft gebühre. Dahinter steht vielleicht das sächsische Modell der weltlichen Herrschaft des Herzogs August mit dem geistlichen Koadjutor Herzog Georg von Anhalt in Merseburg.[628] Die Bundesfürsten wollten die Geistlichen bis zu einer freien, christlichen Versammlung unter ihren Schutz nehmen. Herzog Albrecht von Bayern reiste dann auch nach Linz.

Am 8. April kam Moritz wieder zurück nach Augsburg. Von Ulm ist er ohne die anderen Bundesfürsten am 14. April 1552 mit schneller Post zu Lande und zu Wasser nach Linz aufgebrochen. Es gehörte zu Moritz' Stil, seine Aufenthaltsorte schnell zu wechseln. Ab Ingolstadt wohl oder erst ab Straubing ließ er sich mit einem Donauschiff rudern. In knapp fünf Tagen vom Morgen des 14. bis zum Nachmittag des 18. April hatte er zwischen 250 und 300 km auf dem Pferd und im Schiff zurückgelegt und kam am Ostermontag in Linz zusammen mit Herzog Albrecht von Bayern an.[629]

Dort ritt ihm der König mit seinen Söhnen Maximilian und Ferdinand bis an die Schiffsanlegestelle entgegen. Damit sah Moritz, dass sein Wunsch nach der Teilnahme Maximilians erfüllt war. Wenn Moritz auf dem Schiff keine Pferde mitführte, dann musste er hier zu den Verhandlungspartnern aufsehen. Zwischen König Ferdinand und Moritz bestand jedoch soviel Vertrauen, dass Moritz in Linz keine Finte wie hinter der Einladung des Kaisers nach Innsbruck vermutete.

Die Themen für Linz hatte Moritz am 17. März vor dem Feldzug schon in Leipzig gegenüber Heinrich von Plauen benannt: 1. Libertät im Reich; 2. Wahl des Römischen

---

626 PKMS 5, S. 812 zu Nr. 512, Ingolstadt 2.4.1552, Hz. Albrecht von Bayern an Kf. Moritz.

627 PKMS 5, S. 802 f. Nr. 465, Fürstenfeld 7.4.1552, Protokoll der Verhandlungen zwischen Kf. Moritz, Mgf. Albrecht und Hz. Albrecht im Kloster Fürstenfeld.

628 Vgl. oben Abschn. „Evangelische Kirchenpolitik".

629 PKMS 5, S. 879 Nr. 534, Prag 30.4.1552, Wilhelm Böcklin an Kf. Joachim.

Königs, d. h. die Frage der habsburgischen Nachfolge; 3. Steuer und Reichskammergericht; 4. Religion und Konzil; 5. die Einbeziehung der Franzosen in den Vertrag. Der König sollte auch vom Kaiser Vollmacht für die Entlassung des Landgrafen, zur Interimsfrage und zur Aussöhnung aller durch den Schmalkaldischen Krieg noch in Acht Befindlichen erreichen.

Georg Komerstadt schickte an Moritz Anfang April einen Brief, der in einem Auszug des Geheimschreibers Johann Jenitz erhalten ist. Danach sollte Friede zwischen den Religionsparteien und sonst erreicht werden, dann zwischen Kaiser und Frankreich. Erst drittens sollten die Sachen verhandelt werden, die Moritz selbst betrafen. Der Hauptpunkt wäre die Aufrichtung eines Friedens zwischen Papst, Kaiser, König, dem König von Frankreich und dem Reich. Ein Bund sollte alles klären, was man zwischen den Parteien zu richten hätte. Keiner sollte den anderen wegen der Religion oder der geistlichen Güter angreifen. Weitere europäische Staaten wie England, Schottland, Dänemark und Polen könnten dem Bund beitreten.[630] Das zeigt den weiten Rahmen, in dem Moritz und seine Räte dachten. In einer Antwort auf das kaiserliche Schreiben vom 8. März, die wohl vor dem 17. März 1552 konzipiert, aber nicht abgesandt wurde, stehen auch diese Gedankenfolgen.[631] Aus Linz schrieb Moritz seiner Frau im gleichen Sinn vom allgemeinen Frieden im Heiligen Reich und auch der ganzen Christenheit.[632] Darin dürfte ein Idealziel kursächsischer Politik sichtbar werden.

Indem Moritz sich zu den Verhandlungen nach Linz begab, ehe die Belagerung von Ulm beendet war, entließ er Markgrafen Albrecht aus seinem direkten Einfluss, der zu seinem eigenen Krieg nach Franken ging.

Während Ulrich Mordeisen in Ingolstadt auf Moritz wartete, hat er an Schwendi geschrieben, es gehe um drei Punkte in den Beschwerungen, die im Gespräch geklärt werden müssten: *Demutatio Landgrafii, Adempta religio, impedita libertas,* d. h. Herabwürdigung des Landgrafen; entzogene Bekenntnisfreiheit; verhinderte Freiheit (der Reichsstände). Das zu ändern müsse man Mittel finden. Weil die jungen Landgrafen den König von Frankreich hineingezogen hätten, müsse zuerst der Kaiser zum Frieden mit dem französischen König gebracht werden. Wenn das geschehen wäre, würden sich auch die andern Fragen lösen lassen.

Moritz und seine Räte suchten eine grundlegende Behebung der Probleme in Europa weit über die mühsame Befreiung des Landgrafen Philipp hinaus. Da der Kaiser *herbevor fride mit dem Konig von Frankreich gemacht* (in den Kriegen bis 1544) *so wurde villeicht Ihr Kais. Mt. Dasselb zuthun izt auch nicht zu wider sein.*[633] Der lange Zeit evangelische Schwendi als Kenner beider Seiten musste für solche Gedanken offen sein.

Dementsprechend schrieb Moritz seiner Frau Agnes, er sei auf des Königs *treuen vnd glauben alhir in sachen betreffen einen gemeinen fridt im heiligen Reich auch der gantzen christenheit.*[634] Für solch weitgreifende Gedanken suchte Moritz mit König Ferdinand das vertrauende Gespräch, nicht nur den steifen Austausch von Repliken.

630 PKMS 5, S. 791 f., zu Nr. 456, Um 12.4.1552, Vorschlag zur Verhandlung.
631 PKMS 5, S. 744 f. zu Nr. 420, Kf. Moritz an Ks. Karl V., vor 17.3.1552.
632 PKMS 5, S. 876 Nr. 531, 28.4.1552.
633 PKMS 5, S. 813 Nr. 476, Ingolstadt 9.4.1552, (Ulrich Mordeisen) an Lazarus von Schwendi.
634 PKMS 5, S. 876 Nr. 531, Linz 28.4.1552, Kf. Moritz an Kf.in Agnes.

Ferdinand I., Bruder und Nachfolger von Kaiser Karl V., Holzschnitt Lucas Cranachs d. J. (Kupferstich-Kabinett, Staatliche Kunstsammlungen Dresden)

Moritz wollte mit diesen Gesprächen die wichtigsten Probleme des Deutschen Reiches ohne die Institution des Reichstags klären, bei dem durch das Übergewicht der kleineren geistlichen Herrschaften die Stimmen immer wieder dem Kaiser die Oberhand gaben. Auf diesen Missstand hatte Moritz auch im gemeinsamen Protokoll mit Herzog Albrecht und Markgraf Albrecht in Fürstenfeldbruck hingewiesen. Moritz hat erkannt, dass sich diese Probleme paritätisch nur neben dem Reichstag zwischen den Religionsparteien klären ließen. Er hatte damit einen Erkenntnisstand, der sich erst 1648 am Ende des Dreißigjährigen Krieges durch Lenkung von außen allgemein durchsetzte.

Moritz bewegt sich aus eigenem Antrieb aber in einem höchst komplizierten Geflecht von Beziehungen. Hinter ihm und den anderen Kriegsfürsten stand König Heinrich II. von Frankreich. Dessen Gesandter de Fresse fühlte sich als der bestimmende Geldgeber. Aber Moritz erreichte, ohne ihn nach Linz zu reisen. Die Bundesfürsten stimmten der Reise trotz ihrer Einwände zu.

Neben Kurfürst Moritz steht Herzog Albrecht von Bayern, der Freiheit gegenüber den Habsburgern erstrebte, obwohl er mit einer Habsburgerin verehelicht war. Er kam Moritz persönlich nahe, sodass dieser meinte, Albrecht wäre auf Seiten der Bundesfürsten. Albrecht aber signalisierte dem Kaiser, dass er nur Vermittlung für ihn bei Moritz suche.

Moritz und König Ferdinand suchten in Linz den Ausgleich, damit sie gegen die drängenden Türken gemeinsam vorgehen könnten. Moritz hatte sein Kommen nach Linz immer wieder dem König gemeldet und war dann mit Herzog Albrecht nach der Stadt gereist. Die mit ihm seit Lochau verbundenen Fürsten wollten, dass König Ferdinand einen Sohn für Moritz als Geisel stellte. Sie misstrauten der Einladung. Doch Moritz verhinderte die Übergabe dieser den König demütigenden Forderung.[635]

Moritz erreichte einerseits die Zustimmung der Bundesfürsten für Linz und benutzte andererseits doch Landgraf Wilhelm von Hessen, um den Bund mit Frankreich gegenüber dem König zu kaschieren. Bei alledem plante er schon den Zug zur Ehrenberger Klause gegen den Kaiser, der für ihn das größte Hindernis für einen überkonfessionellen Reichsfrieden war. Ihm war wichtig, mit keinem außer dem Kaiser in einer erklärten Feindschaft zu leben. Er suchte die Kapitulation der Reichsstädte mit anschließender Zusammenarbeit. Zu dieser Verhaltensweise passten das Denken und Handeln von Markgraf Albrecht nicht. Moritz vermochte aber gegen diesen im April 1552 keine Kraft und keine Zeit einzusetzen.

Am 19. April kamen der König und Moritz am Morgen zusammen. Anwesend waren auch die Räte des Kurfürsten von Brandenburg, der mit durch Pflicht zur Einstellung in Hessen gebunden und vom König geladen war, und zwei kaiserliche Räte, Lazarus von Schwendi und Joachim von Rye. Der König hörte sich die Forderungen des Kurfürsten an. Er war als Vermittler für den Kaiser tätig und machte keine eigenen Vorschläge. Deshalb nahmen die kaiserlichen Räte teil. Moritz entschuldigte sich für die Verzögerung seiner Ankunft und dankte für die Bereitschaft des Königs zur Vermittlung. Moritz hatte die Ankunft vom 4. auf den 11., dann auf den 17. April verschoben.

Fünf Jahre lang hätten sich beide Kurfürsten um einen festen Bescheid zur Entlassung des Landgrafen bemüht, nun hätte der junge Landgraf Wilhelm mit Angriff gedroht, wenn beide Kurfürsten weiter die Einstellung verschöben. Ungeduldig habe er bei Reichsständen, die auch Freiheit in der Religion und den Reichsbeschwerden wollten, Hilfe gesucht und, weil das nicht reichte, auch bei Fremden. Bei einer rechtzeitigen Entlassung des Landgrafen wäre diese Entwicklung, die Moritz bedauere, vermieden worden.

Moritz wurde gebeten, die Artikel schriftlich zu übergeben und die Mitverwandten der Landgrafen zu nennen, doch er erklärte das für den König unnötig, es verzögere nur. Moritz wollte mit ihm direkt und nicht durch den König auf Abstand mit dem Kaiser in Innsbruck verhandeln. Außerdem kenne Moritz die Beschwerden der Kriegsfürsten nicht alle. Er rechnete sich hier offiziell nicht zu den Kriegsfürsten. Damit wollte er wohl seinen Verhandlungsspielraum vergrößern. Am Ende überreichte Moritz fünf kurze Punkte, die forderten: 1. Entlassung des Landgrafen und Klärung des Besitzes von Katzenelnbogen; 2. Aufhebung des Interims; 3. keine Ausländer in der Regierung des Reichs; 4. Einbeziehung der Franzosen in die Verhandlungen; 5. Aufhebung der Achtserklärungen von 1546/47.[636]

---

635 PKMS 5, S. 816 zu Nr. 479, Feldlager vor Ulm, 13.4.1552, präs. Linz 16.4.1552 1 Uhr nachts, Kf. Moritz an Ulrich Mordeisen und Christoph von Karlowitz; PKMS 5, S. 816 zu Nr. 479, Feldlager vor Ulm 13.4.1552, Hz. Johann Albrecht, Lg. Wilhelm, Mgf. Albrecht an Hz. Albrecht von Bayern.

636 PKMS 5, S. 856 Nr. 514, Linz 19.4.1552, 1. Schrift des Kf. Moritz an Kg. Ferdinand.

Am Nachmittag sagte der König, der Kaiser wolle den Landgrafen entlassen. Er habe Vollmacht, mit Moritz und den brandenburgischen Räten abschließend darüber zu verhandeln. Zu den Sachen der jungen Landgrafen, die diesen während der Gefangenschaft des alten Landgrafen geschahen, wie Katzenelnbogen und anderem, könne man auch verhandeln. Dazu sollten die andern Kurfürsten und sechs unparteiische Fürsten hinzugezogen werden. Zum ausländischen Hofregiment wollte Ferdinand Kurfürst Moritz anstelle des Kaisers anhören und dann das Nötige abzustellen suchen. Zur Behandlung der ausländischen Potentaten, d. h. Frankreichs, „in Ehren" sei von Moritz nähere Erklärung nötig, dann wolle der König antworten.

Moritz antwortete am 20. April mündlich und übergab dazu seine zweite Schrift.[637] Er wollte alles beschleunigen, denn die Geduld und die Gelder seiner Verbündeten waren knapp. Das wusste auch die kaiserliche Gegenseite und suchte Verzögerung. Im Religionsartikel griff Moritz nicht wie in den Jahren des Interims auf die Religionszusagen zurück, die er für das albertinische Sachsen vom Kaiser 1546 erhielt, sondern darauf, *wie dan solches hiebevor vf etzlichen Reichstagen sonderlich aber zu Speier im 44. Jahr mit gemeiner stende bewilligung auch beschlossen.* Damit ging er über den Schmalkaldischen Krieg zurück auf den für die Evangelischen günstigsten und vom Kaiser bejahten Reichstagsbeschluss von 1544, mit dem Karl V. bei den Evangelischen damals die Teilnahme am Feldzug gegen Frankreich erkauft hatte. Dieser Beschluss galt für das gesamte Reich. Moritz stellte dadurch die Toleranz für die evangelische Religionsausübung als mögliches Reichsrecht dar.

Im 5. Artikel erbat er entsprechend die Aufhebung der Acht nicht nur für Heideck und Reifenberg, die er schon genannt hatte, sondern für alle, die schuldig geworden waren. Die großen Folgen des Schmalkaldischen Krieges sollten aufgehoben sein. Allerdings wird der noch gefangene Johann Friedrich d. Ä. von Moritz nicht erwähnt. Den eigenen Gewinn aus dem Schmalkaldischen Krieg wollte Moritz nicht aufgeben. Während er in Linz auf eine kaiserliche Antwort wartete, sah er seine Erfolgsmöglichkeit als sehr gut an.

Der König als Vermittler konnte und wollte keine entscheidende Antwort ohne Rückfrage beim Kaiser geben. Er ließ Lazarus von Schwendi zu ihm nach Innsbruck reisen. Erst am Abend des 27. April traf die kaiserliche Antwort ein, die Ferdinand sofort dem Kurfürsten vorlesen und danach abschreiben ließ. In der Nacht zum 28. April um 2 Uhr wurde sie Moritz schriftlich übergeben.[638] Hatte Moritz so sehr auf ein sichtbares Ergebnis gewartet und gedrängt? Am nächsten Tag gab Ferdinand eine den Kaiser interpretierende Schrift an Moritz.[639]

Der Kaiser verlangte von den Bundesfürsten, sie sollten den Feldzug beenden und ihre Truppen entlassen. Dann würde der Landgraf 14 Tage später in Köln entlassen werden. Auf einem neuen Tag und dem Reichstag sollte über die Beschwerungen des Landgrafen und Beschwerden gegen den kaiserlichen Hof und anderes verhandelt werden. Die Vorschläge Frankreichs zum Frieden sollten aber nur allein durch Moritz auf

637 PKMS 5, S. 856 f. Nr. 515, 2. Schrift des Kf. Moritz an Kg. Ferdinand.

638 PKMS 5, S. 872 f. Nr. 528, Übergeben in Linz 27.4.1552, Resolution des Ks. Karl V., 2 Uhr nachts mitgeteilt durch Kg. Ferdinand an Kf. Moritz.

639 PKMS 5, S. 873 f. Nr. 529, Linz 28.4.1552.

dem Weg der Vermittlung verhandelt werden. Frankreich selbst sollte bei der nächsten Runde nicht mit am Verhandlungstische sitzen.

Karl V. meinte, bisher in der Religionsfrage nur Beschlüsse des Reichstags durchgeführt und keinen wegen der Religion irgendwie gezwungen zu haben. Da das Konzil keinen Erfolg gebracht habe, solle weiterhin kein Stand in den Religionsdingen bedrängt werden. Ein schneller Reichstag solle beschließen, ob man es durch ein neues Konzil oder eine allgemeine Reichsversammlung klären könne. Das Konzil in Trient hatte sich am 19. März 1552 in Trient suspendiert.

Mit wenigen Sätzen gab Karl V. seine Religionspolitik gegenüber den Evangelischen im Reich auf. Das Interim wurde nun mit keinem Wort mehr erwähnt. Aber die Durchführung der Reichstagsbeschlüsse, zu denen das Interim doch gehörte, sah der Kaiser nicht als Bedrückung an. Es war ein neuer Ansatz, zu dem das Interim nicht mehr gebraucht wurde.

Seiner Frau schrieb Moritz trotz des eingeschränkten Entgegenkommens am gleichen Tage, die Reichsstände der Augsburgischen Konfession sollten künftig bei ihrer Religion unbehindert bleiben können. *So hab ich gut Hoffnung zu einem ewigen fridt im deutzlandt so sol es an meinem fleis auch nit erwinden.*[640] Moritz deutete die kaiserlichen Schriften in seine eigene Richtung, oder er hatte sein größeres Verhandlungsgewicht nach einem Zug nach Innsbruck schon einkalkuliert, denn am Ende des Briefes steht: *kann es aber nit sein wie oben gemelt so mus ich es got befel und handeln(,) das ich lieber vortrag.* Er wollte mit Taten durchsetzen, was er lieber ausgehandelt hätte.[641]

Durch sein Eingehen auf das Interim war Moritz scheinbar berechtigt in die Verachtung vieler und besonders der Magdeburger Christen gefallen. Das Interim gab der Kaiser nun für die Reichsstände auf, bei denen damit nichts erreicht worden war. Es wurde ohne jede Diskussion erledigt. Aber das Interim als Thema wurde durch das politische Geschehen von Linz und Passau nicht beseitigt, denn ernestinische Theologen unter Nikolaus von Amsdorf hielten es in den nächsten Jahrzehnten an heftigem Leben.[642] Es war der immer neue Versuch, die Niederlage von 1547 denkend zu verarbeiten, indem man diese wenigstens geistlich ungeschehen machte, weil man in den Glaubensdingen Sieger geblieben wäre. Die Ernestiner konnten nicht durch eigenes Unvermögen den Krieg verloren haben, sondern sie waren als die Märtyrer Christi gegen Glaubensverräter unterlegen. Erst auf seinem Sterbebett 1554 war Johann Friedrich d. Ä. bereit, die Wittenberger Kapitulation von 1547 als endgültig anzuerkennen und den von Kurfürst August verbesserten Ausgleich durch Gebiete mit den Albertinern zu unterzeichnen. Vor Wittenberg war festgelegt worden, dass Moritz erstatten sollte, was der ernestinischen Besitzausstattung an 50 000 Gulden im Jahreseinkommen fehlte.[643]

Landgraf Wilhelm zog in der Zeit der Linzer Verhandlungen von Ulm nach Süden bis in den südlichen Schwarzwald.[644] Er hielt Moritz' Warten in Linz für überflüssig und

---

640 PKMS 5, S. 876 f. Nr. 531, Linz 28.4.1552, egh., Kf. Moritz an Kf.in Agnes.

641 PKMS 5, ebd.

642 Vgl. Johannes Herrmann: Moritz von Sachsen, evangelischer Christ und Judas zugleich. In: Archiv für Reformationsgeschichte 92, Gütersloh 2001, S. 87–118.

643 PKMS 3, S. 414 Nr. 584, Feldlager vor Wittenberg 19.5.1547, Wittenberger Kapitulation.

644 PKMS 5, S. 864 f. Nr. 522, Feldlager vor Salmannsweiler (Salem) 25.4.1552, Lg. Wilhelm an Mgf. Albrecht.

meinte, dadurch könnten im Feldlager Entscheidungen ohne ihn fallen, die Moritz lieber anders hätte. Außerdem könnte die Verhandlung in Linz König Heinrich II. missfallen. Moritz sollte ausführlichen Bericht zu Linz schriftlich geben[645] und über Augsburg wieder zum Heer stoßen, das sein Lager dann in Gundelfingen hatte.

Nach der Antwort des Kaisers blieben in Linz noch zwei Fragen zu klären. Wann sollte der Waffenstillstand während der weiter in Passau geplanten Verhandlung beginnen, und wie lange sollte er dauern. Der König forderte, ihn 14 Tage nach Abschluss in Linz am 11. Mai zu beginnen. Moritz wollte den Stillstand erst nach seiner Ankunft bei den Verbündeten auf 14 Tage aushandeln, die man danach jeweils verlängern könnte. Man einigte sich auf die Liste der für Passau durch den König einzuladenden Fürsten und den Beginn am 26. Mai. Moritz wollte sich schließlich um vier Wochen Anstand bemühen. Er bat den König auch, den neuen Tag allein in königlichem Namen einzuberufen, dann könne ihn Moritz leichter bei seinen Mitverwandten durchsetzen.

Am Morgen des 1. Mai erklärte Moritz zum Schluss, dass ihm auf Erden an nichts mehr gelegen sei, als diese Verhandlung zu Frieden und Ruhe zu fördern. Er wolle das mit der Tat beweisen. Friedensfürst zu sein war hier das Motiv seines Handelns.[646] Nur die Sicherung seines seit 1547 bestehenden albertinischen Kurstaates zu sehen, traut Moritz das Denken und Handeln für Reich und Mitteleuropa nicht zu und greift zu kurz.

Moritz wollte Landgraf Philipp vor der Freigabe gern in Gewahrsam des Königs gestellt sehen. Immer wieder hat er auf das Heraufbringen Philipps gedrängt, der doch dann auf seinen Sohn Wilhelm im Sinne des Ausgleichs einwirken könne. Karl V. wollte Philipp aber lieber in Mecheln in den Niederlanden fest in seiner Verfügung halten.

Mit der Festlegung des Waffenstillstandes auf den Beginn der Verhandlung gewann Moritz ca. drei Wochen Spielraum für seinen Zug auf Innsbruck. Er hatte in den Linzer Tagen gespürt, dass die Macht, die er als Stütze der Verhandlung vorweisen konnte, nicht ausreichte. Der Kaiser war vom Fall Augsburgs nicht sehr beeindruckt und setzte weiter auf Zeitgewinn. Der Fugger als sein Hauptgeldgeber war bei ihm in Innsbruck.

Der Kaiser flieht aus Innsbruck

Schon von Linz aus, lange vor seiner Rückkehr ins Feldlager der Bundesfürsten, hatte Moritz am 28. April an Heideck wegen Zertrennung des sich sammelnden kaiserlichen Kriegsvolkes geschrieben.[647] Moritz reiste von Linz über Augsburg am 4. Mai[648]. Dort verhandelte eine große Anzahl von Reichstädten mit den Räten der Bundesfürsten und dem französischen Gesandten über Vertrag oder Kapitulation, was bis Mitte Mai weiterging. Die Mehrzahl der Städte stand positiv zum Fürstenbund.[649]

---

645 PKMS 5, S. 877 Nr. 532, Feldlager vor Biberach 28.4.1552, Lg. Wilhelm an Kf. Moritz.

646 PKMS 5, S. 886 Nr. 540, 30.4.1552, Mündliche Verhandlung zwischen Kg. Ferdinand und Kf. Moritz.

647 PKMS 6, S. 13 Nr. 9, Lager vor Gundelfingen 4.5.1552, Johann zu Heideck an Kf. Moritz .

648 PKMS 6, S. 13 Nr. 9, zu Lager vor Gundelfingen 4.5.1552, Johann zu Heideck an Kf. Moritz – : Augsburg 4.5.1552 und Gundelfingen 7.5.1552, Kf. Moritz an Lg. Wilhelm.

649 PKMS 6, S. 77–82 Nr. 63, Augsburg 21.5.1552, Abschied der Augsburger Verhandlungen mit den Reichsstädten.

Am 8. Mai kam Moritz zum Feldlager bei Gundelfingen ins Donautal zurück, wo er den Zug nach Süden ordnete. Mit diesem Marsch wollte Moritz, indem er den Weg durch die Ehrenberger Klause sperrte, die Zuführung von kaiserlichen Truppen aus Italien über die Alpen verhindern. Er hatte diesen Zug bis zur Ankunft in Innsbruck genau geplant. Vielleicht war er bereits Ende März über Möglichkeiten, die befestigte Ehrenberger Klause zu umgehen, informiert.[650] Ein Weg von ca. 160 km war für das Heer samt Zubehör, wie Kanonen, zu bewältigen. Moritz und Heideck hatten den Zug wohl schon vor den Verhandlungen in Linz abgesprochen, denn dort handelte Moritz einen langen Stillstand aus, dessen Beginn zunächst noch nicht festgelegt war und erst 14 Tage nach dem 30. April mitgeteilt werden sollte. Er begann schließlich erst am 26. Mai.[651] Johann zu Heideck wartete am 4. Mai bereits auf den Abmarsch.[652]

Am 18. Mai kam man bei Füssen an. Moritz ließ die meisten Reiter zurück, die auf schmaler Straße nicht vorwärts gekommen wären. Er startete sogleich einen Angriff auf das Lager der kaiserlichen Truppen, das mit Barrikaden aus Baumstämmen und zwei Kanonen gesichert war. Die Fußknechte überrannten zuerst die „Vorwacht" und dann das Lager. Dann war es schon zu spät am Abend. Die kaiserlichen Fähnlein zogen sich aus Reutte auf die Ehrenberger Klause zurück.

Der Winter 1551/52 war mild und nicht schneereich gewesen. Dagegen hatte es im Januar 1552 starke Regenfälle mit Überschwemmungen gegeben, und das Frühjahr wurde warm und trocken. So waren oberhalb der Ehrenberger Klause Wege im Gebirge begehbar wie sonst erst im Sommer.[653] Georg von Mecklenburg umging mit einem Teil der Knechte in der Nacht auf diesen eisfreien Wegen die Klause und gelangte in den Rücken der Befestigungen.[654] Das höchste Bollwerk wurde zuerst erobert.[655] Keiner der Besatzung hatte mit ihnen gerechnet, denn die kaiserlichen Truppenführer hatten von den schon offenen Wegen nichts gewusst. Am 19. Mai gerieten dadurch die kaiserlichen Fähnlein und die Klause in Feuer von zwei Seiten. Die Klause konnte erstürmt und 30 Kanonen erbeutet werden. In den drei Kämpfen an der Vorwacht des Lagers, danach im Lager selbst und am 19. Mai beim Sturm auf die Ehrenberger Klause waren über 1000 Männer gefallen oder gefangen.[656] Viele ertranken auch im Lech. Die Verluste auf Seiten der Bundesfürsten waren dagegen gering. Der kaiserliche Transport, der das Geld zur Bezahlung der Knechte an der Klause brachte, scheint in die Erstürmung geraten zu sein.[657]

Nach einem Ruhetag zog Moritz erst am 21. Mai mit einem Teil der Truppen weiter und kam am 23. kurz nach Mittag in Innsbruck an. Am 21. hatte er noch aus Reutte an König Ferdinand geschrieben, der sich zwar über die Erstürmung der Klause ohne sein

650 August von Druffel, Bearb.: Briefe und Akten zur Geschichte des sechzehnten Jahrhunderts mit besonderer Rücksicht auf Bayerns Fürstenhaus, 2. Bd. Beiträge zur Reichsgeschichte 1552. München 1880 (Druffel), S. 491 Nr. 1422, 19.3.1552, Heinrich Lersener an Kf. Moritz.

651 PKMS 5, S. 881 Nr. 537, Linz 29.4.1552, 4. Schrift des Kg. Ferdinand.

652 PKMS 6, S. 13 Nr. 9, Gundelfingen 4.5.1552, Johann zu Heideck an Kf. Moritz.

653 Rüdiger Glaser: Klimageschichte Mitteleuropas. Darmstadt 2001, S. 111 f.

654 PKMS 6, S. 68–69 Nr. 54, 19./20.5.1552, Bericht über die Erstürmung der Ehrenberger Klause.

655 PKMS 6, zu ebd., Lager zu Telfs 26.5.1552, Jean de la Marck an Bgm. Meyer zu Basel.

656 PKMS 6, Mai 1552, Bericht über die Erstürmung der Ehrenberger Klause am 18. und 19.5.1552.

657 PKMS 6, Innsbruck 16.5.1552, Statthalter und Räte zu Innsbruck an den kgl. Kriegskommissar der Ehrenberger Klause.

Wissen beschwerte, aber zugleich alle Geleite für Passau zusagte.[658] Moritz gab dem Kaiser damit bewusst einen Vorsprung von fast vier Tagen. Er wollte sich einen gefangenen Kaiser und Herrscher von fremden Königreichen und Ländern nicht aufladen.

Nachdem der Kaiser 7 Uhr abends die Niederlage erfahren hatte, floh er noch am Abend des 19. Mai, gegen 10 Uhr, aus Innsbruck.[659] Fackeln mussten den Weg Karls V. erleuchten. Man ritt vier Stunden bei Regen durch die Nacht nach Sterzing. *Man sagt das es ein erbermliche schimpfliche flucht gewesen*. Drei Spanier sollen auf einem Pferd geritten sein.[660]

Johann Friedrich d. Ä. hatte wohl schon seit Beginn des Feldzuges der Bundesfürsten an Plänen für eine Reichsacht gegen Kurfürst Moritz gearbeitet. Überraschend wurde er noch in Innsbruck freigelassen und wollte nun große Dinge tun[661] und diese Reichsacht vollstrecken. Über die neue Aufteilung aller sächsischen Lande hatte er genaue Pläne angefertigt: Das alte ernestinische Sachsen sollte wiederhergestellt, Leipzig und sein Umland keinesfalls bei Moritz bleiben. Der Kaiser redete davon, Ferdinands Tochter Katharina mit einem Sohn Johann Friedrichs zu vermählen.[662] Johann Friedrich sollte nur freiwillig dem Kaiser folgen. Mit ihm wollte Karl V. einen Trumpf gegen Moritz zeigen. Doch genauso wie die Bundesfürsten keine allgemeine Erhebung gegen den Kaiser erreichten, gewann Johann Friedrich keine Helfer für sich und den Kaiser. Die Stände des Reiches sehnten sich nach Ruhe.

Obwohl er den Zugang zu Tirol erzwungen hatte, richtete sich Moritz' Absicht nicht gegen den König als Landesherrn von Tirol. Man griff die königliche Besatzung des Schlosses Ehrenberg, das direkt oberhalb der Ehrenberger Klause lag, auf Drängen von Moritz nicht an.[663] Er verlangte vom Schloss Stillhalten zugunsten der Bundesfürsten. Die Besatzung von Ehrenberg sollte den Durchzug für den Kaiser sperren.

Die königliche Regierung in Innsbruck wurde in ihren Tätigkeiten nicht beeinträchtigt. Moritz schickte am 21. Mai vor dem Aufbruch ein Entschuldigungsschreiben an sie.[664] Er betonte bei Füssen ausdrücklich, dass er dem König keinen Krieg erklärt und auch keine feindlichen Handlungen gegen ihn vorgenommen habe. In Tirol bestätigte man den Truppen der Kriegsfürsten gutes Verhalten gegen Weltliche und Geistliche, sie hätten eine scharfe Kriegszucht.[665] Moritz sagte in einer Schutzbehauptung gegenüber dem königlichen Rat Zasius sogar, er sei nur auf Drängen der französischen Gesandten nach Innsbruck gezogen, und er bedauere, an der Klause unwissend auch gegen Truppen des Königs gekämpft zu haben. König Ferdinand erkannte das an und sagte von Bruneck aus auf der Flucht mit dem Kaiser sein Kommen nach Passau zu.[666]

658 PKMS 6, S. 90 Nr. 70, Bruneck 23.5.1552, Kg. Ferdinand an Kf. Moritz.

659 PKMS 6, S. 86 Nr. 67, Bruneck 22.5.1552 – : Sterzing 20.5.1552, Antonio Maria di Savoia di Collegno an Hz. Herkules von Ferrara.

660 PKMS 6, S. 160 Nr. 113, zu Innsbruck 2.6.1552, Oberösterreichische Regierung an Ks. Karl V. – : Passau 3.6.1552, Andreas Czoch und Barthold von Mandelsloh an Mgf. Johann, Zeitungen zum Brief.

661 PKMS 6, S. 38 f. Nr. 30, 12.5.1552, Vorschläge Hz. Johann Friedrichs d. Ä. zum Krieg gegen Kf. Moritz.

662 PKMS 6, S. 86 Nr. 67, Bruneck 22.5.1552.

663 PKMS 6, S. 97 Nr. 73, Innsbruck 23.5.1552, Johann Ulrich Zasius an Kg. Ferdinand.

664 PKMS 6, S. 75 Nr. 61, Feldlager vor der Ehrenberger Klause 21.5.1552, Antwort der Bundesfürsten an die Regierung zu Innsbruck.

665 PKMS 6, S. 98 Nr. 74, zu Trient 23.5.1552, um 11 in der Nacht – : Mühlbach 25.5.1552, Gerichtsschreiber Christoph Fromüller an Statthalter und Räte zu Brixen.

666 PKMS 6, S. 90 Nr. 70, Bruneck 23.5.1552, Kg. Ferdinand an Kf. Moritz.

Während Moritz mit allen Mitteln den König verschonte, bekriegte er den Kaiser soweit als möglich. In Innsbruck angekommen, verlangten Moritz, Landgraf Wilhelm und ihre Truppenführer sofort die völlige Auslieferung des kaiserlichen und spanischen Besitzes, den Karl V. zurückgelassen hatte, als er überstürzt in der Nacht floh.[667] Nach dem Sieg auf dem Schlachtfeld verteilte Moritz die kaiserlichen Güter als Beute an seine Truppen. Die Niederlage an der Klause wurde so öffentlich als Niederlage des Kaisers erklärt; Karl V. war als Geschlagener vom Schlachtfeld geflohen. Moritz unterschied damit eindeutig zwischen dem Kaiser und der Stadt Innsbruck und ihren Bürgern unter königlicher Regierung. Genauso hatte er das königliche Schloss Ehrenberg, von dessen Besatzung er unterstützende Neutralität verlangte, von der vom Kaiser besetzten Ehrenberger Klause getrennt.

Die Besitztümer Herzog Johann Friedrichs d. Ä. in Innsbruck wurden unversehrt nach Passau gebracht, die kaiserlichen Habseligkeiten waren aber verteilt. Die Truppen hatten ihr Lager vor der Stadt. Der französische Gesandte, der mit den Truppen eingetroffen war, nahm sein Quartier in der Stadt, die mit Einverständnis von Moritz ihre Tore geschlossen hielt.[668] In Anerkennung dieses Verhaltens stiftete die königliche Regierung ein Fass Wein für die Fürsten.

Moritz blieb nur bis 25. Mai am Nachmittag in Innsbruck. Nachdem die kaiserlichen Güter verteilt waren, mussten die Truppen schon am Morgen des 25. Mai wieder den gleichen Weg nach Füssen zurückmarschieren, den sie zwei Tage vorher gekommen waren. Moritz zeigte so deutlich, dass er nur gegen den Kaiser, aber nicht gegen König Ferdinand und dessen Land Tirol Krieg führte. Am 26. Mai sollte die Verhandlung in Passau und dabei der Waffenstillstand beginnen. Moritz hatte sich in Linz gegenüber dem König verpflichtet, den Stillstand bei seinen Mitverwandten zu erreichen.[669] Am 25. Mai war die Stadt geräumt. Roger Asham, Schreiber der englischen Gesandtschaft am kaiserlichen Hof in Brüssel, schreibt über Moritz' Zug nach Innsbruck, er werde von Machiavellisten als verpasste Gelegenheit gesehen. *So sind diese Machivells-Köpfe! Sie gestehen niemandem genügenden Verstand zu, der nicht mehr Unglück anrichtet, als er muss.*[670]

Moritz hatte den Kaiser in Innsbruck nicht gefangen nehmen wollen. Er wartete zwischen der Eroberung der Ehrenberger Klause und dem Aufbruch nach Innsbruck einen Tag bei der Klause und schrieb dem König, dass er am 23. Mai in Innsbruck sein werde. Eine Meuterei der Truppen, die manchmal als Grund des Wartens angeführt wird, ist in den zeitgenössischen Quellen nirgends erwähnt, es hat sie nicht gegeben. Der König antwortete aus Bruneck, dass er nach Passau kommen werde.

Warum hatte Moritz seine Truppen ohne militärische Aufgabe nach Innsbruck und zurück marschieren lassen? Die Gespräche des Kurfürsten mit Wilhelm von Hessen und den Truppenführern im Lager bei Reutte wären hochinteressant, sind aber nicht überliefert. Moritz und Wilhelm von Hessen sind nicht ganz einer Meinung gewesen. Nachdem Moritz die Truppen nach Innsbruck geführt hatte, ohne Plünderungen zu-

---

667 PKMS 6, S. 100 Nr. 76, Innsbruck 24.5.1552, Oberösterreichische Regierung an Kg. Ferdinand.
668 PKMS 6, ebd.
669 PKMS 5, S. 889 f. Nr. 544, Linz 1.5.1552, Abschied der Verhandlung zu Linz.
670 Roger Asham: Report of Germany, The Whole Works, Vol. III, ed. Rev. Dr. Giles. London 1865, S. 53 f.

zulassen, hat Wilhelm diese auf dem Rückweg im Tal[671] und besonders im Kloster Stams geduldet. Moritz wollte alle Kanonen des Königs, die man in der Klause und davor erobert hatte, unbedingt dem König zurückgeben. Wilhelm versuchte, einige davon zu behalten.

Wilhelm von Hessen sind die weitgreifenden Friedensziele des Kurfürsten Moritz wohl zu undeutlich gewesen. Sie bestimmten aber seit Herbst 1551 Moritz' Pläne. Im Feldlager meinte man, dass schon die Reise zum König nach Linz ein Fehler besonders gegenüber Frankreich gewesen wäre. Es gab nicht viele, die der Idee von Moritz folgten, den Feind durch Überraschen zu besiegen und dann mit ihm zu verhandeln.

Moritz wollte auch den Nimbus der Schwäche des Fürstenbundes, den man vom Schmalkaldischen Bund her besaß und der seit dem Scheitern der Verhandlungen in Lochau erneuert war, beseitigen. Seit dem Schmalkaldischen Krieg galten die Protestanten als schwach. Moritz meinte wohl mit Recht, dass der Kaiser über seinen Gesandten Graf Wilhelm von Böcklin und Markgraf Johann sehr genau über das Scheitern von Lochau informiert war. Was sollten vier Fürsten und ein nicht im Zaum zu haltender Kondottiere von der Qualität des Markgrafen Albrecht Alkibiades gegen den allmächtigen Kaiser tun können? Nun aber konnte der mächtige Kaiser nur fliehen, weil die Bundesfürsten ihm Vorsprung gewährten.

Moritz wollte den Siegernimbus des Kaisers von 1547 aus der Verfolgungsschlacht von Mühlberg zerstören. Als Sieger von Mühlberg hatte sich Karl V. von Tizian malen lassen, um den Höhepunkt seines Ruhmes festzuhalten. Moritz wollte sicher auch das militärische Eingreifen des Kaisers bis zum Ende der Verhandlung in Passau verhindern. Der König war zum Kompromiss der gegenseitigen Anerkennung bis zu einer fernen, künftigen Einigung der Religionsparteien bereit. Der Kaiser musste deshalb dazu gezwungen werden. Er hatte den König nur mit Verhandlungen beauftragt, um für Finanzbeschaffung, Rüstung und Heranführen eines Heeres Zeit zu gewinnen. Diese Möglichkeit zerstörte Moritz an der Klause auf einige Wochen.

Moritz wollte auch den Kaiser aus den Verhandlungen in Passau drängen. Wie die Verhandlung in Passau mit geladenen Reichsständen ohne den gesamten Reichstag und seine Mehrheit kleiner, altgläubiger, geistlicher Territorien stattfinden sollte, so sollte auch der sonst den Reichstag lenkende Monarch nicht dadurch am Verhandlungstisch sitzen, dass seine Räte auf schnellem Weg von Passau nach Innsbruck ihn fragen konnten.

Der Zug nach Innsbruck ergab sich aus dem Erfolg an der Klause und war keinesfalls ein Kriegszug.[672] Der Marsch war als Krönung des Krieges gegen den Kaiser und als Demonstration nötig. Nach der Einnahme von Augsburg gab es die Verhandlung in Linz als echte Verhandlung. Sollte Passau Erfolg haben, mussten die Bundesfürsten ihrem Verhandeln neuen, großen Nachdruck verleihen.

Es war gut, dass sich der König mit Karl V. auf die Flucht begab. Was hätte Moritz mit König Ferdinand machen sollen, wenn er den Kaiser gefangen hätte. Moritz konnte den Kaiser nicht zwangsweise vom König trennen, weil er mit dem König weiter verhandeln

671 PKMS 6, S. 145–146 Nr. 104, Innsbruck 1.6.1552, Oberösterreichische Regierung an Kg. Ferdinand.

672 PKMS 6, S. 407–410 Nr. 264, Innsbruck 8.8.1552, Oberösterreichische Regierung an Ks. Karl V., Der Regierung zu Innsbruck Verantwortung.

wollte. Moritz wollte nicht einen Gefangenen mit sich führen, der seit rund dreißig Jahren gewählter Kaiser war. Hätten nach einer Gefangennahme des Kaisers die altgläubigen Kurfürsten und Reichsstände dem erstrebten Frieden in gegenseitiger Duldung zugestimmt? Nachdem Moritz und die Bundesfürsten nicht den erhofften Aufstand gegen den „spanischen" Monarchen hatten hervorrufen können, musste er mit neutralen Reichsständen verhandeln können. Eine Gefangennahme des Kaisers hätte die Stände auf dessen Seite getrieben. Sehr viele Reichsstände wären dann zum Vollzug einer Reichsacht gegen den Kaiserfeind Moritz bereit gewesen.

König Ferdinand schreibt am 27. Mai an seinen Sohn, dass die kurfürstlichen Truppen den Proviant bezahlen, die Ehrenberger Kanonen zurückgegeben werden und die Truppen Zasius zusagten, bis 25. Mai Tirol zu verlassen.[673] Am 1. Juni hatten alle Truppen Tirol wieder verlassen.[674] Zu dieser Erklärung für das Verhalten des Kurfürsten passt das Plündern der Truppen auf dem Rückweg aus Tirol nicht. Besonders das Kloster Stams, das Hauskloster der Grafen von Tirol, und die Dörfer längs der Straße zurück nach Reutte wurden beraubt. Tirol als Ganzes hat aber nicht schwer unter Moritz gelitten, wie es manchmal heißt. Herzog Georg von Mecklenburg und Landgraf Wilhelm werden Moritz' Meinung über die guten Aussichten für Verhandlungen in Passau nicht geteilt haben. Trotzdem setzte Moritz seine Strategie wegen seines größeren Überblicks immer wieder durch.

Ohne den Reichstag – der Vertrag in Passau

Die Verhandlung in Linz hatte mit dem Beschluss der Fortsetzung in Passau geendet. Ulrich von Zasius wurde durch den König am 23. Mai sofort zum Kurfürsten nach Innsbruck geschickt. Dieser erklärte ihm, dass er nach Passau komme und dass der Waffenstillstand wie abgesprochen gehalten werde.[675] Moritz übergab dem Landgrafen Wilhelm die Rückführung der Truppen; um sie nicht zu sehr anzustrengen, sollte Wilhelm langsam den ganzen Lech hinab bis nach Donauwörth ziehen.[676] Das war der Sammelplatz für den Zug nach Ungarn gegen die Türken. Er befahl, Plünderungen streng zu untersagen. Von Donauwörth nach Passau ließ Moritz dann eine Postlinie einrichten. Aller 30 bis 40 Kilometer waren als Posten ein Mann mit zwei Pferden oder zwei Boten zu Fuß stationiert, welche die Briefe weitergaben.[677]

Um in Passau anzukommen und sinnvolle Bedingungen zu erreichen, hatte Moritz seit dem 17. März in Leipzig weit über 1200 Kilometer im Sattel gesessen. Den größten Teil des Weges zur großen Passauer Verhandlung legte er im Schiff zurück. Am Nachmittag des 25. Mai verließ Moritz Innsbruck und reiste ab Hall auf dem Inn, zum Teil zusammen mit Herzog Albrecht von Bayern. So hatte er nach der hohen Anspannung der

673 PKMS 6, S. 122 Nr. 89, Radstadt 27. 5. 1552, Kg. Ferdinand an Ehz. Ferdinand.
674 PKMS 6, S. 144 Nr. 102, zu Feldlager zu Leeder 1.6.1552 – : 1.6.1552, Wilhelm von Schachten an Kf. Moritz.
675 PKMS 6, S. 97 Nr. 73, Innsbruck 23.5.1552, Johann Ulrich Zasius an Kg. Ferdinand.
676 PKMS 6, S. 110 Nr. 80, Innsbruck 25.5.1552, Abschied von Kf. Moritz für Lg. Wilhelm.
677 PKMS 6, S. 167 Nr. 118, Passau 4.6.1552, Kf. Moritz an Lg. Wilhelm.

letzten Woche vom 19. bis 25. Mai, der Eroberung der Klause bis zum Abmarsch aus Innsbruck, Ruhe auf dem Schiff. Vor dem Beginn des Waffenstillstands für die Verhandlungen in Passau war Innsbruck wieder von den Truppen verlassen worden.

In Passau war die Liste zu verhandeln, die Moritz schon nach Linz mitgebracht hatte. Wenn man die Teilnehmer der Passauer Verhandlungen in Gedanken in eine Reihe stellt, stand an einem Ende der Kaiser, der sein eigenes Erstarken mit allen Mitteln vorantrieb. Er hoffte auf die Wiedereinsetzung Johann Friedrichs d. Ä. als Kurfürsten. Er kannte seine vielfältigen Rüstungsunternehmungen durch Herzog Heinrich von Braunschweig in Norddeutschland, durch Markgraf Johann in Schlesien und Conrad von Hanstein um Frankfurt und dazu in Italien.[678] Karl V. wollte keinen Vertrag. Am Anfang der Passauer Verhandlung schreibt Adrian Albinus, der Gesandte Markgraf Johanns, an diesen: *In summa Ich gleube die glocken sein mit dem alten Churf. Gegossen auff Bocklins Anbringen, zeuget der frantzos zu rucke wie gewis sein sollte. So ist es gefegt, et videbimus in qu(o) transfixerunt*[679] *vnd selig sein die, welche daheim blieben.* Albinus hielt alles für zwischen Karl V. und Johann Friedrich d. Ä. verabredet. Ohne französische Hilfe seien die Bundesfürsten erledigt, was Markgraf Johann zu Hause abwarten könnte.[680] Die Besitztümer der Bundesfürsten würden vergeben.

Zwischen dem Kaiser und den nach Passau geladenen Reichsständen stand König Ferdinand. Er wollte ebenso wie Kurfürst Moritz einen allgemeinen Frieden herbeiführen, dafür war er zu den dann in Passau ausgehandelten Zugeständnissen bereit.

Moritz und der König standen in gegenseitiger Achtung nebeneinander. Allerdings war Moritz ganz persönlich in seiner Ehre gebunden. Er wollte den Landgrafen Philipp befreien, das Interim beseitigen, die vertriebenen Fürsten und die geächteten Heerführer des Schmalkaldischen Krieges wieder zur Ehre bringen. Neben Moritz standen die Fürsten des Bundes: Landgraf Wilhelm und Herzog Johann Albrecht. Hinter den Fürsten blieb König Heinrich II. von Frankreich mit seiner bis zum Mai großen finanziellen Unterstützung.

Moritz und der König hatten durch Heinrich von Plauen schon, ehe Moritz zum Feldzug aufbrach, in Leipzig Verhandlungen festgelegt. Damit waren im Jahre 1552 der Feldzug und die Verhandlung für König Ferdinand und Kurfürst Moritz gleichwertig. Beim Feldzug ist von Moritz daher nur einmal – bei der Eroberung der Ehrenberger Klause – wirklich gekämpft worden, ehe die Verhandlungen in Passau begonnen haben. Dieser Kampf richtete sich nur gegen den Kaiser. Vom Kampf des Fürstenheeres ist die Kriegführung des Markgrafen Albrecht Alkibiades zu trennen, so weit der seinen privaten Krieg führte vor Nürnberg, dann auch besonders gegen die Bistümer.

Am 28. Mai traf Moritz in Passau ein. König Ferdinand kam am Abend des nächsten Tages. Er lud Moritz am 30. Mai zu einem ersten Gespräch und bat, etwas zu warten, weil noch mehrere Stände unterwegs seien, auf die er warten wollte. Der Platz der Verhandlungen wird heute noch an der Westseite des Passauer Domplatzes gezeigt.

---

678 Vgl. PKMS 6, S. 53 Nr. 41, zu 16.5.1552, Johann Heise an Kf. Moritz – : vor 16. Mai 1552, Bericht (Johann Heises) an Kf. Moritz.

679 Wahrscheinlich zu ergänzen: in quo transfixerunt hastam – wohin sie die Lanze gebohrt haben, d. h. die Lanze zum Zeichen einer öffentlichen Auktion aufstellen.

680 PKMS 6, S. 156–158 Nr. 111, Passau 2./3.6.1552, Adrianus Albinus an Mgf. Johann.

Am 1. Juni wünschte der König vom Kurfürsten, vorzutragen, was für Wünsche seine Verbündeten zu den Artikeln von Linz hätten. Damit regierte Ferdinand den Ablauf der Verhandlungen, während Moritz den Inhalt bestimmte. Die neutralen Stände bemühten sich in ihren eigenen Gesprächen, eine für Moritz und den König annehmbare Gestalt des Vertrages zu gewinnen. Den Ablauf der Verhandlungen für Kursachsen hielt Ulrich von Mordeisen aus sächsischer Sicht in einem Protokoll fest.[681]

Es ging in Passau um zwei Grundthemen, einmal tagespolitisch um die Entlassung des Landgrafen Philipp. Daran hingen alle Folgen des Schmalkaldischen Krieges, die zu überwinden waren: Die Begnadigung aller durch den Krieg Geächteten, die Restitution der Oberpfalz, der Braunschweiger Junker, zum Teil auch das Interim. Das andere Thema war die Herstellung eines dauerhaften Friedens zwischen den Konfessionen, die in den Hauptartikeln des Glaubens sich einig und nicht voneinander getrennt waren. In diesem Thema lagen die Ursachen vieler Konflikte der Zeit. Dieser Friede war in der Religion nicht durch das Interim, nicht durch die scheinbare Mehrheit der Stimmen des Reichstags, nicht durch das Konzil, und nicht durch die völlige Unterordnung aller Stände unter die kaiserliche Monarchie zu erreichen.

Moritz brachte am 1. Juni 1552 die Artikel vor, über deren Behandlung man sich in Linz geeinigt hatte: 1. Die Entlassung des Landgrafen Philipp sollte geschehen, aber nicht erst 14 Tage nach der Entlassung der Truppen. 2. In der Religion gehe der Zwiespalt nicht auf Hauptartikel zurück. Man sollte sich entsprechend dem Artikel „Friede und Recht“ im Abschied des Reichstages zu Speyer von 1544 einigen, da das Interim des Augsburger Reichstages 1548 von vielen Ständen abgelehnt werde und das Trienter Konzil keine Einigung erwarten lasse. Der Kaiser solle eine Nationalversammlung berufen. Wenn auch diese sich nach dem Worte Gottes nicht einigen könne, solle man bei dem Friedstand bleiben. Der Artikel „Religion, Friede und Recht“ sollte in seiner Dreigliederung herbeiführen, dass die Augsburgischen Konfessionsverwandten als eigene Konfession anerkannt, d. h. dass sie mit allen anderen Reichsständen in den Landfrieden einbezogen werden und nicht mehr unter den Reichstagsbeschlüssen – gegen die Lutheranhänger von 1521 und die Augsburgische Konfession von 1530 – leiden müssten. Sie sollten nicht mehr unter dem Interimsbeschluss von 1548 stehen. Sie waren zum andern in den allgemeinen Landfrieden einbezogen. Sie sollten rechtlich besonders vor dem Reichsgericht gleich und auch dort Beisitzer sein. 3. Legten die Verbündeten eine Sammlung von „Gravamina“ zur Regierung des Reiches vor, die aber hier in Passau von den erfahrenen Fürsten erweitert werden müsse. 4. Sollte man die Antwort des französischen Königs, dem Moritz die Ergebnisse von Linz geschickt hatte, anhören. 5. Begnadigung der Geächteten des letzten Krieges sollte geschehen.

Moritz wollte sich zusammen mit dem König und den anwesenden Reichsständen für die Wohlfahrt des Reiches und der Christenheit und Frieden, neues Vertrauen zwischen Ständen und dem Kaiser und den Kampf gegen die Türken einsetzen. Moritz brauchte den gemeinsamen künftigen Kampf gegen die Türken, durch den er für den König unentbehrlich war, als Gewicht gegen die immer größer wachsende Rüstung des Kaisers. Der Feldzug gegen die Türken machte Moritz für den König unentbehrlich.

681 PKMS 6, S. 389–399 Nr. 256, Passau 28.5.–6.8.1552, Protokoll Ulrich Mordeisens über die Verhandlung zu Passau.

Bei der Formulierung des Textes haben die Stände am 6. Juni 1552 den wichtigen sächsischen Vorschlag des bleibenden Friedens auch beim Misslingen eines Vergleiches zwischen den Religionsparteien in den vorhandenen Text aus Linz eingefügt. Bis zur völligen Änderung des Vertragstextes durch den Kaiser nach dem 22. Juni wurde dieser Artikel von „Religion, Friede und Recht" von allen Ständen und sogar bedingt von den kaiserlichen Räten akzeptiert.[682]

Am Abend des 1. Juni übergab Moritz das am Vormittag von Mordeisen Vorgetragene dem König.[683] Die kaiserlichen Gesandten trugen die kaiserliche Position am 4. Juni vor, ehe über die Vertragstexte verhandelt wurde. Der Kaiser wollte den Landgrafen unbedingt erst 14 Tage nach der Entlassung der Truppen freigeben. Er wollte die französischen Forderungen nur durch Moritz hören. Der französische Gesandte sollte nicht mit verhandeln. Bei „Religion, Friede und Recht" müsse es erst einmal beim Augsburger Reichstag 1548 und damit beim Interim bleiben, und Friede und Recht brauchten längere Verhandlung des Reichstages. Beschwerden, Gravamina, über die Reichsregierung seien ihm kaum bekannt. Bei deren Vortrag werde er, der die Libertät schütze, abhelfen oder entscheiden. Die Geächteten sollten sich vor dem Kaiser demütigen und um Aussöhnung bitten.[684]

Karl V. wollte sich nicht von den Reichstagen abbringen lassen, die er selbst leitete, auch nicht durch die hochbesetzte Passauer Versammlung. Er wollte Augsburg 1548, nicht Passau 1552. Die kaiserlichen Gesandten trugen diese Position vor, sie wurde aber vom König nicht berücksichtigt und von den Ständen nicht behandelt. Ulrich Mordeisens Protokoll der Passauer Verhandlungen erwähnt den Vortrag der kaiserlichen Gesandten gar nicht.[685] Man verstand sich ohne den Kaiser besser.

Danach behandelten die neutralen Stände die Artikel des Kurfürsten Moritz. Ihre Formulierungen dazu besprachen die Stände mit dem König, der sich als der eigentliche Unterhändler zwischen Moritz und den Kriegsfürsten einerseits und dem Kaiser andererseits wusste. Die Form, welche dann zwischen dem König und den Ständen ausgehandelt war, wurde nochmals Moritz vorgelegt. In schwierigen Passagen hat Moritz allein mit dem König verhandelt.

Die Verhandlungen zur Entlassung des Landgrafen gestalteten sich mühsam, weil man sich nicht über die Forderung des Kurfürsten einigen konnte, den Landgrafen gleichzeitig mit der Truppenentlassung freizugeben oder ihn bis zur Entlassung des Kriegsvolkes in die Hand eines Kurfürsten oder Fürsten zu stellen.

In der Religionssache wollte Moritz den Friedstand vom Erfolg des Konzils und von einer anderen vorangehenden Einigung trennen. Er verzichtete damit auf eine inhaltliche Einigung und betonte, die grundsätzliche Einigkeit beider Religionsparteien in den wichtigen Artikeln des Glaubens.[686] Der Frieden sollte auf jeden Fall bestehen bleiben.

---

682 Volker Henning Drecoll: Der Passauer Vertrag (1552), Einleitung und Edition. Berlin–New York 2000, S. 35–37.

683 PKMS 6, S. 389–399 Nr. 256, 28.5.–6.8.1552, Protokoll Ulrich Mordeisens über die Verhandlung zu Passau, unter 1.6. und 6.8.1552.

684 PKMS 6, S. 137–141 Nr. 101, Verhandlungen in Passau 1.–4.6.1552, 5. Lectum 4.6.

685 PKMS 6, S. 389–399 Nr. 258, 28.5.–6.8.1552, Protokoll Ulrich Mordeisens.

686 PKMS 6, S. 149–150 Nr. 106, Passau 1.6.1552, Bericht von Adam Trott, Christoph von der Straßen, Timotheus Jung und Lambert Distelmeyer an Kf. Joachim.

Es ist bemerkenswert, dass über diesen eigentlichen, großen Fortschritt der Passauer Verhandlungen keine schwierigen Diskussionen geführt worden sind. Nur die Frage der geistlichen Güter, die Moritz einzig auf die noch im alten kirchlichen Gebrauch befindlichen beziehen wollte, kostete Zeit.

Ein Religionsfrieden war schon seit dem Nürnberger Anstand 1532 immer wieder auf Zeit gewährt worden. Dieser Anstand, d. h. Waffenstillstand, ist immer den Protestanten gewährt worden. In Dresden geplant, wurde bei der Verhandlung in Passau erstmals ein Religionsfrieden gefordert, der auch dann bestehen bliebe, wenn man sich über den gespaltenen Glauben nicht einigen könnte. Außerdem wurde dieser Religionsfrieden nicht für eine protestantische Gruppe, sondern von den in Passau versammelten Reichsständen beider Religionsparteien beschlossen und für das Reich vom Kaiser gefordert. Damit hatte Moritz erreicht, dass ein Patt der Religionsparteien als Verhandlungsbasis und der gegenseitig respektierte Frieden auf Dauer als Ziel erklärt wurde. Der auf dem Reichstag 1544 vom Kaiser gewährte Religionsfrieden war in der Passauer Forderung Vorbild für die Formulierung.

Für die Verhandlung über die Entlassung des Landgrafen war völliges, gegenseitiges Vertrauen nötig. Misstrauen zog alles in die Länge. Die Restitution der enteigneten Geächteten des letzten Krieges, des Pfalzgrafen Ottheinrich, des Grafen Ludwig d. J. von Oettingen, des Fürsten Wolfgang von Anhalt, der Braunschweiger Junker und der Heerführer des Schmalkaldischen Krieges, brauchte ebenso lange Verhandlungen.

Am 11. Juni übergab der König zum ersten Mal einen Gesamttext für den Vertrag. Um alles dem Kaiser vorlegen zu können, was sieben Tag kosten werde, hatte der König schon am 8. Juni die Verlängerung des Waffenstillstandes erbeten. Moritz stimmte nur für fünf Tage zu, privatissime gegenüber dem König gab er aber noch zwei Tage mehr. Ein Fortschritt war der Gedanke, die Entlassung des Landgrafen auf einen bestimmten Termin zu legen und die Entlassung der Truppen bis dahin zu erreichen. Moritz machte, um alles zu beschleunigen, nur noch Randbemerkungen zu diesem Text. Nach diesen Notizen übergab König Ferdinand den alles berücksichtigenden Abschlusstext am 14. Juni. In ihm findet sich die Passage vom auf jeden Fall fortdauernden Friedstand auch bei nicht gelungenem Religionsvergleich.

Nach einigem Hin und Her über die Behandlung der Braunschweiger Junker und der Städte Goslar und Braunschweig war der Text am 22. Juni endgültig fertig, den König Ferdinand nun dem Kaiser vorlegen wollte. Moritz sagte noch, da er nicht zum Vollzug ermächtigt sei, müsse er alles auch seinen Verbündeten vorlegen. Aber die in Passau anwesenden Reichsstände waren sich mit dem König und Moritz über diesen Text der „Passauer Abrede" einig.

Wilhelm von Hessen, Johann Albrecht von Mecklenburg, besonders der französische Gesandte Bischof Jean de Fresse, die Truppenführer und in hohem Maße auch Markgraf Albrecht waren äußerst misstrauisch gegenüber den Verhandlungen. Landgraf Wilhelm meinte schon am 2. Juni, man sollte keinen Stillstand gewähren. Viele meinten, die Verhandlungen seien auf Betrug aus, man habe Moritz schon in Linz und noch mehr jetzt in Passau festnehmen wollen.[687] Nach seinem Brief vom 15. Juni fühlte

687 PKMS 6, S. 254–256 Nr. 110, Landsberg am Lech 2.6.1552, Lg. Wilhelm an Kf. Moritz.

sich Wilhelm mit dem Vertrag im Ausgleich für die Schäden seines Vaters betrogen. Die Reichsgravamina würden im Vertrag auf den Sankt Nimmerleinstag verschoben. Den recht ordentlichen Artikel von „Friede, Recht und Religion" werde der Kaiser nie annehmen. Auf einem Zettel zum Brief stand dann: *inn Summa die handlung zu Passau, ist nichts, dan ein betrug, das man vns voneinander trenne, vnnd ein Mißtrauenn zwischenn vns vnnd Frankreich einreiß.*[688] Wilhelm hatte mit der Absicht des Kaisers recht, aber er hatte Moritz und seine Räte beleidigt. Moritz hoffte zu der Zeit noch, den Vertrag in der Form der „Passauer Abrede", d. h. ohne die dann erfolgenden Änderungen des Kaisers durchzubringen, mit dem sicheren Frieden auch ohne Einigung und mit der Feststellung der Gravamina durch die Passauer Versammlung ohne einen künftigen Reichstag.

Ein Brief des Landgrafen Wilhelm vom 14. Juni muss noch bösere Vorwürfe gesagt haben, wie Moritz übe Verrat zugunsten des Königs. Moritz zitiert daraus *das vns E. L. vorgeworffenn wir gehen mit den fingernn ym arß vmb.* Heißt das, er kröche dem König in den Hintern? Moritz erwiderte heftig: Wir *achten E. L. noch zu Jung vnd wenig dar zu das sie vns vnserer Furstlichen Ehren vnd trewe so hoch vnd beschwerlich anziehen.* Er habe wohl mehr Ehre im Leibe als Wilhelm samt *dem Spitznäsichten Bischoff* (Jean de Fresse) *vnd yrem Nasenweisen vnnutzen schwartzen Schreiber* (Simon Bing), die hinter seinem Schreiben steckten.

Und Moritz steigerte sich zu einem großen Bekenntnis seiner Motivation: *Was wir aber in vnsernn(,) vnserer mitvorwandten vnd des hailigen Reichs gemaynen obliggenden beschwerungen vnd sachen gehandelt, konnen wir euch mit Gott vnd aller welt betzeugen das dasselbige nit vnsers aignen nutzes ader erbraiterung vnserer Landes vnd leute halben, sondern allein zu erhaltung vnser rechten Christlichen Euangelischen Lehr vnd glaubens auch vnser althergebrachtenn loblichenn Deutzschen Freyhait Aufrichtung bestendigs vnd außrottung alles Mißtrawens vnd in summa zu befurderung Deutzscher Nation vnsers Geliebten Vater Landes wolfart gescheen sey.* Er sei nicht ausgezogen, um das eigene Vaterland zu verheeren – Wilhelm wollte unter Anregung des Markgrafen Albrecht gegen die Bischöfe am Main, in die Pfaffengasse, ziehen –, sondern um den Landgrafen Philipp zu befreien und ihre Religion und die Freiheit zu sichern. Nach diesem Bekenntnis bot er sogar an, auf den Oberbefehl zu verzichten.

Dieses Bekenntnis des Kurfürsten muss man für das Zentrum der kurfürstlichen Politik 1552 halten und nicht für schönen Schein.[689] Vor seinem Landtag erklärte Moritz Ende August, dass er stets darauf bedacht wäre, sein Anliegen mit möglichst wenig Blutvergießen, Schaden und Zerstörung zu erreichen.[690] Die Verhandlungen in Passau belegen das an vielen Stellen, dem hier im Einzelnen nicht nachgegangen werden kann.

Moritz wollte den Vertrag, in der bis zum 22. Juni genau ausgehandelten Textform, zur Unterzeichnung bringen. Er brach mit diesem Vertrag am 24. Juni zu seinen Verbündeten auf. Am 2. Juli kam er spät abends aus dem Feldlager zusammen mit dem königlichen Rat Johann Ulrich Zasius wieder in Passau an. Die Zustimmung der Verbündeten war gewonnen. Am Morgen des 3. Juli erklärte er dem König und den versammelten Ständen, dass die Verbündeten die Abrede vom 22. Juni bestätigten.

688 PKMS 6, S. 223–227 Nr. 147, Lager zu Egweil 15.6.1552, Lg. Wilhelm an Kf. Moritz.
689 PKMS 6, S. 229–231 Nr. 150, Passau 17.6.1552, Kf. Moritz an Lg. Wilhelm.
690 PKMS 6, S. 431–432 Nr. 284, Dresden 26.8.1552, Landtagsproposition.

Moritz trug für die Zustimmung der Verbündeten aber als Bedingungen vor, dass 1. der Vertrag unverändert angenommen werde, 2. der Landgraf entlassen werde, 3. Kaiser und auch König die Beseitigung der Gravamina zusagten, 4. Verhandlungen mit König Heinrich II. von Frankreich begonnen werden.[691]

Erst nach dieser Mitteilung, die Moritz und seine Seite banden, verhandelte König Ferdinand mit den neutralen Ständen, dass er eine Zustimmung des Kaisers erhalten habe, die umfangreiche Änderungen des Textes verlangte. Seine Absage an den Text der Passauer Abrede schickte Karl V. dreifach: an seinen Bruder, die Kaiserlichen Räte, die versammelten Stände.[692] Moritz und die Bundesfürsten waren für den Kaiser keine echten Verhandlungspartner. Er wollte sich durch eine Bindung in seiner Notsituation nicht vom künftigen Verfolgen der Häretiker abhalten lassen. Diese Schreiben waren am 30. Juni verfasst. Sie waren dem König wohl bekannt, als Zasius ihm am späten Abend des 2. Juli von der Zusage der Verbündeten berichten konnte.

Der Kaiser hatte durch Streichung des unbeschränkten Friedens und der Betonung der Reichstage, denen Religionsfrage und Gravamina übergeben werden sollte, dem Vertrag eine ganz andere Richtung gegeben. Die Bedingungen sollten die Einigkeit der Kriegsfürsten mit den neutralen Reichsständen in der „Passauer Abrede“ zerstören.

Schloss der König nun ohne Rücksicht auf den Kaiser den Vertrag in Form der ungeänderten „Passauer Abrede“ mit Moritz und den Neutralen, konnte der Kaiser, sobald er genug Truppen hatte, diesen Vertrag widerrufen. Ferdinand hätte dann machtlos ohne den Kaiser und gegen die Reichsstände und Moritz gestanden. Als künftiger Nachfolger Karls V. und Kaiser wäre er unglaubwürdig geworden. Ferdinand suchte einen Mittelweg zwischen Bundesfürsten und dem Kaiser. Er erklärte mit Bekanntgabe der kaiserlichen Änderungen, er wolle selbst zum Kaiser reisen, um ihn zur Annahme der „Passauer Abrede“ vom 22. Juni zu bewegen. Vorher suchte Ferdinand am 4. Juli zweimal das persönliche Gespräch mit Moritz.[693] Moritz reiste dann gewissermaßen im Protest gegen die kaiserlichen Forderungen schon am 5. Juli sehr zeitig zurück ins Feldlager. Er ist nicht nach Passau zurückgekehrt. Mordeisen und Karlowitz vertraten das Kurfürstentum Sachsen bei den Verhandlungen.

König Ferdinand ritt trotzdem wie versprochen am 6. Juli nach Villach zum Kaiser. Am 13. Juli war er nach einem langen Regenritt wieder in Passau zurück. Er, der in Villach seinen Bruder sogar fußfällig bat, konnte den Kaiser nicht zur Annahme der von allen wesentlichen Ständen des Reiches beschlossenen „Passauer Abrede“ gewinnen. Für Karl V. war seine Verantwortung, wie er sie vor Gott verstand, wichtiger.

Karl stimmte grundsätzlich dem Vertrag zu, änderte aber den Artikel von „Religion, Friede und Recht“ und den Abschnitt über die Gravamina. Beide wurden zur Behandlung wieder dem Reichstag überwiesen. Es fiel weg, dass in der Religion alles mit friedlichen Mitteln und christlichem Einverständnis zum Vergleich gebracht werden sollte. Der ewige Friedstand in der Religion wurde ersatzlos gestrichen. Friedstand sollte nur bis zum nächsten Reichstag sein. Was dann der Reichstag beschließe, sollte gehalten

691 PKMS 6, S. 278–279 Nr. 187, Passau 3.7.1552, Bericht über die Verhandlungen zwischen Kf. Moritz, Kg. Ferdinand und den Ständevertretern.

692 Drecoll: Passauer Vertrag, S. 41 f.

693 PKMS 6, S. 283–284 Nr. 189, Passau 5.7.1552, Bericht über die Verhandlungen in Passau 2.–5.7.1552.

werden ohne jede Zuwiderhandlung mit der Tat oder anderem. Für das Recht beim Reichskammergericht wurde evangelischer Eid zugelassen, die Evangelischen sollten vor Überstimmung gesichert werden, indem eine Änderung der Gerichtsordnung erfolgte, der Kaiser wollte sich um die Zulassung evangelischer Beisitzer bitten lassen.

Ferdinand konnte keine großen Verbesserungen machen, als er mit den Ständen am 14. Juli wieder verhandelte. Schließlich schickten die Stände eine Delegation zu Moritz, um ihn zur Unterschrift zu bewegen. Moritz lag bei den Truppen der Verbündeten, die Frankfurt am Main ohne nachhaltigen Erfolg belagerten. Die Beschlagnahme von Kanonen für die Belagerung bei den benachbarten Reichsständen verbesserte Situation und Anerkennung des Bundesheeres nicht. Herzog Georg von Mecklenburg war tödlich getroffen worden.

Moritz erkannte die Kalkulation des Kaisers, ihn durch den schlechten Vertragstext zur Ablehnung zu drängen. Denn dann hätte Karl V. gegen ihn und die Bundesfürsten vorgehen können. Sie hätten die Entlassung des Landgrafen, Begnadigung der Geächteten und Rücksicht auf die Evangelischen beim Kammergericht zurückgewiesen. Sie hätten diese gegenwärtig nötigen Ergebnisse um grundsätzlichen Friedens in Zukunft willen verloren.

Heinrich II. von Frankreich hatte außerdem die Gelder für das zweite Quartal des Vertrages von Chambord noch nicht gezahlt. Der Kaiser hatte genug Geld und Truppen und stand wieder am Ausgang der Alpen bei der Ehrenberger Klause wie vor drei Monaten. Und Johann Friedrich d. Ä. brannte darauf, die Acht an Moritz selbst zu vollstrecken.

Moritz erreichte nach langem Verhandeln den entscheidenden Schritt. Der Vertrag wurde gegen die Erwartungen des Kaisers angenommen. Es gab keinen allgemein anerkannten Kriegsgrund gegen die Bundesfürsten mehr. Landgraf Wilhelm unterzeichnete mit Kurfürst Moritz den Vertrag. Im Feldlager vor Frankfurt a. M. hatten Johann Herr zu Heideck und Moritz dem Landgrafen Wilhelm tagelang zugeredet. Mit Markgraf Albrecht suchte man noch zu verhandeln. Johann Albrecht von Mecklenburg wollte die Verbindung zu Markgraf Albrecht nicht aufgeben, doch er stimmte dem Text zusammen mit Wilhelm von Hessen am 2. August 1552 nach Gesprächen mit den französischen Gesandten zu. Moritz und Wilhelm schickten eine erklärende Gesandtschaft nach Frankreich, die Frankreich auch einen neuen Bundesvertrag anbieten sollte.[694] Damit blieb dem Kaiser schließlich nichts anderes, als selbst auch den Vertrag in München am 15. August zu unterzeichen. Allerdings mussten ihm dort Herzog Albrecht von Bayern und Heinrich von Plauen sehr zureden.

Der Passauer Vertrag war für Moritz und die Bundesfürsten schlecht. Moritz hielt im Passauer Vertrag die Veränderungen des Religionsartikels für den größten Schaden. Aber er war dem Kaiser einen Denkschritt voraus. Er brach nach Ungarn auf. Damit machte er dem Kaiser einen Krieg gegen die Bundesfürsten unmöglich. Er drängte den Kaiser, den Vertrag zu vollziehen, und erzwang für die Bundesfürsten einen neutralen Status im Reich.

---

694 PKMS 6, S. 382–383 Nr. 251, Feldlager vor Frankfurt 2.8.1552, Instruktion von Kf. Moritz und Lg. Wilhelm für eine Gesandtschaft nach Frankreich.

Markgraf Albrecht dagegen hat immer festgehalten, dass mit ihm in Passau nicht verhandelt worden sei. Außerdem sei der Vertrag *mehr vor eine verretherei der deutschen Nation* als für einen Vertrag zu halten. Er habe sich aus von Gott erlaubter Gegenwehr gegen die Bischöfe präventiv wehren müssen.[695] Er wollte unbedingt die von den Bischöfen erpressten Verträge festhalten. Das wurde das einzige Kontinuum in seiner Politik bis Sommer 1553. Albrecht behauptete, König Heinrich II. treu zu bleiben, und zog Richtung Lothringen.

Johann Friedrich d. Ä., der seit Winter 1546/47 Moritz' ganz persönlicher Feind war, erreichte keine Reichsacht gegen Moritz und konnte nun nur noch seine glückliche Heimkehr im Jagdschloss „Zur fröhlichen Wiederkunft" feiern, das er während seiner Gefangenschaft hatte bauen lassen. Johann Friedrich gewann danach keinen großen Einfluss im Reich. Moritz erhielt seine eigene Macht und gewann den König für sich, der ihn für den Kampf gegen die Türken brauchte. Es kam zu einer Koalition König Ferdinands mit Moritz.

Wahrscheinlich hat der Entschluss des Kurfürsten zum schlechten Vertrag, der nach dem Willen des Kaisers kein Vertrag werden sollte, die größte Wirkung in der weiteren Geschichte gehabt. Moritz meinte mit Recht, dass das Übrige, was verweigert wurde, folgen werde.[696] Karl V. war von einer sehr kleinen, aber ideenreichen Minderheit, hinter der Moritz stand, geschlagen worden. Sie wurde von einer allgemeinen Friedenssehnsucht im Reich getragen. Sie gab der „neutralen" Mehrheit Gedanken und Gestalt. Ohne den Fürstenkrieg wären die Stände des Heidelberger Bundes über Gespräche nicht hinaus gekommen. In diesem Bund schlossen sich die rheinischen Kurfürsten mit Jülich und Württemberg zur Sicherung ihrer Interessen 1553 zusammen. Moritz konnte von sich sagen, *das der krieg vns armen fursten selten Reicher macht, Wie den auch der Passauisch Vortragk wol ausweisett, das wir vor vnser person, keins aigenen nutzs halben, gekriegt, Wann wir nue die gemeine wolfart, so wir alle sambt auch mit vnserm nachteil zubefurdern schuldig, konten erhalten, dormit were dem Vaterlande am besten gedienett.*[697]

Der versprochene Türkenfeldzug

Vor Frankfurt konnte Moritz nach der Unterschrift unter den Passauer Vertrag die Truppen nicht auf der von ihm politisch gewünschten Bahn halten. Viele Reiter und Knechte wollten nicht mit nach Ungarn. Um die Knechte zum Aufbruch aus dem Lager vor Frankfurt am 3. August nachmittags noch zu zwingen,[698] ließ Moritz das Lager an-

695 PKMS 6, S. 456–457 Nr. 301, Trier 4.9.1552, Mgf. Albrecht an Kf. Friedrich von der Pfalz, Hz. Albrecht von Bayern und Hz. Christoph von Württemberg.

696 PKMS 6, S. 385–386 Nr. 254, Feldlager vor Frankfurt 3.8.1552, Kf. Moritz und Lg. Wilhelm an Rheingf. Johann Philipp, Sebastian Schärtlin und Georg von Reckerodt. Der Brief wurde ausgefertigt, aber nicht abgeschickt. Er ist als Lageschilderung wichtig.

697 PKMS 6, S. 939–942 Nr. 588, Herzberg 9.6.1553, Kf. Moritz an Mgf Albrecht. Der Brief wurde erst am 16.6. an Mgf. Albrecht geschickt. Die Meinung von Druffel, dass er nicht abgeschickt wurde, ist durch dessen Weitergabe nach Wien, Königsberg, Berlin, Schwerin, Weimar widerlegt.

698 PKMS 6, S. 383–385 Nr. 252, Feldlager vor Frankfurt, zu 2.8.1552 Hz. Johann Albrecht von Mecklenburg an Mgf. Albrecht – : Frankfurt 3.8.1552, Hz. Johann Albrecht von Mecklenburg an Mgf. Albrecht.

stecken. Markgraf Albrecht hatte mit seinen Truppen ein eigenes Lager und verweigerte sich auch. Das Regiment Reifenberger trennte sich bei dem wohl tumultuarischen Aufbruch von den hessischen und kurfürstlichen Truppen.[699] Erst vier Uhr am Nachmittag hatte Moritz den Abmarsch erreicht.

Schon im März bei den Gesprächen in Leipzig hatte Moritz dem böhmischen Kanzler Heinrich von Plauen Hilfe für den Kampf des Königs gegen die vordringenden Türken versprochen. Es war feste Überzeugung bei Moritz und seinen Räten, dass man gegen die Türken mit dem König einig sein müsse.[700] In Linz betonten Moritz und König Ferdinand den nötigen gemeinsamen Kampf.[701] Moritz schrieb am 3. August 1552 an seine Frau Agnes, *ich hoff zu got ich will in kurtz bei dir sein doch mus ich noch ein trub wetter helffen klar machen da nach will ich bei dir bleiben.*[702] Das trübe Wetter war der Vormarsch der Türken in Ungarn. Mit Recht fürchtete man in Österreich und weiter im Reich das Vordringen der Türken, deren Offensive im Banat und in Mittelungarn weit voranschritt. Sie hatten seit dem Frühsommer 1552 viel größere Erfolge gehabt als in den Jahren zuvor und waren von Temesvár bis Erlau vorgedrungen.

Mit seinem Aufbruch aus dem Lager vor Frankfurt musste Moritz außerdem verhindern, zwischen die Stühle zu kommen. Ohne die Mittel aus Frankreich konnte Moritz die Truppen aus eigenen Geldern nur noch schwer unterhalten. Der Kaiser andererseits verzögerte seine Unterschrift unter den Passauer Vertrag und gab Philipp von Hessen nicht frei. Doch nach dem Aufbruch der meisten Truppen nach Donauwörth konnte Karl V. die Entlassung des Landgrafen nicht länger hinausschieben. In Donauwörth verhandelte Moritz zum letzten Mal mit dem böhmischen Großkanzler Heinrich von Plauen, der ihm auch das vom Kaiser vollzogene Exemplar des Passauer Vertrages mitbrachte.[703] Nun sollte Landgraf Philipp am 2. September in Rheinfels übergeben werden. Nach diesen letzten Verzögerungen wurde Philipp am 3. September von Königin Maria freigegeben. Sie ließ die Heimreise für Philipp standesgemäß vollziehen. Seine Heimkehr nach Marburg am 10. September 1552 wurde erst am Folgetag an Kurfürst Moritz gemeldet.[704]

Von Donauwörth ritt Moritz nach Sachsen, um einen Landtag abzuhalten, der am 26. August in Dresden begann.[705] Die Landstände stimmten dem Handeln des Kurfürsten in Linz und Passau zu. Sie waren auch mit einem Dienst des Kurfürsten gegen die Türken einverstanden. Sie lehnten jedoch die Zahlung der Türkensteuer des Reichs wieder ab. Die dafür gewährte Zahlung an den Kurfürsten auf den Besitz wollten die Ritter in einem Nachtrag aber auf jeden Fall nicht als eine steuerliche Gleichstellung mit den Städten angesehen wissen, da der Ritter von Steuern frei wäre. Die Standesprivilegien wurden festgehalten.[706]

---

699 PKMS 6, S. 401 Nr. 258, Feldlager bei Miltenberg, 6.8.1552, Kf. Moritz an Hz. August.
700 PKMS 5, S. 814 zu Nr. 477, Regensburg 10.4.1552, Ulrich Mordeisen an Kf. Moritz.
701 PKMS 5, S. 880 f. Nr. 536 und 537, 29.4.1552, 2. Schrift des Kg., 4. Schrift von Moritz.
702 PKMS 6, S. 385 Nr. 253, vor Frankfurt 3. August 1552, Kf. Moritz an Kf.in Agnes.
703 PKMS 6, S. 425 Nr. 279, Donauwörth 19.8.1552, Kf. Moritz an Lg. Wilhelm.
704 PKMS 6, S. 461 Nr. 306, Marburg 11.9.1552, Adam Trott an Kf. Moritz.
705 PKMS 6, S. 431–432 Nr. 284, Dresden 26.8.1552, Landtagsproposition.
706 PKMS 6, S. 436 Nr. 288, Dresden 29.8.1552, Antwort der kursächsischen Ritterschaft auf die kfl. Proposition zum Landtag.

Die problemlosen Zustimmungen des Landtages zeigen die Zufriedenheit, die Moritz mit dem Ende des Fürstenkrieges in seinem Lande erreicht hatte. Zu Interim und Verpflichtung zur Einstellung bei den jungen Landgrafen war das Ende einer Bedrohung durch den Kaiser und die Geltung des Kurfürsten als führenden evangelischen Fürsten im Reich erreicht. Der Bestand des Kurfürstentums in seiner Größe seit 1547 war gesichert. Unterschiede oder Gegensätze zwischen den ehemals albertinischen und ernestinischen Teilen des Landes waren nicht zu spüren.

Mitte September erst traf Moritz bei den Truppen bei Raab (Györ) in Ungarn ein. Er verlegte damit dem Pascha den Weg nach Wien. Moritz war der Stellvertreter König Ferdinands in Ungarn.[707] Der König hatte ihm jedoch einen Angriffsbefehl gegen die Türken verweigert. Moritz kam auch zu spät im Jahr, um noch einen wirklichen Feldzug zu führen. Er schrieb aber, dass seit seiner Ankunft die Türken keine weiteren Eroberungen machten. Es gab ein Gerücht, das sogar nach Wien drang, wonach Moritz sich als Händler, Marketender, verkleidet mit nur zwei Begleitern die Lage im Lande der Türken angesehen und festgestellt habe, dass er keinen großen Kampf gegen die Türken unternehmen könnte. Zuerst bemerkte Moritz aber zum Krieg in Ungarn, *in somma die sachen sthan an disem ort baufellig vnd wer alle sthundt tzeit wir deutzen lugten zu, das in ganz kurtzen jaren der dantz an vns nit sey, wie an den armen ungern itzunt geschicht.*[708]

Am 23. September war Moritz wieder in Wien, um genauen Bericht zu erstatten. Er hatte gemerkt, dass der sichere Überblick und dadurch die einsichtige Lenkung in Wien in diesem Sommer, der reich an Niederlagen in Ungarn war, gefehlt hatten. Es hieß, die Verteidigung von Szolnok an der Theiss wäre von einem Fähnlein deutscher Knechte aufgegeben worden. Die Deutschen hätten Szolnok verlassen und die Kranken samt dem bettlägerigen Hauptmann im Stich gelassen. Es wären genug Vorräte, Geschütze und Munition zur Verteidigung in Szolnok vorhanden gewesen. Der Ungar Ferenc Zay hätte diese Kranken mit seinen 200 leichten Husaren, zwei Stunden ehe der Pascha von Ofen kampflos einmarschierte, gerade noch retten können.[709] Das erzählte man als das einzige positive Husarenstück in all den Niederlagen. Tatsächlich aber hat ein Ungar die Stadt Szolnok übergeben.

In den Monaten vorher hatte Temesvár nach 32 Tagen Beschießung am 30. Juli 1552 kapituliert, und Lippa am Mures war übergeben worden. Anschließend schlug der Pascha Ali von Ofen das kleine Heer Ferdinands. Diesem Heer fehlte durch das verspätete Kommen des Kurfürsten die Hälfte der Kräfte. Die kaiserliche Verzögerung des Vertragsabschlusses in Passau hatte den Aufbruch wohl um sechs Wochen verschoben. Die Angst vor den Türken war mit ihren Erfolgen gewachsen. Die deutschen Söldner flohen von Szolnok bis nach Wien und Pressburg, sie werden sich im Land der Ungarn und gegenüber den Türken nicht wohl gefühlt haben. Die sächsischen Reiter des Kurfürsten Moritz wollten nach Ablauf des Soldmonats im November auch wieder nach der *deutschen Erde* ziehen.[710]

---

707 PKMS 6, S. 473 Nr. 313, Wien 17.9.1552, Vollmacht Kg. Ferdinands für Kf. Moritz als Generaloberst des Kriegsvolkes gegen die Türken.

708 PKMS 6, S. 469–470 Nr. 310, Wien 15.9.1552, Kf. Moritz an Lg. Wilhelm, egh.

709 PKMS 6, S. 490–491 Nr. 325, Anfang Oktober, Zeitung über die Ereignisse in Ungarn.

710 PKMS 6, S. 546 Nr. 358, Lager bei Raab 1.11.1552, Heinrich von Plauen an Kg. Ferdinand.

Es war erstaunlich, dass das kleinere Erlau energisch Widerstand leistete. Ab 11. September hätten 1200 Leute sich gegen 100 000 Belagerer gehalten.[711] Der Husarenführer Ferenc Zay verteidigte Erlau mit gegen die anstürmenden Türken. Die Zahlen der Verteidiger und Angreifer wurden wohl unter- und übertrieben, um die Verteidigung herrlicher erscheinen zu lassen. An anderer Stelle werden 40 000 Angreifer genannt. Die Stadt Erlau galt vorher als unbefestigt.[712] Vielleicht hatte das Nahen des Siegers von der Ehrenberger Klause den Männern in Erlau Mut gemacht. Die Belagerung gaben die Türken dann auf, weil der Winter kam und Pest im Lager umging. Der Sultan, der von den Persern im Osten bedrängt wurde, wollte wohl keinen Zweifrontenkrieg.

Moritz ließ Raab befestigen, damit es sich wie Erlau halten könne, wenn tapfere Leute darin wären. Für die Befestigung seit September rechnete man mit sechs Wochen Arbeit. Moritz fühlte sich in den provisorischen Erdbefestigungen bei Raab nicht sicher.[713] Von den kurfürstlichen Söldnern wurden drei Erdwälle errichtet, um die Große Schütt zwischen den Donauarmen nördlich von Raab und den Weg nach Wien zu halten. Mitte September hörte Moritz, Erlau sei von den Paschas eingenommen, und diese würden bis Martini (10. November) noch vor Wien ziehen wollen. Er meinte aber, er müsste in Raab und mit seinen 25 Fähnlein und etlichen Reitern die Türken abwarten.[714] Auf dem Rákos-Feld an der Donau, wo bisher der ungarische Reichstag abgehalten worden war, gingen die türkischen Reiter des Ali-Pascha von Ofen ins Winterquartier. Sie konnten wegen der Pestseuche nicht nach Ofen oder Pest hineinziehen.

Einziger Erfolg war: Bei einem Überfall auf die Herden der türkischen Besatzung von Gran lockten Husaren, Moritz' leichte Reiter, die herausstürmenden Türken in einen Hinterhalt und konnten 200 niedersäbeln oder gefangen nehmen. Nach damaliger Sitte brachten die Söldner die abgeschnittenen Türkenköpfe auf Wagen mit ins Lager der Truppen von Moritz.[715]

Durch seine Ablehnung der Passauer Abrede hatte der Kaiser den Aufbruch nach Ungarn verzögert. Karl V. wollte seinen Sieg über Moritz als Anhänger des französischen Königs und konnte ihn nicht als Verbündeten seines Bruders gegen die Türken sehen. Ungarn lag ihm dort drunten fern in der Türkei.

Am 1. November begab sich Moritz auf die Rückreise. Doch unterwegs wurde er 14 Tage durch eine schwere Krankheit festgehalten. Zum ersten Mal hatte er dem König am 26. Oktober von einer Krankheit mitgeteilt, derentwegen er vielleicht in die Heimat abreisen müsse, um seine Leibärzte zu besserer Behandlung zu konsultieren.[716] Am 31. Oktober schrieb er es an Ferdinands Sohn, König Maximilian. Er brach krank auf und reiste über Wien nach „Neustadt in Österreich". Der Brief, in dem sich Moritz bei Agnes wegen der Verzögerung seiner Ankunft entschuldigte, ist aus Neustadt in

711 PKMS 6, S. 544–545 Nr. 357, Lager bei Raab 30.10.1552, Kf. Moritz an Lg. Wilhelm.

712 PKMS 6, S. 490–491 Nr. 325, zu Anfang Oktober 1552, Zeitung über die Ereignisse in Ungarn, Wien 28.9.1552, Bf. Wolfgang von Passau an Hz. Albrecht von Bayern.

713 PKMS 6, S. 516–517 Nr. 342, Lager bei Raab 18.10.1552, Kf. Moritz an Hz. Albrecht von Preußen.

714 PKMS 6, S. 482 Nr. 319, Pressburg 23.9.1552 Kf. Moritz an Lg. Wilhelm.

715 PKMS 6, S. 535 Nr. 350, zu Lager bei Raab 27.10.1552, Kf. Moritz an Hz. August – : Lager bei Raab, 28.10.1552, Kf. Moritz an Statthalter und Räte zu Dresden.

716 PKMS 6, S. 530–533 Nr. 347, Lager bei Raab 26.10.1552, Instruktion des Kf. Moritz für Heinrich von Plauen an Kg. Ferdinand.

Österreich datiert. Das wäre Wiener Neustadt. Aber warum wäre der kranke Moritz von Wien aus weit nach Süden gereist? In die Reiseroute nach Sachsen passt am ehesten Neustadt (Prudnik) (Oberschlesien), das auf dem Weg nach Breslau liegt, wohin die Wagen der Ärzte bestellt waren.[717]

Moritz schrieb am 20. November 1552 an Agnes, dass er auf den Tod krank war. Auch durch diese Bedrohung vertiefte sich das Verhältnis zwischen ihm und Agnes. Er bat sie nun um ihre Fürbitte.[718]

Die Art der Krankheit ist schwer zu bestimmen. Hieronymus Kiesewetter schreibt an Herzog August, man werde die Krankheit nicht gern wissen lassen. Es könnte *Harms* (Harn) *schneiden* (schneidender Schmerz) *oder brennen* sein oder auch *scabies*, ein Hautauschlag, Krätze. Der päpstliche Nuntius Girolamo Martinengo berichtet Papst Julius III., es heiße, Moritz habe sich auf seiner Rückreise ganz geheim drei Wochen wegen der Franzosenkrankheit in Breslau behandeln lassen.[719] Dafür spräche die Deutung von Neustadt auf die Stadt in Oberschlesien.

Andererseits wusste Johann Friedrich d. Ä., dass Moritz einen Schuss kurieren musste, den er von den Türken erhalten hätte. Moritz schrieb an Agnes, *es hat mir also hart im kopff zureissen auch mit trefliger hitz zugesattz das ich offt nit gewust hab ob ich lebendig ader todt sei ich hab in xii tagen nit konnen gan nach sthan noch essen allein was mich das trincken erneret hat*. Hohes Fieber bis zur Bewusstlosigkeit mit starken Kopfschmerzen und völlige Appetitlosigkeit weisen auf eine schwere Bakterien- oder Virusinfektion wie eine echte Grippe oder eine Angina, die sich Moritz im Feldlager leicht zuziehen konnte. Vielleicht hat Kiesewetter eine richtige Nachricht. *Harm(n)schneiden* wäre eine schwere, schmerzhafte Blasenentzündung. Von mehr als einer schweren Infektion lässt sich nach den wenigen Nachrichten nicht sicher reden.[720]

Am 6. Dezember 1552 kam Moritz wieder in Radeberg an.[721] Dort wollte er sich ausruhen und jagen, um durch seine Lebensfreude Herzog Johann Friedrich d. Ä., *der dicke(n) hoffart zu weimar*, die Freude über sein Unglück zu verderben.[722] Gewürzten Wein und vor allen neues Torgauer Bier sollte Agnes mit nach Radeberg bringen. Sehr schnell hat sich Moritz auch wieder um seine politischen Aufgaben und die Befriedung des Reiches gekümmert.[723]

717 PKMS 6, S. 557–558 Nr. 365, zu Neustadt in Österreich, 20.11.1552, Kf. Moritz an Kf.in Agnes – : Dresden 31.10.1552, Hieronymus Kiesewetter an Hz. August.

718 PKMS 6, ebd.

719 Nuntiaturberichte 16, 216 f. Nr. 104, Wien 29.12.1552.

720 PKMS 6, S. 357 Nr. 365, zu Neustadt in Österreich, 20.11.1552, Kf. Moritz an Kf.in Agnes – : Dresden 1.11.1552.

721 PKMS 6, S. 568–573 Nr. 371, 1.1.–6.12. Tagezettel Anno 1552 des Kf. Moritz, geführt von Damian von Sibottendorf.

722 PKMS 6, S. 557 Nr. 365, Neustadt in Österreich 20.11.1552, Kf. Moritz an Kf.in Agnes, egh.

723 Vgl. Johannes Herrmann: Zu Krankheiten und Tod des Herzogs und Kurfürsten Moritz von Sachsen. In: Neues Archiv für sächsische Geschichte, Bd. 81, 2010, S. 59–83.

Außenpolitik nach allen Seiten

Moritz war die politische Lage zwischen Kopenhagen und Italien durch seinen Bruder und durch politische Kontakte vertraut. Er kannte die Probleme von Frankreich bis nach Ungarn aus eigener Erfahrung. Er hatte einen weiteren Horizont als viele andere Fürsten des Reiches. Darüber schrieb Johann zu Heideck am 31. Dezember 1552 an Herzog Albrecht von Preußen, dieser solle mit Gott feststellen, dass Moritz nicht das Seine gesucht habe, *sondern als ein vater des Reichs mit s. churfl. schaden vnd nachteil aufrichtig gehandelt hat.*[724] Sollte damit Moritz Vater des Vaterlandes genannt werden?

Moritz als Vater des Reichs – vielleicht haben seine Räte für Moritz ein ähnliches Bild verwenden wollen. Karl V. hatte diese Rolle in den Augen der kurfürstlich sächsischen Räte und denen vieler Fürsten seit seiner Flucht aus Innsbruck, seit seiner Unterschrift unter den Passauer Vertrag 1552 und besonders nach Abbruch der Belagerung von Metz 1553 verloren. Markgraf Albrecht, der schlimmste Störer des Landfriedens im Reich, berief sich auf den Kaiser. Er war durch keine Verhandlung zu bändigen. Von ihm ging die größte Gefahr im Reich aus.

Ehe Moritz erfuhr, dass Kaiser Karl V. die Belagerung von Metz aufgegeben hatte, beabsichtigte er, den durch den Vertrag von Passau vorläufig erreichten, gegenseitigen Friedstand beider Religionsparteien zu sichern, indem er wieder engere Beziehungen zu Frankreich aufnahm. Moritz suchte einen ausbalancierten Frieden zu erreichen. Am 2. Januar antwortete er daher durch den französischen Gesandten Caius de Virail König Heinrich II. von Frankreich mit einem ausführlichen Bündnisvorschlag.[725]

Schon im Herbst 1552 hatte Moritz ein königliches Schreiben aus Frankreich im Feldlager vor Raab erhalten, über das er sehr zufrieden an Landgraf Wilhelm von Hessen schrieb.[726] Anfang Januar nun suchte Moritz König Heinrich II. zu gewinnen, indem er Zusagen des Vertrages von Chambord wieder aufnahm.

Dem König von Frankreich wurde von Moritz angeboten: Keine Hilfe für Kaiser Karl gegen Frankreich, Sicherung des Reichsvikariates über die Bischofsstädte, freier Handel und Wandel für die Franzosen im Reich, Einsatz für einen französischen Kandidaten oder Heinrich II. selbst bei der nächsten Kaiserwahl, Unterstützung mit Kriegsvolk bei französischer Bezahlung. Frankreich war Moritz als Gewicht gegen den Kaiser wichtig. Weil aber Karl V. bald von Diedenhofen bei Metz nach Brüssel in den Niederlanden abreiste, verlor der Abschluss des Vertrages an Bedeutung.

Der Botschaft nach Frankreich parallel lief die Sendung von Jobst Bufler, der seit Trient Italienerfahrungen hatte, im Dezember nach Ferrara, als der Kurfürst aus Ungarn heimgekehrt war.[727] Offiziell überbrachten ein Sekretär und er einige schöne Pferde. Bufler wird aber auch eine politische Mission gehabt haben. Am 22. Februar meldete Ulrich Zasius dem König von dieser Gesandtschaft.[728]

---

724 PKMS 6, S. 593 Nr. 386, Eilenburg 31.12.1552, Johann zu Heideck an Hz. Albrecht von Preußen.

725 PKMS 6, S. 594–597 Nr. 387, Dresden 2.1.1553, Instruktion von Kf. Moritz für Caius de Virail an Kg. Heinrich II.

726 PKMS 6, S. 482–483 Nr. 319, Pressburg 23.9.1552, Kf. Moritz an Lg. Wilhelm.

727 PKMS 6, S. 609–611 Nr. 395, Ferrara 22.1.1553, Anm 1.

728 PKMS 6, S. 611 zu Nr. 395, Augsburg 20.2.1553, Johann Ulrich Zasius berichtet an Kg. Ferdinand.

Nicolo Vavola aus Ferrara schlug Kurfürst Moritz vor, dieser solle einen Bund mit den Türken gegen seine heimlichen Feinde König Ferdinand und Kaiser Karl V. eingehen, die ihre Niederlage von 1552 bestimmt nicht vergessen könnten. Vavola meinte, unter den Türken könnte man ungehindert den evangelischen Glauben ausbreiten. In diese Sachen hätte der Türke bisher keinem seiner Tributpflichtigen hineingeredet.[729] Von dem Vorschlag hörte man aber nichts wieder.

Moritz hatte wohl immer einen Vertreter in Ferrara. Johannes Heise vermittelte mit seinen Reisen zwischen Dresden und Ferrara einen Briefwechsel zwischen Moritz und Herzog Herkules von Ferrara. Im letzten Brief schrieb Moritz am Ende, er habe Heise aufgehalten, damit dieser als erster in Ferrara das Ende des unseligen Krieges in Deutschland melden könnte. Er wolle rechtliche Klärung, aber wenn der andere, gemeint ist Markgraf Albrecht, es lieber wolle, werde er auch kämpfen. Moritz wollte auf allen Wegen Frieden im Reich erreichen.[730]

Während Moritz den Frieden als Ziel hatte, ob durch Verhandlung oder durch Krieg, versuchten die Stände des Heidelberger Bundes immer wieder, den Markgrafen Albrecht ohne Druck zum Stillhalten zu bereden.[731]

Nach seiner Rückkehr aus Ungarn im Dezember 1552 wollte Moritz auch seine Position gegenüber Karl V. sichern. Schon am Ende der Passauer Verhandlung hatte Mordeisen zu einer Sendung an den Kaiser geraten um *guttes willens und glimpfs*.[732] Christoph von Karlowitz wurde zu Kaiser Karl V. gesandt, um normale Beziehungen herzustellen. Er war lange Wochen unterwegs, ehe ihn der Kaiser nach dem Ende der Belagerung von Metz in Diedenhofen empfing und die Bitte um Entschuldigung annahm. Die Verspätung von Moritz wäre durch den Dienst in Ungarn entschuldigt. Karl V. gab aber keine schriftliche Antwort auf das kurfürstliche Schreiben. In gewohnter Manier hielt er sich eine neue und schriftliche Entscheidung offen.[733]

Mit dem Passauer Vertrag, der nun nicht mehr durch einen eventuellen Sieg des Kaisers gefährdet war, schien der große Konflikt zwischen Karl V. und den evangelischen Bundesfürsten gelöst. Es blieben aber Konfliktherde im Deutschen Reich. Markgraf Albrecht erkannte im Maingebiet den Passauer Vertrag nicht an. Er wollte seine vom Kaiser „bestätigten" Verträge nicht aufgeben, die er im Mai 1552 mit seinem persönlichen Feldzug gegen den Willen der Bundesfürsten von den Bischöfen von Würzburg und Bamberg und der Reichstadt Nürnberg erpresst hatte.

Bis Ende Oktober 1552 hatte Albrecht auf der Seite Frankreichs gegen den Kaiser gekämpft. Weil Albrecht sich dabei nicht dem Kommando des französischen Königs unterstellte, sondern in Lothringen ein für sich plündernder Kriegsherr blieb, zahlte Heinrich II. ihm nicht in der von ihm geforderten Höhe.

Deshalb lief Markgraf Albrecht zum Kaiser über. Karl V. brauchte ihn mit seinen gut geschulten Truppen für die Belagerung von Metz. Durch die Abwerbung verhinderte

729 PKMS 6, zu Nr. 395, S. 611, Ferrara 22.1.1553, Nicolo Vavola an Kf. Moritz.

730 PKMS 6, S. 944–945 Nr. 590, Auf der Jagd 10.6.1553, Kf. Moritz an Hz. Herkules von Ferrara.

731 PKMS S. 953–955 Nr. 5976, zu Frankfurt a. M. 11.6.1553, Franz Kram an Kf. Moritz – : 5.6.1553, Instruktion des Frankfurter Tages für die Botschaft an die kriegführenden Parteien.

732 PKMS 6, S. 465 Nr. 308, Zettel, Dresden 14.9.1552, Christoph von Karlowitz an Kf. Moritz.

733 PKMS 6, S. 606–607 Nr. 393, Diedenhofen vor 19.1.1553, Ks. Karl V. auf die Werbung von Kf. Moritz durch Christoph von Karlowitz.

Karl V. auch, dass sich die 53 Fähnlein markgräflicher Landsknechte und 1500 Reiter gegen ihn wenden konnten.

In einer Urkunde bestätigte Karl V. Albrecht dafür am 10. November 1552 die erpressten Verträge aus dem Mai. Er forderte öffentlich die Bischöfe zur Erfüllung dieser Verträge auf. Er hob damit vor Metz für diese Verträge seine eigene Aufhebung aus dem August auf. Damit schienen diese Verträge vom Herrn des Deutschen Reiches völlig gebilligt. Daneben aber ließ der Kaiser insgeheim sagen, dass er nur durch die Verhältnisse vor Metz gezwungen die Urkunde vom 10. November gegeben habe und auf ihre Ausführung keinen Wert lege. Das Reichskammergericht erließ in diesem Sinne ein Mandat am 19. Dezember 1552, das dem Markgrafen Albrecht alle Gewaltanwendung in Franken untersagte. Die Bischöfe und Nürnberg wollten ihn nicht zum bestimmenden Herzog in Franken wachsen lassen und setzten sich zur Wehr.

Anfang Januar hatte der Kaiser seine Belagerung von Metz aufgegeben. Am 17. Januar 1553 kündigte Albrecht dem Kaiser seinen Kriegsdienst, den er bis dahin solide versehen hatte, und suchte in Franken *das vom Kaiser bestätigte Recht* trotz des Kammergerichtsmandats für die Bischöfe mit allen Mitteln durchzusetzen. Allein als Herr seiner geschulten Truppen hatte er Bedeutung. Aber nur als Herr eines ertragreicheren Gebietes war er kreditfähig und konnte seine Truppen bezahlen. Ihm blieb letzten Endes keine andere Wahl, als mit den Gebieten und Zahlungen der Bischöfe seinen militärischen und finanziellen Zusammenbruch zu verhindern. Er musste sich in Franken völlig durchsetzen, um bestehen zu können. Dafür brauchte er seine Söldner und konnte nur mit ihnen sich gegen die Bischöfe und die Reichsstände behaupten, die den Bischöfen im Namen des Landfriedens im Reich beistanden. Albrecht konnte keinen Kompromiss schließen. Er blieb beim Stand von Ende Oktober vor Metz. Die Bischöfe und andere fränkischen Stände blieben bei dem Reichsgerichtsurteil vom Dezember.

In Niedersachsen, dem anderen Unruhebereich des Deutschen Reiches, war schwierig, dass Stände der Schmalkaldener nach dem Krieg nicht wieder – wie Johann Friedrich, Philipp von Hessen und viele süddeutsche Stände und Städte – unter die Herrschaft des Kaisers zurückgekehrt waren. Es entstand dadurch ein vom Kaiser unabhängiger Raum, in dem sich Bremen und auch die Stadt Magdeburg bis Herbst 1550 weiter zur Selbstständigkeit entwickeln wollten. Die Grafen Volrad von Mansfeld und Christoph von Oldenburg hatten ihre Truppen des Fürstenkrieges noch nicht entlassen. Die Braunschweiger Junker waren gespalten. Die einen wollten durch den Passauer Vertrag wieder zu ihrem Besitz kommen, die anderen lehnten den Vertrag ab.

Norddeutschland war nach 1552 von verschiedenen Interessen zerrissen. Zu ihrer Sicherheit hatten die Hansestädte Lüneburg und Hamburg und Lübeck Graf Volrad von Mansfeld für seine Truppen unterstützt. Herzog Heinrich von Braunschweig wollte die Lage zur Machterweiterung benutzen. Er bemühte sich, die Reichsstadt Goslar einzunehmen und die Pläne Braunschweigs zur Selbstständigkeit zurückzudrängen. Er hatte auch große Teile der Bistümer Minden und Osnabrück an sich gebracht.

Außerdem suchte Markgraf Johann von Brandenburg – seit Sommer 1552 kaiserlicher Rat – im norddeutschen Raum für den Kaiser eine Verbindung zwischen sich selbst und Herzog Johann Friedrich d. Ä., den Braunschweiger Junkern und Herzog Heinrich von Braunschweig gegen Kurfürst Moritz herzustellen. So berichtete es Heinrich persönlich an Moritz.[734] Er sah Markgraf Albrecht und Markgraf Johann als die Hetzhunde des Kaisers, welche die deutschen Fürsten gegeneinander und ins kaiserliche Netz treiben sollten. Tatsächlich wollte sich Markgraf Johann im Frühjahr 1553 gegenüber Herzog Heinrich in Vorteil setzen, indem er dessen Schulden bei den mit Heinrich verfeindeten Braunschweiger Junkern übernahm. Dagegen verleumdete ihn Heinrich bei Moritz am 10. März.

Das verwickelte Geschehen in Norddeutschland kann hier nicht genauer berichtet werden. Moritz sicherte sich bei den Seestädten Lüneburg, Hamburg und Lübeck Rückhalt und suchte seit seiner Rückkehr aus Ungarn die Konfliktpotenziale auszuräumen. Er dachte übergreifend für das ganze Reich. Darüber hatte er schon während des Aufenthaltes in Ungarn mit König Ferdinand gesprochen und diesen zu einem gemeinsamen Bündnis für Frieden und die Abwehr der Türken bereit gefunden.

Anfang Januar schickte Kurfürst Moritz zusammen mit Kurfürst Joachim von Brandenburg Beauftragte, welche die Braunschweigischen Junker, die den Passauer Vertrag anerkannt hatten, wieder in ihre Besitzungen führen sollten. Das hatte eine ausführliche Tagung in Halberstadt im November beschlossen, die aber Herzog Heinrich von Braunschweig lange vor dem Ende verlassen hatte.

Deshalb hielt der Sohn Herzog Heinrichs die Wiedereinführung der Junker, die dem Passauer Vertrag folgten, auf die rüdeste Weise auf. Er ließ die in Frage stehenden Besitzungen der Junker von seinen Bewaffneten verteidigen und schließlich die von den Kurfürsten beauftragten Räte wie Wegelagerer gefangen abführen. Sie mussten bis zum Abend bewacht vor der Stadt Wolfenbüttel im Sattel sitzen bleiben und wurden am nächsten Tag nach Hause gewiesen,[735] weil Heinrich den Passauer Vertrag nicht anerkannt hätte.

Moritz vermittelte zwischen den Mansfelder Grafen einen Ausgleich, der die Grafen Albrecht und Volrad in die Gemeinschaft der Mansfelder Verwandtschaft zurückkehren ließ. Schon im Herbst 1552 von Ungarn aus hatte er damit begonnen.[736]

Moritz lud Landgraf Philipp und seinen Sohn Wilhelm nach Dresden zur Fastnacht ein, dem 14. Februar 1553. Es sollte im nagelneuen Schloss gefeiert werden. Philipp entschuldigte sich mit seiner Gesundheit, aber Wilhelm besprach in Dresden die gesamte Lage im Reich ausführlich mit Moritz. Sie waren sich einig, Beziehungen zu Frankreich weiter zu unterhalten.[737] Moritz meinte, Karl V. würde sofort wieder im Reich angreifen, wenn er mit Frankreich Frieden hätte. Der Passauer Vertrag würde schon jetzt an etlichen Punkten nicht gehalten. Auch über seinen Bundesplan mit dem König und noch mehr über den Ausgleich zwischen Philipp und Herzog Heinrich von Braunschweig sowie über die Aussöhnung von Moritz mit Johann Friedrich d. Ä. haben sie geredet. Moritz wollte den Ausgleich nach allen Richtungen und über die Trennungen

734 PKMS 6, S. 692–693 Nr. 446, Torgau 13.3.1553, Kf. Moritz an Lg. Wilhelm, egh.

735 PKMS 6, S. 611–615 Nr. 396, Braunschweig 21.1.1553, Hans Wurm und Hieronymus Staude an Kf. Moritz und Kf. Joachim.

736 PKMS 6, S. 501–502 Nr. 332, zu Feldlager bei Raab 8.10.1552, Kf. Moritz an Hz. August – : Raab (Györ) in Ungarn 6.10.1552, Kf. Moritz an Gf. Albrecht von Mansfeld.

737 PKMS 6, S. 643–644 Nr. 413, zu Dresden 14.2.1553, Bericht Lg. Wilhelms über seine Verhandlung mit Moritz – : Febr. 1553, Bericht des Lg. Wilhelm an Lg. Philipp über sein Gespräch mit Moritz zu Frankreich.

hinweg. Über den Kaiser urteilte er: *die Wortte seien gut, in wercken befinde er nichts. Was Man ime zuschreiben konne zu nachtail seiner reputacion, das thue man.*

Karl V. war nach der Metzer Belagerung so krank, dass sein Gesundheitszustand jedermann auffiel. Er konnte außerdem die Niederlage durch den Fürstenbund, der sich überflüssigerweise und zum Schaden des Reiches mit Frankreich verbunden hätte, nicht wirklich verwinden.[738] Deshalb war Moritz von tiefem Misstrauen erfüllt. Landgraf Philipp wollte stillschweigend dulden, wenn Graf Volrad mit seinen Truppen sich mit Frankreich verband. Am 27. Februar traf der Gesandte bei König Heinrich II. ein, der am 3. März diesem mitteilen musste, dass Markgraf Albrecht Alkibiades die Truppen abgeworben hatte. Danach ist Graf Volrad noch selbst nach Frankreich gereist, um ein Bündnis zwischen Frankreich und den deutschen Fürsten zu erreichen.[739] Nach dem Sieg vor Metz war jedoch der Bund für Frankreich weniger wichtig geworden. Moritz aber suchte diesen Pfeiler seiner Außenpolitik neu zu gründen. Er musste eine mögliche Verbindung Markgraf Albrechts nach Frankreich unbedingt verhindern.

Zum Fest in Dresden war auch Herzog Heinrich von Braunschweig geladen,[740] weil er eine persönliche Begegnung von Moritz erbeten hatte. Moritz wollte wohl mit einem guten Fest in beeindruckender Umgebung des neuen Schlosses seiner Sicherungspolitik nach allen Seiten Schwung geben. Herzog Heinrich folgte der freundlichen Geste von Moritz aber erst später in der Fastenzeit am 10. März in Halle. Als im Januar Karl V. Metz und den Boden des Reiches verließ, erkannte Herzog Heinrich das als Zeichen der Zeit. Er konnte im Reich nicht mehr auf eine katholische Monarchie als Basis seiner Politik hoffen. Heinrich gab auch seine drängende und ermahnende „Aufsichtsführung" über Moritz auf, die bisher seine häufigen Briefe an Moritz bestimmt hatte.

Moritz schickte Räte zur Wiedereinsetzung der Junker nach Braunschweig, die mit den kurbrandenburgischen Räten zusammenarbeiten sollten.[741] Er hatte sich vorher in Niedersachsen um das Zusammenkommen bemüht. Mit all diesem waren dem Frieden in Niedersachsen Wege bereitet. Aber der Gegensatz Herzog Heinrichs zu Herzog Erich von Braunschweig, Graf Christoph von Oldenburg und Graf Volrad von Mansfeld blieb bestehen. Hier wirkte der Ausgleich durch Moritz nicht. Dadurch fand Markgraf Albrecht bei diesen drei Fürsten ein Echo.

Die große Aktivität der kursächsischen Politik in den ersten Monaten des Jahres 1553 zeigte den Drang des Kurfürsten, in seiner Lebenszeit ein Friedenswerk zu errichten. Er wusste nicht, wie begrenzt seine Zeit tatsächlich war, wenn er auch durch seinen gesundheitlichen Zusammenbruch im November 1552 die Brüchigkeit seines Lebens erfahren hatte. An Markgraf Albrecht schrieb er am 9. Juni 1553 aus Herzberg/Elster, ehe er von dessen Durchzug nach Niedersachsen erfuhr, *wir seint des krigs nuemehr, aus erfarung, die wir als ein Junger Furst, disfals habenn, dermassen mude vnd vberdrussig, das wir*

---

738 PKMS 6, S. 606 Nr. 393, Diedenhofen vor 19.1.1553, Antwort Ks. Karls V. auf die Werbung Kf. Moritz' durch Christoph von Karlowitz.

739 PKMS 6, S. 883 Nr. 551, um 21.5.1553, Abschließende Antwort Kg. Heinrichs II. von Frankreich an Gf. Volrad von Mansfeld auf die Werbungen von Kf. Moritz durch Caius de Virail, Justus Jonas und Gf. Volrad.

740 PKMS 6, S. 617–618 Nr. 398, Magdeburg 25.1.1553, Kf. Moritz an Hz. Heinrich.

741 PKMS 6, S. 683–684 Nr. 441, Weidenhain 9.3.1553, Instruktion von Kf. Moritz für Hans Wurm, Heinrich von Salza und Hans Eberhausen.

vil lieber, mit Jedermeiniglich vnd sonderlich, vnsern alten vortrauten Blutsfreunden, in rue vnd ainigkeit leben. Man müsse vom inneren Krieg im Reich ablassen, um sich gegen den Feind der Christenheit zu verteidigen.[742]

Am 18. März 1553 haben die kursächsischen Räte Wolf Koller, Georg von Schleinitz und Ludwig Fachs sich in Coburg als Vertreter der kursächsischen Landschaft mit den Delegierten der ernestinischen Landstände Erasmus von Minckwitz, Hofmeister Wolf Mülich, und Franz Burckhard über Verhandlungen zwischen den beiden sächsischen Häusern durch je acht Personen verglichen.[743] Damit sollten die Schwierigkeiten bei den Ausgleichszahlungen und anderes zwischen Ernestinern und Albertinern beigelegt werden. Johann Friedrich bat dann im Juni 1553 Landgraf Philipp, bei den Verhandlungen in Eisenberg zur eventuellen Hilfe in der Nähe zu sein.[744]

Moritz suchte seit Anfang 1553 Frieden und verhandelte zwei wichtige Verträge. Im März einigte er sich mit Herzog Heinrich von Braunschweig auf gegenseitige Hilfe. Zum andern wollte er in den Verhandlungen zum Egerer Vertrag einen weitgreifenden Friedensbund mit dem König, eventuell nominell auch mit dem Kaiser als Spitze. Der Vertrag sollte möglichst viele Reichsstände vereinen, um sie vor Gefahren wie Markgraf Albrecht, den Türken oder anderem zu sichern. Seine Vollendung wurde möglich, als der Kaiser ab Januar 1553 seine direkte Beteiligung an der Politik des Reiches immer weiter zurücknahm.

Kurfürst Moritz, der bestimmende Vermittler

Die Handlungen des Kurfürsten im Frühjahr 1553 zeigten seinen Willen, soweit es in seiner Macht lag, im Reich Frieden zu schaffen. Er wollte die in Niedersachsen freiwerdenden Knechte nicht in andere Hände kommen lassen. Der Ausgleich mit dem Domkapitel des Erzstiftes und der Alten Stadt Magdeburg war am 21. bis 23. März in Magdeburg geschlossen.[745] Die Schäden wurden möglichst gegeneinander verglichen.

Moritz suchte auch mit Herzog Heinrich in ein haltbares Verhältnis zu kommen. Heinrich hatte in den ersten Monaten des Jahres 1553 von den Stiften Magdeburg und Halberstadt, von Fürst Wolfgang von Anhalt und bei Herzog Erich von Braunschweig je 20 000 Gulden eingefordert, weil sie ihm 1552 keinen Beistand gegen Graf Volrad von Mansfeld geleistet hätten. Diese Forderungen erschwerten eine Lösung der Probleme. Heinrich ging mit Truppengewalt gegen das Stift Magdeburg-Halberstadt vor. Moritz vermittelte deshalb die Zahlung vom Erzstift. Heinrich gab sich auch sehr störrisch bei seiner Aussöhnung mit den beiden Gruppen der Braunschweiger Junker.

Nachdem Moritz Herzog Heinrich von Braunschweig vergeblich zur Fastnacht nach Dresden geladen hatte, kam er am 10. März 1553 mit ihm in Halle zusammen. Als Ein-

742 PKMS 6, S. 939–942 Nr. 588, Herzberg 9.6.1553, Kf. Moritz an Mgf. Albrecht.

743 PKMS 6, S. 710–712 Nr. 458, Coburg 18.3.1553, Abschied der Delegierten der Landstände.

744 PKMS 6, S. 959–960 Nr. 600, zu Kassel 12.6.1553, Lg. Philipp an Kf. Moritz – : Elgershausen 13.6.1553, Lg. Philipp an Kf. Moritz.

745 PKMS 6, S. 716–719 Nr. 462, Magdeburg 21.3.1553, Kf. Moritz an die Stiftsstände; PKMS 6, S. 725–726 Nr. 466, Magdeburg 23.3.1553, Kf. an die Stadt Magdeburg.

standsgeschenk brachte Heinrich Interna seines Schwiegersohns Markgraf Johann vor Moritz' Ohren. Die persönlichen Gespräche wurden in großer Offenheit geführt. Herzog Heinrich missbilligte die Rolle seines Schwiegersohnes Markgraf Johann als kaiserlicher Rat. Markgraf Johann wäre noch in Braunschweig und *beschis sich in der klugheit* und verhandle als kaiserlicher Rat mit den Städten Lüneburg, Hamburg, Lübeck und anderen. Johann solle auch Herzog Johann Friedrich d. Ä. mit Herzog Heinrich aussöhnen, ob *man mir etwas kont auff der geign machen*, d. h. Moritz zum Tanzen bringen könne, berichtete Moritz über das Gespräch an Landgraf Wilhelm. Insgesamt wolle der Kaiser Deutschland eine Kappe zuschneiden, d. h. ein Fangnetz aufstellen,[746] um sich so die Fürsten zu fangen.

Dagegen sollten sich alle Teile zusammentun. Wenn Heinrich auch nicht evangelisch wäre, wollte er doch ein freier Deutscher bleiben und wollte dafür wenn nötig seine alte Haut treulich einsetzen. Er wollte Moritz in acht Tagen zwei Meilen von Magdeburg seine Bedenken schriftlich mitteilen, damit dieser dann mit seinen Freunden davon reden könne. Heinrich habe ja schon im Vorjahr nach dem Motto an Moritz gehandelt, eine Krähe hacke der anderen kein Auge aus.[747] Herzog Heinrich von Braunschweig wollte nicht mehr der kaiserliche Vorposten in Norddeutschland sein und lief zu Moritz über. Nach den Gesprächen in Halle wurde ein Vertrag für den 21./22. April in Haldensleben von beiden Fürsten in Aussicht genommen. Er wurde in Neuhaldensleben am 24. März unterzeichnet. Beim Einfall Fremder sollte Moritz innerhalb eines Monats Heinrich mit 600 Reitern und 2000 Knechten helfen, während dieser zu 400 Reitern und 1500 Knechten verpflichtet war. [748] Herzog Heinrich hatte erkannt, dass er nach dem Scheitern des Kaisers in der Belagerung von Metz sich nicht mehr auf dessen Idee einer katholischen Monarchie im Deutschen Reich verlassen konnte. Dagegen war Moritz der aufsteigende Stern, von dem man nach dem Passauer Vertrag einen sicheren Friedenswillen für alle Reichsstände erwarten konnte. Moritz schloss diese Unterstützung auch gegen Markgraf Albrecht von Brandenburg ab.

Die Pläne des Kaisers mit Markgraf Johann und sein missglückter Versuch, in Memmingen den Schwäbischen Bund neu zu gründen, machen verständlich, warum der Kaiser sich sehr reserviert zum Angebot des Königs im Dezember geäußert hatte, das Haupt des Friedensbundes zu sein, den König Ferdinand mit Moritz bedachte und ins Werk setzte. Weil die wesentlichen Texte in Eger ausgehandelt wurden, wird er der Egerer Bund genannt.

Moritz nahm mit dem König die Absicht des Kaisers vom Sommer 1546 wieder auf, eventuell unter kaiserlicher Leitung einen Bund der Reichsstände zu schaffen. Ziel ist wie damals die bessere Sicherung des allgemeinen Landfriedens. Beide Versuche richteten sich stark nach der Verfassung des Schwäbischen Bundes. Der wesentliche Unterschied war, dass Moritz mit dem König zusammen die Verhandlungen bestimmte und dass er nicht der Monarchie Karls V., sondern der Gemeinschaft der Reichsstände dienen sollte. Das entsprach der Grundabsicht von Moritz, einen Frieden für das Reich

---

746 PKMS 6, S. 692–693 Nr. 446, Torgau 13. März 1553, Kf. Moritz an Lg. Wilhelm, egh.

747 PKMS 6, ebd.

748 PKMS 6, S. 729–730 Nr. 470, Haldensleben 24.3.1553, Haldenslebener Abschied; PKMS 6, S. 728–729 Nr. 469, Haldensleben 24.3.1553, Vertrag zwischen Kf. Moritz und Hz. Heinrich von Braunschweig.

Der kleine König hieß er in Anspielung auf seine maßgebliche Rolle an der Seite der Habsburger im Reich – Kurfürst Moritz von Sachsen, Gemälde von Lucas Cranach d. J. (Gemäldegalerie Alte Meister, Dresden)

nicht nur zum Gewinn und Nutzen einer Seite, sondern beider Religionsparteien ohne den Vorteil nur einer Seite zu erreichen.

Der Kaiser meinte, für ihn seien Moritz und Herzog Johann Friedrich d. Ä. gleich zu behandeln. In Niedersachsen sei Moritz verhasst. Deshalb wisse man nicht, wer sich dort überhaupt am Bund beteiligen werde. Auf Johann Friedrich d. Ä. sei mehr Verlass als auf Moritz. Die Lasten des Bundes würden dann allein auf Kaiser und König fallen. Karl V. war nie sehr bereit gewesen, sich für König Ferdinand und das Reich gegen die Türken zu wenden. Er dachte eher an „Teile und herrsche". Von der Einheit eines Reiches her zu denken, das aus selbstständigen Ständen bestand, die einander achteten, entsprach nicht seinem Bild der kaiserlichen Monarchie. Damit unterschätzte Karl V. aber die Fähigkeit des Kurfürsten Moritz, für seine Ziele in gewinnender Weise zu verhandeln, wie er es bereits mit Herzog Heinrich, mit Landgraf Wilhelm und mit König Ferdinand getan hatte.

Vor dem Abschluss mit Herzog Heinrich bemühte sich Moritz ebenso in Haldensleben, die Konflikte zwischen der Alten Stadt Magdeburg und dem Domkapitel von Magdeburg und auch zwischen dem Kapitel und Herzog Heinrich beizulegen. Am 22. März war der Ausgleich zwischen der Stadt Magdeburg und dem Domkapitel von Magdeburg erreicht,[749] Moritz meinte, Stadt und Stände könnten die Urkunden dem Erzbistum sicher zurückgeben.

So einigte sich die Stadt Magdeburg mit dem Domkapitel, am 24. März hatten sich Moritz und Herzog Heinrich gebunden, durch Markgraf Johann und die kurfürstlich sächsischen Räte wurden am 26. März 1553 in Magdeburg mit den Braunschweiger Junkern Übereinkünfte getroffen, die sich an den Passauer Vertrag hielten,[750] ebenso mit denen, die den Passauer Vertrag ablehnten.[751] Sie führten deren Konflikte mit Herzog Heinrich von Braunschweig zur sachlichen Klärung. Innerhalb von einer Woche waren drei Konflikte im Wesentlichen bereinigt. Am 26. März wurde auch Hans Wurm zu Herzog Erich von Braunschweig geschickt, der für dessen Ausgleich mit Herzog Heinrich verhandeln sollte. Der Wust der Gegensätze zu Heinrich sollte in die einzelnen Knoten zerlegt und aufgelöst werden.[752]

Ehe Moritz am 27. März nach Marburg zu Landgraf Philipp ritt,[753] um sich dann in Süddeutschland um Befriedung zu bemühen, war er in Niedersachsen einen großen Schritt vorangekommen. Philipp vermittelte seinen Besuch beim Heidelberger Bund.

Doch gegenüber Markgraf Albrechts sprunghaften Handlungen war Moritz im Frühjahr 1553 nicht mehr zum Entgegenkommen bereit. Albrecht konnte nur als Besiegter zum Frieden gedrängt werden, wenn ihm die Truppen genommen waren, denn er konnte mit seinen Schulden nach einem Kompromiss, der nicht seine vollen Forderungen brachte, nicht als Fürst überleben.

Über die regionalen Konflikte hinaus sollte der in Eger mit dem Abgesandten König Ferdinands abgesprochene Vertrag als ein allgemeiner Friedensbund nicht nur gegen Markgrafen Albrecht geschlossen werden. Er sollte für das Reich Ruhe auf Jahre hinaus schaffen. Ferdinand dachte durch den Vertrag auch Hilfe der anderen Reichsstände gegen die Türken zu bekommen. Die Idee des alten Schwäbischen Bundes sollte auf das ganze Reichsgebiet übertragen werden. In den Verhandlungen zum Vertrag war die Zusammenarbeit zwischen den sächsischen und königlichen Räten so gut, dass man sich gegenseitig ältere Aktentexte zum früheren Schwäbischen Bund auslieh. Das Exemplar mit dem ausgehandelten Text in Pergament liegt noch im Dresdner Archiv. Es war für die Unterzeichnung in Zeitz vorgesehen.[754] König Ferdinand lud die Reichsstände zum Abschluss für den 24. Juli nach Zeitz.[755] Er ist jedoch nicht vollzogen worden, weil mit Moritz der Initiator und Motor dieser alle umfassenden Politik gestorben war.

---

749 PKMS 6, S. 716–719 Nr. 462, Magdeburg 21.3.1553, Moritz an die Stiftstände des Erzstiftes Magdeburg.

750 PKMS 6, S. 732–734 Nr. 472, Magdeburg 26.3.1553, Abschied für die Braunschweigischen Junker, die im Passauer Vertrag angenommen sind.

751 PKMS 6, zu ebd., Abschied der Braunschweigischen Junker, die nicht in den Passauer Vertrag einbezogen sind. S. 733 Nr. 472.

752 PKMS 6, S. 734 Nr. 473, Magdeburg 26.3.1553, Instruktion von Kf. Moritz für Hans Wurm an Hz. Erich.

753 PKMS 6, S. 735 Nr. 474, Leipzig 27.3.1553, Kf. Moritz an Kf.in Agnes.

754 PKMS 6, Text des Egerer Vertrages, Urkunde im Hauptstaatsarchiv Dresden. Vgl. unter Nr. 532.

755 PKMS 6, S. 955 Nr. 598, zu Wien 12.6.1553, Kg. Ferdinand an Kf. Moritz – : Wien 11.6.1553, König Ferdinand an die Stände des Reiches.

Im Heidelberger Bund vereinigten sich die rheinischen geistlichen Kurfürsten mit Kurfürst Friedrich II. von der Pfalz und Herzog Christoph von Württemberg zuerst gegen Markgraf Albrecht zur Sicherung ihres Friedens. Nach der Begründung des Heidelberger Bundes hat Landgraf Philipp Moritz zu sich geladen, damit er am 2. April nach Neuschloss ritt, um dort mit den wesentlichen Fürsten des Bundes auf deren Wunsch zusammenzukommen. Landgraf Philipp war sich mit Moritz in der Suche nach einem umfassenden Kompromiss im Reich ohne den Kaiser einig. Moritz bemühte sich auch, einen Ausgleich zwischen Landgraf Philipp und Herzog Heinrich von Braunschweig zu vermitteln. Beim Marsch des Kurfürsten nach Sievershausen begleitete Christoph von Karlowitz ihn, weil er mit Herzog Heinrich über diesen Ausgleich verhandelte.[756]

Moritz hatte großen Einfluss, weil man den Passauer Vertrag für praktikabel hielt. Die im Heidelberger Bund zusammengekommenen Fürsten, die Kurfürsten Friedrich von der Pfalz, von Mainz und Trier, die Herzöge Albrecht von Bayern und Christoph von Württemberg, Pfalzgraf Ottheinrich – dessen Kanzler Gabriel Arnold eine besondere Rolle als Ideengeber spielte – und Wilhelm von Jülich waren sich auf ihrer Zusammenkunft in Wimpfen einig, dass *Im übrigen allen will Mann ain mal den passawischen Vertrage vestigclich gehalten haben, In omnibus per omnium*, d. h. der Passauer Vertrag sollte Verhaltensnorm für alle und in allen Bestimmungen sein. Als man das nächste Mal in Neuschloss unter dem Vorwand einer Jagd zusammen kam, bat man Moritz über Landgraf Philipp dazu. Damit wollte man eine Brücke zu dem von Moritz und König Ferdinand ausgehandelten Egerer Bund schlagen.[757]

Moritz wurde in Neuschloss lange erwartet, denn er war in diesen ersten Monaten des Jahres 1553 neben König Ferdinand die wichtigste Person im Reich, welche die Fürsten für sich gewinnen wollten.[758] Obwohl Moritz gerade am 24. März in Haldensleben gearbeitet hatte, machte er sich nach Marburg auf den Weg. Er reiste mit nur kleinerer Begleitung erst zum Landgrafen Philipp, der ihm anvertrauen wollte, was sich nicht schreiben ließe,[759] d. h. die Einladung zum Treffen der Fürsten des neuen Heidelberger Bundes. Er traf am 2. April in Neuschloss bei Worms „zur Jagd" ein.

Die Versammlung der Fürsten des Heidelberger Bundes wurde so geheim als möglich gehalten. Um Nachrichten aus dieser Versammlung zu gewinnen, hat der königliche Rat Johann Ulrich Zasius seinen Sekretär gezwungen, sich den Bart zu scheren, damit er unerkannt für ihn bei Neuschloss spionieren konnte.

Moritz hat in Neuschloss die Interessen des Egerer mit denen des Heidelberger Bundes zu einer vom Kaiser unabhängigen Friedenspolitik der Reichsstände zusammengeführt.[760] Vorher war Kurfürst Friedrich von der Pfalz in der Beratung seines Hofrates der Meinung, man müsse für alle Entscheidungen erst das Kommen von Moritz abwarten.[761]

756 PKMS 6, S. 869 Nr. 545, Marburg 14.5.1553, Lg. Philipp an Kf. Moritz.

757 PKMS 6, S. 838–846 Nr. 532, (Fertige) Artikel von Kf. Moritz zur Bundesverhandlung in Eger, vor 28.3.1553; PKMS 6, Eger 6.5.1553, Egerer Abschied.

758 PKMS 6, S. 721 Nr. 464, Marburg 22.3.1553, Lg. Philipp an Kf. Moritz; PKMS 6, S. 722–723 Nr. 465, Magdeburg 22.3.1553, Kf. Moritz an Lg. Philipp.

759 PKMS 6, S. 735 Nr. 474, Leipzig 27.3.1553, Kf. Moritz an Kf.in Agnes.

760 PKMS 6, S. 751–753 Nr. 483, Neuschloss 4.4.1553, Kf. Friedrich II. und Hz. Albrecht von Bayern an Kg. Ferdinand, Kg. Maximilian und Kf. Moritz auf die Werbung zum Vertrag von Eger.

761 PKMS 6, S. 682 Neuschloss 31.3.1553, Beratung Kf. Friedrichs II. von der Pfalz mit Kanzler, Marschall und Hofmeister.

Die versammelten Fürsten hatten am 2. April eine Liste der Konfliktherde im Reich in neun Punkten aufgestellt, die sie Kurfürst Moritz vorlegen wollten, um seine Meinung zu hören. Die meisten Konflikte gingen hiernach von Herzog Heinrich von Braunschweig und Markgraf Albrecht aus.

Nach der Beratung mit Moritz teilen die versammelten Fürsten – und Moritz unter ihnen – dem Kaiser am 4. April mit, dass zur Schaffung endgültigen Friedens auch Moritz zu ihnen gekommen wäre und sie am 4. April einen Abschied beschlossen hatten, den sie ihm beiliegend übersenden. Von den neun Gegensätzen zwischen Reichsständen, die dem Frieden schadeten, wurde das kaiserliche Handeln nur für Markgraf Albrecht und bei der Rüstung Herzog Heinrichs für nötig gehalten. Darin scheint auch ein Vorwurf gegen Karl V. zu liegen, dessen Schwanken Albrecht erst zu seinem zweifelhaften „Recht" gebracht hatte. Alle anderen Punkte sind durch Moritz nach seinen Erklärungen auf dem Wege der Lösung, die er meist selbst bewirkte.

Es entsteht fast der Eindruck, dass durch das Handeln des Kurfürsten Moritz ein Handeln des Kaisers überflüssig wäre. Das Schreiben ging von den Kurfürsten von Mainz, Trier und Pfalz, den Herzögen von Bayern, Jülich und Württemberg und Moritz an den Kaiser. Sie waren die wesentlichen Fürsten des Reiches.[762]

Alle Vermittlung blieb aber für Franken ohne Erfolg. Der Versuch einer gütlichen Einigung Anfang März 1553 zwischen den Bischöfen von Würzburg und Bamberg und Markgraf Albrecht, die der Kaiser veranlasste, hatte bei der Maßlosigkeit, mit der Albrecht gegen seinen Untergang durch Frieden kämpfte, keinen Erfolg gehabt. Er war nun von allen getrennt, von den Bundesfürsten, von Frankreich, vom Kaiser und von der Reichsordnung. Er kämpfte für ein „Recht", das nicht bestand. Albrecht meinte, der Besitz der Pfaffen stünde ihm zu. Seine „Rechtskraft" bildeten jedoch nur seine besser trainierten Söldner. Mit ihnen konnte er die Truppen der Bischöfe am 11. April 1553 nochmals schlagen und dann Bamberg einnehmen. Danach bat Markgraf Albrecht die Kurfürsten Moritz und Joachim, ihm gemäß der Erbverbrüderung gegen seine Feinde, die Bischöfe, beizustehen.[763] Sie verwiesen ihn aber auf die Verhandlungen. Eine neue Vermittlungsbemühung ab 16. Mai 1553 in Frankfurt brachte wieder nichts. Albrecht konnte als Fürst ohne die Zahlungen der Bischöfe nicht überleben, die Weigerung der Bischöfe aber war getragen von der Haltung der meisten Reichsstände gegen Albrecht.

Am 9. Mai war Herzog Heinrich geheim bei Moritz in Torgau, um eine gemeinsame Haltung zum Krieg des Markgrafen gegen die Bischöfe zu erreichen. Man einigte sich auf gemeinsames Handeln für die fränkische Einigung, die gegen Markgraf Albrecht kämpfte. Moritz wollte zehn Mauerbrecher samt Munition zur Verfügung stellen. Die Erstürmung der Plassenburg und Schweinfurts wurde demnach bedacht. In dem Vertrag dazu überließ Herzog Heinrich außerdem Moritz die Vermittlung zwischen sich und Landgraf Philipp, er verzichtete auf alle Ansprüche gegen die Städte Lüneburg, Lübeck und Hamburg, wollte sich mit den jungen Herzögen von Lüneburg einigen und gegenüber Braunschweig den Vertrag von Haldensleben einhalten. Moritz hatte ihn in allem zum Ausgleich gedrängt.[764]

---

762 PKMS 6, S. 749–751 Nr. 482, Neuschloss 4.4.1553, Die versammelten Kurfürsten und Fs. an Ks. Karl V.

763 PKMS 6, S. 876 zu Nr. 547, Torgau 25.4.1553, Kf. Joachim an Mgf. Albrecht.

764 PKMS 6, S. 852 Nr. 535, Torgau 9.5.1553, Vertrag zwischen Kf. Moritz und Herzog Heinrich.

Moritz besaß als politischer Partner von König Ferdinand genügend Macht und Einfluss, um überall zum Frieden durch Verhandlung zu drängen.[765] Als Herzog Johann Albrecht von Mecklenburg bat, er solle sich nicht gegen Markgraf Albrecht verhetzen lassen, sagte Moritz ihm deutlich, dass dieser sich aufgedrängt habe, gemeint war wohl zum Feldzug 1552, und nicht umgekehrt.[766] Moritz wollte auch nicht mehr auf Bitten von Herzogin Elisabeth von Rochlitz für Albrecht eingehen. Er wollte nicht mehr zusehen, dass ein Reichsstand sich über alle Ordnungen setzte, um andere Reichsfürsten zu verderben. Dazu hätte der Markgraf in Heidelberg einige 100 000 Gulden abgelehnt, die ihm geboten worden waren. Es war anzunehmen, wenn dem Markgrafen das Vorhaben gegen die Bischöfe gelinge, dass er es dabei nicht bleiben ließ. Deshalb überstellte Kurfürst Moritz den Bischöfen 600 Reiter, die in seinem Wartegeld standen.[767]

Philipp Magnus, der Sohn Herzog Heinrichs von Braunschweig, führte schließlich 3000 Reiter und 22 Fähnlein Knechte heran, um den Bischöfen gegen Markgraf Albrecht zu helfen. Zum Marsch auf Schweinfurt traf er mit Johann Herr zu Heideck bei Meiningen zusammen, der im Namen von Moritz 1000 Reiter und 10 Fähnlein Knechte gegen Albrecht führte. Alle Truppen standen in der Bezahlung der Bischöfe.[768] Moritz führte also nicht persönlich Krieg gegen Markgraf Albrecht.

Der Markgraf konnte sich nun im Maingebiet nicht mehr halten. Er entzog sich der Umklammerung von Bischöfen, Nürnberg und den anrückenden Truppen und zog östlich der braunschweigischen und sächsischen Truppen über Coburg nach Norden. In Norddeutschland hatten Graf Volrad von Mansfeld und Wilhelm von Grumbach für Albrecht Truppen gesammelt. Albrecht ließ seine eigenen Fußtruppen in der eroberten Reichsstadt Schweinfurt und auf seiner Kulmbacher Plassenburg zurück und ging mit einer Kerntruppe aus 1600 Reitern im Eilmarsch über Gräfenthal, Saalfeld und über den Thüringer Wald nach Arnstadt, das er als Rastplatz wählte, weil der Graf von Schwarzburg als Landesherr der Stadt sich nicht gegen eine so starke Truppe wehren konnte. Am 6. Juni stand Markgraf Albrecht in Arnstadt. Danach plünderte er im Landgebiet um Erfurt, das zum Erzstift Mainz gehörte. Von den Reichsstädten Nordhausen und Mühlhausen forderte er hohe Brandschatzungen. Er kam vor dem 10. Juni in Artern an.

Die schwere Schlacht von Sievershausen

Moritz hatte erkannt, dass Markgraf Albrecht unfähig war, in seinem gegenwärtigen Handeln die weitere Zukunft für sich zu bedenken. Albrecht wurde völlig bestimmt durch die Beschaffung des nötigen Geldes für seine Truppen, da allein diese seiner Person einen Wert gaben. Hatte er kein Geld zur Verfügung, wie während des Wartens auf den Vertrag von Chambord von November bis Januar 1551/52, war er unzufrieden.[769]

765 PKMS 6, S. 855–856 Nr. 537, Torgau 10.5.1553, Kf. Moritz an Lg. Philipp.
766 PKMS 6, S. 825 Nr. 526, Torgau 11.5.1553, Kf. Moritz an Hz. Johann Albrecht.
767 PKMS 6, S. 861 Nr. 540, Torgau 12.5.1553, Kf. Moritz an Lg. Philipp.
768 PKMS 6, S. 885–887 Nr. 552, Torgau 21.5.1553, Kf. Moritz an Hz. Heinrich.
769 PKMS 5, S. 502 f. Nr. 259, 22.11.1551, Mgf. Albrecht an Kf. Moritz.

Ehe Albrecht seinen strategisch geschickten, blitzartigen Durchzug durch Thüringen startete, hatte Moritz ausführliche Überlegungen zu einem Verhandlungsausgleich mit dem Markgrafen angestellt.[770] Aus Artern versicherte Albrecht am 10. Juni Moritz, dass er sich nicht in den Dienst des Kaisers begeben wolle, der *alt und verlebt* wäre und ihm keinen Schutz geben könnte. Er wäre mit König Ferdinand oder einem der Söhne als Kaiser einverstanden.[771] Albrecht wollte durch Beteuerungen die wachsende Schar seiner Gegner zerteilen und schrieb hinhaltend an Moritz.[772] Er suchte jedoch keine Begegnung mit Moritz und blieb mit seinen brieflichen Erklärungen im Ungefähren.

Als der Durchzug bekannt wurde, forderte Moritz Albrecht dringend zu einem persönlichen Gespräch in Leipzig oder Torgau auf.[773] Zugleich bot aber Moritz sein Land auf und bat König Ferdinand um Hilfe.[774] Er fürchtete, Albrecht wollte mit vereinigten Truppen aus Niedersachsen gegen ihn ziehen. Moritz und seine Adligen sahen sich als Verteidiger des sächsischen Landes. Diese Sicht des Kurfürsten war verständlich, da Albrecht seine Fußtruppen in Franken zurückließ und über den Thüringer Wald kam. Es war zunächst nicht ganz deutlich, dass er sich mit den verschiedenen Truppen in Niedersachsen vereinigen wollte. Das Gewicht des Handelns des Markgrafen hatte immer in Franken gelegen. Außerdem wurde im Umkreis von Albrecht geredet, er werde im Herbst sowohl Herzog in Sachsen als auch Herzog in Braunschweig sein.

Im Frühjahr 1552 waren die Truppen des Fürstenbundes Soldknechte gewesen, die von professionellen Regimentsführern wie Johann zu Heideck geleitet wurden. Dagegen war 1553 der gesamte Adel des Kurstaates Sachsen im Heer des Kurfürsten aufgeboten. Moritz war damit als Landes- und Dienstherr anerkannt. Noch 1552 war die Erhebung eines Betrages zur Landesverteidigung von drei bis vier Gulden pro Ritterpferd in Thüringen auf Widerstand gestoßen.[775] Moritz hatte den Krieg 1552 nominell nur als Fürst geführt, der sich um seiner Ehre willen in Hessen einstellen musste. Das Land und die Stände waren unter Herzog August scheinbar neutral geblieben. 1553 war die Weigerung der Lehnsträger des Leipziger Kreises vom Herbst 1550/51 völlig vergessen. Moritz meinte, Markgraf Albrecht werde Herzog Erich II. an der Hand nehmen, um mit ihm seine Absichten in Franken durchzusetzen. Wegen Geldmangel werde er über kursächsische Gebiete nach Franken zurückziehen.[776]

Moritz schenkte den immer neuen Ausflüchten des Markgrafen keinen Glauben mehr. Wahrscheinlich hatte Moritz mit dem Kampf gegen Markgraf Albrecht und seine Bundesgenossen auch den norddeutschen Unruheherd der durch Herzog Heinrich von Braunschweig Geschädigten löschen wollen. Ein Sieg sollte wohl im Verein mit den Neutralen eine Gesamtverhandlung aller Probleme erzwingen. Durch den Passauer Vertrag war auch für die Braunschweigischen Junker eine Lösung vorgesehen.

770 PKMS 6, S. 939–942 Nr. 588, Herzberg 9.6.1553, Kf. Moritz an Mgf. Albrecht, Abschr., Vorentw. Christoph von Karlowitz.

771 PKMS 6, S. 545 f. Nr. 591, Artern 10.6.1553, Mgf. Albrecht an Kf. Moritz.

772 PKMS 6, S. 908 Nr. 567, 30.5.1553, Mgf. Albrecht an Kf. Moritz.

773 PKMS 6, S. 941 Nr. 588, zu Herzberg 9. 6.1553, Kf. Moritz an Mgf. Albrecht – : Torgau 10.6.1553, Kf. Moritz an Mgf. Albrecht.

774 PKMS 6, S. 949 Nr. 595, zu Wien 11.6.1553, Kg. Ferdinand an Kf. Moritz – : Leipzig 16.6.1553, Kf. Moritz an Mgf. Albrecht.

775 PKMS 5, S. 862 Nr. 530, Linz 23.4.1552, Kf. Moritz an Hz. August.

776 PKMS 6, S. 970 Nr. 607, Leipzig 12.6.1553, Kf. Moritz an Lg. Philipp.

Weil sich Moritz aber mit dem alten, selbstgerechten Herzog Heinrich von Braunschweig zur Hilfe für die Mainbischöfe zusammengetan hatte, besaß er in der Meinung der Söldner Norddeutschlands keinen guten Ruf. Sie sahen hier Pfaffenhilfe und eine Fortsetzung der Belagerung von Magdeburg. Sie traten daher lieber unter die Fahnen Markgraf Albrechts. Albrecht hatte schon lange durch Wilhelm von Grumbach bei Claus Berner, Graf Christoph von Oldenburg und Graf Volrad von Mansfeld die Werbung von Knechten und Reitern in Gang gesetzt. Er vereinigte sich mit Herzog Erich von Braunschweig, der Stadt Braunschweig und den Braunschweigischen Junkern, die von Herzog Heinrich bekämpft wurden. Am 20. Juni 1553 zog Albrecht umjubelt in Braunschweig ein. Als der Absagebrief von Moritz und König Ferdinand vom 1. Juli aus Osterode am Harz[777] an Albrecht überbracht wurde, belagerte Albrecht zusammen mit Herzog Erich II. Petershagen an der Weser im Stift Minden. Die Truppen lagen so weit von Moritz, dass dessen Bote erst am 2. Juli bei Markgraf Albrecht ankam.

Der Kampf zwischen den sesshaften, adligen Beschützern bestehender Herrschaft und den Söldnern, die auch um ihre zukünftige Beschäftigung kämpften, ist symbolträchtig. Wenn Moritz siegte und mit seiner immer wiederholten „Lösung der Probleme durch Verhandlungen" durchdrang, verloren die Söldner ihre Lebensbasis. Wilhelm von Grumbach verführte als alter Krieger noch 13 Jahre später Johann Friedrich d. M. zu den Grumbachschen Händeln, die Grumbach die Hinrichtung in Gotha und Johann Friedrich d. M. die lebenslange Haft brachten.

Das Landesaufgebot des sesshaften Adels für Moritz und Landgraf Philipp musste gegen die Reiter der Kerntruppe des Markgrafen Albrecht kämpfen. Der Adel war nicht so wie die Söldner von dessen Truppe trainiert, die seit Jahren im Sattel saß. Deshalb sind seit der Niederlage der Markgrafschaft Meißen gegen das Hussitenheer 1426 bei Aussig nicht wieder so viele Adlige gefallen wie nun bei Sievershausen 1553. Landgraf Philipp hatte vorher Moritz geraten, sich mit dem vortrefflichen Kriegsvolk des Markgrafen nicht in eine Schlacht einzulassen, ehe er sich nicht mit Johann zu Heideck und Herzog Philipp Magnus von Braunschweig vereinigt habe.[778]

Die Heere zogen sehr schnell aufeinander zu. Moritz marschierte am 3. Juli nach Einbeck und weiter nach Grohnde.[779] Wollte Albrecht nach Kursachsen ziehen? Am 4. Juli verlegte Moritz in Elze an der Leine dem Markgrafen den Weg nach Südosten. Albrecht blieb deshalb nördlich davon bei Pattensen. Vielleicht hat das Scharmützel am 7. Juli bei Calenberg, Leine abwärts, wieder den Übergang verhindert. Danach wich der Markgraf nach Nordosten Richtung Burgdorf aus, nordöstlich von Hannover. Moritz blieb bei Sarstedt südlich Hannover. Der Kurfürst fürchtete wohl, dass Albrecht Vorsprung gewinnen und ins Stift Halberstadt und danach ins kursächsische Land vordringen könnte.[780] Beide Heere zogen anfangs in großem Abstand voneinander südwestlich bis nordöstlich der Stadt Hannover tagelang nebeneinander her.

777 PKMS 6, S. 1017–1019 Nr. 643, Feldlager bei Osterode 1.7.1553, Verwarnungsschrift.

778 PKMS 6, S. 937–939 Nr. 587, zu Herzberg 8. 6.1553, Kf. Moritz an Lg. Philipp – : Kassel 14.6.1553, Lg. Philipp an Kf. Moritz.

779 PKMS 6, S. 1022 Nr. 648, Feldlager bei Einbeck, 3.7.1553, Kf. Moritz an Kf.in Agnes.

780 PKMS 6, S. 1032 Nr. 656, zu Feldlager bei Elze 5.7.1553, Kf. Moritz an Räte und Amtleute – : Kf. Moritz an Dechant, Senior und Kapitel des Stiftes Halberstadt.

Kurfürst Moritz von Sachsen, nach einem Holzschnitt von Lucas Cranach d. J., um 1553

Bestimmt stand Moritz auch am 9. Juli 1553 wieder eher als Albrecht am Fuhseübergang bei Abbesen. Dort wollte wohl der Markgraf von Burgdorf her nach Südosten in Richtung Peine und dann weiter nach Braunschweig ziehen. Albrecht war zunächst hinter einer sanften Höhe mit seinen Truppen verborgen. Er erblickte seinen Gegner in der Niederung um den Teichdamm bei Ambostel zuerst. Dieser Damm zwischen zwei Teichen behinderte Moritz dann sehr in der Entwicklung seiner Truppen. Albrecht stellte währenddessen seine Schlachtordnung her. Er legte gesondert an deren Südende seine mehreren Hundert Hakenschützen in einen Hinterhalt in einem Wäldchen namens Vogelherd. Besonders damit wollte er seinen Gegner vernichtend schlagen. Er gab den Befehl, nicht auf die Pferde zu schießen – wie sonst bei Reiterkämpfen üblich, um die anderen Reiter zu behindern und Gefangene zu machen –, sondern allein auf die Reiter. Durch diese Taktik entstanden die beabsichtigt hohen Verluste bei den hessischen Reitern und den kursächsischen Adligen und den fürstlichen Führern.

Außerdem rechneten Kurfürst Moritz und Herzog Heinrich am Sonntagnachmittag des 9. Juli 1553 nicht mehr mit einem Kampf. Doch gegen 13 Uhr eröffnete Markgraf Albrecht durch wenig wirkungsvollen Beschuss aus kleinen Kanonen die Schlacht. Erst danach konnten sich die Truppen unter Kurfürst Moritz entfalten und den Beschuss mit ihren Kanonen erwidern. Der Markgraf hatte den Stand der Sonne, den Wind und das Wehen des Staubes für sich. Seine von der Anhöhe kommenden Truppen wirkten größer.

Die kurfürstlichen Reiter erschienen zuerst neben der Straße von Sievershausen nach Arpke. Als sie im harten Kampf waren, drängten die markgräflichen Reiter sie durch einen Schwenk gegen das Wäldchen Vogelherd und brachten sie so in das Schussfeld der verborgenen Hakenschützen. Durch deren Flankenfeuer wurden die hessischen und kurfürstlichen Reiter schwer getroffen. Die markgräflichen Reiter drangen danach im geschwächten linken Flügel durch das erste Treffen. Fliehende und Verfolger rasten durch die nachfolgenden Truppen über den Damm neben Ambostel zwischen den Teichen. Trossknechte flohen auf den Wagenpferden. Sie meinten, alles sei verloren. Siegreiche markgräfliche Schwadronen ritten durch bis Hildesheim. Die kurfürstlichen und herzoglichen Räte, die zu ihren Truppen unterwegs waren, machten kehrt. Mit diesem ersten Kampf schien die ganze Schlacht nach einer Stunde für Moritz gescheitert. Die überlegene, skrupellose Taktik des Markgrafen war erfolgreich.

Doch trotz dieser Verwirrung auf seinem linken Flügel führte Moritz mit den Braunschweiger Herzögen die Hauptmacht heran. Die *Gewaltigen Haufen* beider Seiten standen sich nun gegenüber. Auf der kurfürstlichen Seite bildeten die sächsischen und die braunschweigischen Hoffahnen die Hauptmacht mit einigen Spießerfahnen. Die Spießer konnten aber nur ihre Büchsen oder die Stangen ihrer Spieße benutzen.

Moritz führte seine Hoffahne. Er kämpfte auf seinem Pferd in der ersten Reihe.[781] Es wurde, als die beiden Gewalthaufen gegeneinander vorrückten, zwischen beiden Seiten gezielt geschossen. Der Schuss auf Moritz war kein Fehlschuss aus den eigenen Reihen wegen des Staubes im Kampfgetümmel oder durch eine Verwechslung der Feldbinden. Moritz hielt sich beim zweiten Treffen **vor** dem gewaltigen Haufen. Beide Haufen zogen aufeinander zu, bis *das sie einander das weiß inn augen sehen mugenn, ehe sie abgeschossenn.* Moritz war in seiner schwarz-goldenen Rüstung von Süden her im Sonnenlicht gut auszumachen. Eine Haken- oder Halbhakenbüchse kann einige Hundert Meter weit schießen. Der Schuss hat ihn – nach eigener Aussage – zu Beginn, nicht im Kampfgewühl getroffen. Moritz blieb in der Schlacht, um nicht durch sein Ausscheiden eine Panik auszulösen.

Außerdem stießen in diesem zweiten Treffen der Schlacht von der rechten Seite her die Knechte Tiefstädters gegen die Flanke der markgräflichen Fußtruppen vor, von zwei Schwadronen Reitern unterstützt. Das bewirkte dort eine erste Wendung zur Flucht. Als sich die Markgräflichen wieder zum Widerstand wandten, brachten sie die Reiter und Knechte in einem zweiten Angriff doch zur Flucht. Wen man von den Fliehenden *erreiten konnen, der ist erschossenn, odder erstochen wordenn.*[782]

Zur Verwundung des Kurfürsten ist zu sagen: Der Schuss traf ihn links über der Lende. Er wurde durch den Panzer gebremst und abgelenkt. Er schlug durch den Oberschenkel und trat an der Innenseite des Schenkels neben dem Hodensack wieder heraus. Dabei verletzte er die dort liegende Beinvene. Moritz war durch lebenslanges und besonders in den letzten Jahren ausdauerndes Reiten, oft über Tage in hoher Geschwindigkeit, sehr gut trainiert. Zur Geheimhaltung ist er mehrfach mit wenigen Begleitern über große Strecken geritten. Dadurch besaß er harte Muskeln. Moritz saß mit

781 PKMS 6, S. 1051–1055 Nr. 669, Feldlager im Gericht Peine 9.7. in der Nacht, Kf. Moritz an Bf. Melchior von Würzburg. Die Ausf. ist im Archiv nicht mehr vorhanden.

782 PKMS 6, ebd., S. 1054.

Die Schlacht von Sievershausen, Blick von Nordwesten auf den Ort, im Vordergrund das Vorhutgetümmel des Reiterkampfes, altersschwarzes Ölgemälde (Ausschnitt) um 1600 in der Dorfkirche von Sievershausen

hochgestellten Steigbügeln, wie heute ein Jokey, auf einem spanischen oder ungarischen Bocksattel, der im Kampfe von vorn und hinten stützte. Deshalb rutschte die Kugel durch die Muskeln seines Oberschenkels nach vorn.

In diesem schweren Kampf, schrieb Moritz, *seindt wir alß wir vor dem gewaltigenn hauffenn gehalttenn, mit einem schuss vber den Lenden getroffen wordenn, der durch auß gangenn, dauon dann wir fast* (sehr) *schwach seindt.*[783] Adern und Venen zogen sich durch den Stress schon bei Beginn des Angriffs zusammen. Venen verengen sich bei Verletzung soweit wie möglich, um Blutverluste zu verhindern. Die Verletzung war hier jedoch zu groß, um jegliche Blutungen zu unterbinden. Heute würde zuerst ein Druckverband und dann ein Nähen der Vene nötig sein, der Blutkreislauf war damals aber noch unbekannt. Anfangs mag der Sattel beim Reiten als „Druckverband" gewirkt und größere Blutung aus der Beinvene verhindert haben. Deshalb konnte Moritz im Sattel bleiben. Er wollte selbst die Schlacht wenden, zumal nach dem ersten Treffen einige wichtige Führer nicht mehr da waren. Am nächsten Tag wurde der andauernde Blutverlust im weiteren Verlauf immer spürbarer, die Kraft immer geringer. Am Ende war Moritz nicht mehr sprechfähig.

783 PKMS 6, ebd., S. 1053.

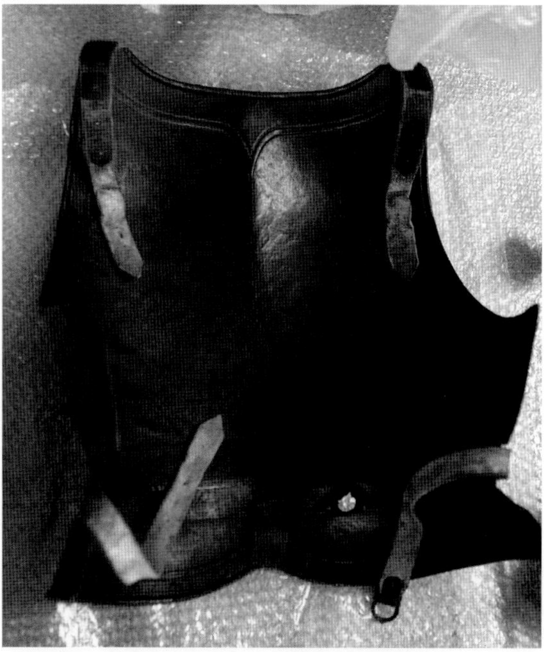

Moritz' Panzer mit dem Einschussloch (Dom zu Freiberg)

Rechte Seite: In der Kirchenwand von Sievershausen befindliche Tafel, ehemals wohl die Sockelinschrift eines um 1573 errichteten Gedenksteins für die Schlacht von Sievershausen

Der Schuss auf Moritz war von den Hakenschützen im Hinterhalt des Wäldchens gekommen, das bei Beginn des zweiten Treffens leicht schräg hinter dem Gewalthaufen lag. Sie hatten Zeit nachzuladen. Nach dem Bericht eines Bamberger Bediensteten ist der Haufen um die kurfürstliche Hauptfahne schon von weitem beschossen worden.[784]

Am Ende der Kämpfe kamen einige markgräfliche Reiterfahnen durch eilige Flucht davon. Andere Söldner retteten sich in Gehölze zu beiden Seiten des Schlachtfeldes. Es fiel dann auch die Dunkelheit des Abends über das Land. Moritz sagte am Ende seines Schlachtberichtes an Bischof Melchior in der Nacht: *Also haben wir diesen tagk (got lob:) das feldt erhalten, vnnd die schlacht gewonnen, doch ein bludige Victori gehapt. Aber gleich woll noch ehr vnnd rhum erlangt.*[785] Markgraf Albrecht floh mit wenigen Reitern und einem Buben nach Braunschweig. Nach unterschiedlichen Berichten hatte er noch zwei bis zwölf Schwadronen Reiter. Er war verwundet, aber nicht sehr schwer.

Die Verluste waren in dieser blutigsten Schlacht der Reformationszeit im Reich sehr groß. Zwei Söhne Herzog Heinrichs von Braunschweig und sein Bastard Theuerdank (unehelicher Sohn) waren tot, Moritz selbst war auf den Tod verwundet. Daniel von Hatzfeld, der Führer der hessischen Reiter, und viele andere waren gefallen.[786] Oswald von Kromsdorf, Wilhelm Schachten, Sebastian von Wallwitz waren schwer verwundet. Namen zahlreicher führender kursächsischer Geschlechter sind in den Listen der Ge-

784 PKMS 6, S. 1056 Nr. 670, 2, Bericht (eines bambergischen Bediensteten?) über die Schlacht von Sievershausen. *Danach kam die Hauptfahne des Kf. mit den Spießen, auf die die Mgfl. von weitem schossen.*

785 PKMS 6, S. 1054 Nr. 669, Feldlager im Gericht Peine 9.7. in der Nacht, Kf. Moritz an Bf. Melchior von Würzburg.

786 PKMS 6, nach 11. Juli 1553, Verlustlisten der Schlacht bei Sievershausen.

fallenen: Dietz von Haugwitz, Michael von Schleinitz, Caspar von Miltitz, Conrad von Einsiedel, Rudolf von Bünau zu Breitenhain, Bastian von Wallwitz, der in Wittenberg neben Luther begraben wurde. Andere starben später an ihren Wunden: Otto von Dieskau, Sigmund von Pflug auf Gladitz, Oswald von Kromsdorf. Wie eng die Verbindung des Adels mit Moritz war, ist auch daran abzulesen, dass der bei Sievershausen verwundete Heinrich von Starschedel seinen 1553 geborenen Sohn Moritz nannte.

Gedenkstein auf dem Friedhof in Sievershausen

Es sollen auf beiden Seiten 250 Adlige getötet worden sein, eine Quelle meint sogar 350. Begraben wurden 3038 Männer, obwohl man die Wälder noch nicht nach Toten abgesucht hatte. Der Flurname „Heldenkuhle" südlich der Straße von Sievershausen nach Arpke – auf der Karte der hannoverschen Landesaufnahme im letzten Viertel des 18. Jahrhunderts – deutet wohl auf ein Massengrab der Schlacht. Für das aus Zelten erbaute Spital auf der Flur von Sievershausen stiftete Moritz in seinem Kriegstestament kurz vor seinem Tod 2000 Gulden.[787]

Tausende waren tot, doch ein großer Teil des markgräflichen Fußvolkes war gefangen und musste drei Tage nach der Schlacht schwören, auf einige Monate hin nicht gegen die Verbündeten zu kämpfen. Markgraf Albrecht konnte nach der Schlacht mit Hilfe von Claus Berner bald wieder Truppen sammeln. Einige Schwadronen seiner Reiter hatten in der Dunkelheit fliehen können oder waren beim ersten Treffen durchgeritten. Sie wurden aber am 14. September südlich von Braunschweig von Herzog Heinrich besiegt.

Im Grunde genommen hatten das zweideutige Handeln des Kaisers gegenüber Markgraf Albrecht und das ungehemmte Vormachtstreben Herzog Heinrichs von Braunschweig den Boden bereitet, auf dem die unmäßigen Pläne des eigentlich zahlungsunfähigen Truppenführers Albrecht gedeihen konnten. Zusammen mit König Ferdinand musste Kurfürst Moritz vom Kaiser die Rolle des ordnenden Friedensstifters übernehmen. Karl V. hatte im Reich seine Hoffnungen auf eine katholische Glaubenseinheit nicht durchsetzen können. Er war vor Metz endgültig gescheitert. Ohne die Rachsucht von Herzog Heinrich gegenüber den um Wolfenbüttel sitzenden Reichsständen hätte Markgraf Albrecht keinen Platz in Niederdeutschland gefunden. Moritz ist letzten Endes in seiner Friedenssuche ein Opfer der gegenüber Markgraf Albrecht schwankenden kaiserlichen Politik geworden.

An den Äußerungen der deutschen Fürsten zeigte sich, dass das Urteil über den verstorbenen Kurfürsten sehr verschieden ist. Sein Bruder August sagte, Moritz hätte von Gott die Gnade gehabt, um des allgemeinen Friedens willen fürstlich und ritterlich gestritten zu haben. Er wäre als ein christlicher Kurfürst nach christlicher Beichte und empfangener Kommunion bei vollem Bewusstsein gewesen. Er hätte im Glauben beständig sein Leben in dieser Welt beschlossen. Seine Seele wäre in der Ewigen Ruhe.[788] Der alte Anton Fugger sagte dem königlichen Rat Johann Ulrich Zasius im persönlichen Gespräch: *Ey er* (Moritz) *ist hol gefaaren* (Ei, er ist zur Hölle gefahren), *vnd sein tod ist niemantt nützlicher, alls der khu.* (königlichen) *Mt. welche er hinder das liecht fueren, vnd um das khaiserlich szepter bringen vnd sich darein intrudieren* (eindrängen) *wellen.*[789] Fugger urteilte demnach, Moritz habe sich zum Kaiser machen wollen.

Am kaiserlichen Hof war man der Ansicht, Moritz habe den Krieg gegen Markgraf Albrecht im Auftrag König Heinrichs II. und von dessen Geld unterstützt unternommen.[790] Man hielt immer noch ein eigenständiges Handeln des sächsischen Kurfürsten

---

787 PKMS 6, S. 1066–1068 Nr. 674, Sievershausen 11.7.1553, noch vor Aufgang der Sonne, Kriegstestament des Kf. Moritz.

788 PKMS 6, S. 1113 Nr. 709, zu Lager Eppenreuth vor Hof, 5.8.1553, Heinrich von Plauen an Kf. August – : Torgau 9.8.1553, Kf. August an Heinrich von Plauen.

789 PKMS 6, S. 1114 Nr. 711, Stuttgart 24.8.1553, Johann Ulrich Zasius an Kg. Maximilian.

790 PKMS 6, ebd.

für unmöglich. Hatte man Nachrichten über die Sendung Virails durch den König von Frankreich an Moritz?[791] Obwohl der Bischof von Arras das öffentlich sagte, erkannte Zasius es nicht an, wenn er auch meinte, die Niederlage Markgraf Albrechts werde den Franzosen gefreut und der Tod des Kurfürsten Moritz ihn traurig gemacht haben.

Die kaiserlichen Hofräte scheinen neben dem Grundkonflikt Karls V. mit Frankreich und vielleicht der Nachfolgefrage im Hause Habsburg keine Entwicklungsmöglichkeiten in der Reichspolitik gekannt zu haben. Doch mit der Schlacht bei Sievershausen war das Tor zu einem unter gleichberechtigten Partnern ausgehandelten Frieden im Reich aufgestoßen.

Das Leben ist für den Himmel gerettet

Moritz hat auf dem Zug zu seiner letzten Schlacht seiner Frau persönlich und nicht durch einen Schreiber geschrieben, *es ist billjch das ein jeder hirt vor sein schefflein auff setzt was er hat das will ich auch tuhen do ich nit befer* (Bewahrung) *haben kann, da helff mir auch die krafft gottes zu vnd got der vater got der son vnd der heilig geist amen.* Als der Hirte will er sich für seine Untertanen einsetzen.[792] Es war ihm so ernst damit, wie mit seiner sehr direkten Liebeserklärung am Schluss: *so magstu in die nehe zu mir komen so will ich fleis vorwenden das ich dir mog das badt gesegene ich befil dich got der helf vns mit freuden zu samen vnd geb uns genad das wir hinfuro lang lang lang mogen besamen wonen vnd das vorrichten das wir lang beidt gewunst haben amen.* Lebenseinsatz für seine Untertanen, Hoffnung auf einen Sohn, sicher die Liebe zu Agnes liegen hier dicht beieinander im letzten ganz persönlichen Brief, den er unter Ausschluss anderer an seine Gemahlin *zu eignen Handen* schrieb. Fürstenpflicht, Gebet und Erotik bildeten für Moritz auf dem Gipfel seines Lebens eine Einheit. Zusammen mit seinem Verhalten im Angesicht des Todes weist das auf ein selbstverständliches tägliches Christsein.

Vom Schlachtfeld wurde Moritz in sein Zelt gebracht. Dort diktierte er sehr ausführlich einen Bericht über die schwerste Schlacht seines Lebens. Der Brief ging an den Bischof von Würzburg, weil er ja den größten Nutzen von diesem Sieg haben würde. Der Originalbrief ist in Würzburg heute nicht mehr zu finden. Doch Abschriften liegen in vielen damals wichtigen Archiven deutscher Fürstenhöfe. Dem Bischof legte Moritz ans Herz, auf die vielleicht ankommenden markgräflichen Truppen Streifen reiten zu lassen, um den geflohenen Markgrafen zu erwischen. Im gleichen Sinn schickte er einen Befehl an den kurfürstlichen Amtmann von Langensalza. In dieser Nacht zum 10. Juli werden auch nach und nach die eroberten Fahnen der Reiter und Fußknechte Markgraf Albrechts als Siegeszeichen in und vor das Zelt von Moritz gebracht worden sein.

In seinen letzen beiden Tagen hat Moritz innerlich nochmals eine weite Strecke zurückgelegt. Er musste vom Sieg, der mühsam errungen und mit dem Tod Tausender bezahlt worden war, weitergehen zu seiner Lebensbilanz und Verantwortung vor Gott, bis

791 PKMS 6, S. 594–597 Nr. 387, (Dresden 2.1.1553 Kf. Moritz an Kg. Heinrich II. von Frankreich) Instruktion für Caius de Virail.

792 PKMS 6, S. 990 f. Nr. 620, Merseburg 20.6.1552, Kf. Moritz an Kf.in Agnes. Ausf. egh.

hin zur Unabänderlichkeit des Todes in den Nacht- und Morgenstunden des 11. Juli.[793] Dazu haben ihn seine Schmerzen und die immer besorgteren Gesichter seines Arztes Dr. Neefe, seines Beichtvaters Johannes Weiß, seiner Berater und Truppenführer bewegt. Am Abend des 9. Juli hatten die Ärzte noch gemeint, er könne die Verwundung überstehen.

Moritz war zuerst stolz, die größte Ursache der Unruhe im Reich gelöscht zu haben. Wahrscheinlich hat er auch sehr geschwächt durch Kampf und Wunde einige Zeit geschlafen. Es war ihm immer wieder wichtig, dass er dieses Blutvergießen nicht herbeigeführt hätte, sondern ausgezogen wäre, Land und Leute zu retten. Er bekannte einige Male auch vor den anderen seine Sünde. Wenn Gott ihm sein Leben schenken werde, sagte er Besserung zu. Er war demnach stark beschäftigt, sein vergangenes Leben zu bedenken. Schließlich hat er dem Beichtvater eine förmliche Beichte abgelegt.

Als Moritz in den Schmerzen seiner Wunde und im Abnehmen seiner Kräfte den Tod nahe wusste, hat er sich zum Sterben bereitet. Sein Hofprediger Johannes Weiß, den er 1552 wieder eingestellt hatte, war in der letzten Zeit seines Lebens bei ihm. Von ihm stammt als Beichtvater wohl die Aufzeichnung des Beichtgebetes, das Moritz gesprochen hat: *O almechtiger Barmhertziger goth, ich pite dich, du wollest umb cristi deines liben sohns leiden und sterben willen, alle meine suenden, dy ich wider dich, ader dy menschen gethan habe vorgeben und vorzeihen. Ich wille auch itzundt, allen meinen feinden und widerwärtigen, von grundth meines hertzens, vorzeihen unnd gentzlich vorgebenn.*[794]

Moritz hat dieses Gebet mit bittend erhobenen Händen gesprochen. Danach hat er das Abendmahl gefeiert. Nach der Kommunion hat er Johannes Weiß gebeten, bei ihm zu bleiben, damit er nicht in Anfechtung falle. Weiß hat ihm verschiedene Sprüche als Trost und Hilfe gesagt. Als er ihm zusprach aus Johannesevangelium 3 *Also hat Gott die Welt geliebt, dass er ihr seinen eigenen Sohn gab, auf dass alle, die an ihn glauben nicht verloren werden, sondern das ewige Leben haben*, antwortete Moritz, *das ist ein Herlicher spruch, wer wolt darauff nicht gerne sterben.* Auf Grund dieser Beichte und des Abendmahles meinte Weiß, dass Moritz christlich und seliglich verstorben sei. Weil dieser Bericht für den politischen Feind von Moritz aufgezeichnet und zunächst in Weimar überliefert wurde, ist an seiner Wahrheit nicht zu zweifeln.

Der Überlieferer der Beichte, Anton Pestel, hatte im Auftrag von Herzog Johann Friedrich d. Ä. nachgefragt, ob Moritz in seiner Beichte Johann Friedrich namentlich erwähnt hätte und ihm seinen Besitz zurückgegeben hätte. Nikolaus von Amsdorf und Johann Friedrich d. Ä. meinten dann, weil Moritz sein unrecht erworbenes Gut nicht zurückgegeben habe, könne er nicht selig sein. Damit wurde ganz beiseite geschoben, dass Johann Friedrich d. Ä. durch den Wittenberger Vertrag seinen Besitz an den Kaiser verloren hatte und im Grunde froh sein konnte, Thüringen und damit ungefähr vierzig Prozent seines Besitzes behalten zu haben. Vernachlässigt wurde auch, dass Moritz das Vogtland an den König abgeben und die drei Muldentalgrafschaften mit anderen Gebieten einlösen musste. Die Fragen des Reichsrechtes wurden bei der Theorie, dass Moritz im Sterben die Kurwürde und allen ehemals ernestinischen Besitz vor der Beich-

793 PKMS 6, S. 1099 f. Nr. 700, Freiberg 24.7.1553, Christoph von Karlowitz an Lg. Philipp, Ausführlicher Bericht über den Tod des Kf. Moritz.

794 PKMS 6, S. 1105–1107 Nr. 704, Weimar 27.7.1553, Anton Pestel an Hz. Johann Friedrich d. Ä.

te hätte zurückgeben müssen, völlig außer Acht gelassen. Die Theorie war von einem Theologen, nicht von einem juristisch gebildeten Politiker erdacht worden.

Unter seinem theologischen Ratgeber Nikolaus von Amsdorf hat Johann Friedrich d. Ä. wohl dieses Denken entwickelt. Politische Fehler wurden mit einer einseitigen Glaubenssicht bewältigt. Daraus hatte er vielleicht die Kraft geschöpft, in kaiserlicher Gefangenschaft beständiger evangelischer Christ zu bleiben. Hatte er dabei nicht gemerkt, dass er ein Werkzeug des Kaisers gegen die Evanglischen im Reich war?

Diese Haltung zu einem Testament und der Beichte von Moritz wurde erst Wochen nach dem Tode gebildet, denn am 21. Juli schreibt Johann Friedrich als *geborener Kurfürst* noch an die Räte von Kurfürst Moritz: *Als gonnen wir S. L. (vngeachtet ergangenner geschicht) von hertzen, das sein lieb Christlich vnnd seliglich vorscheidenn, der allemechtige got geruhge auch, S. L. seelenn gnedig vnd barmhertzig zu sein.*[795] Da war keinerlei Zweifel von Johann Friedrich d. Ä. ausgedrückt. Auf die Meldung des Todes durch die Stadt Braunschweig hat in der Weimarer Kanzlei jemand vermerkt: *Gottes gerechtes Gericht.*[796] Am 28. Juli meinte Johann Friedrich d. Ä. allerdings schon, dass Herzog August ihm die ehemals ernestinischen Lande wieder abtreten sollte.[797] Sein Sinneswandel scheint sich in der Woche nach dem 21. Juli vollzogen zu haben.

Wenige Stunden vor seinem Tod ließ Moritz durch Christoph von Karlowitz ein Testament niederschreiben und hat dieses mit eigener Hand unterzeichnet. Darin hat er bedacht: seinen Bruder, die Landschaft, seine Gemahlin und seine Tochter, seine Diener und arme Leute. Karlowitz meinte, dass man dieses sicher für ein Kriegstestament, *testamentum militare*, erklären könne. Die Nachfolge von August stand fest, weil dieser in Augsburg auf dem Reichstag 1548 schon mitbelehnt worden war. Moritz hatte Karlowitz nach der Unterschrift unter das Testament gebeten, seiner Gemahlin zu sagen, *das wir sie freuntlich gesegnen lassen, in trostlicher hoffnung, das wir mit der zeit noch gottes gnediger vorleihung in jhener welt wider einander sehen wollen, Amen.*[798]

Moritz hat in den Stunden vor seinem Tod unter wachsenden Schmerzen gelitten. Er ließ sich von seinem Lager heben und auf einen Stuhl setzen, verlangte aber bald wieder nach dem Lager und wieder zum Stuhl. In diesen Schmerzen hat er *ganz andechtiglich gesagt/ Ach lieber god, wilstu nicht schir kommen.*[799] Er wusste, Gott war ihm nahe, und bat so um den baldigen Tod. *Zum letzten gleich im Abscheidt, hat ihm der beichtvater diese worte furgesprochen, Herr in diene Hende befehle ich meinen geist. Und in nachsprechung dieser wortte, Ist ihm die Seel ausgangen.*[800]

Alle Berichte über die letzten Stunden von Moritz stimmen in den Grundzügen überein. Sie ergänzen sich, aber sie widersprechen sich nicht. Am 11. Juli teilten mit hochbetrübtem Gemüt Grafen, Herren und Ritterschaft, die mit Moritz im Felde wa-

---

795 PKMS 6, S. 1083 zu Nr. 683 Schloss Grimmenstein 21.7.1553, Hz. Johann Friedrich d. Ä. an Statthalter und Räte zu Torgau.

796 PKMS 6, S. 1083 zu Nr. 683, 11.7.1553, Rat der Stadt Braunschweig an Kf. Johann Friedrich.

797 PKMS 6, zu Nr. 666, Reinhardsbrunn 28.7.1553, Geborener Kf. Johann Friedrich an die Räte des Kf. August (Stadtarchiv Leipzig: Tit. I Nr. 22d, I Bl. 9a–11a, Abschr.).

798 PKMS 6, S. 1067 Nr. 674, Sievershausen 11.7.1553, noch vor Aufgang der Sonne, Kriegstestament des Kf. Moritz.

799 PKMS 6, S. 1099 Nr. 700, Freiberg 24.7.1553, Christoph von Karlowitz an Lg. Philipp.

800 PKMS 6, S. 1117 f. Nr. 714, Leipzig 29.9.1553, Erasmus Sarcerius an Nikolaus von Amsdorf.

Kirche Sievershausen, in der Moritz' Herz und Eingeweide begraben sind

ren, dem Kurfürsten Joachim und dem Landgrafen Philipp und König Ferdinand mit, dass Moritz an dem Schuss, den er in der siegreichen Schlacht erhalten hatte, an diesem Vormittag zwischen 8 und 9 Uhr verstorben ist. Er sei nach Empfang der Sakramente mit großer Geduld verschieden. Landgraf Philipp legte bei der Weitergabe dieser Nachricht Wert darauf, dass Moritz bei vollem Bewusstsein verstarb.

Mit dem Beginn der Verhandlungen in Linz und ganz deutlich nach der Flucht des Kaisers von Innsbruck nach Villach war Moritz neben König Ferdinand der führende Politiker im Reich geworden. Heinrich von Plauen war am Ende von der Bedeutung des Kurfürsten überzeugt und sagte nach Moritz' Tod, *wir wissen, was an sein lieb person in disem vorhabendem Krieg und sonsten hoch gelegen gewesen.*[801] König Ferdinand schrieb an Landgraf Philipp, *so khunden wir doch woll bei vnns, als die wir an ime gar ain trewen freundt verloren, abnemen, wie schmertzlich deiner lieb solcher todtlicher abgang seye.*[802] Von manchen war Moritz schon vor dem Sommer 1552 *der kleine König* genannt worden.[803]

801 PKMS 6, S. 1092 zu Nr. 692, 19.7.1553, Heinrich von Plauen an Hz. Heinrich von Braunschweig.

802 PKMS 6, S. 1095 zu Nr. 694, Wien 31.7.1553, Kg. Ferdinand an Lg. Philipp.

803 Karl Brandi: Kaiser Karl V., Werden und Schicksal einer Persönlichkeit und eines Weltreiches. Frankfurt a. M. 1976, 6. Aufl., S. 509.

König Ferdinand meinte, *das Ime nit woll ain meer Eerlicher vnnd Ruemblicher todtlicher abgang zuesteen het mugen*.[804] Kanzler Dr. Ulrich Mordeisen schrieb an Bugenhagen und Melanchthon in seinem Brief, in dessen vielfach korrigiertem Entwurf sich die ganze verzweifelte Aufregung und Trauer des sonst so sicheren und klugen Rates spiegelt, dass der Held Germaniens gestorben sei.[805]

Der Wittenberger Stadtpfarrer und Professor Bugenhagen schrieb im offiziellen Beileidsbrief der Universität an die Torgauer Räte, dass es sehr bedauerlich ist, dass ein zu Regierung und Krieg so geschickter Fürst *also in der schönen blüt weg genomen wirt. Darüber ist sein c. f. g. unnser herr und landesfürst gewesen, hatt christliche lahr geliebet unnd verstanden unnd ist ernstlich gesindt gewesen, dieselbige zu erhalden unnd in seinem beruff wider Türcken unnd andre vervolger zu schützen, hat auch andere löbliche künste geehret, wert gehalden unnd helffen erhalden unnd hat unns gemein unnd in sonderheit viel gnaden unnd wolthaten erzeigt*. Daneben hätte die deutsche Nation einen Fürsten verloren, der gegen die Türken und anderen Aufruhr hätte Schutz sein können. An den Schluss setzt er eigenhändig den Liedanfang *Dies ista, dies irae etc.* (Dieser Tag, Tag des Zornes usw.) und *Christus vicissim consolabitur nos* (Der allzeit siegende Christus wird uns trösten) zu seiner Unterschrift. Das war das klare Urteil eines über Kurfürst Moritz nachdenkenden Untertanen, der sehr viel länger ernestinischer Untertan gewesen war, ehe er Untertan des Albertiners Moritz wurde.[806]

Markgraf Albrecht Alkibiades sah in Kurfürst Moritz den Bundesverwandten der treulosen Pfaffen. Sachlicher war die Meinung Christophs von Karlowitz, dass alle die Todesnachricht mit Betrübnis vernommen haben, die des Kurfürsten Vernunft (d. h. seinen Verstand), seine Geschicklichkeit, Redlichkeit, Mannheit und Tapferkeit so gut wie Karlowitz gekannt haben und welche die Wohlfahrt des Reiches ihren Privatinteressen vorziehen. Die Räte in Torgau mit Ulrich Mordeisen an der Spitze sagten König Ferdinand, dass der Kurfürst von Gott aus diesem Jammertal in die ewige Freude genommen wäre.[807]

In der Kirche zu Sievershausen wurden Moritz' Herz und Eingeweide begraben. Der Leib wurde in Begleitung der Hoffahne und der anderen Truppen in die Heimat überführt. Der Ritt ging über Leipzig, wo man eine große Trauerfeier hielt, Grimma und Döbeln nach Freiberg. Dort wurde Moritz' Leib am 23. Juli 1553 im Dom beigesetzt.

Schon 1555 ließ Kurfürst August in Dresden an der Nordostecke der Festungsanlage, heute an der Brühlschen Terrasse, ein Denkmal, das große Moritzmonument, von Caspar Vogt in farbigem Sandstein aufbauen (siehe Abb. S. 246).[808] Auf der Bildhauertafel von Hans Walther übergibt Moritz, hinter dem der Tod steht, das Kurschwert an seinen Bruder August. Darüber schwebt die Trinität. Mit diesem ältesten Monument

804 PKMS 6, S. 1095 zu Nr. 694, Wien 31.7.1553, König Ferdinand an Lg. Philipp. Dem entspricht auch PKMS 6, S. 1098 Nr. 699, Wien 18.7.1553 Kg. Ferdinand an Statthalter und Räte von Kf. Moritz zu Torgau sowie an Befehlshaber, Räte und Ritterschaft im Feld.

805 MBW 7, S. 95 f. Nr. 6897, Torgau 14.7.1553, Ulrich Mordeisen an Johannes Bugenhagen und Philipp Melanchthon.

806 PKMS 6, S. 1088 Nr. 688, 16.7.1553, Rektor (Johannes Bugenhagen), Magister und Doktoren der Universität Wittenberg an Statthalter und Räte zu Torgau. MBW 7, S. 95 Nr. 6900.

807 PKMS 6, S. 1080 Nr. 682, Torgau 13.7.1553 in Eile, Kfl. Statthalter und Räte an Kg. Ferdinand.

808 Handbuch der deutschen Kunstdenkmäler/ Georg Dehio: Sachsen 1. München–Berlin 1996, S. 194 f.

Die Moritz-Figur auf dem Kenotaph des Kurfürsten im Freiberger Dom

des Staates für einen wettinischen Fürsten gab der neue Kurfürst nach außen zu verstehen, dass er nach Gottes und seines Bruders Willen im Amt wäre. Alle Fragen und Gerüchte zum Tod von Moritz, zu den Rechten und Herrschaftsansprüchen der Ernestiner waren mit dieser bildlichen Darstellung des Kriegstestamentes des Kurfürsten, vom 11. Juli 1553 auf dem Schlachtfeld von Sievershausen, aller Welt sichtbar beantwortet. Moritz war damit als Vorgänger eingeordnet. Nach einem Jahrzehnt hat ihm August im Freiberger Dom 1563 ein großes Grabdenkmal von ersten Künstlern der Zeit errichten lassen.[809] Melanchthon verfasste den Text der Schrifttafeln dieses Monumentes.[810]

Ein Fazit der gesamten Politik des Kurfürsten zieht eine bestimmende Person am albertinischen Hof einen Monat nach dem Tode von Moritz. Ihren Namen hat Anton Pestel, der den folgenden Text nach Weimar schickte, nicht mitteilen wollen, um sich weitere Nachrichten von diesem Informanten nicht zu verbauen: *herzog moritzen seligen, gemueht* (Absicht, geistige Planung) *ist dahin gestanden, das ehr im Reich, mehr dan dy kaiserliche mt. hat geachtet vnd vor den gehalden sein wollen, der dy Teutschen, bey irer Freihait erhilde, vnd das ehr der mahn wuerde, darnach sich andere chur vnd fuersten, im reich auch gesenet habenn, Vnnd das es wahr, so konte ir es, an dem krige, welchen ehr, vor einem iahr, wider den kaisser, vorgenohmen, leichtlich merckenn, dan so paldt ime zu passaw, solche mittehl, vnd ehren, vorgestanden, dy sich, auf berurtes sein vornehmen, gereimet, do hatth ehr den krigk abgestelt, vnd den vortrak angenohmenn. Damidt ehr inne auch, solchen nahmen, nicht alain, bey den Euangelischen Stenden, Sonder auch, bey den papisten machet, So hette ehr sich, der Bischoff, vnlangst, auch angenohmen, und sy, dem Kayser zuuorkleinerung, vnd ime zu Ehren fuer des marggraffen vnrecht vortaidigen und beschuetzen wollen.*[811]

809 Handbuch der deutschen Kunstdenkmäler/ Georg Dehio: Sachsen, München–Berlin 1998, S. 268.
810 Nach Auskunft von Günther Wartenberg.
811 PKMS 6, S. 1113 Nr. 710, Weimar 20.8.1553, Anton Pestel an Hz. Johann Friedrich d. Ä.

Kenotaph des Kurfürsten Moritz in der Fürstengruft des Freiberger Domes, erstes Freigrab der Renaissance in Sachsen, aufgestellt 1563, dreigeschossiger Aufbau aus Marmor und Alabaster, bekrönt von der lebensgroßen Gestalt des mit geschultertem Kurschwert vor dem Kreuz knienden Moritz

Moritzmonument von Caspar Vogt, Denkmalstafel aus farbigem Sandstein von Hans Walther II von 1555, seit dem Jahre 1896 an der Brühlschen Terrasse – Moritz übergibt seinem Bruder August das Kurschwert

Fazit

Moritz von Sachsen[812] verlebte seine Kindheit in den beschränkten Verhältnissen eines sehr kleinen Fürstentums. Sein Vater Heinrich besaß nur zwei Ämter ohne Bergrechte. Noch Anfang 1529 wurde erwogen, Moritz mit der nordböhmischen Adligen, Pohunka von Pernstein, zu verheiraten, um ihm einen sicheren Besitz zu verschaffen. Durch die Kinderlosigkeit der Söhne von Herzog Georg kamen Herzog Heinrich und sein Sohn Moritz in die Thronfolge der Albertiner in Dresden.

Die ersten elf Jahre stand Moritz unter der Leitung der Mutter, von drei Schwestern, die ihm drei bis sechs Jahre voraus waren, des Vaters und von vier Erziehern. Er war der erste Sohn der Familie, und in seiner prägenden, frühen Kindheit bestimmten alle diese Erzieher über ihn. Sein Bruder Severin war gut ein Jahr jünger, wurde ihm jedoch bald körperlich überlegen. Herzog Georg als bestimmender Onkel schickte Severin, nicht Moritz, an den Königshof nach Wien, und Moritz nur in die geistliche Residenz Halle. Der kleine Bruder August sollte nach dem Willen der Mutter den Besitz nach dem Tode des Vaters mit Moritz gleichberechtigt teilen.

In dieser Umgebung musste Moritz als Kind lernen, sich einzufügen, zu behaupten und Kompromisse zu finden. Er erschien zunächst überall als lenkbarer junger Mann und wollte auch möglichst auf allen Seiten Wohlwollen finden.[813] Seine Hauslehrer waren vom Humanismus in Leipzig geprägt, das öffnete ihm durch seine Grundausbildung das Neue an allen Orten seiner Kindheit und Jugend in Freiberg, Halle, Dresden und auch Torgau.

Zweimal, als er in seiner Selbstachtung tief getroffen war, bezeichnete sich Moritz selbst als Narr. Beide Mal wollte er sich nicht in Bedeutungslosigkeit abdrängen lassen. War er in den Kinderjahren der intelligente Narr, der Clown, in der Familie? Wer seinen Platz in der Familie nicht durch Kraft oder Zuneigung gewinnt, muss die andern zum Lachen bringen, um beachtet zu werden. Moritz besaß genügend, auch selbstkritischen, Verstand und Humor. Er wurde in Halle nach einem Jahr krank und nach Dresden zu Herzog Georg geholt, vielleicht auch, weil sein Bruder Severin inzwischen verstorben war.

Das meiste für sein späteres fürstliches Handeln lernte Moritz als Jugendlicher von Herzog Georg in den drei Dresdener Jahren. Von Georg und seinen Räten wurde der künftige Thronfolger wohl als gleichwertige Person behandelt. Moritz hat sich als Heranwachsender in dem gegenüber Freiberg wesentlich größeren Kreis leicht zurecht gefunden. Herzog Georgs Schwiegertochter, Herzogin Elisabeth von Rochlitz, hat sich persönlich um ihn gekümmert. 1537 wurde Moritz zum Ausgleich für die Übermacht Georgs gegenüber Freiberg zur Erziehung nach Torgau zu Kurfürst Johann Friedrich geschickt. Moritz wurde von zu vielen erzogen und hat doch zu selbstständigem Leben

812 Vgl. zu diesem Abschnitt: Johannes Herrmann: Moritz von Sachsen – Persönlichkeit und politische Entscheidung, in: Moritz von Sachsen – Ein Fürst der Reformationszeit zwischen Territorium und Reich. Stuttgart 2007.

813 PKMS 1, S. 80 Nr. 69, 2.11.1540, Hz. Moritz an Lg. Philipp.

und Handeln gefunden. Er war fähig, sich in immer größeren Kreisen einzuleben und doch selbst zu denken. Durch seine Ehe befreite Moritz sich bewusst vom Herrschaftswillen seiner Mutter, und Landgraf Philipp unterstützte ihn dabei. Seine Gemahlin Agnes blieb ihm zeitlebens, auch geistig, die vertraute Partnerin.

Moritz wurde vom todkranken Vater zum Stellvertreter berufen. Nach dessen Tod machte es ihm keine Mühe, die Regierung im albertinischen Sachsen zu übernehmen. Er nahm die eingearbeiteten Räte Georgs wieder in Dienst. Er musste aber wegen deren habsburgtreuer Außenpolitik gegenüber dem Kaiser 1546/47 hohes Lehrgeld zahlen. Karl V. manövrierte ihn in geschickten Schritten in den Kampf an der Seite der Habsburger gegen Kurfürst Johann Friedrich im Schmalkaldischen Krieg. In der Auseinandersetzung mit Johann Friedrich konnte sich Moritz der kaiserlich-königlichen Diplomatie nicht entziehen, wenn das Haus Sachsen überleben sollte.

Moritz erhielt 1547 durch diesen Krieg für den Kaiser etwas mehr als die Hälfte des ernestinischen Kurfürstentums Sachsen. Er brachte aber auch durch unbedachtes Vertrauen auf undeutliche Zusagen des Kaisers seinen Schwiegervater Philipp von Hessen in kaiserliche Gefangenschaft. Moritz musste sich nun immer um das Wohlwollen des Kaisers für die Entlassung Philipps bemühen und gleichzeitig eine Wiedereinsetzung Johann Friedrich als Kurfürsten durch den Kaiser befürchten, falls er als neuer Kurfürst sich nicht nach dem Willen des Kaisers verhielt. Karl V. meinte, damit Moritz doppelt an sich gebunden zu haben. Trotzdem bemühte sich Moritz seit 1547 um einen selbstständigen Platz im Reich.

Moritz übernahm im September 1550 von Herzog Georg von Mecklenburg die gegen Magdeburg geführten Truppen, um mit ihnen eine kampflose Kapitulation der Stadt Magdeburg vor Kaiser und Reich zu erreichen und eine Belagerung zu vermeiden. Doch mit seinem Widerstandsrecht für untere Obrigkeiten erreichte Nikolaus von Amsdorf in Magdeburg die Ablehnung der Pläne von Moritz, durch ihn vor dem Kaiser zu kapitulieren. Sie blieben in sehr vielen Druckschriften dabei, Moritz als Judas und Verräter des Glaubens wegen der Interimsabwehr mit Hilfe der „Adiaphora" und nun wegen einer Belagerung der Glaubensgefährten zu „überführen". Diese Sicht bestimmte das Bild des Kurfürsten Moritz für die Nachwelt bis in die Gegenwart.

Moritz verstand es, auf den wachsenden Ebenen seines Lebens immer neu und sinnvoll zu handeln als Kind, Jugendlicher, Ehemann, Herzog, Kurfürst und Reichsfürst. Nach der vorläufigen Lösung der Interimsfrage war er sich über den Weg zur Fürstenerhebung gegen den Kaiser im Klaren und hat ihn seit 1549 beschritten.

1552 fand Moritz den schmalen Grat zwischen Aufruhr und dem ersten Schritt zur Erneuerung des Reiches durch den Zug gegen Innsbruck, den Passauer Vertrag und den Feldzug gegen die Türken. Er kämpfte zwar in sechs Feldzügen mit, doch war für ihn ein Feldzug niemals Selbstzweck. Er brauchte das Feldlager nicht wie Markgraf Albrecht als wichtiges Tätigkeitsfeld, wenn er auch zu planen und die Truppen in bewusster Disziplin zu halten suchte. Moritz war ein Logistiker, aber kein Feldherr. Er konnte immer wieder wegen seines Jähzorns nicht lange genug geduldig warten. Sein zu schnelles Bemühen, den Frieden im Reich gegen Markgraf Albrecht herbeizuführen, hat seinen frühen Tod mit bewirkt. Er wurde so unter den regierenden Fürsten des Reiches der letzte, der auf dem Schlachtfeld gefallen ist.

Kursachsen ist in Moritz' letztem Regierungsjahr der führende Staat der evangelischen Reichsstände im Reich weniger durch Krieg als vielmehr durch Verhandlungen geworden. Die Stände des ganzen neuen Kursachsen haben trotz aller früheren Kritik Moritz seit Herbst 1552 bis zu seinem plötzlichen Ende voll zugestimmt. Sie sind bereitwillig mit in den Krieg gegen Markgraf Albrecht gezogen. Moritz hatte sein Ziel eines in Verwaltung und Staatsvolk einheitlichen Landes erreicht.

Albrecht Alcibiades von Brandenburg-Kulmbach hatte ebenso wie Moritz weitgreifende Pläne, um sein erträumtes „Herzogtum Franken" zu erreichen. Während Moritz seine Pläne für sich und andere vorsah, mit ihnen besprach und für beide Seiten ein sinnvolles Ergebnis im Blick hatte, dachte Albrecht nur militärisch und wollte einzig für sich Ergebnisse erzwingen. So kam er Ende 1553 in die Reichsacht, verlor sein Land und 1554 auch die Plassenburg. Er starb, von seinem Leben krank und entkräftet, im Januar 1557 in Pforzheim am Hofe seiner Schwester. Er hinterließ seine Kleidung, zwölf Pferde und einen Berg untilgbarer Schulden.

Moritz wollte nicht wie Markgraf Johann durch den Königsberger Bund nur einen statischen Verteidigungsblock bilden, wie es der Schmalkaldische Bund war, sondern einen geordneten Frieden zwischen den Konfessionen im Reichsrecht verankern, der die Gleichwertigkeit der Religionspartei des Augsburgischen Bekenntnisses anerkannte. Das sollte der Konsens der Reichsstände sichern, nicht die Gewährung des Kaisers.

Moritz hat dem kursächsischen Staat und der sehr eng dem Staat verbundenen evangelischen Kirche eine auf Dauer haltbare, innere Struktur gegeben. Das wird in der Verwaltung und den Gottesdiensten, in der Bildung und zum Teil auch in der Baukunst und Musik lebendig wirksam. Das dreistufige System vom Amt zum Kreis zur Kanzlei ist im Staat mit Landesregierung, Regierungsbezirken und Kreisen noch heute spürbar. Auch in der kirchlichen Verwaltung mit Landeskirchenamt, Gebieten und Kirchenbezirken wird es sichtbar. Einen großen Teil ihres Besitzes verdankte die Universität Leipzig ihrer neuen Begründung durch Moritz, dazu gehörte auch die Universitätskirche. Die drei Landesschulen pflegen noch heute ihre Tradition aus der Zeit der Gründung durch Moritz. Die Dresdner Staatskapelle sieht in ihm ihren Begründer. Das Dresdner Schloss kehrt im gegenwärtigen Wiederaufbau zum Teil zur äußeren Gestaltung zwischen 1547 und 1552 zurück.

Völlig eigenständig hat Moritz politisch mit dem Landtag 1547 und der Kanzleiordnung 1547 zu handeln begonnen. Nach dem Rücktritt Georgs von Karlowitz sind für Moritz Georg von Komerstadt und Ulrich von Mordeisen wichtige Ratgeber gewesen. Zu ihnen trat dann Ernst von Miltitz als Lenker der immer schwierig zu verwaltenden Finanzen. Moritz verlor niemals die Kreditwürdigkeit bei der Kaufmannschaft. Ulrich von Mordeisen als Kanzler, Damian von Sibottendorf, Franz Kram und eingeschränkt auch Christoph von Karlowitz haben mit Moritz die albertinische Politik gestaltet, auch seine Frau Agnes, die Moritz direkt am politischen Denken hat teilnehmen lassen, was ihr nach seinem Tode verdacht wurde.

Bei seinen Altersgenossen Herzog Christoph von Württemberg, Albrecht von Bayern, Wilhelm von Hessen, Julius von Braunschweig, Johann Albrecht von Mecklenburg finden wir eine zweite ausbauende Phase der Regierung, Moritz aber wurde vom Tod das weitere Gestalten in Land und Reich genommen. Sein Bruder August hat in einem anderen Denkrahmen, der sich am Wohl des Landes und des albertinischen Hauses orientierte, nur die Aufgabe des inneren Ausbaus weiter geführt.

Moritz von Sachsen ist vom Herzog, dem die Führer der Schmalkaldener und der Kaiser das Handeln diktierten, zum wichtigsten evangelischen Kurfürsten aufgestiegen, der Partner König Ferdinands wurde und ein persönlich gutes Verhältnis zu dessen Sohn und Nachfolger Maximilian besaß. Moritz hatte zu beiden Führern des Schmalkaldischen Bundes kein sicheres Vertrauen aufbauen können, das ihn in den Bund geführt hätte. Zu Kurfürst Johann Friedrich war es seit dem Wurzener Fladenkrieg 1542 gestört. Landgraf Philipp hatte ihn in seinen Vertrag mit dem Kaiser 1541 hineingezogen und 1545 gegen seinen Willen zur Gefangennahme Herzog Heinrichs von Braunschweig missbraucht. Moritz wollte nicht wie sein Vater Herzog Heinrich der Fromme unter die politische Vormundschaft des Kurfürsten Johann Friedrich und des Landgrafen Philipp von Hessen kommen, sondern gleichberechtigte Beziehungen halten.

Moritz galt anfangs als benutzbar, nicht als machtgierig. Die Fürsten der vorangehenden Generation, so Karl V., Johann Friedrich d. Ä., Landgraf Philipp, Heinrich von Braunschweig und Joachim II. von Brandenburg, sahen den jungen Mann unter ihrer väterlichen Leitung zu ihrem eigenen Nutzen. Diesem Bild hat Moritz immer weniger entsprochen. Weil er seine eigenen und nicht ihre Machtansprüche vertrat, wirkte er später machtbewusst bis machtgierig. Doch können an ihn keine anderen Maßstäbe angelegt werden als an andere Herrscher dieses Jahrhunderts. Ganz sicherlich hat Moritz als evangelischer Christ gelebt und hat es öffentlich gelebt und politisch vertreten. Sein evangelisches Sterben verbietet jeden Zweifel an der Echtheit seines Handelns.

Bestimmt seit 1545 wollte Moritz den Knoten der politischen Verwicklungen der Generation der Vorgänger abschließend lösen. Er hat mit seinen Räten und wohl auch mit Melanchthon das Bild des gegenseitig anerkannten Religionsfriedens allmählich entwickelt, der festgestellt und verbrieft wird und nicht nur gewährt wurde. Moritz entwarf ihn für gleichberechtigte Reichsstände und suchte sich ihm zu nähern, auch für dieses Ziel ist er bei Sievershausen gestorben. Sein Leben weist so weit über seinen Tod hinaus. Er hinterließ ein Vakuum im Reich. Dass ein gleichwertiger evangelischer Nachfolger im Reich fehlte, hat Moritz bei den ideologischen Gegnern beider Religionsparteien zum Verräter an Kaiser und katholischem Reich oder am Glauben an Gottes Wort gemacht. Die von Ernestinern genutzte Ideologie konnte nur ihn zur Ursache der Fehler der eigenen Politik machen, weil er sie „wie ein Judas" verraten habe.

Die ideologische Festlegung der Schmalkaldener auf eine Widerstandspflicht aller evangelischen Fürsten bewirkte nach dem Schmalkaldischen Kriege, dass alle zu Verrätern wurden, die diese Pflicht nicht erfüllt hatten. Johann Friedrich d. Ä. konnte durch diese ideologische Festlegung die Kriegsfolgen persönlich als Märtyrer ertragen. Bei allen anderen Reichsständen konnte der „Verrat" im Schmalkaldischen Krieg übersehen werden – bei den Reichsstädten, Markgraf Albrecht, Markgraf Johann, Kurfürst Joachim von Brandenburg, weil sie keinen direkten Gewinn erzielten. Moritz musste der „Verräter" bleiben, weil er durch den Krieg Kurfürst geworden war.

Moritz war für seine Mutter schwierig, weil er Anspruch auf sein eigenes Leben erhob, das er zu leisten imstande war. Er konnte sich gegenüber Herzog Georg behaupten, weil der ihn in einer selbstständigen Haltung als künftigen Nachfolger brauchte.

Kurfürst Moritz und Kurfürst August im Dresdner Stallhof, Gewehrgalerie (Aufnahme vor 1945), Öl auf Holz von Heinrich Göding, bez. u. datiert 1589 (Dresden: Rüstkammer)

Immer wenn Moritz sich nicht in das Räderwerk einer von anderen gelenkten Politik einbauen lassen wollte, hat man ihm unstete Politik oder Verrat vorgeworfen: seine Mutter 1540/41, Landgraf Philipp 1545, Johann Friedrich 1542 und im Sommer 1546, Karl V. 1548 beim Interim, die Magdeburger im Oktober/ November 1550, Markgraf Johann im Herbst 1551, der Kaiser 1552 im Frühjahr, Markgraf Albrecht 1552 vor Frankfurt. Um sich aus der dienenden Rolle in der Politik des Kaisers freizumachen, hat Moritz die Zeit von 1541 bis zum Passauer Vertrag 1552 gebraucht. Ihm muss genauso wie dem Kaiser, Landgraf Philipp, Kurfürst Johann Friedrich, Herzog Albrecht von Bayern, Herzog Christoph von Württemberg, Herzog Albrecht von Preußen und anderen

Zeitgenossen das Recht auf selbstständiges Handeln eingeräumt werden. Er kann nicht danach beurteilt werden, was er anderen genutzt hat oder nicht.

Moritz hatte in den letzten Jahren seines Lebens das Bild einer Politik entworfen, die allen nutzen sollte, obwohl er ein evangelischer Fürst war und blieb. Soweit in seinem kurzen politischen Leben sichtbar ist, hat Moritz seine Rolle als führender evangelischer Fürst im Reich nicht überschreiten wollen, nachdem er sie errungen hatte. Friede im Reich und im Verband der europäischen Staaten war sein Ziel.

Seine Entschlüsse hat Moritz nicht einsam, sondern im Gespräch mit einigen Räten und wohl auch mit seiner Frau getroffen. Entgegen seiner Neigung zu Zornesausbrüchen und einer nicht immer stabilen Gesundheit versuchte er eine geordnete Politik zu deutlichen, für alle tragbaren Ergebnissen zu führen. Dem stehen sein unerbittliches Verhalten zu Markgraf Albrecht im Frühjahr 1553 und seine harte Haltung zu Johann Friedrich d. Ä. gegenüber. Er hatte das Vertrauen zu ihnen völlig verloren.

Weil Moritz ganz bewusst als Christ gestorben ist, sein Dresdner Schloss als Zeugnis seines Glaubens ausgestalten ließ und er im persönlichen Bereich mit seiner Frau christliche Bräuche selbstverständlich lebte, wird man sein persönliches und evangelisches Christsein anerkennen müssen, da sein Handeln in diesen drei Bereichen über das politisch Nützliche hinausging. Unter den evangelischen Fürsten hat sich nach Moritz' Tod kein ebenso tatkräftiger und geschickt verhandlungsfähiger Nachfolger gefunden in den langen Verhandlungen des von Moritz angestrebten Religionsfriedens, der 1555 dann geschlossen wurde, ohne die Rechte einer weiterschreitenden Reformation auch für die geistlichen Gebiete öffentlich zu verbriefen.

Moritz war kein aufleuchtender Komet, der sich selbst, andere und die Kraft seines Landes nur für seine Bedeutung und seine Macht verbrauchte. Er war auf dem Höhepunkt seines Handelns eher ein Licht, das ungewohnte Helligkeit verbreitete, bis es gewaltsam gelöscht wurde. Seine innenpolitischen Leistungen haben seinen Bruder zum „Vater August" gemacht. Die Ergebnisse von Passau 1552 werden heute König Ferdinand zugeschrieben. Der mit der Flucht aus Innsbruck am späten Abend des 19. Mai 1552 beginnende Rücktritt des Kaisers von der Leitung des Deutschen Reiches und der Verzicht sowie seine Absicht, die Protestanten zur katholischen Kirche zurückzuführen, werden eher tragisch gesehen. Die große Einsicht des Kurfürsten Moritz und die Kraft seiner Überredung bei den Mitverwandten, mit dem schlechten Vertrag von Passau die gute Entwicklung zum Frieden von 1555 einzuleiten, werden kaum erwähnt. Die von Moritz geplanten Wege in der inneren Ordnung des Kursächsischen Staates sind für lange Zeit gangbar geblieben. Für das Deutsche Reich und seine Zukunft hatte Moritz am 11. Juli 1553 noch nicht lang genug regiert. Der von ihm in den letzten Jahren seiner Regierung begonnene Weg zwischen den Konfessionen ist nach großer Not erst durch Druck von außen 1648 erreicht worden.[814] Wäre im Reich durch Moritz bei längerem Leben mehr möglich gewesen?

---

814 Reiner Groß: Geschichte Sachsens. Leipzig 2001, S. 71 „Mit dem Tod von Moritz im Alter von 32 Jahren endet ein wichtiger Abschnitt sowohl in der Geschichte der Wettiner als auch in der des sächsischen Volkes. Das von ihm in seinem ausgeprägten Machtstreben innerhalb weniger Jahre Erreichte (man wagt nicht in Erwägung zu ziehen, welchen Verlauf die sächsische und deutsche Geschichte bei einem längeren Leben von Moritz genommen hätte) sollte durch seinen die Regierung übernehmenden jüngeren Bruder August im Bestand gesichert werden."

Schlusswort

Das Ziel dieser Arbeit war es, das Leben und Handeln von Moritz von Sachsen nach den nunmehr abgeschlossenen Bänden 1 bis 6 der Moritz-Korrespondenz darzustellen. Deren Herausgabe ist der Historischen Kommission der Sächsischen Akademie der Wissenschaften zu Leipzig in ihrer beharrlichen Fürsorge über mehr als hundert Jahre zu danken. Für die Mitarbeit daran, die mir die Akademie ermöglichte, bin ich immer dankbar gewesen. Besonders danke ich denen, die mit mir in dieser langen Arbeit tätig waren. Von ihnen hat mir vor allem Christian Winter mit seinem sachverständigen Rat bei diesem Buch geholfen.

Das Buch beschränkt sich auf die Ereignisse des Lebens von Herzog und Kurfürst Moritz und beschreibt Vieles nicht oder nicht ausreichend, was zum Beispiel seinen Lebensbereich, das tagtägliche Dasein bestimmt hat. Wichtige biografische Fragen liegen außerhalb des Gesichtskreises einer „Politischen Korrespondenz". Welche Krankheiten haben Moritz mehrmals über Wochen am Handeln gehindert? Wie war das Leben zwischen dem Fürsten und seiner Frau Agnes, deren Beziehungen keinesfalls nur zeit- und hofgewöhnlich waren.[815] Wie sind Leben und Tagesablauf am Hofe geregelt gewesen, und wer bestimmte den Gang der Geschehnisse? In welcher Weise belebte und prägte evangelischer Glaube den Alltag bei Hofe und das persönliche Leben? Finanzsystem und Finanzlage unter Moritz wurden in den letzten Jahren erst erforscht.[816] Wie geschah die Verwaltung der Bergwerke, und was war ihr Ertrag? Wer waren die wichtigen Leute der inneren sächsischen Verwaltung seiner Zeit außer den politisch besonders hervortretenden Räten, deren im Buch gedacht worden ist?

Welche Bauten sind alle von Moritz veranlasst worden, und wer hat sie geplant und in ihrer Ausführung überwacht? Wer waren die Musiker und Maler, die für Moritz tätig gewesen sind?[817]

Das alles wären Fragen an eine umfassendere Biografie, die in diesem Buch nicht erörtert wurden, wenn sie mir auch bekannt sind. Die wenigen Jahre der Regierung des Kurfürsten sind ein wichtiger Knotenpunkt der sächsischen Geschichte für viele Bereiche der Gesellschaft. Wer Herzog und Kurfürst Moritz von Sachsen war, würde von der Kenntnis dieser allgemeinen, tagtäglichen Verläufe her um Vieles deutlicher.

815 Darauf konnte in dieser 2. Auflage schon etwas näher eingegangen werden, vgl. den erweiterten Abschnitt „Die hessische Hochzeit: Moritz und Agnes", S. 36 f.

816 Uwe Schirmer: Kursächsische Staatsfinanzen (1456–1656), Leipzig/Stuttgart 2006, S. 517–594.

817 Vgl. dazu: Hof und Hofkultur unter Moritz von Sachsen (1521–1553), im Auftrag des Vereins für sächsische Landesgeschichte hrsg. von André Thieme und JochenVötsch unter Mitarbeit von Ingolf Gräßler (= Saxonia, Schriften des Vereins für sächsische Landesgeschichte Band 8), Beucha 2004.

Anhang

Lebenslauf von Moritz in Daten

1521 April 21: Geboren auf Schloss Freudenstein, Freiberg.
1526 Kinderbildnis des Hz. Moritz durch Lucs Cranach d. Ä.
1533 Januar: Übersiedlung nach Halle an den Hof des Ebf. Albrecht von Magdeburg.
1537 Januar 1: Einführung der Reformation im Freiberger Ländchen.
1537 Mai 11: Kf. Johann Friedrich nimmt Moritz an seinen Hof in Torgau.
1538 März 19: Hz.in Elisabeth von Rochlitz schlägt Ehe zwischen Moritz und Agnes von Hessen vor.
1539 Februar 18: Fastnacht, die Eltern stimmen vor Hz.in Elisabeth einer Ehe zwischen Moritz und Agnes zu.
1539 April 17: Tod Hz. Georgs in Dresden, Hz. Heinrich mit Hz. Moritz tritt sofort die Nachfolge an.
1539 Mai 25 Pfingsten: Einführung der Reformation Beginn in Leipzig. Dabei Hz. Heinrich, Moritz und die wichtigen Wittenberger Reformatoren.
1540 Dezember 31: Moritz reist trotz Verweigerung der Eltern nach Hessen.
1541 Januar 11: Vollzug der Ehe mit Agnes in Marburg.
1541 August 5: Hz. Heinrich überträgt Moritz alle laufenden Regierungsgeschäfte.
1541 August 18: Hz. Heinrich stirbt in Dresden.
1541 August 29: Moritz tritt nach Rückkehr aus Hessen die Herrschaft in Sachsen an.
1542 vor Ostern April 9: Kf. Johann Friedrich besetzt das Wurzener Gebiet des Bf. von Meißen. Moritz stellt sich dagegen. Lg. Philipp vermittelt zu Ostern in Oschatz.
1542 ab Ende Mai: Moritz im Türkenkrieg bis 19. Oktober.
1542 Oktober: Moritz vor (Ofen)Pest durch Lebenseinsatz seines Dieners „Schnaufer“ und ungarischer Husaren vorm Tod gerettet.
1543 Februar: Idee der Fürstenschulen Schulpforta, Merseburg und Meißen. Statt Merseburg ab 1550 Grimma.
1544 Hz. August zum weltlichen Verwalter des Bistums Merseburg eingesetzt, Fs. Georg von Anhalt zum Bischof von Merseburg vom Kapitel gewählt, 1545 in Merseburg von Luther geweiht.
1546 Juli 20: Kaiserliche Reichsacht gegen Kurfürst Johann Friedrich und Landgraf Philipp.
1546 Herbst: Moritz sucht noch Neutralität nach allen Seiten zu wahren.
1546 Oktober 8: Landtag in Freiberg. Moritz sichert den Ständen zu, keine Veränderung in der Religion vorzunehmen.
1546 Oktober 27: Moritz beginnt mit Besetzung des ernestinischen Sachsen, um Kg. Ferdinand zuvorzukommen.
1547 Januar 5–27: Kf. Johann Friedrich belagert Leipzig.
1547 April 24: Schlacht bei Mühlberg, Niederlage Kf. Johann Friedrichs gegen Ks. Karl V.
1547 Mai 19: Wittenberger Kapitulation des Kf. Johann Friedrich gegenüber Karl V.
1547 Juni 4: Ks. Karl V. lässt Moritz vor Wittenberg zum Kurfürsten von Sachsen ausrufen.
1547 Verlust der Verwaltung des Bistums Merseburg für Hz. August
1547 Juni 19: Durch Missbrauch der Kf. Moritz und Joachim lässt Ks. Karl den Lg. von Hessen nach Halle locken und inhaftiert ihn nach seinem Fußfall.

1547 Juli 27: Ks. Karl V. beauftragt Moritz mit dem Vollzug der Reichsacht gegen Magdeburg.
1547 ab September 1: Reichstag in Augburg, Moritz nimmt teil.
1548 Januar 6, Torgau: Treffen von Moritz und Melanchthon zur Interimsfrage.
1548 Februar 24: Moritz wird in Augsburg öffentlich als Kurfürst von Sachsen belehnt, August dabei mitbelehnt.
1548 Mai 15: Bekanntgabe des kaiserlichen Interims in Augsburg.
1548 Mai 18: Persönlicher Einspruch des Kf. Moritz dagegen.
1548 Juli 2, Meißen: Ablehnendes Bedenken der kursächsischen Theologen zum Text des Augsburger Interims. Räte schließen sich dem Theologenvorschlag an, geplante bedingte Zustimmung an den Ks. nicht möglich.
1548 ab Oktober 7, Torgau: 6-Tage-Hochzeit des Hz. August mit Prinzessin Anna von Dänemark.
1548 ab Dezember 21: Leipziger Landtag, Übergabe der „Leipziger Ordnung" für die Kirche. Annahme vertagt. Agende dazu in Auftrag gegeben.
1549 Matthias Flacius Illyricus nennt „Ordnung des Leipziger Landtages" bei Herausgabe „Leipziger Interim", Moritz und Melanchthon wollen aber keine Änderung der evangelischen Kirche.
1549 Januar 19: Moritz reitet nach Trient zur Fürbitte für Lg. Philipp bei dem Sohn Karls V., Prinz Philipp von Spanien.
1549 Januar: Moritz reist weiter nach Oberitalien, wirbt Künstler (Bau, Musik) für Sachsen an.
1549 Ende Mai bis Anfang Juni: Besuch in Prag bei Kg. Ferdinand.
1549 bis August 23: Kg. Ferdinand weilt bei Moritz zur Jagd im Erzgebirge, Schloss Zschopau.
1549 August 23, Annaberg: Moritz verhandelt mit Wilhelm von Schachten und Simon Bing zur Befreiung Philipps von Hessen (Kommandounternehmen).
1550 Februar: Königsberger Bund zwischen Hz. Albrecht von Preußen, Hz. Johann Albrecht von Mecklenburg und Mgf. Johann von Küstrin.
1550 August 2: Albertinische Räte fordern ein freies, allgemeines, christliches Konzil, das den Papst einbezieht auf dem Reichstag.
1550 September 22: Hz. Georg von Mecklenburg schlägt bei Hillersleben das Heer der Stadt Magdeburg und besetzt die erzbischöflichen Ämter Wanzleben, Dreileben und Wolmirstedt für sich.
1550 Moritz nimmt die Truppen des Hz. Georg von Mecklenburg in eigenen Dienst.
1550 Oktober bis Anfang November: Die Stadt Magdeburg verweigert Moritz die Vermittlungen, obwohl er Erhaltung von Religion und Privilegien zusichert.
1551 Januar 6, Verden: Vertrag zum Übergang der Entsatztruppen für Magdeburg unter Johann von Heideck an Moritz.
1551 ab Februar 19, Dresden: Vertrag von Mgf. Johann von Küstrin und dem Königsberger Bund mit Moritz.
1551 Mai 22 nach Pfingsten, Torgau: Vertragsangebot der Bundesfürsten an die Ernestiner, Beginn der Verhandlungen zur Kapitulation mit Magdeburg. 1551 Juli 10, Wittenberg: Unterschrift der albertinischen Theologen unter die Confessio Saxonika.
1551 Oktober 3, Lochau: Mgf. Johann trennt sich vom Fürstenbund.
1551 Oktober 6, Lochau: Bundesfürsten senden einen modifizierten Vertragstext durch Mgf. Albrecht von Bandenburg nach Frankreich mit Unterschriften Wilhelms von Hessen und des Kf. Moritz.
1552 Januar 15, Chambord: Vertrag der Bundesfürsten über Hilfsgelder durch König Heinrich II. von Frankreich in Gegenwart des Mgf. Albrecht unterzeichnet.
1552 Februar 28, Landtag in Torgau: Lg. Wilhelm fordert Moritz zur Einstellung in Hessen auf.

1552 März 1: Moritz überträgt August die Regierung im Lande, um selbst in Hessen in Ehrenhaft zu gehen. Landstände erklären sich gegenüber König Ferdinand und Ks. Karl V. für neutral. Moritz müsse sich seiner Ehre wegen in Hessen einstellen.
1552 März 16: Abmarsch der Truppen zum Feldzug des Fürstenbundes.
1552 März 16 und 17, in Leipzig: Gespräch von Moritz und Ulrich Mordeisen mit Heinrich von Plauen für Kg. Ferdinand, Moritz sagt zum 4. April Kommen nach Linz zu.
1552 März 25, Schweinfurt: Moritz teilt dem König seine Einstellung bei den Landgrafen mit.
1552 April 13: Abreise Moritz' von der Belagerung Ulms nach Linz.
1552 April 18: König Ferdinand empfängt Moritz an der Schiffslände in Linz.
1552 April 19 – Mai 1: Verhandlungen mit Ferdinand.
1552 Mai 18: Feldlager bei Roßhaupten, Erstürmung des ksl. Feldlagers.
1552 Mai 19: Erstürmung der Ehrenberger Klause von zwei Seiten.
1552 Mai 19 nachts: Flucht des Kaisers aus Innsbruck über die Alpen.
1552 Mai 23 nachmittags: Ankunft in Innsbruck. Plünderung nur des ksl. Besitzes.
1552 Mai 26 morgens: Abreise Moritz' nach Passau, ab Hall auf dem Inn.
1552 Mai–Juli: Passauer Verhandlungen mit Kg. Ferdinand und Reichsfürsten.
1552 Juni 22: Abschluss der Passauer Abrede der anwesenden Fürsten mit Kg. Ferdinand und Kf. Moritz auf immerwährenden Religionsfrieden, wenn man sich nicht einigen kann.
1552 August 2: Passauer Vertrag in der von Ks. Karl V. geänderten Form, Friedstand nur bis zum Reichstag. Ks. unterschreibt am 15. August.
1552 September Mitte: Moritz zum Türkenfeldzug in Györ (Raab).
1552 November Neustadt (Prudnik) bis 20: Schwere Krankheit („Plag"), d. h. Pest, Grippe auf der Rückreise in Oberschlesien.
1552 Dezember 6: Rückkehr in Radeberg.
1553 bis ins Frühjahr: Friedenstiftende Vermittlungen.
1553 10. März: nach Halle und Unterstützungsvertrag Hz. Heinrichs mit Moritz.
1553 Egerer Vertrag zur Unterschrift für 24. Juli von königlichen und kursächsischen Räten ausgehandelt.
1553 April 2–4: Moritz zur Versammlung des Heidelberger Bundes in Neuschloß geladen.
1553 Herzog Heinrich von Braunschweig und Kurfürst Moritz unterstützen die Mainbischöfe gegen Markgraf Albrecht, der jegliche Vermittlung verweigert.
1553 Juni 7: Dem Druck weicht Markgraf Albrecht mit Reitern und Hakenschützen über Thüringen nach Niedersachsen aus. Vertrag mit Braunschweig.
1553 Juli 9: Albrecht nimmt auf dem Schlachtfeld Stellung, eher als Moritz. Dazu 300 markgräfliche Hakenschützen im Wald im Hinterhalt auf seinem rechten Flügel. Verwundet erreicht Moritz noch den Sieg im zweiten Angriff, der die Flucht des Gegners erzwingt.
1553 11. Juli nach 8.00 Uhr: Moritz stirbt im Zelt vor Sievershausen.

Literaturauswahl

Friedrich Albert von Langenn: Moritz Herzog und Churfürst von Sachsen, eine Darstellung aus dem Zeitalter der Reformation. Leipzig 1841.

Erich Brandenburg: Moritz von Sachsen, Erster Band Bis zur Wittenberger Kapitulation (1547). Leipzig 1898. Nicht fortgesetzt.

Otto Kneitz: Albrecht Alcibiades Markgraf von Kulmbach 1522–1557. 2. Aufl. Kulmbach 1982

Politische Korrespondenz des Herzogs und Kurfürsten Moritz von Sachsen
Bd. 1: Bis zum Ende des Jahres 1543, hrsg. von Erich Brandenburg. Nachdruck der Ausgabe Leipzig 1900 / mit einem Vorwort von Johannes Herrmann und Günther Wartenberg. Berlin 1982.
Bd. 2: bis zum Ende des Jahres 1546/ hrsg. von Erich Brandenburg. Nachdruck der Ausgabe Leipzig 1904/ mit einem Vorwort von Johannes Herrmann und Günther Wartenberg. Berlin 1983.
Bd. 3: 1. Januar 1547 – 25. Mai 1548/ bearb. von Johannes Herrmann und Günther Wartenberg. Berlin 1978.
Bd. 4: 26. Mai 1548 – 8. Januar 1551/ bearb. von Johannes Herrmann und Günther Wartenberg. Berlin 1992.
Bd. 5: 9. Januar 1551 – 1. Mai 1552/ bearb. von Johannes Herrmann, Günther Wartenberg und Christian Winter. Berlin 1998.
Bd. 6: 2. Mai 1552 – 11. Juli 1553 mit ergänzenden Dokumenten zum Tod des Kurfürsten/ bearb. von Johannes Herrmann, Günther Wartenberg und Christian Winter. Berlin 2006.

Karlheinz Blaschke: Moritz von Sachsen. Ein Reformationsfürst der zweiten Generation. Göttingen, Zürich 1984 (Persönlichkeit und Geschichte 113).

Günther Wartenberg: Landesherrschaft und Reformation. Moritz von Sachsen und die albertinische Kirchenpolitik bis 1546. Weimar 1988 (Arbeiten zur Kirchengeschichte. 10).

Günther Wartenberg: Art. Moritz von Sachsen (1521–1553). In: Theologische Realenzyklopädie. In Gemeinschaft mit ... hrsg. von Gerhard Müller. Bd. 23. Berlin, New York 1994, S. 302–311.

Das Dresdner Schloß – Geschichte und Wiederaufbau, Dresdner Hefte 38, Beiträge zur Kulturgeschichte, 12. Jg. 2/1994, hrsg. vom Dresdner Geschichtsverein e. V.

Kurfürst Moritz und die Renaissance. Dresdner Hefte 52, 4/1997, hrsg. vom Dresdner Geschichtsverein e. V.

Wieland Held: 1547. Die Schlacht bei Mühlberg/Elbe. Entscheidung auf dem Wege zum albertinischen Kurfürstentum Sachsen. Beucha 1997.

Reiner Groß: Geschichte Sachsens. 3. durchges. Aufl. Leipzig 2003.

Glaube und Macht. Sachsen im Europa der Reformationszeit. 2. Sächsische Landesausstellung. Bd. 2 Aufsätze. Hrsg. von Harald Marx und Cecilie Hollberg. Dresden 2004.

Herzog Heinrich der Fromme (1473–1541). Im Auftrag des Freiberger Altertumsvereins e.V. hrsg. von Yves Hoffmann und Uwe Richter. Beucha 2007.

Hof und Hofkultur unter Moritz von Sachsen (1521–1553). Im Auftrag des Vereins für sächsische Landesgeschichte hrsg. von André Thieme und Jochen Vötsch unter Mitarbeit von Ingold Gräßler. (Saxonia. Schriften des Vereins für sächsische Landesgeschichte. 8), Beucha 2004.

Uwe Schirmer: Kursächsische Staatsfinanzen 1456–1656, Strukturen – Verfassung – Funktionseliten. Leipzig 2006, S. 517–596.

Moritz von Sachsen – Ein Fürst der Reformationszeit zwischen Territorium und Reich. Hrsg. von Karlheinz Blaschke. Leipzig 2007.

Sächsische Lebensbilder. Hrsg. von Gerald Wiemers, Bd. 6, Teilband 2: L–Z, Leipzig 2009, S. 477–518: Johannes Herrmann: Moritz, Herzog und Kurfürst von Sachsen (1521–1553, 1541 Herzog, 1547 Kurfürst).

Abkürzungsverzeichnis

In den Fußnoten des Buches richten sich die Abkürzungen nach den Abkürzungsverzeichnissen der Bände 3 bis 5 der Politischen Korrespondenz des Herzogs und Kurfürsten Moritz von Sachsen (PKMS). Die häufigsten sind hier aufgeführt:

Abschr.	Abschrift
Ausf.	Ausfertigung
Bf./Bfe.	Bischof/Bischöfe
Bgf.	Burggraf
egh.	eigenhändig
Ehz.	Erzherzog
Entw.	Entwurf
Fs.	Fürst
gestr.	gestrichen
Hz./Hz.in	Herzog/Herzogin
Kf./Kf.in/kfl.	Kurfürst/Kurfürstin/kurfürstlich
Kfm.	Kurfürstentum
Ks./ksl.	Kaiser/kaiserlich
Kg./Kg.in	König/Königin
Lg.	Landgraf
Mgf.	Markgraf
ngw.	nachgewiesen
Pfgf.	Pfalzgraf
präs.	präsentierrt
Rheingf.	Rheingraf
verehel.	verehelicht

Bildnachweis

Einbandmotiv:
Kurfürst Moritz, Gemälde von Lucas Cranach d. J., Öl auf Leinwand (ehem. Meißen: Fürstenschule)

Archiv des Autors (S. 80, 235, 237, 242)
Archiv des Verlages (S. 10, 26, 27, 34, 44, 72, 86, 87, 91, 93, 113, 119, 125, 129, 142, 167)
Ev.-Luth. Domgemeinde Freiberg, Foto: Otto Schröder (S. 244)
Ingeborg Herrmann, Leipzig-Wiederitzsch (S. 19, 43, 47, 49, 54, 148, 154)
Landesamt für Denkmalpflege Sachsen, Dresden (S. 174)
Sächsische Landesbibliothek – Staats- und Universitätsbibliothek Dresden, Abt. Deutsche Fotothek (Einband, S. 12, 14, 131, 197, 226, 245, 246, 251)
Staatliche Kunstsammlungen Dresden, Rüstkammer, Inv. Nr. i. 1; Abegg-Stiftung, CH-3132 Riggisberg, 2008, Foto: Christoph von Viràg (S. 156)

Aus der Literatur:

Karlheinz Blaschke, Der Fürstenzug zu Dresden, Leipzig 1991 (S. 2, 9, 17, 88)
Matthias Donath/ Steffen Wirtgen, Der Meißner Dom. Monument sächsischer Geschichte, Beucha 2002 (S. 11, 24)
Adolf Laube/ Max Steinmetz/ Günter Vogler, Illustrierte Geschichte der deutschen frühbürgerlichen Revolution, Berlin 1974 (S. 21)
Hans Baumgarten, Moritz von Sachsen, Berlin 1942 (S. 76, 193)
Wieland Held, 1547. Die Schlacht bei Mühlberg/Elbe. Entscheidung auf dem Wege zum albertinischen Kurfürstentum Sachsen, Beucha 1997 (S. 92)
Paul Schreckenbach/ Franz Neubert, Martin Luther. Ein Bild seines Lebens und Wirkens, Leipzig 1921 (S. 233)

Register

Literaturempfehlungen

Herzog Heinrich der Fromme (1474–1541)
Im Auftrag des Freiberger Altertumsvereins e. V.
herausgegeben von Yves Hoffmann und Uwe Richter
ISBN 978-3-86729-005-0, gebunden, 15 x 23 cm, 264 S., 75 Abb., 24.80 Euro

Georg Spalatin und sein Wirken in Altenburg (1525–1545)
Von Björn Schmalz
Veröffentlichung des Thüringischen Staatsarchivs Altenburg
ISBN 978-3-86729-048-7, geb. mit Schutzumschlag, 15 x 23 cm, 168 S., 19.80 Euro

Hof und Hofkultur unter Moritz von Sachsen (1521–1553)
Saxonia – Schriften des Vereins für sächsische Landesgeschichte, Bd. 8
Hrsg. von André Thieme und Jochen Vötsch, unter Mitarbeit von Ingolf Gräßler
ISBN 978-3-934544-59-8, gebunden, 15 x 23 cm, 152 S., 45 Abb., 19 Euro

Zäsuren sächsischer Geschichte
1089 - 1247 - 1423 - 1485 - 1547 - 1697 - 1815 - 1831 - 1866 - 1918 - 1933 - 1989
Herausgegeben von Reinhardt Eigenwill
ISBN 978-3-86729-059-3, Fadenbroschur, 15 x 23 cm, 256 S., 15 Abb., 22 Euro

»Mein Herr Bruder«. Napoleon und Friedrich August I.
Der Briefwechsel des Kaisers der Franzosen mit dem König von Sachsen 1806–1813
Herausgegeben von Rudolf Jenak
ISBN 978-3-86729-063-0, gebunden, 15 x 23 cm, 200 S., Dokumente/Bilder, 28 Euro

Die sächsische Armee zur Zeit des Deutschen Bundes 1815–1867
Von Wolfgang Gülich
ISBN 978-3-86729-052-4, gebunden, 16,5 x 23 cm, 344 S., Uniformtafeln, 30 Euro

Von Macht und Ohnmacht
Sächsische Ministerpräsidenten im Zeitalter der Extreme 1919–1952
Herausgegeben von Mike Schmeitzner und Andreas Wagner
ISBN 978-3-934544-75-8, geb., 15 x 23 cm, 408 S., 26 Abb., 30 Euro

Der Fall Mutschmann. Sachsens Gauleiter vor Stalins Tribunal
Von Mike Schmeitzner
3. Auflage 2012
ISBN 978-3-86729-090-6, Fadenbroschur, 15 x 23 cm, 176 S., 40 Abb., 14.80 Euro

Sachsen und der Prager Frühling
Herausgegeben von Konstantin Hermann
ISBN 978-3-86729-026-5, Fadenbroschur, 15 x 23 cm, 152 S., 10 Abb., 14.50 Euro